重庆市文科基地中国诗学中心重点项目
西南大学2019年校级规划教材建设项目

刘明华 主编

国学指要

西南师范大学出版社
国家一级出版社 全国百佳图书出版单位

图书在版编目(CIP)数据

国学指要 / 刘明华主编. — 重庆 : 西南师范大学出版社,2019.9
ISBN 978-7-5621-9952-6

Ⅰ. ①国… Ⅱ. ①刘… Ⅲ. ①国学－研究 Ⅳ. ①Z126

中国版本图书馆CIP数据核字(2019)第188276号

国学指要

GUOXUE ZHIYAO

刘明华　主编

责任编辑: 雷　刚　胡秀英
责任校对: 郑先俐
装帧设计: 观止堂_未　氓
排　　版: 王　兴
出版发行:西南师范大学出版社
地址:重庆市北碚区天生路2号
邮编:400715 市场营销部电话:023-68868624
http://www.xscbs.com
经　　销: 新华书店
印　　刷: 重庆紫石东南印务有限公司
幅面尺寸: 185mm×260mm
印　　张: 23.5
字　　数: 504千字
版　　次: 2019年9月 第1版
印　　次: 2020年7月 第1次印刷
书　　号: ISBN 978-7-5621-9952-6

定　　价: 58.00元

编写说明

为了深入贯彻中共中央办公厅、国务院办公厅《关于实施中华优秀传统文化传承发展工程的意见》，普及和推广国学，助力文化自信，我们成立了《国学指要》编写组，组织高等院校的一线教学骨干，在充分酝酿、集思广益的基础之上编写了该通识读本。

本书主编制定了编写大纲，各章作者单独撰写，最后由主编统稿。本书的编写分工如下：

绪论“国学概说”，由西南大学刘明华教授执笔；

第一章“经学”，由西南大学占如默博士执笔；

第二章“史学”，由重庆理工大学张会副教授执笔；

第三章“子学”，由西南大学杨理论教授执笔；

第四章“儒学”，由西南大学王飞博士执笔；

第五章“道学”，由西南大学赵天一博士执笔；

第六章“佛学”，由西南大学杨理论教授执笔；

第七章“文学”，由重庆理工大学张会副教授执笔；

第八章“重要文化常识”，由西南大学赵天一博士执笔。

“国学”的界定，众说纷纭。国学的内涵和外延，学界均未有定论。本书在遵循“经史子集”四部分类传统的基础之上，略有调整。由于学养有限，时间短促，本书定有疏漏之处，敬请广大读者朋友提出宝贵意见和建议，以便我们进一步修订和完善。

《国学指要》编写组

2019年8月

目录

绪论　国学概说

第一章　经学

第二章　史学

第三章　子学

第四章　儒学

第五章　道学

第六章 佛学

第七章 文学

第八章 重要文化常识

绪论 国学概说

第一节　国学的名称

要了解近代中国的文化，就不得不提到1905年，即清光绪三十一年，为什么呢？因为这一年废除了在中国持续了1300余年的科举制度，标志着以中国传统经学为核心的学术体系的土崩瓦解。碰巧的是，这一年黄节、邓实、章太炎、刘师培等人在上海成立了国学保存会，发行了《国粹学报》。这两个独立的事件隐含了中国近代以来的国学思潮的涌动。

一、遥远的太学与日本国学

“国学”一词，老一辈学人多以为是外来之词，何炳松最先认为“国学”一词“大概是由西文中翻译出来的”，即“支那学”（Sinology），并言“在中国书中总是查考不出他的来历”。[1]汪震、王正己也认为“国学这个观念，大约产自外国，英文Sinology，意为中国的学问。日本有‘支那学’。”[2]曹聚仁垂暮之年回忆当年的国学运动时也说：“‘国学’这一名词，并不是古已有之的。”[3]

考索于语源，“国学”一词，古已有之，只是其内涵与近代、今日所言“国学”迥异。《周礼·春官宗伯第三·乐师》载：“乐师掌国学之政，以教国子小舞。”孙诒让说“国学”指“小

① 何炳松《论所谓“国学”》，《小说月报》第20卷第1号，1929年1月。
② 汪震、王正己《国学大纲》，人文书店，1933年，第1页。
③ 曹聚仁《我与我的世界》，人民文学出版社，1983年，第201页。

学”[①],似欠妥当,“国学”与后文之“国子”相对,是国之学的意思,与《礼记·学记》所载“古之教者,家有塾,党有庠,术有序,国有学”之“国有学”大抵相当;与古之“太学”相仿,均指国家最高的教育机构。太学历史悠久,三代之时,夏为东序,殷为右学,周有东胶,而增设五大学:东为东序,西为瞽宗,南为成均,北为上庠,中为辟雍。逮及刘汉,太学设在京师,为中央官学、最高学府,太学祭酒兼掌全国教育行政。隋代之后,易为国子监,而国子监内也设太学。

上文所述汪、王、何、曹诸人所述,因文献检索不便,虽有小讹,却也指出了“国学”一词与日本国学的关系。“国学”一词在清末便逐渐具有的近代意义,多概指中国固有的学术思想。桑兵认为“国学一词的近代意义,转借自日本。据小学馆《日本国语大辞典》,国学本为江户时代兴起的一门学问,主要是对日本的古代典籍进行文献学式的研究,以探明其固有文化,又称和学、皇学或古学。”[②]日本各地图书馆至今的图书目录分类中,都还有“国学”一目。清末学界对日本“国学”多有介绍。

1887年,黄遵宪在《日本国志》中9次言及“国学”,其中5处为介绍或涉及江户时代的“国学”,4处沿用中国传统意义上的“国学”代指学校的含义[③],与中国近代“国学”的内涵、外延均有涉及。

1897年5月,屠仁守在《时务报》刊发的《孝感屠梅君侍御辨辟韩书》一文中说:“昨读译《东华杂志·汉学再兴论》,为之踌躇四顾,默愧之,滋畏之。以彼人士犹能言修身齐家,设立教育之当取法,犹知尊《论语》为纯然道义之书,并推存亡消息之理,谓国学勃兴,将压倒西学。我方靡焉欲步其后尘,彼乃皇然而思返古道;我方贬圣贤以遵西洋之善治,彼且稽经史而建东洋之政策。两册鳞次之间,自立也若彼,自屈也若此。”[④]此文针对《汉学再兴论》而发,然而提倡“国学勃兴”,田正平、李成军认为“这里的国学一词已不仅是对日本国学的介绍,已具有学习日本、复兴中国传统学术的含义”。[⑤]这是屠仁守与黄遵宪在论及日本国学时的最大不同,正因为如此,有学者认为是屠仁守最早提出了近代意义上的“国学”概念。

1902年8月3日,日本古城贞吉赠吴汝纶之言:“勿废经史百家之学,欧西诸国学堂必以国学为中坚。”[⑥]桑兵以为“据目前所见,(国学:著者按)当始于1902年,主要是赴日游历(如吴汝纶)及流亡者接受日本朝野人士的意见,借日本的国学概念移指本国的既有学

---

① 孙诒让《周礼正义》(光绪本)卷四十四:“国学者,在国城中,王宫左之小学也。学小舞之国子,未入大学,则此国学为小学明矣。”

② 桑兵《晚清民国时期的国学研究与西学》,《历史研究》,1996年第5期,第33页。

③ 田正平、李成军《近代“国学”概念出处考》,《华南师范大学学报(社会科学版)》,2009年第2期。

④ 屠仁守《孝感屠梅君侍御辨辟韩书》,《时务报》,第30册,北京:中华书局影印本,1991年,第2051-2055页。

⑤ 田正平、李成军《近代“国学”概念出处考》,《华南师范大学学报(社会科学版)》,2009年第2期。

⑥ 吴汝纶《桐城吴先生日记》,石家庄:河北教育出版社,1999年,第578-579页。

问。”[①]学者将具有近代意义的“国学”之语源追溯至此，多缘于此。

1902年，罗振玉赴日本考察，在所撰《扶桑二月记》中使用了“国学”一词。

1902年，梁启超在《论中国学术思想变迁之大势》中多次使用近现代意义上的“国学”一词。据黄遵宪是年秋的《致梁启超函》[②]可知，梁氏在日本欲创办《国学报》而致函黄遵宪，惜梁氏原信未存，难知其具体的宏构。

近代意义上的“国学”语源之辨所征材料，多是上文数种，孰先孰后，实难定论，但有一点却是共同的，那就是中国“国学”之概念与日本“国学”概念关系甚密。黄遵宪最先介绍日本学界的“国学”情况，屠仁守进一步将日本“国学”之精神与中国的传统学术研究情况进行比较，大有学习日本保存发扬“国学”之意，而梁启超的“国学”不仅最具有近代意义，更为可贵的是，梁氏由学术之昌明而及身体之践行，对中国近代以来的“国学”发展功莫大焉。

二、国粹和国故、汉学和中国学

“国粹”一词，始见于报刊。《清史稿·张仁黼传》：光绪三十三年（1907年）“中国数千年来，礼陶乐淑，人人皆知尊君亲上。此乃国粹所在，必宜保存，用各国之法以补其不足”。

《清史稿·选举志四·制科条》记载，光绪三十四年（1908年），御史俾寿请特开制科，政务处大臣议以“孝廉方正、直言极谏两科，皆无实际，惟博学鸿词科，康熙、乾隆间两次举行，得人称盛。际兹文学渐微，保存国粹，实为今日急务。应下学部筹议”。核上述所引可知，“国粹”实乃“国之精粹”的缩略。

1901年9月，梁启超在《中国史叙论》中言“中国民族固守国粹之性质，欲强使改用耶稣纪年，终属空言耳”句，为国人最先在报刊上使用“国粹”一词。

1902年4月，梁氏致函康有为，云：“日本当明治初元，亦以破坏为事，至近年然后保存国粹之议起。国粹说在今日固大善，然使二十年前昌之，则民智终不可得开而已。”

1902年，梁启超与黄遵宪商议在日本创办《国学报》，“当以保国粹为主义，当取旧学磨洗而光大之”。

“国故”一词，古已有之，《礼记·文王世子》云：“凡释奠者，必有合也。有国故则否。”

《晋书·哀帝纪》云：“显宗成皇帝顾命，以时事多艰，弘高世之风，树德博重，以隆社稷。而国故不已，康穆早世，胤祚不融。”《晋书·隐逸传·伍朝传》云：“臣以为当今资丧乱之余运，承百王之遗弊，进趋者乘国故以侥幸，守道者怀蕴椟以终身。”《宋书·文帝纪》亦

① 桑兵《国学与汉学：近代中外学界交往录》，杭州：浙江人民出版社，1999年，第278页。

② 黄遵宪《致梁启超函》，原载《新民丛报》第二十号，光绪二十八年（1902）十月十五日，署名为“法时尚任斋主人”，后选入《黄遵宪全集》。

云："皇运艰弊，数钟屯夷，仰惟崇基，感寻国故，永慕厥躬，悲慨交集。"晚清以来西学东渐，始用"国故"指"国之掌故"。如《清史稿·代善传附昭梿传》有云："昭梿好学，自号汲修主人，尤习国故。"即为此意。再如《清史稿·魏源传》有云："源兀傲有大略，熟于朝章国故。"

章太炎是最早在近代意义上使用"国故"一词的人，1903年作《癸卯口中漫笔》即言："国故民纪，绝于余手，是则余之罪也。"1907年8月又在《与孙仲容书》中说："方今国故衰微，大雅不作。"1910年，章氏著《国故论衡》，"国故"一词正式确定，并囊括了语言、文学和诸子学等，因章氏在学界的声望，"国故"一词很快被人们所接受。1919年，国学保存会成员、北京大学刘师培、黄侃、张煊、罗常培等人成立国故社，3月创办《国故》月刊，昌明中国固有之学术为宗旨，是刊所载文章均系文言，且无新式标点。1919年4月，毛子水撰文《国故和科学的精神》，首次提出"国故学"的概念。5月，傅斯年在毛子水的《国故和科学的精神》一文末尾的附识中，第一次提出了"整理国故"。胡适在此后两年间，在各校讲"研究国故的方法"，胡适以为"'国故'的名词，比'国粹'好得多。……如果讲'国粹'，就有人讲'国渣'。'国故'这个名词是中立的。"1927年，群学社将当时关于"国学"与"国故"的论辩编辑为《国故学讨论集》出版。随着"国故"一词大行于世，也遭到了鲁迅、郭沫若等人的批判。连最早提出"整理国故"的傅斯年，也于1928年10月在《历史语言研究所工作之旨趣》一文中明确表示"反对'国故'一个观念"。"国故"一词遂淡出历史舞台。

"汉学"（Sinology）和"中国学"这两个词的情况也比较复杂。

汉学是欧洲人研究中国的学问。早在19世纪，"汉学"是欧洲学者指称与欧洲传统文化迥异的中国传统文化的一个专有名词。在1814年法国法兰西学院创办汉学讲座，"意味着汉学作为一种'学问'已为人们所承认"[①]。尔后，汉学逐渐成为一种专门的学问，以研究中国古代文化为重点，对中国传统文化持普遍肯定的态度，其研究主体也不仅限于欧洲。

关于"中国学"，二战后，美国政府从实用主义出发，加强了对中国近代和现代的研究，以费正清在哈佛大学设立的中国研究中心为起点，美国的中国研究开始从基于欧洲的"汉学"研究转向"当代中国"的研究，英文称之为"Chinese Studies"，即中国研究，亦称"中国学"。近年来，中国有学者提出"中国学"，并呼吁建相应学位，并预计招收海外留学生。但"中国学"一词在具体使用中也存有诸多分歧，在很多时候与"汉学"同义。北京语言大学创刊的《汉学研究》，其英文名即"Chinese Studies"。阎纯德教授以为汉学与中国学是一回事。[②]北京大学中文系严绍璗教授撰文表示，"汉学"应正名为"国际中国学"。[③]

胡明扬说："19世纪后期，服务于为帝国主义列强侵略和奴役中国制造理论根据和搜

① 福井文雅《欧美的道教研究》，《道教》第三卷，中译本，上海古籍出版社，1992年，第225页。

② 阎纯德《异名共体之汉学与中国学》，《国际汉学》第23辑。

③ 严绍璗《"汉学"应正名为"国际中国学"》，《中国社会科学报》2010年6月1日。

集情报的总体战略的中国学就在美国兴起。19世纪来华的美国新传教士为中国学的首创者。他们对中国古代的优秀文化传统不感兴趣，他们研究的是中国近现代的历史、文化、社会、人口、地理、政治这些对他们有用的东西。因为他们研究的内容明显跟欧洲传统汉学研究的内容不同，所以他们称之为'中国学'（Chinese Studies）。我国的学者不仔细分辨这两种研究的内容，有时就把这两种截然不同的研究混为一谈，甚至有的辞书在注释'汉学'时就说'也称中国学'，或者在注释'中国学'时就说'即汉学'，而一般人就更搞不清楚什么是'汉学'，什么是'中国学'了。"[1]胡明扬所言的情况在学术界普遍存在，因而亦有学人专门论及汉学与中国学的差异。

孟庆波认为："从一般意义上来讲，中国研究可以分为汉学与中国学。关于这两者的差异问题，国内学界曾有过较大争论。但总的来看，汉学研究比较多地还是指海外学者对中国语言、历史、文化等的人文科学研究；中国学则比较全面，是海外对中国的全方位探讨，学科的属性是社会科学。它包括了对现当代中国问题的研究，远非传统的古典研究所能容纳。"[2]王维江认为："按照欧洲学术界的分法，汉学属于人文科学范畴，专指对中国古典语言、文献、文学历史和文化的研究；而中国学则属于社会科学范畴，专指对当代中国政治、经济和社会现状的研究。"[3]他们都指出了汉学和中国学研究对象和学术属性的差异。

朱政惠更加深入地辨析了这个问题："汉学和中国学是不一样的，它们之间有区别、有联系。汉学比较重视人文这一块，注意历史与文化的研究；中国学更加关注对现当代中国的探讨，属于一种全方位思考，涉及政治、经济、社会诸方面。对这两个问题的理解，分歧是一直有的。在欧洲一些国家，汉学还是中国问题研究的主项，现代中国学发展不那么快。在美国，现代中国学发展比较快。当然也有美国学者把传统汉学叫汉学，把现代中国学叫新汉学。"[4]

综上可知，汉学与中国学在诸多方面存有差异。国学、汉学、中国学三者不能简单等同起来，国学主要指中国人自己研究自己的传统文化的学术；汉学是外国人研究中国古代的文化与学术；而中国学则往往侧重于对中国近代和当代的关注和研究。这几个名词，我们在使用的时候，应该多加辨析。

关于汉学，有几种杂志可以参看：《国际汉学》《世界汉学》《法国汉学》《汉学研究》等。清华大学思想文化研究所编《世界名人论中国文化》[5]，张劲夫主编《海外学者论中国》[6]等书亦可参阅。

---

① 胡明扬《国学、汉学、中国学》，《南开语言学刊》2009年第2期，第146页。

② 孟庆波、刘彩艳《美国的汉学及中国学发展历程概述》，《河北联合大学学报（社会科学版）》，2013年第3期，第77页。

③ 王维江《从汉学到中国学》，《社会科学报》（2006-07-27）。

④ 朱政惠《学术史研究能告诉我们什么？——以美国汉学、中国学发展的研究为例》，《国际汉学》，第25辑，第1-2页。

⑤ 清华大学思想文化研究所编《世界名人论中国文化》，湖北人民出版社，1992年。

⑥ 张劲夫主编《海外学者论中国》，华夏出版社，1994年。

第二节　国学的内涵

具有近代意义的“国学”概念，其内涵的解释甚多，争议亦大。下面列举数条，以供参考。

章太炎：国学是“一国固有之学”，是一个民族固有的学术和文化。

马一浮：国学即“六艺之学”。

胡适：“国学”在我们的心眼里，只是“国故学”的缩写。中国的一切过去的文化历史，都是我们的“国故”；研究这一切过去的历史文化的学问，就是“国故学”，省称为“国学”。

钱穆：“学术本无国界。国学一名，前既无承，将来亦恐不立。特为一时代的名词。”

吴宓：“所谓国学者，乃指中国学术文化之全体而言。”

任继愈：“国学就是传统文化。”

张岱年：国学是中国学术的简称，包括哲学、经学、文学、史学、政治学、军事学、自然科学以及宗教、艺术等。

庞朴：所谓国学，实际就是中国之学，西学传来之前，是指中国所有的学问。不仅经史子集、中医、中药是国学，天文、算术、历法、水利也都是国学。

综合而言，一般以国学为“中国古代学术体系”，或为“传统儒学”，或为“国故学”，或为“文学或文字学”，或为“史学”，或为“中国学”，其中以国学为“中国传统学术文化的总和”具有代表性和广泛的影响，一般论及“国学”，多取此义。国学作为“中国传统学术文化的总和”具有如下多个维度。

一、国学的多维之解

（一）国家和地域的维度

国学，特指中国传统学术的总和，它必定是中国本土的学术，但中国本土的学术也包括了外来之学，如佛学，亦在广义的国学之中，如吴宓即言：“中国之文化，以孔教为中枢，以佛教为辅翼”。[①]另外，国学虽特指中国本土的学术，乃特指其研究对象，而并非排斥中国之外的研究方法。吴宓先生在《清华开办研究院之旨趣及经过》一文中对于国学的研究也提出：“所谓国学者，乃指中国学术文化之全体而言，而研究之道，尤注重正确精密之

① 吴宓：《论新文化运动》，《学衡》1922年第4期。

方法(即时人所谓科学方法),并取材于欧美学者研究东方语言即中国文化之成绩,此又本校研究院之异于国内之研究国学者也。”[①]民国的一批国学大师如梁启超、陈寅恪、胡适、汤用彤、钱锺书、吴宓等人无不具有海外学习的经历,其学术亦有汇通中西的气象。

以地域的维度解读国学,也与当时倡导国学的先贤以学救国的思想一致。因为近代“国学”所发生的背景即“国将不国”的危难之秋。邓实即言:“国学不明,大义终塞,将有国破种亡之惨。”[②]许守微在《论国粹无阻于欧化》一文中说:“是故国有学则虽亡而复兴,国无学则一亡而永亡。……此吾国所以屡亡于外族,而数次光复,印度、埃及一亡于英,而永以不振者,一则仅亡其国,一则并其学而亡之也。”[③]许氏以国学救国之心,溢于言表。

章太炎在《东京留学生欢迎会演讲》中更是明确提出要用当下国人的爱国心做两件最为重要的事情,其一即为“用国粹激动种性,增进爱国的热肠。”[④]百年前如斯,今日的国学热亦是如此。这是我们学习国学首先需要注意的问题。地域的维度,是从国学的维度中衍生而出的,即国学是在中国古代的疆域之中所产生的学术文化。

(二)时间的维度

国学,是中国传统学术文化的综合,这个概念确定了国学的时间限制,即在1911年以前的中国的传统学术和文化。这是中国近代学术的一个通行的断代方式。但是这个时间的维度容易使人误会,此后是不是就没有了国学?从一般意义而言,国学的基本载体(典籍、文物)绝大部分定型于中国封建社会,其后的国学是对基本问题的研究。从时间的维度而言,自然而然地想到了新与旧的问题。吴宓曾言:“新旧乃对待之称,昨以为新,今日则旧。旧有之物,增之损之,修之琢之,改之补之,乃成新器。举凡典章文物、理论学术,均就已有者,层层改变递嬗而为新,未有无因而至者。故若不知旧物,则决不能言新。”[⑤]在国学的时间维度之中,即蕴含着以中国传统旧有之学术文化,开创新有学术文化的努力。

---

① 吴宓:《清华开办研究院之旨趣及经过》,清华大学校史研究室编:《清华大学史料选编》第一卷,清华大学出版社1991年版,第374页。

② 邓实《国粹学》,刘东、文韬《审问与明辨:晚清民国的“国学”论争》,北京大学出版社,2012年,第94页。

③ 许守微在《论国粹无阻于欧化》,刘东、文韬《审问与明辨:晚清民国的“国学”论争》,北京大学出版社,2012年,第137页。

④ 章太炎《东京留学生欢迎会演讲》,刘东、文韬《审问与明辨:晚清民国的“国学”论争》,北京大学出版社,2012年,第155页。

⑤ 吴宓:《论新文化运动》,《学衡》1922年第4期。

(三)内容和形式的维度

国学的内容非常丰富,如果采用中国传统的典籍分类方向,也不出四部之外,即“经部”“史部”“子部”和“集部”。中国古籍的分类,有一个由多变少的过程,至“四分法”后,基本形成了以“四分法”为主的学术分类体系。西汉刘向、刘歆父子编就《七略》,共分辑略、六艺略、诸子略、诗赋略、兵书略、数术略、方技略等七部分,省去作为总序的“辑略”,实为六分法。其后,图书增多,晋武帝时,秘书监荀勖与中书令张华更为甲乙丙丁四部。唐初修《隋书·经籍志》,首次以经史子集四部命名分类,正式确立了古代典籍的四分法。清朝编修《四库全书》时,即采用四部分类法。这四类几乎囊括了中国传统学术文化的全部:经部,主要包括儒家的经典;史部,主要包括正史与各类历史性的材料;子部,主要包括诸子百家、三教九流的典籍;集部,主要包括历代文士的诗文集。因此,我们一般说四部,即专指经部、史部、子部和集部,而非其他。

文言文是国学典籍的语言形式。文言文,是在古汉语基础之上加工而成的书面语,是中国古代典籍使用的基本语言,其特点是简明扼要、音韵协和,主要包括诗、词、曲、文等多种形式。但文言文这一古老的中国语言的基本形式,从取消科举考试以来,经由新文化运动等,受到了极大的冲击,即使在今天,也有人请文言文退出基础教育,使得文言文的发展一路坎坷。客观而言,中国的经典典籍无一例外均是文言文,如果我们抛弃了文言文,几乎等于是抛弃了整个中国古代的文化。文言文所特有的语言美感是白话文永远无法替代的。

二、四部与三间屋

为了更好地理解国学,本节介绍“国学”所涵盖的几个基本的方面。从内容而言,国学主要包括“四部”;从思想上而言,则主要包括儒家、道家和佛家。

(一)四部

1.经部

“经”的本义是指纺织机上等列布设的纵向的绷紧的丝线,与“纬”相对。古人织布必须固定经线,然后以纬线交织,故《说文解字》云:“织之纵丝谓之经,必先有经而后有纬。”因此义而引申为具有原创意义和规范意义的典籍为“经”,即恒常不变的真理之书,并非仅限于儒家的典籍。其他思想文化中也多有“经”,乃至世界上各种不同类型的文化都有自己的“经”,如《圣经》《古兰经》《大藏经》《道德经》等。此处主要向大家介绍儒家的“经”。

儒家的经典共十三部，就是我们常说的十三经。但并非一开始就有十三经，它们是在文化传承的过程中逐渐积淀出来的十三部经典。

先秦时期，即有六经：《诗》《书》《礼》《乐》《易》《春秋》，其中《乐》经失传，余五经。汉武帝时独尊儒术，即以此五经为必修之书。东汉时期，又将《论语》《孝经》与五经合并，共称为七经。李唐之初，将《诗》《书》《易》《周礼》《仪礼》《礼记》《春秋公羊传》《春秋穀梁传》《春秋左氏传》九部作为科举考试的项目，《论语》和《孝经》被称为“兼经”，共十一经。唐文宗大和七年(833年)，诏令十一经和《尔雅》刻石，共十二经。时至南宋，《孟子》被列为经书，与前文的十二部经一起构成了十三经。尔后，影响中国文化至今。其中《大学》《中庸》(此二篇文章从《礼记》中抽出)、《论语》《孟子》合为“四书”，作为科举考试的统一课本。

在十三经的基础之上，加上各家的训解、阐释，就形成了经学，在长达两千多年的历史时期对我们的思想意识、行为规范，乃至家国情怀和国计民生都产生了深远的影响。《十三经注疏》简列如下：

《周易正义》，魏·王弼、晋·韩康伯注，唐·孔颖达等正义

《尚书正义》，汉·孔安国传，唐·孔颖达等正义

《毛诗正义》，汉·毛亨传，郑玄笺，唐·孔颖达等正义

《周礼注疏》，汉·郑玄注，唐·贾公彦疏

《仪礼注疏》，汉·郑玄注，唐·贾公彦疏

《礼记正义》，汉·郑玄注，唐·孔颖达等正义

《春秋公羊传注疏》，晋·范宁注，唐·徐彦疏

《春秋穀梁传注疏》，晋·范宁注，唐·杨士勋疏

《春秋左氏传正义》，晋·杜预注，唐·孔颖达等正义

《论语注疏》，魏·何晏集解，宋·邢昺疏

《孝经注疏》，唐·唐玄宗注，宋·邢昺疏

《孟子注疏》，汉·赵岐注，宋·孙奭疏

《尔雅注疏》，晋·郭璞注，宋·邢昺疏

《十三经注疏》共460卷，自南宋合刻以来，明嘉靖、万历年间均有刊刻，清乾隆时期有武英殿本，但以此后阮元据宋本重刊本为最佳，中华书局有影印本。

《四库全书》经部收录儒家“十三经”及相关著作，包括易类、书类、诗类、礼类、春秋类、孝经类、五经总义类、四书类、乐类、小学类10个大类，其中礼类又分周礼、仪礼、礼记、三礼总义、通礼、杂礼书6属，小学类又分训诂、字书、韵书3属。

需要说明的是，《四库全书》的分类中把“小学”一类归入“经部”，其原因在于“小学”所含的文字、音韵等其初皆专为解经之用，故而归入“经部”。以现代学术眼光来看，则不尽合理。因此章太炎先生讲国学，就将国学分为小学、经学、史学、诸子和文学五类。

2. 史部

“史”是个象形字，其本义是像人拿着毛笔的样子。，用笔记录下事情的发生，就是“史”，可见，记录应该是史的第一要义。所以《说文解字》说：“史，记事者也。从又，持中；中，正也。”这不仅让我们知道，“史”是负责记录事件的官员，同时在记录历史事件的时候还应该秉持中正的态度，这就是我们常常所说的“良史传统”。

有强烈的时间意识是中国人的特点，对生命本身的关注和对事物规律的探寻是重史传统的主要原因。在世界的古文明中，“印度人无历史观、历史意识，也无史著，希腊文化则是反历史的”。[①]梁启超也说：“中国于各种学问中，惟史学为最发达；史学在世界各国中，惟中国为最发达。”[②]钱穆先生也认为“中国为世界上历史最完备之国家”，并概括了中国史学“悠久”“无间断”“详密”三个特点。

许多外国的研究者也发现了中国人对历史的格外重视，伏尔泰曾说：“中国人是这样一个民族，4000多年来，每天都在写它的编年史。”[③]黑格尔也在他的著作中表示：“中国‘历史作家’的层出不穷、继续不断，实在是任何民族所比不上的。其他亚细亚人民虽然也有远古的传说，但是没有真正的‘历史’。”[④]

中国历史著作一般分为多种，以纪传体、编年体和纪事本末体为三大主要体裁。

（1）纪传体史书

此类史书一般以本纪、列传、书志、史表、传赞等部分组成。司马迁的《史记》是第一部纪传体史书。纪传体史书以“二十四史”为重点，即：

《史记》《汉书》《后汉书》《三国志》《晋书》《宋书》《南齐书》《梁书》《陈书》《魏书》《北齐书》《周书》《隋书》《南史》《北史》《旧唐书》《新唐书》《旧五代史》《新五代史》《宋史》《辽史》《金史》《元史》《明史》。其中前四种，又被称为“前四史”；前十三种被称为“十三史”。

乾隆四年至四十九年（1739—1784年）武英殿刻印的《钦定二十四史》，是中国古代正史最完整的一次大规模汇刻。《点校本二十四史》是由中华书局组织全国百余位文史专家，全国学术界、出版界通力合作，历时二十年完成的（1978年全部出齐）新中国最宏大的古籍整理出版工程之一。

① 龚鹏程《国学入门》，北京：北京大学出版社，2007年，第85页。
② 梁启超《中国历史研究法》，上海：上海古籍出版社，1988年，第10页。
③ 伏尔泰著，梁守锵译《风俗论》，北京：商务印书馆，2011年，第86页。
④ 黑格尔著，王造时译《历史哲学》，北京：商务印书馆，1973年，第161页。

1920年，柯劭忞撰《新元史》脱稿，次年徐世昌以《新元史》为“正史”，与“二十四史”合称“二十五史”。但也有人不将《新元史》列入，而改将《清史稿》列为二十五史之一。或者，如果将两书都列入正史，则形成了“二十六史”。

（2）编年体史书

此类史书以年月日的顺序记录历史事件，是我国史书中最为古老的体例，它一般包括编年体史书、通鉴类史书、起居注和实录。

我国第一部编年体史书是《春秋》，之后有《左传》《竹书纪年》《汉纪》《后汉纪》等。

历代“通鉴”类著作简表

书名	作者	起止时间	卷数
通鉴外记	宋·刘恕	上古至春秋末年	15
资治通鉴前编	元·金履祥	上古至春秋末年	18
资治通鉴	宋·司马光	周威烈王二十三年（前403年）至后周显德六年（959年）	294
续资治通鉴长编	宋·李焘	宋太祖至宋钦宗	520
续宋编年资治通鉴	宋·刘时举	宋高宗至宋宁宗	50
资治通鉴后编	清·徐乾学	宋太祖至元顺帝	184
续资治通鉴	清·毕沅	宋太祖至元顺帝	220
明通鉴	清·夏燮	元顺帝至正十八年（1358年）至康熙三年（1664年）	100
清通鉴	戴逸、李文海	明万历十一年（1583年）至宣统三年（1911年）十二月二十八日	268
清通鉴	章开沅	清顺治元年（1644年）正月一日至宣统三年（1911年）十二月二十五日（1912年2月12日）	4

起居注，是皇帝言行的编年录。《汉书·艺文志》即言：“古之王者，世有史官，君举必书，所以慎言行，昭法式也。”相传最早的起居注是汉武帝的《禁中起居注》，已失传。李唐赵宋的起居注流传至今的仅有两种，即唐温大雅记录李渊自起兵至称帝的357天史事的《大唐创业起居注》和南宋周密的《乾淳起居注》。元至清以来，有多种，却鲜有人整理，目前仅有《万历起居注》《校正泰昌天启起居注》《康熙起居注》《乾隆帝起居注》《嘉庆帝起居注》《光绪帝起居注》《宣统帝起居注》《清代起居注册》（康熙、雍正、道光、咸

丰、同治、光绪六朝)已整理出版。[1]

实录,是以皇帝为中心的史事编年。"实录"最早用于书名,作为编年体史书之一种,始于南朝的梁代,有《梁皇帝实录》二种,惜均亡佚。唐宋二代的实录,仅有韩愈的《顺宗实录》和宋代的《太宗实录》存留至今。此后,明清两朝有《明实录》《清实录》和《宣统政记》,资料基本保存完整。

(3)纪事本末体史书

此类史书,突破编年体史书和纪传体史书的不足,以事件为中心,弥补了编年体史书中将一件史事分写在前后书卷中而不易检索的缺点,又克服了纪传体史书将同一事件分散割裂至不同人的传记之中的弊端,而成为一种新的史书体例,成为传统史著的三大体裁之一。

本末体史书简表

书名	作者	起止时间	卷数/出版年
三代纪事本末	黄中业	大禹治水至西周封国	1999年出版
绎史	清·马骕	上古至秦亡	160卷
左传纪事本末	清·高士奇	春秋时期	53卷
通鉴纪事本末	宋·袁枢	周威烈王二十三年(前403年)至后周显德六年(959年)	42卷
宋史纪事本末	明·陈邦瞻	宋代	26卷
元史纪事本末	明·陈邦瞻	元代	27卷
辽史纪事本末	清·李有棠	辽代	40卷
金史纪事本末	清·李有棠	金代	52卷
西夏纪事本末	清·张鉴	西夏立国前后近350年间	36卷
明史纪事本末	清·谷应泰	明代	80卷
三藩纪事本末	清·杨陆荣	南明	22卷
清史纪事本末	民国·黄鸿寿	清代	80卷
清史纪事本末	南炳文、白新良	清代	2006年出版
圣武记	清·魏源	清中期	14卷

① 中国第一历史档案馆藏,《康熙起居注》,中华书局,2009年。台北"故宫博物院"藏,《康熙起居注》,国学文化馆出版,1985年。中国第一历史档案馆编,《雍正朝起居注》,中华书局,1991年。中国第一历史档案馆编,《乾隆帝起居注》,广西师范大学出版社,2002年。中国第一历史档案馆编,《嘉庆帝起居注》,广西师范大学出版社,2006年。台北"故宫博物院"藏,《清代起居注·道光朝》,国学文献馆印行,1981年。台北"故宫博物院"藏,《清代起居注·咸丰朝》,国学文献馆印行,1983年。台北"故宫博物院"藏,《清代起居注·同治朝》,国学文献馆印行,1987年。台北"故宫博物院"藏,《清代起居注·光绪朝》,国学文献馆印行,1987年。

山西教育出版社于1996年出版了王连升主编的《新编中国历朝纪事本末》，另，1997年，中华书局出版了《历代纪事本末》（点校本），均可参读。

史部还包括别史、杂史、政书、学术史、史评、地理、方志等多种类别，限于篇幅，不再介绍。《四库全书》史部收录史书，包括正史类、编年类、纪事本末类、别史类、杂史类、诏令奏议类、传记类、史钞类、载记类、时令类、地理类、职官类、政书类、目录类、史评类等15个大类，其中诏令奏议类又分诏令、奏议2属，传记类又分圣贤、名人、总录、杂录、别录5属，地理类又分宫殿疏、总志、都会郡县、河渠、边防、山川、古迹、杂记、游记、外记10属，职官类又分官制、官箴2属，政书类又分通制、典礼、邦计、军政、法令、考工6属，目录类又分经籍、金石2属。

面对令我们如此骄傲的中国历史，我们还必须有一个客观的态度。一是不迷信“写的历史”，程应镠曾说过：“凡是已经过去了的事都是历史，人们记载下来的则是写的历史。写的不一定和过去的相同。历史和写的历史不是完全一致的，甚至差得很远，完全相反。”[①]这提醒我们在读“写的历史”的时候应该有一个敏锐的眼光来进行判断和甄别，而不能一味迷信史书的记载。真实的历史往往需要多种不同的史料进行相互的印证。二是了解中国历史著作的弊病，梁启超在《新史学》中言中国旧史学有六大弊病：知有朝廷而无国家；知有个人而无群体；知有陈迹而无今务；知有事实而无理想；能铺叙而无别裁；能因袭而无创新，因此中国历史是“君史”而不是“国史”或“民史”。这种说法极有影响，马叙伦即有旧史学“乃一家一姓之谱牒”的说法；黄节亦云旧史只有：“一人之传纪，而无社会之历史”。此类论述，至今都影响着史学研究。

3.子部

子部收录诸子百家著作和类书，包括儒家类、兵家类、法家类、农家类、医家类、天文算法类、术数类、艺术类、谱录类、杂家类、类书类、小说家类、释家类、道家类14大类，其中天文算法类又分推步、算书2属，术数类又分数学、占侯、相宅相墓、占卜、命书相书、阴阳五行、杂技术7属，艺术类又分书画、琴谱、篆刻、杂技4属，谱录类又分器物、食谱、草木鸟兽虫鱼3属，杂家类又分杂学、杂考、杂说、杂品、杂纂、杂编6属，小说家类又分杂事、异闻、琐语3属。

子部收录典籍杂多，经部、史部、集部之外的著作几乎均归入子部。纵观中国古代的目录学著作，可以发现，子部的阴阳家、名家、墨家、纵横家逐渐消亡，而新增了艺术、谱录、类书、释家四个类别，而且“小说”也被归入子部，从这一文化现象可以发现中国古代学术文化的大趋势，此消彼长，层层更新。对子部著作要做一般的了解，可参阅中华书局

① 程应镠《流金集》，上海：上海古籍出版社，1995年，第167页。

出版的“新编诸子集成”丛书。不过已整理出版的“新编诸子集成”丛书所收录仅有数十种，如需查阅更多的子部图书，只需按照《四库全书》的子部目录“按图索骥”即可。

4.集部

集部收录诗文词总集和专集等，包括楚辞、别集、总集、诗文评、词曲5个大类，其中别集类又分为汉至五代、北宋建隆至靖康、南宋建炎至德祐、金至元、明洪武至崇祯、清代6属，其中词曲类又分词集、词选、词话、词谱词韵、南北曲5属。

（二）三间屋

以部类而言，中国传统学术文化并为经部、史部、子部和集部四类；而就其思想而言，则以儒家、道家和佛家为中国传统学术文化的主干。

对于儒家、道家、佛家在中国传统社会中的位置，王阳明有一个很好的譬喻：

“儒者不见圣学之全，故与二氏成二见耳。譬之厅堂三间共为一厅，儒者不知皆吾所用，见佛氏，则割左边一间与之；见老氏，则割右边一间与之；而己则自处中间，皆举一而废百也。”[①]

王阳明的原意是儒家未能统合中国古代的思想文化，被道家和佛家占据了原本属于儒家的地盘，无意却客观地道出了中国古代思想的基本情况，同时也说明了中国古代思想的历史演进和文化融合。道家后来衍生出道教，是中国本土的宗教；佛教是东汉时期传入中国的外来宗教；儒家在中国古代对于民众具有准宗教的性质，因此，学人亦称儒、道、释三教，其具体要义后文有专章阐释和解读。

① 王阳明：《王阳明全集》卷三十二《传习录拾遗》。

第三节　国学的百年历程

自1902年梁启超创办《国学报》开始，"国学"迄今已有110余年的历史，在这百年历程中，兴衰盛竭与中国时代之精神密切相关。为"国学"修史的想法早在国学肇始之时，即有谋计，1902年黄遵宪在《致梁启超函》中，针对梁启超欲办《国学报》的想法，就提出了修"国学史"的建议，惜未果。总体而言，国学的百年发展历程可分为晚清时期、民国时期和新时期三个阶段。

一、晚清的国学

中国社会在晚清时期呈现出大变动，西方的火炮并着思想一齐涌入这个古老的国家，废科举、兴新学蔚然成风，全国上下大有全盘西化的态势。晚清的革命党人倡导"反满复汉"的种族革命，同时要求重塑中国的民族意识，正是在这种内忧外患的时代背景下，国学登上了晚清的政治文化舞台。其倡导者大多是学贯中西的学者，开始自觉运用西方的各种理论和方法来研究、阐发、推广和弘扬中国所固有的传统学术文化，以期保国护种。从林则徐、魏源到康有为、梁启超等人，无不体现了这种努力。晚清的国学倡导者，其初衷并非为学术而研究国学，甚至是不在研究而在保存，以求养成国民的爱国心，因此政治或文化关怀明显高于学术追求。

晚清的国学主要体现在两个方面，即国学导读书目的兴起和国学活动。

（一）国学导读书目的兴起

西学的强劲涌入，动摇了在中国传承数千年的传统学术体系，国学书目的兴起便是国人在西学的背景下寻求文化认同和民族本性的"根柢之学"，意在传承民族文脉和种族血脉。晚清出现的这些书目具有中国传统意义上的目录学的意义，便于取阅；同时这一时期的书目少有门户之见。需要注意的是，这些书目在一定程度上具有中西兼顾的特点。如江人度的《书目答问笺补》即有一些西学书目；康有为在《桂学答问》中也有《谈天》《格致鉴原》等西学之书；梁启超的《学要十五则》除传统的经学、史学、子学、理学之外，尚有一些西学书籍。晚清的国学导读书目主要有以下7种：

1847年，龙启瑞《经籍举要》；

1869年，杨希闵《读书举要》；

1874年，张之洞《书目答问》(附江人度《书目答问笺补》)；

1888年，裕德《经籍要略》；

1894年，康有为《桂学答问》(附梁启超《学要十五则》)；

1902年，王大章《学教录商要》；

1903年，张承燮《蒙养函书三编总目》。

上述7种书目之中，以张之洞《书目答问》、杨希闵《读书举要》、裕德《经籍要略》、康有为《桂学答问》较为普及和流行。如张之洞的《书目答问》分经、史、子、集、丛五类收录中国传统图书近2000余种，该书目“翻印重雕，不下数十余次，承学之士，视为津筏，几于家置一编。”[①]徐雁赞曰：“公之书目出，四方学者，闻风兴起，得所依归，数十年来成就学者不知凡几。”[②]可见其书在当时的巨大影响。著名学者梁启超亦云：“启超本乡人，瞢不知学。年十一，游坊间，得张南皮师之《輶轩语》《书目答问》，归而读之，始知天地间有所谓学问者。”[③]鲁迅指导青年学子读书也说：“姑且靠着张之洞的《书目答问》去摸门径去。”[④]足见张氏之书的巨大影响。今日读书索要，此书尚不过时。可参阅张之洞撰，范希曾补正，徐鹏导读的《书目答问补正》[⑤]。

(二)晚清的国学活动

晚清的国学活动在全社会产生了广泛的影响，主要集中在“国粹派”，该派不仅拥有自己的国学组织国学保存会，同时也有自己的学术阵地《国粹学报》，亦有专门的活动场所上海四马路老巡捕房东首惠福里，还有周密的管理制度——财务报告制度，和专门的藏书楼上海四马路老巡捕房东面辰字24号。国粹派还组织编写了《国学教科书》《各省乡土教科书》，刊刻《国粹丛书》《国粹丛编》《神州国光集》，创办国粹学堂和国粹图书馆等，在当时颇有声色。[⑥]国粹派组织管理井然有序，其行政首脑是邓实，文字主帅是刘师培，精神领袖是章太炎，其他代表性人物还有黄节、陈去病、马叙伦、陆绍明、柳亚子等，后来王国维也曾积极为《国粹学报》撰写过稿件。[⑦]国粹派的活动主要有以下节点需要把握：

1902年，邓实、黄节在上海创办半月刊《政艺通报》，1908年改为月刊，前后坚持了6

① 范希曾《书目答问补正·跋》，上海：上海古籍出版社，2008年。

② 徐雁《〈书目答问〉传世百年三论》，《编辑学刊》，2001年第6期，第94页。

③ 梁启超《饮冰室合集·文集之一》，北京：中华书局，1989年，第19页。

④ 鲁迅《而已集·读书杂谈》，北京：人民文学出版社，1952年。

⑤ 张之洞撰、范希曾补正、徐鹏导读《书目答问补正》，上海：上海古籍出版社，2001年。

⑥ 严冬《晚清时期的国学大师》，《中国文物报》2011年12月21日，第7版。

⑦ 严冬《晚清时期的国学大师》，《中国文物报》2011年12月21日，第7版。

年，共刊146期，并有汇本刊行。该刊创刊时黄节发表了《国粹保存主义》等文。

1905年初，邓实在上海成立国学保存会。

1904年，邓实发表《国学保存论》。

1905年，国学保存会主办《国粹学报》，该刊分社说、政篇、史篇等7个栏目，用文言文写成，集结了刘师培、章太炎、黄侃、罗振玉、胡朴安、马叙伦、柳亚子、马君武、黄宾虹等一大批名家学者，自创刊至1911年9月，连续刊行了82期。

1906年，章太炎到日本主编同盟会的机关报《民报》，并在民报社内创办了"国学讲习会"，创立国学振兴社。

1910年，章太炎《国故论衡》在日本秀光社排印出版。

在中国百年的国学历程中，国粹派在晚清时代达到了国学研究和推广普及的最高水平。他们研究国学是将中国文化置于世界文化的场域之中予以考察，具有清醒、开放的文化心态；不再以儒学为独尊，将儒学还原为先秦诸子之一家，扩大了中国传统文化的基础；也吸引和凝聚了一大批学者和青年学人，投入到保存国粹的思潮之中。晚清的国粹思想对中国近代国学研究产生了深远的影响，其主要成员最终大都成长为研究国学的一代宗师，奠定了国学百年发展的学术根基。

除国粹派之外，晚清时期梁启超的国学研究也值得留意。1902年，梁启超在《论中国学术思想变迁之大势》一文中多次使用近现代意义上的"国学"一词，并筹办《国学报》（见《梁任公先生年谱长编》，及黄遵宪《致梁启超函》）。1903年，《新民丛报·学界时评》发表梁启超《游学生与国学》，认为"国学与爱国心相通倚者也"。另，1905年3月，江起鹏《国学讲义》由上海新学会社出版，这是近代最早以"国学"命名的讲稿之一。又，1911年2月，罗振玉、王国维在北京发起"北京国学研究会"，并创办双月刊《国学丛刊》[①]。

另，1909年11月，柳亚子、高旭、陈去病等人在上海发起"南社"，其成员有一部分来自国粹派，如胡朴安、马叙伦、马君武、黄宾虹等人；还有中国同盟会的黄兴、宋教仁、沈钧儒、于右任、廖仲恺、何香凝；还有许多著名的文人和学者，如鲁迅、黄侃、邵飘萍、苏曼殊、欧阳予倩、李叔同、沈尹默等，总人数达千余人，声势浩大。1923年，南社解体后仍有新南社、南社湘集、南社闽集等社团活动。南社前后延续30多年，影响甚大。

二、民国时期的国学

民国的国学总体上呈现出活跃和繁荣的景象，这不仅体现在国学专门机构如雨后春笋般林立，和国学名家群体的涌现，也体现在以官方为代表的三次读经运动，还体现在大

① 1914年罗振玉流亡日本后，《国学丛刊》在日本继续刊行。

量国学书籍的出版和国学论文的刊行。

(一)国学专门机构和国学名家群体的涌现

国学专门机构的成立,是民国国学繁荣的一大表现,其特点是由国学社会组织过渡到高等院校的教育体系,体现了国学发展的社会性和学术性相结合的时代特点。为方便阅读,这里以时间为序展开叙述。

1912年1月,尹昌衡时任四川都督,将原来四川枢密院改为四川国学院,宗旨为"研究国学,发扬国粹,沟通古今,切于实用。"聘请吴之英为院长,刘师培为副院长,聚集了廖平、谢无量、曾瀛、杨赞襄、李尧勋等人。并创办了月刊《四川国学杂志》,1914年此刊改为《国学荟编》,1919年停刊,共刊发了63期。1918年遵教育部规定改为四川省立国学专门学校。1928年秋并入四川大学,改为四川大学中国文学院。①这是民国第一个省立国学院,继此国学院成立之后,民国期间出现了一批又一批的国学机构。

1912年6月,南社成员高旭、高燮、柳亚子、李叔同、胡朴安等15人发起了"国学商兑会",取《易·兑》"九四,商兑未宁,介疾有喜",倡导对"国学"进行"商兑",推陈出新,去伪存真,共同砥砺学问。高燮曾言:"夫国而无学,国将立亡。……非敢强人以从同,聊系绝学于一线。空山落寞,精义以阐发而益深;斗室沉吟,玄谛因推敲而愈显。孤证妙解,必使切理而餍心;触类旁通,亦不逞奇而眩异。邦人诸友,凡百君子,如有乐乎此者,敢望贻我佩玖,同歌《丘中有麻》;与子偕行,共采中原之菽。"②

1912年,章太炎弟子马玉藻在北京和杭州成立了国学会。

1914年,吕学沅和陈尔锡在日本东京成立了"国学扶危社",并主编《国学》杂志。

1915年,倪羲抱等人在上海成立了国学昌明社,并发行《国学杂志》。

1919年初,北京大学国故社创刊《国故》月刊,打出"昌明中国固有之学术"的旗号,以"保存国粹"为宗旨,向新文化运动发起挑战。

1920年,上海南洋公学的校长唐文治建无锡国学专修馆,1929年更名为"无锡国学专修学校"。无锡国专是以国学作为一个科目的高等专科教育机构,是中国传统书院向现代大学转型时期国学教育的典范。

1922年1月,北京大学文科研究所设立国学门,由章氏弟子、著名训诂学家沈兼士任主任。并出版《国学季刊》。这是中国现代大学里的第一个国学研究专门机构,凝聚了沈兼士、胡适、周作人、陈垣、马衡、林语堂、顾颉刚等一批著名学者。1932年,北京大学研究所国学门改为研究院文史部,1934年改为研究院文科研究所,1952年停办。北大国学门

① 谢桃坊《四川国学小史》,成都:巴蜀书社,2009年。

② 柳无忌主编《高燮集》。

则代表了西方学术体制向中国移植的国学教育。接踵而至的东南大学、清华大学、辅仁大学、燕京大学、齐鲁大学、金陵大学等大学国学研究院(所)相继建立。

1922年10月13日，东南大学正式成立“国学研究会”(学生组织)，该组织的指导员有陈中凡、顾实、吴梅、陈去病、柳诒徵等。另东南大学的胡先骕、梅光迪、吴宓等人办的《学衡》杂志，标举“昌明国粹，融化新知”，在近代国学史上具有广泛的影响。

1923年4月，东南大学国文系计划成立国学院。

1925年9月，清华大学国学研究院成立，聘梁启超、王国维、陈寅恪、赵元任为导师，被称为“四大导师”。1929年，清华大学国学研究院撤销。

1926年10月10日，厦门大学成立国学研究院。校长林文庆亲任院长，林语堂任总秘书，沈兼士任研究主任，聚集了鲁迅、林语堂、顾颉刚、张星烺、孙伏园、陈万里、张颐、史禄国、戴密微等中外著名学者。2006年12月22日，厦门大学复办国学研究院。

1926年，集美学村成立国学专门部，1927年改部为校，即集美国学专门学校。

1926年4月，丁福保等人在上海发起组织“中国国学研究会”，并出版《国学辑林》学刊，顾实撰《发刊词》。

1927年，辅仁大学开办“国学专修科”。

1927年，江南图书馆(即南京图书馆)改为国立中央大学国学图书馆，馆长柳诒徵。

1928年，燕京大学成立国学研究所，以研究国学、沟通中西为其宗旨，专门招收国学研究生。聚集了吴雷川、容庚、顾颉刚、黄子通、许地山、郭绍虞、张星烺等人，还聘请了洪业、陈寅恪、齐思、俞平伯、钱穆、陈垣等学者。值得一提的是，燕京大学与哈佛大学联合成立了哈佛燕京学社，该社出版的《燕京学报》得到了汉学界的好评。

1928年，蔡元培任中央研究院院长，成立历史语言研究所，由黄侃的弟子傅斯年任所长。该所主办的刊物《历史语言研究所集刊》，是中央研究院最重要的一份学术刊物，许多著名学者的重要论文发表在此刊物上。至1949年共出版21本，1949年以后在台湾继续出版。

1930年秋，齐鲁大学设立国学研究所，1952年全国院校调整时随齐鲁大学的撤销而结束。

1933年，河南河洛国学专修馆成立。

1934年，金陵大学开设国学特别研究班，招收研究生。其导师有胡小石、黄季刚、汪东、胡翔令、吴瞿安、刘衡如、刘继萱等知名学者。

1935年1月10日由王新命、何炳松、武堉干、孙寒冰、黄文山、陶希圣、章益、陈高佣、萨孟武、樊仲云等十教授，联名在《文化建设》月刊上发表《中国本位的文化建设宣言》。

1937年，无锡国学研究会发行《国学界》杂志。

抗日战争全面爆发之后，中国的主要矛盾转移到抗日救国上，国学活动相对冷寂。综上可知，民国时期，在抗日战争全面爆发之前，国学活动如火如荼。各种民间的国学社团组织层出不穷，过渡到高等院校设置专业院系，大量国学刊物和国学书籍出现，最终成长起来一批国学名家，对于国学精神的传承、国学内涵的挖掘、国学人才的培养、国学教育体系的探讨都起到了极大的促进作用。

（二）民国的三次读经运动

“读经”对于大家而言也许并不陌生，读经不仅是中国古代教育中不可或缺的环节，也是当今许多教育工作者的新倡导。为了与古代读经相区别，民国以来的“读经”，我们习惯上称之为“读经运动”。既为运动，自然免不了起伏。在民国时期，就出现了三次读经运动，这三次读经运动是民国国学的重要组成部分。

1.第一次读经运动

1912年1月19日中华民国第一任教育总长蔡元培下令：“小学堂读经科一律废止。”次年5月，蔡元培下达第二道法令：“废止师范中、小学读经科。”同年7月，蔡元培在全国第一届教育会议上提出了“各级学校不应祭孔”的议案。以蔡元培为代表的学人希望从教育制度上废除“尊孔读经”。

袁世凯窃取了中华民国大总统之位后，即提出“尊孔读经”，为其恢复帝制做文化上的准备。1913年6月22日郑重颁布尊孔祀孔的总统令。袁世凯的主张自然迎合了清朝遗老的想法，如康有为、陈焕章等人就大力支持袁世凯的“尊孔读经”运动。康有为发起了定孔教为“国教”的运动，创办《不忍》月刊，并把此事作为议案推上了国会。康有为认为“孔子为中国改制之教主，为创教之神明圣王，孔子以前之道术，则孔子集其大成，孔子以后之教化，则吾中国人饮食男女坐作行持，政治教化，矫首顿足，无一不在孔子范围中也。岂惟中国，东亚皆然。若日本之强，以欧、美之政治物质，为其皮肤，以孔子之教，为其神骨者也。今日本人家诵《论语》，国尊儒学至矣，是以有乃木之感。而我自有教主，乃反不知而废弃之，若废弃孔子，则中国之教化尽矣。”①

陈焕章于1913年2月在上海创办的《孔教会杂志》，接着又联络严复、梁启超、林纾、马其昶、姚永概、吴芝瑛等知识界名流二百余人于同年6月发起成立孔教公会，大力推行“尊孔读经”。

民国第一次“读经运动”以袁世凯的倒台而结束。

① 汤志钧《康有为政论集》（下册），北京：中华书局1981年，第799页。

2. 第二次读经运动

章士钊是第二次“读经运动”的代表人物，时任北洋军阀政府教育总长，早期有留学英国的经历，兼有深厚的国学根基。1925年，章士钊先后在《甲寅》杂志上发表《评新文化运动》和《评新文学运动》，重又提倡“尊孔读经”。他说：“溯自西风东渐，我国人舍其农家淳厚之风，而效工业国伪物质文明之奇技淫巧。人心日益险，道德日益丧。变乱相寻，争夺无已，使中国趋于沦亡者，恐怕就是此工业国之伪物质文明。”倡导以“农国”（中国）固有的礼教抵制“工国”思想的侵蚀。章士钊曾断言：“吾儒礼教之说，当复起于今日。”1925年11月，教育部颁布了“读经令”，规定小学从四年级起，每周读经一小时，至高小毕业为止。

章士钊所倡导的“读经运动”遭到了陈独秀、鲁迅等人的强烈反对。鲁迅在《十四年的“读经”》一文中即强调“读经”不能救国。

3. 第三次读经运动

1934年2月，蒋介石发表《新生活运动要义》，倡导“礼义廉耻”等传统伦理道德价值观，提倡“尊孔读经”，发布恢复“祭孔”的命令。此期间，陈济棠在广东、何键在湖南、宋哲元在北方，均提倡读经。

1934年9月，商务印书馆《教育杂志》复刊，主编何炳松借此机会，向全国教育界以及关注教育的专家学者发信百余封，征询关于“读经”的意见，并把收回的70余篇文章（意见）辑为专辑，在1935年5月10日的《教育杂志》第25卷第5期出版发行。这是“全国专家对于读经问题的意见专辑”的由来，是此次“读经”思潮的肇始，从而揭开了民国以来第三次深有影响的“读经”思潮之序幕。1937年，何键还在国民党三中全会上提出明令读经议案，希望中小学在12年间，让儿童读《孝经》《孟子》《论语》《大学》《中庸》。此外，冀、察两省也都提出过中小学读经的办法。“此次‘读经’遭到胡适、傅斯年等自由知识分子的强烈批评。傅斯年发表《论学校读经》，胡适则连续发表《写在孔子诞辰纪念之后》《所谓‘中小学文言运动’》《我们今日还不配读经》《试评所谓‘中国本位的文化建设’》等文，力抗狂澜，由此引发了20世纪30年代的‘本位文化’与‘西化派’的论战。”①

这次“读经运动”较前两次“读经运动”的最大不同在于将“读经”与“尊孔”区别开来，同时激活了民众对中国本土化和西化有了较为全面的认识和深入思考。

（三）国学书籍的出版和国学论文的刊行

民国时期，有大批国学类书籍出版发行，其中尤以国学概论和国学常识问答类的书

① 贾万刚《民国读经思潮的文化反思》，《教育评论》，2007年第5期，第110页。

籍为主，为方便读者了解，以时序列简目如下，以供参阅：

①《国学入门讲稿》，沈亦云，南屏女中印行，出版年不详。

②《国学概论》，章太炎，1922年。

③《国学必读（上下）》，钱基博，中华书局，1923年。

④《国学研究会演讲录（第一集）》，东南大学、南京高师国学研究会编，商务印书馆，1923年。

⑤《国学常识》（十种），徐敬修，大东书局，1924年。

⑥《治国学门径》，汤济沧，上海寻源中学印行，1925年。

⑦《国故学大纲（上卷）》，曹聚仁，上海梁溪图书馆，1925年。

⑧《国学问答汇编》，唐津梁，文光书局，1925年。

⑨《三订国学用书撰要》，李笠，朴社出版，1927年。

⑩《国故学讨论集》（3册），许啸天，群学社，1927年。

⑪《国故新探》，唐钺，商务印书馆，1927年。

⑫《经史子集概要》（4种），顾荩臣，世界书局，1930年。

⑬《国学研究法》，洪北平，上海民智书局，1930年。

⑭《国学概要》，王韶生，知用中学，1930年。

⑮《国学概论》，钱穆，商务印书馆，1931年。

⑯《国学纂要》，徐昮潜，南京书店，1931年。

⑰《国学常识十种》，徐敬修，大东书局，1932年。

⑱《国学问答》，黄筱兰、张景博合编，1932年。

⑲《国学大纲》，汪震、王正己，北平人文书店，1933年。

⑳《国学大纲》，徐澄宇，上海华通书局，1933年。

㉑《国学常识》（初中参考书），沈退之，1933年。

㉒《国学概论》，王易，上海神州国光社，1933年。

㉓《国学概论》（高中示范科适用），王时敏，上海新亚书店，1933年。

㉔《国学述要》，尤墨君，杭州师范学校，1933年。

㉕《国学概论讲话》，谭正璧，1933年。

㉖《国学概论》，马瀛，上海大华书局，1934年。

㉗《国学问题五百》，李时，君中书社，1934年。

㉘《学生国学问答》，叶北岩，商务印书馆，1934年。

㉙《国学常识答问》，张振镛，商务印书馆，1935年。

㉚《国学丛论》,黄毅民,燕友学社,1935年。

㉛《治国学门径》,汤济沧,上海寻源中学印行,1935年。

㉜《国学讲话》,王缁尘,世界书局,1935年。

㉝《国学试题总解》,姚蕴,储祎,东方书店,1935年。

㉞《国学要览》,储祎,东方书店,1936年。

㉟《国学概论》,钟泰,中华书局,1936年。

㊱《国粹与国学》,许地山,商务印书馆,1936年。

㊲《国学常识》,谭正璧,大东书局,1937年。

㊳《国故谈苑》,程树德,商务印书馆,1937年。

㊴《国学表解》,谢苇丰,九州书局,1938年。

㊵《国学常识问答》,李侠文,正中书局,1940年。

㊶《国学丛编》,吴雄华,中国印务局,1941年。

㊷《国学入门》,蒋梅笙,正中书局,1943年。

㊸《国学运动大纲》,顾寔,中华国学社,1943年。

㊹《国学常识问答》,王维彰,东方书社,1943年。

㊺《国学导读》,邵祖平,商务印书馆,1946年。

㊻《国学常识》,曹朴,文光书店,1947年。

㊼《国学纲要(上下)》,刘明水,商务印书馆,1947年。

上列之书,仅涉及部分以"国学"或"国故"命名之书,各类经史子集的研究著述尚不在此列。这些书主要内容大体是关于国学入门、国学概论、国学常识、国学研究方法、治国学门径的,由此亦可见出当时民众对于国学基本读物的一般需求。

对于国学书目,不同学者之间差异极大。1923年,胡适应将出国的留学生之请,拟定了《一个最低限度的国学书目》,对于这份书目,学者不尽赞同,其中以梁启超的态度最为明确。梁氏撰《评胡适之的〈一个最低限度的国学书目〉》一文,指出胡适所列书目的问题,并自己另拟《最低限度之必读书目》。这两份书目代表了20世纪20年代,不同学者对国学书目的基本理解,有兴趣的读者,二份均可参考,再根据自己的喜好选择,当然,梁胡二氏均推荐的书,值得特别关注。

民国时期,为了制造国学教育和国学研究的声势,营造国学气氛,教育界、学术界创办了一批国学研究方面的期刊。如《四川国学杂志》(1912)、《国学荟编》(1914)、《国学》(1914)、《国学杂志》(1915)、《国故》(1919)、《国学季刊》(1922)、《学衡》(1922)、《国学丛刊》(1923)、《北京大学研究所国学门月刊》(1925)、《国学辑林》(1926)、《历史语言研究所集刊》(1928)、《人文》(1930)、《国学汇编》(1931)、《师大国学丛刊》(1931)、《现代学术》(1931)、《国学丛编》(1932)、《国学商兑》(1933)、《禹贡半月刊》(1934)、《文哲月刊》(1935)、《北京大学研究所国学门周刊》(1936)、《史学集刊》(1936)、《论学》(1937)、《国学》(1937)、《制言》(1935)、《国学界》(1937)、《齐大国学季刊》(1940)等,刊行了大量国学文章,涉及国学的诸多方面,对当时的文化界产生了一定的影响。因此,出现了国学论文索引类的书籍:

1929年7月,中华图书馆协会出版《国学论文索引》;
1931年7月,中华图书馆协会出版《国学论文索引续编》;
1934年10月,中华图书馆协会出版《国学论文索引三编》;
1936年6月,国立北平图书馆索引组刘修业出版《国学论文索引四编》;
1955年1月,内部油印资料《国学论文索引五编》面世。

如欲对民国时期的国学论文做全面的了解,或是深入研究民国的国学,上述5种索引是必须要翻阅和检索的。

三、新时期的国学

新中国成立前期,受政治、经济、文化、军事等诸多因素的影响和制约,国学基本没有太大的发展。"文革"十年还整体打压国学。改革开放之后,有利于国学复兴的土壤逐渐形成。从20世纪80年代的"文化热"到90年代的"国学热"就是其具体体现。1993年北京大学中国传统文化研究中心主办的《国学研究》创刊,标志着国学的热潮再度兴起。1993年8月16日,《人民日报》以整版篇幅发表题为"国学在燕园悄然兴起"的报道;两天以后又在头版登出《久违了,"国学"!》。随后,《光明日报》《文汇报》等也发表了类似的报道和文章。中央电视台做了题为"北大'国学热'的启示"的专题报道,由北京大学中国传统文化研究中心摄制的电视片《中华文明之光》在海内外播放。1993年10月14日,《光明日报》发表文章《国学与国学大师的魅力》。"国学热"由此而逐渐升温。

2004年,由许嘉璐、季羡林、任继愈、杨振宁、王蒙发起的,70余名学者签名的《甲申文化宣言》,向海内外同胞和国际社会表达"文化主张",这与20世纪的两次文化宣言遥相辉映。1935年1月10日由王新命、何炳松、武堉干、孙寒冰、黄文山、陶希圣、章益、陈高佣、萨孟武、樊仲云十教授,联名在《文化建设》月刊上发表《中国本位的文化建设宣言》,强调要加强“中国本位的文化建设”，对西洋文化要“吸收其所当吸收，而不应以全承受的态度，连渣滓都吸收过来”，旗帜鲜明地反对“全盘西化”主张。这就是现代史上有名的“十教授宣言”，在当时引发了关于中国文化的大讨论。1958年初，现代新儒家的老将张君劢与后起之秀唐君毅、牟宗三、徐复观联名，在香港的保守派杂志《民主评论》上发表了《为中国文化敬告世界人士宣言》。这些文化宣言，是文化觉醒的信号，同时也是中华民族文化自觉的象征。2013年11月，中国国学研究与交流中心开工修建。2014年3月，教育部印发了关于《完善中华优秀传统文化教育指导纲要》的通知，在全国各级学校加强中国优秀传统文化的教育和推广。国学活动也由民间推广逐渐向高等院校的专业教育和官方提倡发展。

在国学的传承和发展过程中，具有里程碑意义的是“两办国学传承18条”的问世。2017年1月25日晚，央视新闻频道播放了由中共中央办公厅、国务院办公厅印发的《关于实施中华优秀传统文化传承发展工程的意见》(中宣部简称“两办国学传承18条”)，并发出通知，要求各地区各部门结合实际认真贯彻落实。这是新中国成立以来第一次以中央文件的形式来专题阐述中华传统文化的传承发展工作，对增强中华民族的文化自觉和文化自信具有国家战略意义，故被人们视之为“国策”。国学的传承与发展，将走向健康有序的道路。

进入21世纪以来，中国许多高等院校先后复办或创建了国学院，目前全国有多所国学院、国学研究机构，主要分为学术研究和国学培训两大类。学术类举要如下：北京大学国学研究院、清华大学国学研究院、中国人民大学国学院、武汉大学国学院、厦门大学国学研究院、华中科技大学国学研究院、南昌大学国学研究院、山西大学国学研究院等。从创建机构和力量整合的角度看，目前的国学研究、培训机构主要集中在高校，多为高校整合自身的学术资源创办，其社会影响力受到一定的限制。

从地域分布上看，现有的国学院以北京为重心，主要分布于中东部城市。欲使国学产生全民性的影响，有必要成立由政府主导的，整合学界优质资源的国学院。值得一提的是，秉承“汇天下贤达，育博雅之士”的理念，重庆国学院应运而生，于2012年10月27日在重庆成立，这是新时期第一所省级政府举办的国学院，在新时期国学发展史上具有重要意义。

四、国学与新国学

国学在新中国前期的发展几乎停滞，导致民众对“国学”一词较为陌生，对国学的理解也有一些偏差，甚至认为国学就是封建时代的老古董。针对这种情况，有学者提出了

“新国学”的概念。萧兵《“新国学”的悬想》提出，应该对中国传统的典籍予以现代性的“破译”或“阐释”。“所谓‘新国学’，本应该除了对象（中国传统文化）依旧以外，全体焕然一新：材料新，至少要涵包各兄弟民族、各类缘文化、各世界古族的相关资料；角度新，必须从各个层面、各种视角探测对象的‘问题’或‘意义’；方法新，除了承前启后、继往开来地传承新旧考据学的精华之外，主要就是前面说过搜集、运用多重证据，分析、综合、比较、归纳、演绎一起上；理论新，要在经典理论、古典学说的基础上，尽可能批判地吸收、借鉴、容纳、运用国内外一切于我有益、对我有用的理论……自然得出的结果更要新，甚至连表述的方式都要新。”[①]萧兵从“材料新”“角度新”“方法新”“理论新”和“结果新”五个维度界定了“新国学”。

周汝昌将《红楼梦》定位为“新国学”。[②]龙协涛言：“所谓‘新国学’，依我之见，是指中华民族在走向伟大民族复兴这个新的时代背景下重建民族文化和民族精神的根基性的学术研究。这是新的历史背景。还有新的学术方法，就是融会中西，综合创新。时间划分以1949年新中国成立分界，标志是中国的改革开放进入新阶段的90年代初北京大学重新举起‘国学’旗帜。”[③]龙氏从大的文化背景、学术方法以及时间界定等角度界定了“新国学”，实际上这是新时期学者对新时期文化进行自觉审视的结果，也是“时代推迁之势所带来的必然的演化发展。”[④]2002年，周汝昌又撰文《新红学——新国学》，在《山西大学学报（哲学社会科学版）》上发表[⑤]。

2005年，王富仁撰写了系列文章，专门论述“新国学”的相关问题。

王富仁首先明确了“新国学”的特性，他说：“‘新国学’不是一种学术研究的方法论，不是一个学术研究的指导方向，也不是一个新的学术流派和学术团体的旗帜和口号，而只是有关中国学术的观念。它是在我们固有的‘国学’这个学术概念的基础上提出来的，是使它适应已经变化了的中国学术现状而对之做出的新的定义。”[⑥]他提出“新国学”概念的原因：“异域的文化研究通过进入‘国学’这个学术整体而获得中华民族的民族性，中国文化的研究通过进入‘国学’这个学术整体而获得世界性。所以，我认为，重新建构‘国学’这个固有的学术概念，对于中国文化、中国学术的发展是有十分重要的价值和意义的。这样一个意义上的‘国学’，是在中国现代文化史上已有的‘国学’这个学术概念的基础上提出来的，但又与中国现代文化史上固有的‘国学’有着不尽相同的内涵和外延，所

① 萧兵《“新国学”的悬想》，《文史哲》，1994年第3期。
② 龙协涛《红学应定位于“新国学”——访著名红学家周汝昌先生》，《北京大学学报（哲学社会科学版）》，1999年第2期。
③ 龙协涛《红学应定位于“新国学”——访著名红学家周汝昌先生》，《北京大学学报（哲学社会科学版）》，1999年第2期。
④ 龙协涛《红学应定位于“新国学”——访著名红学家周汝昌先生》，《北京大学学报（哲学社会科学版）》，1999年第2期。
⑤ 周汝昌《新红学——新国学》，《山西大学学报（哲学社会科学版）》，2002年第2期。
⑥ 王富仁《“新国学”论纲（上）》，《社会科学战线》，2005年第1期。

以我称之为'新国学'。"[①]王富仁还阐释了"新国学"的构成性问题,"'新国学'被视为参与中国社会生存和发展的一个学术整体,'新国学'就不是规定性的,而是构成性的。也就是说,它不应有一个先验性的规定,而是由在中国社会从事着各种不同领域的各种不同的研究工作并以各种不同的形式参与这个学术整体的中国知识分子的研究成果共同构成的。"[②]自王富仁大力提倡之后,"新国学"的概念逐步为学界所知晓,许多学者都相继撰文从不同的维度讲新时期的"新国学"。

以"新国学"命名的书刊也相继进入民众的视野。重要刊物有四川大学中国俗文化研究所《新国学》编辑委员会出版的刊物《新国学》;潘耀明主编的刊物《国学新视野》;中华能源基金委员会与中国人民大学国学院联合创办的刊物《国学新视野》;卞孝萱、胡阿祥、刘进宝等主编的《新国学三十讲》等。

① 王富仁《"新国学"论纲(中)》,《社会科学战线》,2005年第2期。
② 王富仁《"新国学"论纲(下)》,《社会科学战线》,2005年第3期。

第四节　国学的研习

“国学”乃中国传统学术文化的总体，其涉及的典籍众多，可谓“汗牛充栋”，如何读书，从何下手，都是治国学首先应该解决的问题。梁启超曾在《学要十五则》中言：“学者每苦于无门径。四库之书，浩如烟海，从何处读起耶？”对于这个问题，不同的学者有不同的答案。其实这个答案取决于一个基本的问题，即读者的志向。正如朱子所云：“惟志不立，天下无可为之事。”即便得知世界上最好的书目，如果没有远大志向的引导，也是毫无用处，因此欲读书先立志成为先贤教人读书的首要之事。陈寅恪曾言：“士之读书治学，盖将以脱心志于俗谛之桎梏，真理因得以发扬。”梁启超《学要十五则》亦云：“学问之道，未知门径者以为甚难，其实则易易耳，所难者莫如立身。学者不求义理之学以植其根柢，虽读尽古今书，只益其为小人之具而已，所谓藉寇兵而赍盗粮不可不警惧也。故入学之始，必惟义理是务，读象山、上蔡学案以扬其志气，读《后汉书》儒林、党锢传、《东林学案》以厉其名节，熟读《孟子》以耸动其神明。大本既立，然后读语类及群学案以养之。凡读义理之书，总以自己心得能切实受用为主。既有受用之处，则拳拳服膺，勿使偶失，已足自治其身，不必以贪多为贵也。”皆以立志立身为治学读书的第一要务。

一、学习方法

学习国学，必须了解正确且有效的学习方法。古人在长期读书治学的过程中提炼总结出了很多行之有效的学习方法，如，孔丘的“学思结合法”：“学而不思则罔，思而不学则殆”；子思的“五之法”：“博学之、审问之、慎思之、明辨之、笃行之”；王充的“古今法”：“知古不知今谓之陆沉，知今不知古谓之盲瞽”；韩愈的“提要钩玄法”：“记事者必提其要，纂言者必钩其玄”；朱熹的“三到法”：“要口到、眼到、心到”；等等。这些都是重要的学习方法。这里给大家介绍几种常用的学习方法。

（一）“熟读精思”法

宋代的哲学家、教育家朱熹说：“读书之法，在循序而渐进，熟读而精思。”他还说：“读书之法无他，惟是笃志虚心，反复详玩，为有功耳。”朱熹的“熟读精思”法主要是针对我们必须精读之书，凡读不懂、读不通、读不进，甚至越读越糊涂的书，必须反复研读，加之认真的思考，到了一定的境界，就有如梦初醒的意味，即所谓“书读百遍，其义自见”。

（二）“不求甚解”法

“不求甚解”读书法是陶渊明提出来的读书法。要求读书时要抓住重点、去繁就简和独立思考。明代杨慎认为：陶渊明读书不求甚解，是不为两汉以来经书中的烦琐考证所左右，而能够保持自己的独立见解。中国古代的典籍，尤其是士人必备的儒家经典，均附有繁多的注释和解读，经文多被注释所淹没，导致读者难以把握原典的精神和脉络，因此陶渊明的读书不求甚解，就是不被书中的某些琐碎的、枝节的、不一定可靠的材料所左右，而应该有目的、有辨别、有分析地读书。所谓“不求甚解”，不是放弃对经典的咀嚼，而是先要了解和把握经典的主要精神，而不被烦琐的注解和材料所蒙蔽。

（三）“提要钩玄”法

“提要钩玄”法是韩愈提倡的读书方法，其要旨在抓要点，明主旨，以便直探本源，提取精粹的内容。韩愈认为做到“钩玄”“提要”之后，对书中的浓郁之处和英华部分，必须反复涵泳，不断温习，才能把文章的妙义要道化为己有。韩愈勤于读书，注重方法。他在《进学解》中有两句话概括了他的读书法：“记事者为提其要，纂言者必钩其玄。”其“提要钩玄”，形成了他自己卓有成效的读书法。此法与梁启超所讲的“读书莫要于笔记”有相似之处。梁氏在《治国学杂话》中言：“若问读书方法，我想向诸君上一条陈，这方法是极陈旧的，极笨极麻烦的，然而实在是极必要的。什么方法呢？是抄录或笔记。”又言：“这种工作，笨是笨极了，苦是苦极了，但真正做学问的人，总离不了这条路。”

（四）“计字日诵”法

“计字日诵”法是欧阳修长期坚持的读书方法。他统计应读的总字数，再分配为每天的页数，作为当日读书的进度要求。欧阳修根据自己的需要，精选了《孝经》《论语》《诗经》等十部书，总字数为455 865个字，然后规定自己每天熟读300字，每天背诵150字。他说：“虽书卷浩繁，第能加日积之功，何患不至？”这是经验之谈，表明熟读背诵古文的重要。每日定量计字，细水长流，积少成多，则是欧阳修实践过并且证明是行之有效的读书方法。

不少学者都认为经典的记诵是至为重要的方法。梁启超在《治国学杂话》中曾言：“还有一件，我在前项书目表中有好几处，写‘希望熟读成诵’字样，我想诸君或者以为甚难，也许反对，说我顽旧。但我有我的意思，并不是鼓励人勉强记忆。我所希望熟读成诵的有两类：一类是最有价值的文学作品，一类是有益身心的格言。好文学是涵养情趣的工具，做民族的一分子，总须对本民族的好文学十分领略，能熟读成诵，才在我们的‘下意识'里头，得着根柢，不知不觉会'发酵'。有益身心的圣哲格言，一部分久已在我们全社会上形成共同意识，我既做这社会的分子，总要彻底了解它，才不至和共同意识生隔阂。一方面我们应事接物时候，常常仗它给我们的光明，要平日磨得熟，临时才得着用。所以我希望有些书熟读成诵者在此，但亦不过一种格外希望而已，并不谓非如此不可。"经典的文字和义理均是千锤百炼而成的，经历了历代才士的反复印证而不被淹没或推翻，其中蕴含了丰富的智慧。尤其是在今天电脑"取替"人脑的大数据时代，如能多记多背，假以时日，定能收获意想不到的效果。

（五）"一意求之"法

"一意求之"法，是苏轼提倡的。苏轼认为："人的精力不能兼收尽取，但得其所欲求者尔。故学者每次作一意求之。"这种"一意求之"的读书法的最大特点是"求一"，即阅读经典著作，每读一遍，只围绕一个中心，侧重于一项内容，抓住一条线索，解决一个问题。这样的读书做学问，好像打仗一样，把敌人化整为零，各个击破，为了避免精力分散，在阅读中凡与"求一"和"主攻"对象无关的，一概不加涉及。"一意求之"或曰"八面受敌"法，苏轼云："如欲求古今兴亡治乱，圣贤作用，且只以此意求之，勿生余念。又别作一次，求事迹故实，典章文物之类，亦如之。他皆仿此。此虽愚钝，而他日学成，八面受敌，与涉猎者不可同日而语也。"这种方法与"不求甚解"法不同，强调对一著作集中精力和心力，做到"一意孤行"，各个击破。清末学者李慈铭称之为："诚读书之良法也。"毛泽东称赞说："苏东坡用'八面受敌'法研究历史，用'八面受敌'法研究宋朝，也是对的，今天我们研究中国社会，也要用个'四面受敌'法，把它分成政治的、经济的、文化的、军事的四个部分来研究，得出中国革命的结论。"这是一种定向阅读的方法，一本书可以从不同的角度进行反复阅读和深入挖掘，这种方法尤其适合于精读重要的、具有原创性的典籍。苏轼以此法读《汉书》，第一遍学习"治世之道"，次之学习"用兵之法"，再之研究人物和官制。数遍之后，苏轼对《汉书》多方面的内容便非常熟悉了。

（六）"五类四别"法

"五类四别"法，是以清代唐彪为代表所提倡的读书法。唐彪把书分为"五类"："有当读之书，有当看之书，有当熟读之书，有当再三细读之书，有当备以资考之书。"他认为分类读书有利于处理好精与博的关系。这种"五类"读书法与古代有些学者所提出的"四别"读书法相类似。"四别"指的是分出"目治之书、口治之书、必治之书、手治之书"等四种类别的书。梁启超《治国学杂话》云："每日所读之书，最好分两类，一类是精读的，一类是涉览的，因为我们一面要养成读书心细的习惯，一面要养成读书眼快的习惯。心不细则毫无所得，等于白读；眼不快则时候不够用，不能博搜资料。”这种方法所强调的是对欲读之书先有一个分类，这对合理分配时间和精力非常具有指导意义。

（七）“入书出书”法

南宋人陈善著有一部《扪虱新话》，他在书中写道：“读书须知出入法。始当所以入，终当所以出。见得亲切，此是入书法；用得透脱，此是出书法。盖不能入得书，则不知古人用心处；不能出得书，则又死在言下。惟知出入，得尽读书之法也。”这段话的意思是说，读书要知入知出。入，就是要读进书中去，读懂吃透，掌握书中的内容实质；出，就是要从书中跳出来，能够灵活运用书本知识解决实际问题。开始读书时要求入，读书的最终目的是要求出。这是一种防止变成读书人称为能“入乎其中”却不能“出乎其外”的书呆子的有效的方法，这种方法强调读书与实践应该结合起来，颇有“知行合一”的意味。

中国传统的读书方法还有很多，限于篇幅，仅举上例。梁启超在《治国学杂话》中云：“中国学问界，是千年未开的矿穴，矿苗异常丰富。但非我们亲自绞脑筋绞汗水，却开不出来。反过来看，只要你绞一分脑筋一分汗水，当然还你一分成绩，所以有趣。”我们要勤动脑筋，根据自身的特点，寻找最适合自己的读书方法。倘能如此，必能感受到国学的无限魅力。

二、了解汉字文化

汉字是国学典籍的载体，其中凝聚了丰厚的文化信息，因此我们有必要对汉字进行深入的学习和探究。唯有如此，方能练就坚实的文字基本功，为我们阅读和理解国学典籍发挥无穷的妙用。中国人把研究汉字的学问称之为“小学”，它是研究中国传统文化的基本功。

中国的汉字至少拥有三千年的历史，殷商时期的甲骨文已经是非常成熟而有系统的汉字。汉字的发展大体经历了古文字和今文字两个阶段，前一阶段一般指篆书的阶段，包括大篆和小篆，其中大篆又包括甲骨文、金文和战国各国的文字；今文字一般指隶书和楷书阶段。其中小篆向隶书的过渡，我们称之为“隶变”，是中国文字发展的分水岭，至此，中国文字形状化圆为方，线条变弧为直，笔画由繁而简，最终定型为楷书的方块字。

东汉许慎在《说文解字》中对古文字构成规则的概括和归纳，即：“象形、指事、会意、形声、转注、假借”。象形、指事、会意、形声是造字法；转注、假借指的是后来衍生发展的文字的使用方式。许慎《说文解字·叙》中云：“一曰指事，指事者，视而可识，察而见意，上下是也；二曰象形，象形者，画成其物，随体诘诎，日月是也；三曰形声，形声者，以事为名，取譬相成，江河是也；四曰会意，会意者，比类合谊，以见指㧑，武信是也；五曰转注，转注者，建类一首，同意相受，考老是也；六曰假借，假借者，本无其字，依声托事，令长是也。”对于象形、指事、会意、形声这四种基本的造字法，体现了中国人注重整理思维和形象思维的特点。

研究汉字的学问叫作“汉字学”。文字学发端很早，在战国时期就出现了《史籀篇》；秦始皇时李斯作《仓颉篇》，赵高作《爰历篇》等。后来《尔雅》《说文解字》《释名》《方言》的出现，标志着汉字研究迈上新的台阶，也是汉代文字研究的集大成作品。其中，《说文解字》是全面研究汉字的，收字最多，共9353字；《尔雅》是最早解释词义的书；《方言》是我国第一部方言类的语言学著作；《释名》以声训为主。上述四部书，演化成为三种学术流派：一、以《尔雅》为经典代表的训诂学派；二、以《说文解字》为经典代表的文字学派；三、由《释名》发展为以李登的《声类》和《切韵》《广韵》为经典代表的音韵学派。《方言》则成为训诂、文字和音韵的附庸。因《说文解字》以字形为基础，对汉字的形、音、义等有全面的解说，因此《说文解字》成为汉字学的正统。

《说文解字》是我国语言学史上的一部不朽力作，它在文字学、训诂学、字典编纂等方面取得了巨大的成就。它开创了汉字字典编纂的部首编序的先例，用540部来统摄9353个汉字，“分别部居，不相杂厕”。并逐字解释所收汉字的形、音、义，把文字、训诂、声韵熔于一炉。它广征群书，以证其说；它博引通人，以存异说，使《说文》成为一个包蕴万有、气象万千的有机整体。”[①]但是，因为各种原因，《说文解字》亦有值得商榷的地方，这是学习《说文解字》时需要特别留意的。其中最主要的问题是大量先秦古文献的出土在隋唐之后，金文的出土在宋代才逐渐增多，而最能代表中国古文字的甲骨文的发现和出土还在晚清。这些材料都是许慎著《说文解字》时未能参考的，因此《说文》中对部分文字的字形、字义的解说具有片面性和臆想性。关于《说文解字》的局限性，可参看陆宗达《说文解字通论》第四章《〈说文解字〉的局限性》。[②]

关于《说文解字》的书籍很多，为方便读者选择，择要选录几种。清代《说文》四大家：

王筠《说文释例》《说文句读》，偏重于字形；

桂馥《说文义证》，偏重于字义；

朱骏声《说文通训定声》，偏重于字音；

段玉裁《说文解字注》，字形、字音、字义三者并重。

近代马叙伦《说文解字六书疏证》，科学出版社，1957年；张舜徽《说文解字约注》，中

① 臧克和《说文解字的文化说解》，武汉：湖北人民出版社，1995年，第2页。

② 陆宗达《说文解字通论》，北京：北京出版社，1981年。

州书画社，1983年；丁福保《说文解字诂林》，上海医学书局，1928年；陆宗达《说文解字通论》，北京出版社，1981年。上述诸书，都是学习《说文解字》的极为方便的书籍。

三、学点目录学

目录，或称书目，它是将一批文献，按照一定的次序编排组合而成的一种反映文献信息的工具，因此属于二次文献的范畴。目录，在中国具有非常悠久的历史。目录分为单书目录和群书目录两种，一般指群书目录，如西汉刘向、刘歆父子等编撰的《别录》《七略》即为群书目录。目录在不同的历史时期也有不同的称谓，如“录”，前文的《别录》；“略”，前文的《七略》；“艺文志”，班固的《汉书·艺文志》；“经籍志”，魏征等撰《隋书·经籍志》；“志”，王俭的《七志》；簿，荀勖的《晋中经簿》；“书目”，李充的《晋元帝四部书目》；“解题”，陈振孙的《直斋书录解题》；“考”，马端临的《文献通考·经籍考》；“记”，钱曾的《读书敏求记》；“提要”，纪昀等撰《四库全书总目提要》，虽然名称各异，却都是指目录。

目录，是对书籍的二次归类，因此具有非常强的指向，对于读书具有导向性，对于治学尤为重要。张之洞《书目答问·略例》中云：“读书不知要领，劳而无功。知某书宜读而不得精校精注本，事倍功半。”大体道明了目录学的意义。张氏在《輶轩语·语学》中谈到读书的门径：“泛滥无归，终身无得。得门而入，事半功倍。……今为诸君指一良师，将《四库全书总目提要》读一过，即略知学术门径矣。”其《书目答问》谱录书目之属，自注云：“此类各书，为读一切经史子集之途径。”目录学之重要，由此可见一斑。

就中国传统文化而言，目录主要分为官修目录、史志目录、私人目录和专科目录等。西汉刘向经19年撰成中国第一部综合性提要目录——《别录》。其未完成的工作，由其子刘歆承继，撰成《七略》。《七略》是中国第一部综合性分类目录，分辑略、六艺略、诸子略、诗赋略、兵书略、数术略、方技略等，著录典籍603家，13 129卷。其分类目录的方式奠定了中国目录的基本范式。

（一）官修目录

晋武帝泰始十年（274年），荀勖等人历时约6年编成《中经新簿》（《晋中经簿》），这是现存可知的第一部采用四部分类法的目录。全书分为甲、乙、丙、丁四部。甲部为六艺、小学之书；乙部为诸子、兵书、兵家、术数；丙部为史记、旧事、皇览簿、杂事；丁部为诗赋、图赞、汲冢书。

隋统一全国后，重视图书文献的收集整理，开皇四年（584年）编成《开皇四年四部目录》4卷，后又编有《开皇八年四部目录》4卷和《隋开皇二十年书目》4卷等目录。大业初年，又编成《隋大业正御书目录》，此书亡佚，但成为《隋书·经籍志》的主要底本之一。唐开元九年（721年），元行冲等人编成《群书四部录》200卷，著录图书2655部，共48 169卷。

赵宋开国至真宗朝，有《乾德史馆新定书目》《太平兴国搜访书目》《紫薇楼书目》《皇朝秘阁书目》《祥符龙图阁书目》《景德太清楼书目》等。后来，皇宫失火，很多图书被焚为灰烬。仁宗景祐初，命王尧臣、欧阳修等整理秘阁图书，历时7年，在庆历元年（1041年）撰成《崇文总目》66卷，叙录1卷，著录图书30 669卷。该目分4部45类。与此前目录不同，子部道释二类不再是有目无书，而是书、目俱存，颇具意义。政和七年（1117年），宋徽宗在《崇文总目》基础上补录25 254卷图书，更名为《秘书总目》，因仅做了增补工作，后世仍称《崇文总目》。靖康国难，图书亦遭厄。宋高宗于江南搜访遗书。孝宗淳熙五年（1178年）命陈骙仿《崇文总目》而编《中兴馆阁书目》70卷，著录图书44 486卷。宁宗嘉定十五年（1222年），续此目，成《中兴馆阁续书目》，著录14 943卷图书。元代多兵荒，仅有《秘书监志》11卷。明英宗正统六年（1441年），杨士奇编成《文渊阁书目》。该书不分经史子集，而以千字文编号分橱存放，全目共分39类。

元、明两朝的官修目录大多简陋，与清代的目录对比鲜明。乾隆三十八年（1773年）设四库馆，集文臣如纪昀、戴震等360人修书，于乾隆四十七年（1782年）成《四库全书总目》初稿，乾隆五十四年（1789年）《四库全书》修订，《四库全书总目》亦付梓。《四库全书总目》200卷，此目其分类和小序均有集大成的气象。在分类上，共4部44类。"《总目》在传统的四部分类法的基础上，吸收了古今书目分类的成就。"[①]

（二）史志目录

史书设艺文志，始自《汉书》，《汉书》首开"艺文志"先例，后世史书偶遵此例，如《隋书·经籍志》《旧唐书·经籍志》《新唐书·艺文志》《宋史·艺文志》《明史·艺文志》等。因部分朝代的史书没有"艺文志"或"经籍志"，补志的工作就出现了。清代兴起补正史艺文志之风气，共补正史艺文志60余种，约有40余种现存[②]，如姚振宗《汉书艺文志拾补》、顾櫰三《补后汉艺文志》、钱大昕《元史艺文志》等，极大地丰富了我国古典目录学。简目如下：

①姚振宗《汉书艺文志拾补》6卷

②姚振宗《汉书艺文志条理》8卷

③刘光蕡《前汉书艺文志注》1卷

④钱大昭《补续汉书艺文志》1卷

---

① 乔好勤《中国目录学史》，武汉：武汉大学出版社，1992年，第291页。

② 李永忠《正史艺文志补撰初探》，《文献》1996年第2期。

⑤侯康《补后汉书艺文志》4卷
⑥顾櫰三《补后汉艺文志》10卷
⑦姚振宗《后汉艺文志》4卷
⑧曾朴《补后汉书艺文志并考》志1卷，考10卷
⑨侯康《补三国艺文志》4卷
⑩陶宪曾《补侯康三国艺文志补》4卷
⑪姚振宗《三国艺文志》4卷
⑫秦荣光《补晋书艺文志》4卷
⑬文廷式《补晋书艺文志》6卷
⑭丁国钧《补晋书艺文志》4卷，补遗1卷，附录1卷，刊误1卷
⑮黄逢元《补晋书艺文志》4卷
⑯吴士鉴《补晋书经籍志》4卷
⑰徐崇《补南北史艺文志》3卷
⑱聂崇岐《补宋书艺文志》1卷
⑲陈鸿儒等《补南齐书经籍志》
⑳陈述《补南齐书艺文志》4卷
㉑李正奋《补后魏书艺文志》4卷
㉒章宗源《隋书经籍志考证》13卷
㉓姚振宗《隋书经籍志考证》52卷
㉔张鹏一《隋书经籍志补》2卷
㉕徐炯《五代史记补考·艺文考》3卷
㉖顾櫰三《补五代史艺文志》1卷
㉗倪灿《宋史艺文志补》1卷，卢文弨校补
㉘王仁俊《西夏艺文志》
㉙厉鹗《辽史拾遗·补经籍志》1卷
㉚杨复吉《辽史拾遗补·补经籍志》1卷
㉛缪荃孙《辽艺文志》1卷
㉜黄仁恒《补辽史艺文志》1卷
㉝王仁俊《辽史艺文志补正》1卷
㉞龚显曾《金艺文志补录》1卷
㉟郑文焯《金史补艺文志》1卷
㊱孙德谦《金史艺文略》

㊲钱大昕《补元史艺文志》4卷

㊳张锦云《元史艺文志补》

㊴倪灿《补辽金元艺文志》1卷，卢文弨校补

㊵金门诏《补三史艺文志》1卷

（三）私人目录

私人目录，或为私人藏书目录，或为私人所编目录，或为个人著述目录。最后一类，因缺少目录学意义，一般存而不论。前二种的界限又往往难以界定，故多混而为一。私人目录的编撰之风，大约从三国魏晋兴起，如魏晋时期的王俭撰《七志》40卷，阮孝绪撰《七录》12卷。此后如唐代毋煚撰《古今书录》40卷等。私人目录之中，以晁公武《郡斋读书志》、陈振孙《直斋书录解题》、尤袤《遂初堂书目》较为有名。

《郡斋读书志》，为南宋晁公武所撰。晁氏曾为四川转运副使井度属官，井度是一位藏书家，临终时将藏书赠予晁氏，晁氏因之而成《郡斋读书志》。《郡斋读书志》共20卷，颇具学术价值。其一，收入的图书达1492部，基本上囊括了宋代以前各类重要的典籍，尤其是搜罗唐代和北宋时期的典籍较为完备。这些典籍至今大都亡佚或残缺，后世可据书目的提要而窥其大略。同时，此志所收部分书籍在当时已属罕见，可以补充此前目录学著作的疏漏。其二，此志体例较为完备，全目分经、史、子、集四部，部下又分45小类；书有总序，部有大序，多数小类前有小序；每书有解题，从而形成了一个严谨完备的体系。大序、小序均注意阐述各部各类的学术渊源和流变，有“辨章学术，考镜源流”的优良学风。其三，此志所著录之书为晁氏实际收藏，所以在提要中对典籍情况的介绍，如书名、卷数、目次、成书原委、版本流传、作者生平等情况，均翔实有据。此志可参阅孙猛《群斋读书志校证》①。

《直斋书录解题》，南宋陈振孙据自己藏书，历时20年而撰成，共56卷，今本22卷。该书著录图书51 180卷，大大超过南宋官修《中兴馆阁书目》所著录图书（44 486卷）。其“解题”的参考使用价值，也较《中兴馆阁书目》为优。私人藏书目录在数量、质量方面同时超越官修目录，该书是转折点。该书分经、史、子、集4大类，下又分53类。没有大序，只有8个类目有小序用以说明类目的增创和内容的变化。此书的传本不多见，明代初年被辑入《永乐大典》，此后，难以见到全本。清代编修《四库全书》，馆臣从《永乐大典》中辑出此书，编定为22卷，刻入《武英殿聚珍版丛书》，即世称“馆本”。1987年，徐小蛮、顾美华校点本《直斋书录解题》在上海古籍出版社出版，此书吸收了前人的校勘成果，书后载

① [宋]晁公武撰，孙猛校证《郡斋读书志校证》，上海：上海古籍出版社，1990年。

有很多附录资料，颇有参考价值。

《遂初堂书目》，南宋尤袤撰。《遂初堂书目》（今传本）共收录图书3000余种。该书分为44类，对四部分类体系做了调整，设有“小说”“类书”“乐曲”等小类。仅著录书名，部分款目著录作者。在经部书和一些史部书名之下简记版本情况，如记《史记》有“川本”“严州本”。该目录中著录的版本有旧本、旧监本、秘阁本、京本、旧杭本、杭本等10余种，后世多沿用此例，各书均载其不同的版本。该书开创了中国古代书目著录版本的先例。《遂初堂书目》史部著录图书900多部，多于官修的《崇文总目》和私修的《郡斋读书志》。此书被收入《说郛》（宛委山堂本）卷十、《四库全书·史部·目录类》《常州先哲遗书第一集·史类》《丛书集成初编·总类》等。

中国古代的私人目录还很多，限于篇幅，不再介绍，有兴趣的读者可参阅范凤书《中国私家藏书史》一书。[①]

四、善用工具书

“工欲善其事，必先利其器”，此语我们耳熟能详。世间的学问大体而言，亦无非“道”“器”二类。工具书属于“器”，却是我们识道、知道、悟道、修道所必需的工具。所谓工具书，就是把同类的知识信息按照一定的方式编排起来以供查阅参考的书籍，如前文所讲的“目录”类书籍，就属于工具书的一种。下面我们择要介绍对于国学学习和研究有重要参考作用的工具书。

（一）查文字和词语

《说文解字》许慎

《中华大字典》欧阳溥存等

《汉语大字典》（全8卷）徐中舒等

《王力古汉语字典》王力

《同源字典》王力著，又有刘钧杰《同源字典补》《同源字典再补》

《难字大字典》杨宗义等

《汉语大词典》罗竹风主编，又有王宣武《汉语大词典拾补》、梅维恒《汉语大词典词目音序索引》

《中文大辞典》（全40册），台湾中文大辞典编委会

《上古汉语词典》钟旭元、许伟建

---

① 范凤书《中国私家藏书史》，大象出版社，2001年。

《唐五代语言辞典》《宋元语言辞典》《元语言辞典》刘坚、江蓝生

《同义词词林》梅家驹

《汉语反义词词典》张庆云

《逆序类聚古汉语词典》安德义

《古今字音对照手册》丁声树

《上古音手册》唐作藩

《汉字古音手册》郭锡良

《汉字古今音表》李珍华、周长楫

《汉语俗字丛考》张涌泉

《甲骨文合集》郭沫若

《甲骨文字典》徐中舒

《殷墟甲骨刻辞摹释总集》(上、下)姚孝遂

《甲骨文字诂林》(全4册)于省吾

《甲骨文献集成》(全40册)宋镇豪、段志洪

《金文诂林》(全16册)周法高

《金文大字典》(全3册)戴家祥

《殷周金文集成》(全18册)中国社会科学院考古研究所

《殷周金文集成引得》张亚初

《古文字类编》高明

《群经百子名言类典》张立华

《全唐诗语词通释》魏耕原

(二)鉴赏类辞典

《唐诗鉴赏辞典》萧涤非等

《唐诗鉴赏辞典补编》周啸天

《诗经鉴赏辞典》金启华、朱一清、程自信等

《诗经楚辞鉴赏辞典》周啸天

《汉魏六朝诗歌鉴赏辞典》吕晴飞等

《乐府诗鉴赏辞典》李春祥

《宋诗鉴赏辞典》缪钺等

《清诗鉴赏辞典》张秉戍、萧哲庵

《唐宋词鉴赏辞典》唐圭璋等

《金元明清词鉴赏辞典》王步高
《元曲鉴赏辞典》蒋星煜
《古文鉴赏大辞典》徐中玉
《诸子百家名篇鉴赏辞典》上海辞书出版社
《古今小说鉴赏辞典》该书编委会
《中华文物鉴赏》罗宗真、秦浩
《中国园林鉴赏辞典》陈从周
《中国名画鉴赏辞典》伍蠡甫
《红楼梦鉴赏辞典》上海市红楼梦学会、上海师范大学文学研究所
《金瓶梅鉴赏辞典》上海市红楼梦学会、上海师范大学文学研究所
《西厢记鉴赏辞典》贺新辉、朱捷

(三)专科词典

《经学辞典》黄开国
《中国儒学辞典》郭厚安、赵吉惠
《中国历史大辞典》中国历史大辞典史学史卷编纂委员会
《二十六史大辞典》(全3册),戴逸
《中国文化史词典》杨金鼎
《诸子百家大辞典》冯克正、傅庆升
《佛学大辞典》丁福保
《道教文化辞典》张志哲
《道教大辞典》中国道教协会、苏州道教协会
《敦煌学大辞典》季羡林
《中国文学大辞典》(上、下)钱仲联、傅璇琮等总
《中国诗学大辞典》傅璇琮等
《中国词学大辞典》马兴荣等
《中国古代诗话词话辞典》张葆全
《中国曲学大辞典》齐森华等
《中国戏曲剧种大辞典》该书编委会
《中国小说辞典》秦亢宗
《中华美学大词典》林同华
《四库全书大辞典》杨家骆

《文献学辞典》赵国璋、潘树广

《中国古籍版刻辞典》瞿冕良

《中国楹联大典》谷向阳

(四)专书词典

《十三经大辞典》吴枫

《周易辞典》张善文

《尚书词典》周民

《诗经辞典》董治安

《三礼辞典》钱玄、钱兴奇

《春秋左传词典》杨伯峻、徐提

《论语词典》杨伯峻

《孟子词典》杨伯峻

《老庄辞典》王世舜、韩慕君

《楚辞词典》袁梅

《史记辞典》仓修良

《汉书辞典》仓修良

《后汉书辞典》张舜徽

《三国志辞典》张舜徽

《北朝五史辞典》简修炜

(五)查时间的工具书

《五十世纪中国历年表》刘大白

《两千年中西历对照表》薛仲三等

《二十史朔闰表》陈垣撰

《中国历史纪年表》方诗铭

《五千年间星期检查表》寿孝天

《中国历代年号考》李崇智

《中华通史大历典》王可夫等

《最新实用万年历(1910—2060)》李鑫

《中国历史大事年表》沈起炜

《中日古代帝王年号及大事对照表》李寅生

(六)查地名的工具书

《中国历史地名大辞典》魏嵩山

《中国地名演变手册》张志强等

《历代郡县地名考》韩湘亭

《中国古典诗词地名辞典》魏嵩山

《历代疆域表》段长基

《中国历史地图集》(全8册)谭其骧

(七)查人物的工具书

《中国历代人名大辞典》(上、下)张㧑之、沈起炜、刘德重

《古书人物辞典》庄克华

《二十五史人名大辞典》(上、下)黄慧贤

《中国语言学人名大辞典》陈建初、吴泽顺

《中国文学家大辞典》李时人等

《中国帝王宰相辞典》熊铁基等

《中国藏书家辞典》李玉安、陈传艺

《中国地方志名家传》林正秋

《中国历代禅师传记资料汇编》徐自强

《二十五史纪传人名索引》上海古籍出版社、上海书局

《唐五代人物传记资料综合索引》傅璇琮、张忱石、许逸民

《四十七种宋代传记综合引得》引得编纂处

《八十九种明代传记综合引得》引得编纂处

《三十三种清代传记综合引得》引得编纂处

《中国历代名人年谱总目》王德毅

《古今同姓名大辞典》彭作桢

《历代名人室名别号辞典》池秀云

《明人室名别称字号索引》《清人室名别称字号索引》(上、下)杨廷福、杨同甫

《历代人物谥号封爵索引》杨振方、水赉佑

《中华姓氏谱》李学勤

（八）查事件

《十通索引》，即《通典》《通志》《文献通考》《续通典》《清朝通典》《续通志》《清朝通志》《续文献通考》《清朝文献通考》《清朝续文献通考》的索引。

“会要”类书籍，即《春秋会要》《秦会要订补》《西汉会要》《东汉会要》《三国会要》《稿本晋会要》《南朝宋会要》《唐会要》《五代会要》《宋会要辑稿》《明会要》。

“会典”类书籍，即《唐六典》《元典章》《明会典》《清会典》。

“纪事本末”类书籍，即《左传纪事本末》《通鉴纪事本末》《宋史纪事本末》《辽史纪事本末》《金史纪事本末》《西夏纪事本末》《元史纪事本末》《明史纪事本末》《续明纪事本末》《三藩纪事本末》。

第五节 国学的当代意义

国学一开始就是激动种姓的国魂之学，它始终与中华民族的生死存亡和兴衰荣辱紧密地联系在一起。国学参与了中国近代以来的百年民族史和文化发展史，在不同的历史时期均起到一定的作用。国学在当代更是具有重要意义。

一、强化集体记忆，唤起文化自觉，促进文化自信，加强文化认同，增强民族凝聚力

"国学"是中国传统学术文化的总和，它是中华民族在数千年的历史发展中沉淀下来和结晶而成的文化系统，蕴含了中华民族的集体记忆。各民族之间的差异性，不是简单地体现在语言、肤色、习俗方面，而是植根在民族的集体记忆之中。共同的地理空间、生活习惯、政治体系、文化传统、价值观念、伦理取向是民族集体记忆的基础，国学之中就有丰富的集体记忆。

中国近代以来，备受列强的欺辱，西方文化价值观随着洋枪大炮一齐占领中国，近百年以来对我国故有的文化传统产生了极为重大的冲击，弱化了中华民族的文化自觉，降低了中华民族的文化自信，削弱了中华民族的文化认同，也在一定程度上分解了中华民族的凝聚力。在这种历史背景下，重新倡导国学，有利于强化海内外中国人的集体记忆，唤起文化自觉、促进文化自信、加强文化认同和增强中华民族的民族凝聚力。因此可以说，振兴国学是关乎国计民生的大事业，而绝非可有可无的细枝末节。章太炎在百年之前就曾言："夫国学者，国家所以成立之源泉也。吾闻处竞争之世，徒恃国学不足以立国矣，而吾未闻国学不兴而国能自立者也。吾闻有国亡而国学不亡者，而未闻国学先亡而国仍立者也。故今日国学之无人兴起，即将影响于国家之存灭。"百年前如斯，今天亦如斯。

国学作为中国传统文化的精华，在历史上曾经长期发挥着强化文化认同、增强民族凝聚力的伟大作用，今日的中国，必须自觉地维护国学，强化集体记忆，唤起文化自觉，促进文化自信，加强文化认同，增强民族凝聚力，才能屹立于世界的东方，自立于世界民族之林。

二、提高道德水平，增强文化素养

中国的崛起，世界瞩目。这是改革开放以来中国社会经济发展的结果。随着市场经济的深入发展，人民思想的独立性、多样性、差异性也凸显出来，尤其是民众的价值观、道德观受到了巨大的冲击，发生了明显的变化。社会上的急功近利、唯利是图、崇尚物欲、拜金主义、环境污染、贪污腐败、投机倒把等现象不再是个别的现象，而是呈现出群体性的特征。这些现象的出现，极大地影响着国民的道德水平。究其原因，除了西方思想的冲击之外，也与我们的文化断层大有关联。当我们割裂与优秀的中国传统文化的天然关联之后，加之西方思潮涌入，自然而然地形成了文化贫弱、道德沦丧、精神空洞等社会病态。

国学思想中蕴含了丰富的道德伦理的智慧，如儒家的“仁义礼智信、温良恭俭让”“己所不欲，勿施于人”就是公认的黄金道德律。这些思想曾经长期地稳定了中国古代社会的道德大堤。如果我们能从国学中萃取适应当下社会现状的道德观和伦理观，对于提高全民的道德水平将具有不可估量的作用。在中国古代，民众的文化素养和基本教养都是通过国学完成的。国学中的“贫贱不能移，富贵不能淫，威武不能屈”、自强不息、厚德载物、坚韧不拔、民胞物与等精神对于人民的道德水平和文化素养均有重要的意义。

三、增强我国文化软实力，提升国际影响力

当今的时代，文化成为国家的核心竞争力和软实力的重要组成部分。中国优秀传统文化应该是我国重要的核心竞争力和软实力。中国优秀传统文化是最为古老而又鲜活的文化系统，在全世界具有很大的吸引力和感染力。海外学习汉语的人数过亿，百余个国家都开设了中文课程，“汉语热”成为目前世界语言交际中的普遍现象。海外汉学的研究队伍也在不断地扩大。孔子学院的数量和影响力也是与日俱增。这些都是中国文化软实力的重要表现。

中国优秀传统文化中有许多具有普世价值，如仁者爱人、忠恕之道、中庸之道、天人合一、和而不同、上善若水、民胞物与等，这些思想对于构建和谐世界具有重要价值。这些文化软实力，应该大力推广到国际上，服务于全人类的文化生活。国学之中尚有丰富的文化资源需要挖掘和推广，在世界多元文化的系统之中，国学必然能让中国文化绽放异彩。

第一章

经学

第一节　经学概说

一、“经”与经学

（一）“经”与“经书”

“经”的初字是“坙”，即“丝”，金文中有“坙”“泾”“经”等字。经与纬相对，原指织机上的纵线，是织布时最重要的两种丝线之一。汉代，“经”引申为“常”的意思，进而引申作国家纲纪或既定的法规，以及社会伦理道德的准则等义。

“经书”乃记述天道人事“常理”而被奉为典范的著作。早期，各家传道之书，皆可谓之为“经”。最早用“经”名的是《墨经》，有《经上》和《经下》两篇。也称医书为“经”，如《黄帝内经》《难经》。还称兵书为“经”，如《国语·吴语》有“挟经秉枹”。

后世则以“经”专称儒家传道之典籍。战国时已对孔子据以传道之书称之为“经”。《庄子》最早以“经”称儒家典籍，其《天运》篇云：“丘治《诗》《书》《礼》《乐》《易》《春秋》六经。”儒家典籍如《诗》《书》等，书名原本未称“经”，《易经》《书经》《诗经》等名其实为后人所尊加。汉武帝独尊儒学，“罢黜百家，表章六经”，《诗》《书》等儒家经典地位上升，“五经”成为儒家几种特定典籍的专指与特称。直接在书名中称“经”的儒家典籍只有《孝经》。

(二)经学

“经学”一词出于汉代,倪宽与汉武帝谈论《尚书》之类的学问,称为“经学”。故“经学”大抵是以儒家之“经”为中心所形成的学术传统,其内容主要有训诂之学、义理之学和考据之学,涉及诸经传授源流及派别的梳理,经学典籍的考证,经文的训诂、阐释、评说等。

训诂指用通行的话解释古代语言文字或方言的字义(或词义),可分为形训、音训、义训三类。主要体例有注、疏、集解等。其中,注为对经书字句的注解,又称传、笺、解、章句等;疏为对注的注解,又称义疏、正义、疏义等。

义理之学有两种:一种是注、疏之中通过注释和串讲,随文附义地进行发挥和阐述;一种是不依附经文,根据自己的见解写论文,阐述心得,评论。主要体例有:义、记、论、说、制、解、答等。

考据之学又称考证之学,指根据资料对历史文献及相关问题进行考核、证实。主要有考证、辨伪、校勘、辑佚等。

二、经学的分期与流派

关于经学的分期,主要有《四库全书》的六期说、刘师培的四期说、江藩与皮锡瑞的两种十期说、周予同的二期三世说等。综合前人研究,经学发展大体可分为两汉、魏晋南北朝、隋唐宋初、宋元至明初、明和清六期。

最早的经学分派可追溯到汉代,东汉许慎将汉代经学分为今文经学与古文经学两派。魏晋经学则有王学与郑学之别,宋明经学有程朱理学与陆王心学之分。

至清修《四库全书》明确区分经学派别,《四库全书提要》言经学“六变”而“不过汉学、宋学两家”,将经学分为汉学与宋学两派,是为两派说。另有三派说,即分为汉学、宋学、清学三派,隋唐以前属“汉学”,宋、元、明三朝属“宋学”,清代则主要是朴学(或称新汉学),如章太炎论经学就以汉儒、宋儒、清儒为说。此外,还有刘师培的四派说,其在《经学教科书》中,将经学分为两汉、三国至隋唐、宋元明、近儒四派。

从训释的主要典籍和学术传统来看,魏晋至唐的经学仍是承袭汉代经学,而清代经学与两汉经学却有较大不同,相对而言汉学、宋学、清新汉学三派说比较合于经学的实际。

(一)汉学系各派

1.西汉今文学

两汉经学有今文经学和古文经学之分。今文指汉代通行的文字——隶书,今文经为汉初由儒生口传，并用隶书记录下来的经籍。今文学派就是依据今文经学典籍以阐述儒学理论的学派，该派在哲学上偏于宗教神学，在社会政治上侧重配合新时代需要提出新建制。

汉武帝采纳董仲舒的建议，独尊儒术，设立《诗》《书》《礼》《易》《春秋》五经博士，原来是八家，后来逐渐演变成十四博士：《诗》博士鲁、齐、韩；《书》博士欧阳生、大夏侯、小夏侯；《礼》博士大戴、小戴、庆氏；《易》博士施氏、孟氏、梁丘氏；《春秋》博士颜安乐、严彭祖。汉武帝所立五经博士皆为今文经学，汉武帝时的儒学独尊，实质上是今文经学独尊。今文经学具有符合封建专制的谶纬神学的特点，能够收服具有传统天命观的民众，证明专制权力的合理性，故长期垄断汉代官学。

今文经学为西汉统治者所推崇，在西汉的今文诸经中，最能反映今文经学的是以董仲舒为代表的春秋公羊学。董仲舒等公羊学家，在学术上通过吸收道家、阴阳家的思想资料建构起一个博大精深的经学思想体系，在政治上通过阐发孔子大一统的经义为汉武帝建立专制主义中央集权提供理论依据，遂成为汉代官方统治哲学。西汉后期，今文经学逐渐陷入僵化和烦琐，且与谶纬结合而流于妄诞，慢慢衰落了。

2.东汉古文学

古文指秦汉以前六国所用的籀文（马端临谓为科斗或蝌蚪书，皮锡瑞谓为古籀书，或又谓篆书），古文经指经过秦末焚书浩劫而幸存下来的秘藏典籍，或为汉初从民间征集，或为鲁恭王从孔子故宅壁间所得。古文经学不仅字体、文字、篇章等与今文经学不同，更在名物、制度、解说等内容上与今文经学相异。今文经学认为六经皆孔子所作，视孔子为托古改制的“素王”；注重阐发经文的“微言大义”，主张通经致用；以董仲舒、何休等为代表，最重《春秋公羊传》。而古文经学崇奉周公，视孔子为“述而不作，信而好古”的先师；偏重训诂，与现实政治问题联系较弱；以刘歆、贾逵等为代表，最重《周礼》。

西汉后期，古文经学不断发展壮大。汉哀帝时，刘向、刘歆父子校理秘籍，发现古文经传，建议朝廷设置《古文尚书》等古文经博士，遭诸儒反对，便写了《移让太常博士书》一文，开汉代今古文经学之争。虽刘歆倡立古文经博士未能实现，但在王莽新朝却极盛，平帝即位后，王莽为了改制代汉而推崇古文经，《古文尚书》《毛诗》《春秋左氏传》皆立了博士。

东汉古文经学获得大发展，尤其是东汉后期，出了马融、许慎、郑玄等著名的古文经学大师，形成压倒今文经学之势。许慎为古文经学训诂打下了坚实的基础，郑玄在考据训诂的基础上为《毛诗》《书》《易》《礼记》《仪礼》《论语》《孝经》《尚书大传》等作注释，打破了西汉以来的师法和家法之分，以古文经学为基础，兼采今文经学之长处，实现了今古文经学的合流，为天下崇学，后世称为郑学，结束了汉代今古文之争。

3.魏晋的郑学与王学之争

在曹魏时期，为维护社会统治秩序，统治者重视郑玄注“三礼”，以其为本建立魏王朝的国家制度，郑学为天下所宗。马融后学王肃，攻击郑玄破坏了古文经学家法，排斥郑注经传，为古文经重作注解，标榜纯古文经学，遂出现了王学与郑学之争。由魏入晋之后，因王肃是司马昭的岳父，王学获得了官方的支持，王肃所注解的《尚书》《诗》《论语》《左氏春秋》和“三礼”都被列为官学。王学和郑学之争，并不是纯粹的学术争论。

4.南北朝的南学与北学之争

南北朝经学随着政治上的南北对立而分为南学和北学。从流传的经传看，于《周易》，南学尊王弼，重阐发义理，北学主郑玄，发挥象数之说；于《尚书》，南学流行孔传《古文尚书》，北学主郑玄；于《左传》，南学盛行杜预撰《春秋左传集解》，北学主服虔。从学术风格上讲，南学受玄学和佛学影响较大，能博取众家，又喜标新立异，重哲学思辨；北学受北方游牧民族质朴风尚的影响，以章句训诂为宗。南学与北学争论的中心是是否还要继续发展郑学的问题：北学继承郑学，表现出保守倾向；南学既继承传统，又创新和发展了经学。

5.唐代五经学派的一统

唐代建立了统一的国家，在思想学术上也要求一统，开国之初，就开展经学一统的工作，颜师古奉命撰成《五经》定本，孔颖达等人奉敕统一《五经》义疏。颜师古使《五经》文字统一，成为颁行全国的法定标准本。孔颖达于唐高宗永徽三年(652年)完成《五经正义》，成为至今流传的《十三经注疏》中的《五经正义》本。孔颖达《五经正义》兼容百家，融合南北，总结了汉魏以来的经学成就，保存了大量历史文献，统一了五经的文字和注疏，成为中国经学史上的集大成之作，标志着经学一统的形成。

(二)宋学系各派

经学史上的宋学，主要是义理之学，是指以讲义理为主的宋代(后延续到元明)经学派别。清末皮锡瑞在《经学历史》中称其为“经学变古时代”。宋学扬弃和发展了汉学，它以重义理、重发挥、喜新说为特征，与重章句训诂、烦琐释经的汉唐训诂、义疏之学有别。宋代经学在阐释与发展儒学内在价值的同时，高扬主体意识和理性精神，显露出鲜明的宋学特征。主要派别有：

1.思辨学派

宋初的学者们提倡自由研究，从经文、训诂、义疏各方面都对汉学进行了全面的质疑，兴起了充满怀疑特点的思辨学风，继而产生了宋学第一个学派：思辨学派。王安石为了他的变法革新，依托五经创立"新学"，他著《三经新义》重新解释《书》《诗》《周礼》。司马光虽反对"新学"，但其《易说》《书仪》《疑孟》等也对经典做出了不同于汉学的解释。欧阳修著《毛诗本义》直接质疑《诗序》，又著《易童子问》，明确提出《易经》的《系辞》等篇不是孔子之作。理学支脉"关学"创始人之一的张载，著《易说》，苏轼著《易传》《书传》，苏辙著《诗集传》《春秋集解》，都对汉学义疏提出质疑，创立新说。

北宋初期兴起的思辨精神，到南宋形成强有力的思辨学派，也称怀疑学派。他们不承认唐朝《五经正义》的标准，认为整个汉学体系存在许多错谬和缺陷。他们大胆怀疑，对汉学的经文定本、注、义疏全面质疑，通过语言学和历史的考证进行辨证，对其中的谬误展开猛烈攻击。如郑樵提出废《毛诗序》，朱熹质疑古文《尚书》的真实性。由于思辨学派的目的并不全是为了学术而学术，有时是为了政治而学术，导致思辨学派的怀疑和论辩难以避免主观臆断。

2.程朱理学

理学继承和发展了先秦思孟学派的"性命义理"之学，以理欲心性为对象，最开始称为"性理学"。因理学以继承"孔孟道统"自命，所以也叫"道学"。理学发端于唐代韩愈提出的以《大学》为理论纲领的道统学说，经北宋"五子"（周敦颐、程颢、程颐、邵雍、张载）补充发挥，再经南宋朱熹集其大成，故称程朱理学。理学要求一切都要符合先验的"理"，强调个人修养，注重个人操守，喜谈论性命义理。

理学既是对商周以来的传统天命观的改造和发展，也是对儒家的人性论的进一步发展，虽标榜是儒学正宗，但实际上是先秦思孟学派的性理学部分与汉代谶纬神学、南北朝的玄学和佛学相综合的一种思想体系。

元、明两朝，程朱理学继续发展。元代开始时朱熹的理学被确定为官方哲学。明朝开国为重建封建秩序，对重建封建伦理非常重视，理学的地位明显升高，理学一派完成学术的彻底垄断。明代理学派系有河东学派，其代表人物是薛瑄，其著作主要是对理学的阐述，反映了官方正统思想。

3.陆王心学

心学发扬于陆九渊，由王守仁（王阳明）集其大成，故称"陆王心学"。

一般认为心学肇始于孟子，经邵雍依据道家学术进行初步解释，后经程颢吸收佛学加以发挥，到南宋陆九渊完成了思孟学派的主观唯心主义和禅宗思想的结合，构成了心学的思想体系。

陆九渊主张"吾心即是宇宙"，又提出"心即理"的著名命题，认为心是世界的本体，客观世界的一切都存在于心中，宣扬"本心"说，强调"知本立心"。到了明代，王守仁（号阳明)首度提出“心学”两字,还创立姚江学派。王守仁提出心学的宗旨在于“致良知”,提倡“知行合一”,反对程朱理学的“心外求理”,继承宋代陆九渊“心即理”思想,强调破除“心中贼”,反观自心,修养心性。

(三)清新汉学系各派

1.清初浙西学派和浙东学派

顾炎武是浙西学派创始人,清古文经学和考据学开创者。他提倡“引古筹今”,主张经学是实学,关系国计民生,实用于社会改造。他举起复兴汉学的旗帜,提出“求是”和“求真”,研究被宋学排斥的古代经传,对五经进行文字、音韵、训诂和名词的考据,力求恢复五经的本来面貌。

黄宗羲是浙东学派创始人,他的学术重点在史学,但也不废经学,其经学著作《孟子师说》《易学象数论》影响很大。他提倡经史结合,两个弟子万斯大和万斯同分别传承了他的经学和史学。章学诚继承他的观点,提出了“六经皆史”论。

除创始人之外,浙西学派的成员基本都是顾炎武的弟子或再传弟子,浙东学派的成员基本都是黄宗羲的弟子或再传弟子,许多人是清初的名家,他们的主张使以古文经学为主的清新汉学获得复兴。如阎若璩写《古文尚书疏证》打倒了宋学根基之一的古文《尚书》,胡渭《易图明辨》打倒了宋学《易》的根基,毛奇龄写《四书改错》痛批了朱熹的《四书章句》。

2.乾嘉学派

到了雍乾时期,由于清廷实行文字狱和利诱收买政策,大批知识分子脱离政治,逃避现实,兴起了对经学的文字、音韵、名物、训诂和古代典章制度的考据,形成了将近百年的考据学风,世称乾嘉学派。

乾嘉学派属于清代古文学,主要分为两派:吴派和皖派。吴派得到皇帝的支持,皖派得到学术界的推崇。

吴派学风主要有两个特点:好博尊闻和不讲义理,开创者为惠栋,其中名家有江声、王鸣盛、赵翼、钱大昕、焦循等人。

皖派以戴震为创始者,因戴震字东原,也称“东原学派”。代表人物有段玉裁、王念孙、王引之、孙诒让、俞正燮等。皖派反对空谈义理,讲究“由字以通辞,由辞以明道”,强调从小学入手,通过对经典的音韵、文字、训诂的考据来疏证经传,阐述经义,戴震的《孟子字义疏证》是皖派代表作。戴震的弟子们都精通于小学,段玉裁的《说文解字注》,校讹字,考文理,通条贯,对经传文字的大量引申义和假借义做出了可信的考证;王念孙的《广雅疏证》对先秦、两汉古籍的训诂材料进行了阐释。

清末的王国维是清代考据学的集大成者，他既有乾嘉学派的原则和方法，也吸取西方的科学知识。现代的古史辨派和胡适派也都不同程度地继承了乾嘉学派的求实精神和考据方法。

3.清今文学派

清代后期进入今文学派的天下，主要分为三个阶段：庄存与创立常州学派的阶段，龚自珍、魏源的改良主义启蒙运动阶段，康有为的维新运动阶段。

常州学派的特点是不搞古文经传的文字、音韵、名物、训诂的考据，转而研究今文经传的所谓"微言大义"。庄存与的《春秋正释》是清代今文学的开山之作。庄存与的弟子刘逢禄，发挥"公羊传学"的"三世""三统"说，阐发今文学的基本思想。另一弟子宋翔凤展开对古文经学的批判，掀起了清今古文学之争。

道咸以后，国难当头。刘逢禄的弟子龚自珍和魏源，把学术和政治紧密结合，反对脱离现实，注重发挥义理，使今文学盛极一时。他们一方面批判宋明理学戕害人的个性，扼杀社会生机；一方面批判考据学脱离现实，无补于国计民生。龚自珍的《六经正名》《春秋决事比答问》，以公羊学义理批判朝政，排诋专制。魏源的《诗古微》《书古微》等，宣传更法改图，革除弊政，其学说反映了当时进步知识分子的改革思潮。

清末维新变法的康有为，是清代今文学的最后一个代表人物。其他重要人物有谭嗣同、夏曾佑、廖平等人。

三、从六经到十三经

从战国开始，"经"成为儒家经典的特称，主要经典在历史上经过了从先秦时期的六经，到西汉的五经，东汉的七经，再到唐代扩充为九经、十二经，宋代增至十三经的演变。

(一)先秦"六经"

"六经"一词，最早见于《庄子·天运篇》，乃指《诗》《书》《易》《礼》《乐》《春秋》等六部儒家传道典籍，又被称为"六艺"。汉今文经学派"六经"的次第为：《诗》《书》《礼》《乐》《易》《春秋》。古文经学派"六经"的次第为：《易》《书》《诗》《礼》《乐》《春秋》。

(二)汉代"六经"存"五经"

汉代无"六经"之名，只有"五经"之称。"六经"中《诗》《书》《礼》《易》《春秋》五经，都通过训诂和义疏的重新解释，在西汉前期立五经博士而得到传授。而《乐》因不易口耳相传而慢慢失传，西汉时从儒经中消失。

(三)东汉“五经”扩为“七经”

东汉立《诗经》《尚书》《礼记》《周易》《春秋》五经为官学。同时,为适应维护封建宗法制度、皇权世袭制度和统治集团内部团结的需要,将《论语》和《孝经》定为经书,与“五经”一起合称“七经”。

(四)唐代的“九经”“十二经”

唐代将“三礼”(《周礼》《仪礼》《礼记》)和“三传”(《左传》《公羊传》《穀梁传》),连同《易》《书》《诗》,称为“九经”。

唐后期九经增至十二经。文宗开成二年(837年),在长安国子监立石,刻“九经”及《论语》《孝经》《尔雅》,称“开成十二石经”。五代时后蜀主孟昶以《孟子》代《孝经》和《尔雅》,又石刻“十一经”。

(五)宋“四书五经”和“十三经”

1.“四书五经”

南宋朱熹把《大学》与《中庸》从《礼记》中抽出,与《论语》《孟子》一起组成“四书”,并著《四书章句集注》。“四书”与“五经”合称“四书五经”。

2.“十三经”

南宋光宗绍熙年间(1190—1194年)有三山黄唐《十三经注疏》的合刊本,在原来的十二经上再加《孟子》,成为流传至今的“十三经”。“十三经”包括“经”六部:《易》《诗》《书》《仪礼》《周礼》《春秋》(其中《春秋》经文合于《三传》之内,不占十三之数);“传”三部:《左传》《公羊传》《穀梁传》;“记”四部:《礼记》《论语》《孝经》《尔雅》;“子”一部:《孟子》。

“十三经”各注疏本中,以清代学者阮元主持校刻的《十三经注疏》最为完善。

第二节　《易》

一、《易》与“十翼”

（一）《易》与《周易》

《易》是《周易》的简称。古代对“周易”一词的解释，主要有两种：一种认为《周易》是讲变化之书。此说训“周”取周普、普遍义，认为“易”有变易、简易与不易三义。从文字学的角度来看，“易”上为“日”，下为“月”，象征日月阴阳变化，确有变化之义。

另一种主张视《周易》为周代占筮之书，认为易是古代卜筮之书的代名词，如“三易”（《连山》《归藏》《周易》），周取周朝义。

从《周易》的产生及早期应用看，《周易》是一部筮书。在《春秋左传》和《国语》中就记载了运用《周易》占筮的事例，包括六十四卦的卦画（符号）、卦爻辞。汉以后，《周易》仍保留了原有占筮的性质，但汉代易学家克服了大衍筮法的种种局限，创立了比较完备的新筮法，如焦延寿创立的焦氏筮法，其弟子京房创立了纳甲法。汉代《周易》中所包含的深刻的哲理得到了充分的发展，尤其经过《易传》哲理化的解释和发挥，《周易》遂成为一部博大精深的哲学典籍。汉代时《周易》得到统治者的青睐，被尊称为“易经”，列为群经之首，由卜筮之书而成为安邦治国、修身养性的哲学之书。

按照传统的说法，《周易》成书是“人更三圣，世历三古”，并不是一个时代一个人的作品，其成书经历了上占、中古、下古三个时代（即所谓“世历三古”），是由伏羲、文王、孔子三个圣人完成的（即所谓“人更三圣”）。一般认为，《周易》六十四卦及卦爻辞成书于殷末周初，反映了殷末周初文王与纣之事，其重卦出自文王之手，而卦爻辞是周公所作。

（二）《易传》与“十翼”

在古代，“传”为解说、阐发经典著作意义的书和文字。在先秦时代，人们所说的《周易》只指《易经》。战国时，以解释《周易》为宗旨的《易传》成书。汉武帝“独尊儒术”，《周易》和《易传》合在一起被称为《易经》。此后，《周易》《易经》《易》三者混合使用，均指六十四卦及《易传》。为区分《周易》经传之不同，称六十四卦及卦爻辞为《周易》古经，称注解的十篇著作为《周易大传》。

《周易大传》又称“十翼”。共十篇，即《彖》上、下，《象》上、下，《文言》，《系辞》上、下，《说卦》，《序卦》，《杂卦》。

大多数学者认为，《易传》成书于战国时代，作者不是孔子，是孔子后学所作。但《易传》体现了孔子的精神，反映了孔子儒家的思想，和孔子不无关系，其成书可能是孔子的弟子及再传弟子根据孔子对《易》的讲解加以整理、补充、润色而编纂的。

二、《易经》的主要内容

（一）《周易》古经的结构与内容

《周易》古经分为上、下篇，上篇30卦，下篇34卦，共64卦。每一卦6爻，共384爻。《周易》每卦由符号（卦符）和文字（卦名、卦辞和爻辞）构成。

1.《周易》卦符及其意义

从卦符（卦画）来看，《周易》每一卦有六爻，每爻由阴阳（分别用“--”“—”这两种符号来表示）符号组成，每三个阴阳符号组成一卦，可组成乾（☰），坤（☷），震（☳），巽（☴），坎（☵），离（☲），艮（☶），兑（☱）八卦，称为八“经卦”。八“经卦”中任意两个经卦相重叠，共可以得六十四卦，称为六十四“别卦”。每一“别卦”有上、下两部分：居下部分称内卦（又称下卦、下体），居上部分称外卦（又称上卦、上体）。

八卦象八种自然物：乾为天、坤为地、震为雷、巽为风、艮为山、兑为泽、坎为水、离为火。六十四卦由八经卦相重而成，故往往用八卦卦象称呼六十四别卦，即以两个经卦卦象称呼一别卦，如：乾为天，天风姤，天山遁，天地否，风地观，山地剥，火地晋，火天大有。

八卦之爻含有三才（即天、地、人）之道。三爻中上爻代表天，中爻代表人，下爻代表地。六十四别卦是由八卦相重而成，一卦六爻，初、二爻为地，三、四爻为人，五、上爻为天。

爻所处位置代表事物开始、崭露头角、大成、进入更高层次、成功、终极六个不同阶段。爻所处位置还可代表人的身体的不同部分、社会不同等级或不同性质事类等。

爻所居的位置叫爻位，奇（初、三、五）为阳位，偶（二、四、上）为阴位。阴阳位与阴阳爻并非一一对应，而多为阴阳杂居，故有当位（得位）、不当位（失位）之分：阳爻居阳位、阴爻居阴位为当位；阳爻居阴位、阴爻居阳位为失位。

2.《周易》文辞及其意义

《周易》文辞由卦名和卦辞、爻辞组成。在卦画后面的文辞叫卦名（如乾即☰卦名）。卦名对卦画做简要的说明，是卦的主题，如乾卦画六个符号皆为阳，故乾有刚健之义。

卦辞是对一卦六爻总的说明。乾之“元亨利贞”四字即乾卦卦辞。一卦共六爻，表达每爻意思的文辞叫作爻辞。六条爻辞以“九”“六”作为爻题，阳爻称九，阴爻称六。一卦六爻自下而上，若为阳爻依次为初九，九二，九三，九四，九五，上九；若为阴爻依次为初六，六二，六三，六四，六五，上六。

卦爻辞分为取象、断语两部分。所谓取象，就是以叙述的一事或描述的某种自然现象来说明一个道理。所谓断语，是用吉、凶、悔、吝等辞所下的结论。在占问时，先看表示占问者处境的取象部分，然后看判断结果的断语部分。

(二)《周易大传》的内容

1.《彖传》(或称《彖》)

裁断一卦之义的卦辞称彖辞，对彖辞(卦辞)的解释称为“彖传”。《彖传》共64条，依《周易》上经、下经卦分为《彖传》上、下。《彖传》释《周易》卦辞的方法有四种：

(1)以八卦之象释卦辞。《泰·彖》曰：“天地交而万物通，上下交而其志同也。”《泰》卦上坤下乾，坤为地，乾为天，天本在上，地本在下，而今天在下，地在上，二气交感，故有“天地交”之义。

(2)以八卦所含义理释卦辞。八卦皆含有义理，如乾为刚，坤为柔，震为动，巽为风，坎为险，离为丽，艮为止，兑为说(悦)。《讼·彖》曰：“上刚下险，险而健，讼。”《讼》上乾下坎，乾为刚在上，坎为险在下，故谓“上刚下险”。

(3)取爻位说释卦辞。爻位是指爻所处的位置，有中位、乘、得位、失位、应位。《蒙·彖》：“‘初筮告’，以刚中也。”以中位说释之；《小畜·彖》：“柔得位而上下应之。”以得位、应位释之；《夬·彖》：“扬于王庭，柔乘五刚也。”以乘释之。

(4)以卦变释卦辞。卦变是指由于阴阳爻的变动，使一卦变成另一卦。《彖传》也运用这种卦与卦之间的转换关系注释卦辞。如《损·彖》曰：“损下益上，其道上行。”

2.《象传》(又称《象》)

《易传》中作为篇名的“象”是指《象传》，它分为《象》上、《象》下两篇，与取法自然之象的卦象不同。一卦可分为大象、小象两部分：大象是释卦象，小象是释爻象。

大象释卦，先用八卦之象解释卦，然后比拟人事，如《比·象》：“地上有水，比，先王以建万国，亲诸侯。”

小象释爻辞的方法有多种：

(1)取爻位解爻辞。如释《屯》六二曰：“六二之难，乘刚也。”

(2)以爻辞解爻辞。如《需》九二曰：“小有言，终吉。”《象》释曰：“虽‘小有言’，以‘吉’‘终’也。”

(3)从义理释爻辞。如《恒》六五云:“贞,妇人吉,夫子凶。”《小象》解释说:“妇人贞吉,从一而终也;夫子制义,从妇凶也。”

3.《文言传》(或称《文言》)

《文言》专释《乾》《坤》两卦卦爻辞,阐发天地阴阳变化之理,君臣上下、安邦治国、修心养性之道。

4.《系辞传》(或称《系辞》)

《系辞传》为《周易》通论的文辞。《系辞》分为上、下两篇,主要阐述乾坤在《周易》中的地位,追述《周易》起源、形成、作者、成书,解释部分卦辞以补充《彖》《象》,还保留了原始大衍筮法。

5.《说卦》

又称《说卦传》,系统地解说八卦。《说卦》主要说明八卦的产生、过程、性质、功用、方位,以及所代表的卦象。

6.《序卦》

《序卦》专门解释六十四卦先后排列所蕴含的道理。

7.《杂卦》

杂揉六十四卦的排列,错综六十四卦为三十二对而解说卦义。

三、易学主要流派

1. 汉代易学

西汉易学,就其学风而言,有三种倾向:其一是以孟喜、京房为代表的官方易学,是汉易的主流,此派以研究卦象以及《易经》中的特定数字为主,此即后世所谓的“象数派”。其二是以费直为代表的易学。此派据《易传》解释《易经》,注重义理的阐发,此即后世所谓的“义理派”。其三是将易学研究与黄老之学相结合,形成阴阳易学说,代表人物为严君平、扬雄。

东汉注易人物,以马融、郑玄、荀爽三人为代表。汉末的重要易学家还有虞翻、王肃、魏伯阳等人。特别是虞翻易学,以卦变、旁通、互体、半象等方法研究《周易》,大大地影响了清代张惠言、惠栋等易学家。东汉末年,魏伯阳《周易参同契》以《易》来解说炼丹术。

2. 晋唐易学

西晋永嘉之乱时,施《易》、梁丘《易》亡,孟氏《易》、京氏《易》、费氏《易》无传,唯郑玄

(康成)和王弼所注之易行于世。郑玄是汉学象数派的代表,通行于北朝。王弼、韩康伯以老庄解易,创立了义理派,一扫汉易中的象数之学,主张得意忘象,将《周易》易理玄学化,体现了晋唐易学的最突出特点。

唐代《易》学呈综合之势,以孔颖达的《周易正义》为代表,宗王弼、韩康伯注,推崇玄学易学,也汲取各家《易》说,对玄学派《易》学加以发展。以李鼎祚《周易集解》为代表,采群贤之遗言,议三圣之幽赜,刊辅嗣之野文,补康成之逸象,以汇集京房、荀爽、虞翻等三十余家"存象"的象数派《易》注为主,集汉唐象数易学之大成。

3.宋元明易学

宋代易学是易学发展的新阶段,更注重《周易》的哲理化。主要分两派:一为图书派,一为义理派。

图书派附会"河图""洛书",以"先天""后天""太极""无极"等解《易》,代表人物有刘牧、邵雍、朱震等。刘牧推崇河图、洛书,邵雍著有《皇极经世》,朱震著有《周易集传》,都注重象数之学的哲理化、数理化。义理派代表人物有胡瑗、程颐、张载、杨万里、陆九渊、朱熹等。胡瑗作《易传》,排斥汉《易》象数学和王弼《易》学的玄理,而探讨性命道德之理。后程颐作《易传》,不宗其师周敦颐的《太极图说》,力主以理学家的义理解《易》,不涉及象数,以是否合乎理或天理来解释《周易》的变化之道、吉凶祸福,提出"随时取义说""易随时变易以从道""动静相因而成变化"等命题,充分发挥义理。张载总结汉唐以来的阴阳二气学说,建立起了以气为核心的易学体系。朱熹对北宋以来的易学进行了总结,作《周易本义》《易学启蒙》,调和"图书""义理"两派,补程颐《易传》之偏。

元明《易》学,大抵信守程朱《易》学。元代重要的易学著述有吴澄的《易纂言》、胡一桂的《易本义附录纂注》、胡炳文《周易本义通释》。明代影响最大的易学著作首推胡广等奉明成祖之命纂的《周易大全》,以程朱之说为主,杂采诸家易说而成。明代象数派易学家有来知德、黄道周等,来知德《周易集注》提出了一些新的易例,主以象解易,为明代象数之学的代表人物。

4.清代易学

清代易学出现了回归,驳难宋易学,而重倡汉易学。李光地奉康熙命修《周易折中》,以义理《易》折中诸家;傅恒等人奉敕撰修《周易述义》,将汉、宋易学予以糅合掺杂。黄宗羲、黄宗炎兄弟分别著《易学象数论》《图书辨惑》,首开图书辨伪之风;毛奇龄、胡渭从考据入手,申明汉易,不以空言说经,辨证图书,对前代许多易学文献提出了新的看法。

清代易学主流是汉易(或朴学易)。清初顾炎武《易音》等著作开考据易学之先河。朴学易形成于雍乾时期,分为汉易文献派、象数创新派二派:汉易文献派以发掘、整理、推演汉易为重点，主要代表有惠栋、张惠言等。惠栋笃信汉学，所著《易汉学》阐述孟喜、虞翻、京房、郑玄、荀爽之说，部分恢复了汉代易学的原貌；象数创新派以数学、语言学的一些新成就来研究《周易》经传本身，主要代表为焦循、李道平等。焦循著有《易学三书》，是清象数易学一大家。李道平著《周易集解纂疏》，以注疏汉儒象数之学为主。

5.现代易学

现代易学按治《易》方法，可大致分为三派：一是义理派。主流是用欧风东渐以来的新思想、新学说为工具去阐发《易》理，主要代表有金景芳、郭沫若、苏渊雷等。二是象数派。既有同于传统象数学者的尚秉和等，更有以新的自然科学知识治《易》（“科学易”）的薛学潜、沈宜甲等。三是考据派。既有用乾嘉学派训诂、考订的朴学方法治《易》的高亨等人，也有用现代考古学方法研究《周易》的起源、传本等问题的张政烺、于豪亮、李学勤等人。

第三节 《书》

《尚书》汇集了上自原始社会末期，下至春秋时代早期的古史资料，是我国现存最为古老的典籍之一，也是儒家的一部重要典籍。

一、《尚书》的命名及编纂

（一）《尚书》的命名

"书"的称谓起源很早，初为书写记录的专名，后泛指一切文书和典册。"书"一词最早见于《墨子·明鬼下》："故尚者《夏书》，其次商、周之书。"先秦时代，《尚书》多被称为《书》。据《尚书·多士》载，西周初年的周公旦曾经说过"惟殷先人，有册有典"，所谓"册"、"典"就是史官记载史事的档案文献。《尚书》就是记录国王和大臣们有关国家大事的言论和政令的档案文献汇编。

《尚书》的名称出现较晚，根据近年来出土的文献，可能出现于汉初以前。《尚书》之名有多种解释：

第一种说法认为尚是上古的意思，《尚书》就是"上古的史书"。《史记·五帝本纪·索隐》："尚，上也，言久远也。"

第二种说法认为《尚书》就是人们所应尊崇的神圣天书。《史记·六通》引《璇玑钤》曰："尚者上也，上天垂文，以布节度，如天行也。"郑玄《书赞》说："尚者上也，尊而重之，若天书然，故曰《尚书》。"

第三种说法认为"上"代表"君上"，因是记载君王与臣下的对话、言论以及君王活动的，所以叫作《尚书》。王肃《尚书注》："上所言，下为史所书，故曰《尚书》。"

就第一种说法而言，《尚书》称不上是最古老的史书。第二说法充满神秘的谶纬思想，没有确切的根据。第三种说法符合古代"左史记言，右史记事"的记载，相对比较合理。

（二）《尚书》的编纂

《尚书》为古代相传之史料，孔子曾以其教弟子，故汉人认为由孔子编订，且选100篇作定本。《史记·孔子世家》说："孔子之时，周室微而《礼》、《乐》废，《诗》、《书》缺。追迹三代之礼，序《书传》，上纪唐、虞之际，下至秦缪，编次其事。"但《尚书》有些篇章成于战国，不可能在孔子时编入。可见，作为一部历史文献汇编，《尚书》应该不是写定于一时，也不是一人之手所成，而是经过较长时间的汇集和流传后才定型成书的。

二、今、古文《尚书》

（一）今文《尚书》

《尚书》有今文《尚书》与古文《尚书》之分。伏生晚年曾担任过秦朝的博士，讲授的《尚书》是隶书本，因为是当朝，所以谓之"今文"。《史记》云："汉定，伏生求其书，亡数十篇，独得二十九篇，即以教于齐鲁之间。"《汉书·艺文志》亦说："秦燔书禁学，济南伏生独壁藏之。汉兴亡失，求得二十九篇。以教齐、鲁之间。"伏生《尚书》二十九篇篇名是：尧典、皋陶谟、禹贡、甘誓、汤誓、盘庚、高宗肜日、西伯戡黎、微子、牧誓、洪范、金縢、大诰、康诰、酒诰、梓材、召诰、洛诰、多士、无逸、君奭、多方、立政、顾命、康王之诰、费誓、吕刑、文侯之命、秦誓。

伏生《尚书》29篇，分为《虞夏书》《商书》《周书》三个部分。《虞夏书》大约是周初史官所写，追述虞夏时的事迹。《商书》有一部分可能是商代的文件，如《盘庚》篇是盘庚时代的。《周书》大部分是周人所写，其中记述了周公旦的言论。前28篇是用汉隶抄录的，叫今文《尚书》。一般认为，第29篇《秦誓》为后人增益。

伏生传给济南张生与千乘（今山东高青）欧阳生后，今文《尚书》的传授形成"欧阳、大小夏侯并立"的三个学派：欧阳生传同乡倪宽，一直到欧阳生的曾孙欧阳高，是为《尚书》欧阳之学；张生的一脉首先传东平夏侯都尉，夏侯都尉授同乡夏侯始昌，始昌授夏侯胜，是为《尚书》大夏侯学；夏侯胜传夏侯建、周堪、孔霸，周堪授牟卿、许商；孔霸传子孔光；夏侯建传张山拊，张山拊又授李寻、郑宽中、秦恭、陈假仓、张无故，是为《尚书》小夏侯学。

东汉今文《尚书》学基本上承继西汉《尚书》学。在东汉时期，欧阳氏学大受汉王朝尊宠，最为盛行。光武帝选欧阳氏学的大师桓荣为太子（即后来的明帝）师，明帝即位后尊以师礼，封为关内侯，官至太常，其门徒多任公卿。桓荣子桓郁袭父爵，亦甚得上亲厚，也官至太常，常召论经书，问政事，并相继为章、和二帝的经师，备极尊宠。大小夏侯学虽也继续立于学官，但在东汉时期始终不显。

两汉今文《尚书》的特点有：经学神学化与"谶纬"之学盛行，倡"通经致用"来为王朝服务；章句烦琐，解说空疏，严于家法、师法。

(二)古文《尚书》

自西汉中期开始出现古文《尚书》本,先后传闻出现过好几次,均出自两汉私家所藏壁中书。《古文尚书》有多种版本:

孔安国家传本。司马迁在《史记·儒林列传》中记载:"孔氏有古文《尚书》,而安国以今文读之,因以起其家,逸《书》得十余篇,盖《尚书》滋多于是矣。"

河间献王本。《汉书·十三王传》所载:"献王所得书皆古文先秦旧书,《周官》《尚书》《礼》《礼记》《孟子》《老子》之属,皆经传说记,七十子之徒所论。"这部《尚书》一般称"河间献王本"。

孔壁本、鲁恭王本。《汉书·楚元王传》所载刘歆《移让太常博士书》说:"鲁恭王坏孔子宅,欲以为宫,而得古文于坏壁之中……《书》十六篇。"刘歆建议把这部《尚书》和《左氏春秋》《毛诗》《逸礼》一并立于学官,遭到今文家反对。后来或称为"鲁恭王本",或称为"孔子壁中本""孔壁本"。《尚书·尧典正义》引载有此本所谓"逸书"十六篇名是:《舜典》《汩作》《九共》《大禹谟》《益稷》《五子之歌》《胤征》《汤诰》《咸有一德》《典宝》《伊训》《肆命》《原命》《武成》《旅獒》《冏命》。

中古文本。《汉书·艺文志》中记载:"刘向以中古文校欧阳、大小夏侯三家经文,《酒诰》脱简一,《召诰》脱简二。"所谓"中古文",就是皇帝"中秘"所藏《古文尚书》本。

张霸"百两篇"本。《汉书·儒林传》载:"世所传《百两篇》者,出东莱张霸,分析合二十九篇以为数十,又采《左氏传》《书叙》为作首尾,凡百二篇。"张霸的百篇伪书虽被废黜了,其所造却宣称是孔子所写的"百篇《书序》"却留下盛行起来,曾一度被立为学官。

杜林漆书本。《后汉书·杜林传》载:"林前于西州得漆书古文《尚书》一卷,常宝爱之,虽遭难困,握持不离身。"东汉时,完整的孔安国本已失,杜林漆书这一古文本出现,其篇数和今文《尚书》篇数相同,皆二十九篇,没有孔安国藏的多出的古文《逸书》十六篇。杜林传给马融等,他们都是东汉著名学者,其中卫宏为这部《尚书》作训旨,徐巡为它作音,贾逵作训,马融作传,再传卢植作章句,郑玄作注。只有这个本子,有"古文家说"的传注。西晋永嘉之乱时,欧阳高、大小夏侯三家《今文尚书》丧失,郑玄所注的杜林漆书成为当时主要的版本。

古文《尚书》开始传习于民间,势力较小。汉平帝时,刘歆对比了古文和今文之后,倾向于古文学,建议朝廷立于国学,引起了古文和今文的大论战。贾逵、马融、郑玄等古文家的传注,虽宣扬圣道王功的思想,但能多做文字训诂及制度、名物等方面的解释,遂大显于世,学习者逐渐增多。

(三)伪古文《尚书》

东晋时,又出现了一部标榜为孔安国真本的古文《尚书》(相传是梅赜献给东晋元帝的),并且很快流行起来。这部伪孔传古文《尚书》不仅与当时流行的郑玄注本大不相同,而且与魏末晋初出现的前伪《孔传》也不一样。其有经文五十八篇:以马、郑所有者分《尧典》为《舜典》,更分《皋陶谟》为《益稷》,分《盘庚》一篇为三篇,分《顾命》为《康王之诰》,于是与今文29篇内容相同的为33篇,另有今文所无的25篇,即:《大禹谟》《五子之歌》《胤征》《仲虺之诰》《汤诰》《伊训》《太甲》(上、中、下)、《咸有一德》《说命》(上、中、下)、《泰誓》(上、中、下)、《武成》《旅獒》《微子之命》《蔡仲之命》《周官》《君陈》《毕命》《君牙》《冏命》。

该本有所称的《孔安国传》,书前还有一篇《孔安国序》。这部伪古文《尚书》,还伪造了一种叫作"隶古定"的假古字体。伪孔传古文《尚书》出现后,取代了郑玄注的《尚书》在经学上的地位,被看成汉代孔安国所传的真古文。唐孔颖达撰《五经正义》时,就把它作为《尚书》真本,把伪《孔传》作为正注,以六朝至隋出现的各家"义疏"之说作为"疏",撰成《尚书正义》颁行全国,后又刻入《开成石经》中,这使得这部书代替了郑玄注本,这就是后来《十三经注疏》中的《尚书注疏》本。最终使得来自孔壁本的古文《尚书》完全失传。

伪孔传《尚书》有很多作伪的破绽,从宋朝开始,朱熹、吴棫等人对于梅赜所献古文《尚书》的真实性开始怀疑,清代阎若璩著《尚书古文疏证》八卷,列举128条证据,认定梅赜献尚书中多出的25篇是后世伪作,其余33篇真伪杂糅,从此,通行本《尚书》中有25篇为伪书的说法,遂成定论。

三、《书》的内容及价值

(一)《尚书》的内容与体例

《尚书》是一部历史档案汇编,它包括了许多篇不同时代的史料。它所涉及的时代,上起唐尧、虞舜,下迄春秋前期的秦穆公,包括了夏、商、周三代,跨时至少约1300年。我们今天所见到的《尚书》中的文献资料并不完全是真实可靠的原始史料。一般认为《商书》和《周书》大体上是当时史官的真实记录,《虞书》《夏书》是后人根据传说所追记的。《尚书》的内容大部分是古代帝王们对臣下或民众的训令和军队誓师词,或是大臣对君王的规劝;小部分是关于远古历史的传说。

通行的《十三经注疏》本《尚书》共58篇,通行的《十三经注疏》本《尚书》共58篇,包含了伪古文《尚书》,其中33篇是真文献,与伏生所传今文《尚书》28篇相同(分篇有别,如今文《尚书》中《尧典》一篇在古文《尚书》中分作《尧典》《舜典》二篇)，另25篇是拼凑的伪文献。《尚书》依据朝代编辑，分别称为《虞书》(今文2篇，伪古文为5篇)、《夏书》(今文2篇，伪古文为4篇)、《商书》(今文5篇，伪古文为17篇)和《周书》(今文19篇，伪古文为32篇)。

《尚书》的体例，伪孔传《尚书序》分为“典、谟、训、诰、誓、命”六种，唐代孔颖达分为典、谟、贡、歌、誓、诰、训、命、征、范十种。综合来看，大致可分成典、诰、誓、命四种体式。

典主要记载古代典制，如《尧典》《舜典》《禹典》《洪范》《吕刑》《周官》等。

诰是《尚书》的主体部分，主要是训诫诰令。如《虞书》的《皋陶谟》，《商书》的《盘庚》《高宗肜日》《西伯戡黎》，《周书》的《金縢》《大诰》《多士》《召诰》《君奭》《顾命》等篇。

誓主要是君王诸侯的誓众词。如《甘誓》《汤誓》《泰誓》《牧誓》《费誓》《秦誓》诸篇。

命主要是君王任命官员、赏赐诸侯的册命。如《君陈》《毕命》《君牙》《冏命》《文侯之命》等篇。

(二)《尚书》的价值

《尚书》对研究中国古代历史和政治思想有重要作用。

1. 文献价值

《尚书》是中国最早的政治文件的汇编，《尚书》的文章，自《盘庚》以下多出实录，以前则多是故老相传的口头资料。其内容涉及政治、思想、宗教、哲学、法律、军事等多个领域，为《左传》《史记》等提供了珍贵的原始资料，既是我们研究原始社会和奴隶社会不可缺少的历史文献，也是研究其后两千多年间政治思想史、传统文化史的基本材料。

2. 思想价值

在儒家思想占统治地位的中国，《尚书》作为上古重要文献，在其后两千多年里一直被儒家学派奉为经典。自汉代立于学官以来，备受尊崇，成为整个古代社会帝王们最重要的教科书，也是士大夫们日夜诵读的“圣经”。古来帝王将相以《书》安邦定国，工商士民以《书》修身待物。《尚书》是我国最早的治政经典，蕴藏着极为丰厚的政德内容。据《尚书大传》卷五《略说》记载，孔子云：“‘六誓’可以观义，‘五诰’可以观仁，《甫(吕)刑》可以观诫，《洪范》可以观度，《禹贡》可以观事，《皋陶谟》可以观治，《尧典》可以观美。”这里提到的义、仁、诫、度、事、治、美七德，是培养历代仕人优秀治政品质的重要德目。《尚书》可算是名副其实的“政典”，其中含有可用于指导现实政治的精粹思想，如德治思想、民本思想、任人唯贤思想、中道思想、轻刑思想等。

第四节 《诗》

一、“诗三百”与《诗经》

《诗》约成书于春秋中叶，是我国第一部诗歌总集，共收自西周初期至春秋中叶的诗歌305篇（《小雅》中另有6篇有目无辞的“笙诗”），故又称《诗三百》。《诗经》最初只称《诗》，被汉代儒者奉为经典后，乃称《诗经》。

《诗》之成书迄今仍存不同的说法：

孔子删诗说。古诗据说原有3000余篇，据传300篇为孔子删定。最先说孔子删《诗》的是司马迁。因《史记》的权威影响，历代学者大都崇信此说。

王者采诗说。《诗经》中的诗歌上起西周初年，下至春秋秦穆公时，绵延五个世纪，包括了整个黄河流域和长江、汉水一带，纵横上千里。早在汉代就出现了“王者采诗”的说法，《汉书·食货志》和《刘歆与扬雄书》都说由天子指派官吏到全国各地采诗。

周朝太师编定说。据《礼记·王制》载，西周王朝“命太师陈诗，以观民风”。懂乐律的太师对各地诗歌做了调整韵脚和句式、易土语为雅言的编定工作。

二、《诗》的内容

《诗经》生动而真实地反映了我国奴隶社会的历史面貌，从各个不同的侧面再现了周代的社会生活。其内容按主要反映的社会生活大致可以分为六类：

（一）婚恋诗

《诗》中表现恋爱、婚姻题材的婚恋诗最为精彩，占三分之一，多方面地反映了男女婚恋生活中的各种情境、心理以及各种社会矛盾。有的婚恋诗写男女相爱相会时的和谐、欢乐，失恋分离时的痛苦、忧伤，赞扬主人公对爱情的忠贞，如《周南·关雎》《邶风·静女》《王风·采葛》《秦风·蒹葭》《郑风·将仲子》《鄘风·柏舟》等；“弃妇诗”则表现女性在当时社会所受迫害、凌辱及被遗弃的痛苦，如《邶风·日月》《卫风·氓》《邶风·谷风》《秦风·晨风》等。

《诗经》中的婚恋诗，或表追求、言思慕、叙幽会、寄怀念，或描述爱情、婚姻的悲剧，大都写得淳朴直率，生动活泼，情真意挚，感人肺腑。

（二）农事诗

周朝始祖以农立国，极为重视农业生产。一年的农事活动开始时，要举行隆重的祈谷、藉田典礼，祈求上帝赐丰收。秋天丰收后，还要举行隆重的报祭礼，答谢神灵的恩赐。遂产生了描写农业生产生活和政治、宗教活动的农事诗。

《周颂》中的《臣工》《载芟》《良耜》《噫嘻》等，就是耕种藉田、春夏祈谷、秋冬报祭时的祭祀乐歌。《载芟》《噫嘻》中描写了“千耦其耘”“十千维耦”的盛大劳动场面。《小雅》中的《甫田》《楚茨》《大田》等，描写从事田猎、畜牧和农业生产的劳动情景。这些诗在细致的描绘、形象的写照中充满了对土地的热爱、对劳动的赞赏和丰收的喜悦，真实地记录了与周人农业生产相关的宗教活动和风俗礼制。

《国风》中的农事诗直接描写了劳动生活，如《周南·芣苢》《豳风·七月》。《周南·芣苢》写一群妇女采集芣苢的劳动，却充满浓郁的生活气息。《豳风·七月》是风诗中最长的一篇，是《诗经》农事诗中最优秀的作品。全诗以时令为序，把风俗景物和农夫生活结合起来，反映了西周农人的生活状况，在对当时生产、生活的平铺直叙中抒发了哀怨和不满。

（三）征役诗

周族的发展经历了一个艰难而漫长的过程，如周王室的平叛、抵御外族入侵和频繁的诸侯兼并战争等，斗争成为民族生存、发展的一个重要手段，战争成为周人的生活内容之一。这些战争，给民众带来了沉重的兵役和徭役负担，因而征役也就成了《诗经》的重要主题。

征役诗主要表现战争和徭役给民众带来的沉重灾难和痛苦，以征夫、思妇口吻言之，声调凄楚，情节悲惨，如《豳风·东山》《齐风·东方未明》《小雅·何草不黄》《王风·君子于役》。《豳风·东山》写征夫归途中因担心家园变得残破不堪，难料新婚久别的妻子的变化而满心悲伤，这种疑惧心境，在“零雨其濛”的环境衬托下，显得更加浓郁深沉，哀婉感人。《王风·君子于役》则从家中妻子思亲怀远的角度，反映了战争给人的精神心理带来的伤害。

《诗经中》也有表现爱国思想的战争诗。如《秦风·无衣》《鄘风·载驰》《小雅·采薇》等。《小雅·采薇》是一名军士在远戍归来的路上追述行役生活的诗。诗人一方面希望早日结束战争，回归家园；但另一方面，国家的利益战胜了个人的痛苦，仇恨的怒火冲淡了对亲人的思念，诗人将怨嗟的感情归结到猃狁的入侵上，表现了下层军士英勇杀敌、共赴国难的壮志豪情，具有悲壮的精神和崇高的品格。这种精神在《秦风·无衣》中亦表现突出。

《诗经》中的战争诗往往较多进行军威声势和气氛的渲染,而较少进行具体战争场面的描写,多写道德的感化和军事力量的震慑,多抒发或自豪激昂或哀伤厌倦的感情而少刀光剑影的叙事描写。既是重修行、讲威仪、崇尚文德的礼乐文化的产物,也是亲血缘、厚家族、安土重迁的农业文化的反映。

(四)怨刺诗

怨刺诗主要产生于西周末年的厉、幽时期,主要反映朝政腐败、礼仪废弛、统治者残暴荒淫,带有乱世的鲜明印记。这类诗主要存于《雅》诗和《国风》中,“二雅”中的怨刺诗多为公卿列士的讽谕劝诫之作。这些“贵族怨刺诗”表现的都是国家政治的重大主题,如《大雅·荡》谏厉王应以殷鉴为戒,《小雅·正月》以“赫赫宗周,褒姒灭之”警戒今王。更多的作品是针砭时弊,指斥昏君。如《大雅·民劳》揭露了统治集团的残暴、丑恶,对人民的忧苦深表同情;《小雅·节南山》直斥最高统治者荒淫昏聩。此外,还有一些以斥责奸佞为主题的怨刺诗,诅咒奸邪,斥责谗佞,亦颇引人注目,如《小雅·巷伯》《小雅·正月》《小雅·巧言》等。这些怨刺诗大都敢于直面人生,大胆揭露社会矛盾,表现出对社会人生的鲜明态度,对国家前途命运的担忧,表露了诗人忧国伤时的强烈忧患意识。

《国风》中的怨刺诗多出自劳动人民和下层人士之手,这些“民间讽刺诗”或讽刺统治者丑恶的行为、肮脏的灵魂,或揭露当时政治的腐朽、黑暗,讽刺了统治阶级荒淫腐朽的生活,刻画了统治者贪得无厌的嘴脸和凶狠残暴的本质,更直接地反映了下层民众的思想、感情和愿望。如《邶风·新台》辛辣嘲讽了卫宣公的荒淫乱伦丑行,《齐风·南山》讽刺了齐襄公的无耻乱伦行为,《陈风·株林》讽刺了陈灵公君臣与夏姬。《鄘风·相鼠》《魏风·硕鼠》直接把贵族统治者比作贪得无厌的大老鼠,唱出了奴隶们对剥削者的无比愤恨。《魏风·伐檀》以委婉曲折的反语、复沓的手法,辛辣地讽刺了不劳而获的剥削者。《秦风·黄鸟》通过对“三良”殉葬的哀叹,控诉了秦国暴君对无辜良善的杀害,揭露了统治阶级的残酷本性。这些出自民间的怨刺诗,怨愤强烈,讽刺尖刻,具有强烈的批判精神,显示出不屈的意志和抗恶的精神,是《诗经》现实精神的重要表现。

(五)颂诗

颂诗大都出自公卿或乐官之手,大都是为统治阶级歌功颂德和祭神的庙堂及宫廷乐歌,大部分保存在“三颂”中。颂诗主旨为宣扬帝王威德,如《大雅·文王》《周颂·维天之命》《商颂·殷武》《大雅·江汉》;还有一些颂宴饮赞嘉宾之作,如《小雅·鹿鸣》《小雅·南有嘉鱼》等。

(六)史诗

《大雅》中保存的《生民》《公刘》《绵》《皇矣》《大明》五首诗是一组古老的史诗，采用的是叙事体的形式，反映了商周政治的变革，周族演变的历史、发展的轨迹等等，以粗线条较完整地勾画出周族发祥、创业、建国、兴盛的光辉历史。《生民》写的是周人始祖后稷的故事。全诗八章，前三章生动地描绘了后稷神奇非凡的诞生与成长，后五章赞美他熟知农艺，长于农事，功德齐天，业绩辉煌。

远古传世的史诗极少，这组史诗描述了周族从传说中的始祖降生到灭商建国的曲折历程，塑造了在周族发展史上起重要作用的鲜明生动的英雄形象，大量运用神话传说，融神话、传说、诗歌于一体，使史诗富有传奇色彩，显得格外珍贵。

三、《诗》"六义"与"四始"

(一)《诗》"六义"

《诗经》的"六义"，最早记载于《周礼·春官》。汉代《毛诗序》中明确提出："故诗有六义焉：一曰风，二曰赋，三曰比，四曰兴，五曰雅，六曰颂。"对于"六义"的解释，有着一个历史发展过程。唐代孔颖达提出了"三体""三法"的说法，将"六义"分为两组，"风""雅""颂"三者是"三体"，"赋""比""兴"三者是"三法"。朱熹也认为风、雅、颂为三种诗体，而以赋、比、兴为三种表现方法。

1.风、雅、颂

《风》《雅》《颂》三部分的划分，依据的是音乐的不同。

"风"义是声调，风就是国风，它是"王畿"(周王朝直接统治地区)以外各地方的音乐，大部分是黄河流域的民间乐歌，包括"十五国风"，共160篇。

"雅"为西周王畿境内的正乐，此地周人称之为"夏"。雅有"正"义，王畿之乐被看作正声。周人把正声叫作雅乐，带有一种尊崇的意味。《雅》是宫廷乐歌，共105篇，《大雅》31篇时代较早，《小雅》74篇时代较晚。

"颂"是祭祀鬼神的祭乐和赞美功德的颂歌。颂的含义和用途，《毛诗序》说："颂者美盛德之形容，以其成功告于神明者也。"《周颂》是西周作品，4篇《鲁颂》是公元前7世纪鲁国的作品，5篇《商颂》是公元前7—8世纪宋国的作品。

2.赋、比、兴

按朱熹《诗集传》中的说法，"赋者，敷也，敷陈其事而直言之者也"。赋即直接铺陈叙述，是最基本的表现手法。如"死生契阔，与子成说。执子之手，与子偕老"，直接表达自己的感情。

"比"就是比喻，朱熹解释为"以彼物比此物"。《诗经》中用"比"的佳例，如《氓》用桑树从繁盛到凋零的过程来比喻爱情的盛衰；《鹤鸣》用"他山之石，可以攻玉"来比喻治国要用贤人；《硕人》连续用"柔荑"喻美人之手，"凝脂"喻美人之肤，"瓠犀"喻美人之齿，等等。"比"和"赋"一样，都是一切诗歌中最基本的表现手法。

"兴"是《诗经》中独特的手法。"兴"字本义是"起"，又称为"起兴"。朱熹解释"兴"是"先言他物以引起所咏之辞"，即借助他物为所咏之物作铺垫。兴往往用于一首诗或一章的开头。兴不必与正文有关，有时只是借眼前景物发端，从情调上引出下文。如《关雎》开头的"关关雎鸠，在河之洲"，诗人借眼前景物以兴起下文"窈窕淑女，君子好逑"。《桃夭》一诗，开头的"桃之夭夭，灼灼其华"，可以说是写实之笔，但也可以理解为对新娘美貌的暗喻，又可说是在烘托结婚时的热烈气氛。"兴"的运用，使得中国古典诗歌有一种特别的韵味。

(二)《诗经》"四始"

旧说《诗经》有"四始"，关于"四始"，汉四家诗有四种不同的说法：

鲁诗认为"四始"指"风""小雅""大雅""颂"的首篇。司马迁习鲁诗，《史记·孔子世家》云："《关雎》之乱以为'风'始，《鹿鸣》为'小雅'始，《文王》为'大雅'始，《清庙》为'颂'始。"

毛诗认为"四始"指"风""小雅""大雅""颂"。《毛诗序》也提到"四始"，认为《风》《小雅》《大雅》《颂》四者为王道兴衰之所由始。《诗大序》："一国之事系一人之本谓之'风'；言天下之事，形四方之风谓之'雅'；雅者，正也，言王政之所由废兴也。政有大小，故有'小雅'焉，有'大雅'焉；'颂'者，美盛德之形容，以其成功告于神明者也。是谓四始，《诗》之至也。"孔颖达疏引郑玄《答张逸》云："四始'风'也，'小雅'也，'大雅'也，'颂'也。此四者，人君行之则为兴，废之则为衰。"

齐诗认为"四始"指"大雅"的《大明》，"小雅"的《四牡》《南有嘉鱼》《鸿雁》。《诗大序》："是谓四始。"孔颖达疏："《诗纬·泛历枢》云：'《大明》在亥，水始也；《四牡》在寅，木始也；《嘉鱼》在巳，火始也；《鸿雁》在申，金始也。'……《纬》文因金、木、水、火有四始之义，以《诗》文托之。"《诗纬·泛历枢》传齐诗之说。

《韩诗外传》有"《关雎》何以为《国风》始也"之文，魏源《诗古微·四始义例》据服虔《左传注》考韩诗之说："是知《韩诗》以《周南》十一篇为风之始，《小雅·鹿鸣》十六篇、

《大雅·文王》十四篇为二《雅》之正始,《周颂》当亦以周公述文、武诸乐章为《颂》之正始。其《鲁诗》论“四始”,但举首篇者,犹毛诗《周南·关雎诂训传》,举首篇以统全国之风,非但以三篇为始。但观于首三篇,而知以下周公、文王之诗,皆同正始之例。韩义即鲁义也。”认为凡是风、颂、小雅、大雅四个部分的诗篇,凡与文王、武王有关的诗篇,都属于“四始”之列。

四说除齐诗囿于律历,据阴阳五行观念为说,与《诗经》结构问题无关之外,鲁、韩、毛三家在以“四始”划分《诗经》篇章结构上,看法大致相同。

四、《诗》的流传与研究

周代贵族学《诗》有实用目的,当时除典礼、讽谏等要用《诗》外,还用《诗》来美化言语和借诗喻志,孔子以后的儒家都讽诵《诗经》,引《诗》为证谈道说理,诗学在儒家传习不断。

秦焚毁民间包括《诗经》在内的儒家典籍。由于《诗》易于记诵,所以到汉代又得到流传。汉初传授《诗经》学的共有四家:齐之辕固生,鲁之申培,燕之韩婴,赵之毛亨、毛苌,简称齐诗、鲁诗、韩诗、毛诗。齐、鲁、韩三家属今文经学,西汉时,齐、鲁、韩三家都被立于学官,立有博士,三家诗都以史解诗,多附会之见,魏晋后逐渐衰亡,到南宋完全失传。作为古文学派的毛诗流传于民间,至汉章帝时才立于学官,盛行于东汉,郑众、贾逵、马融、郑玄等皆为传《毛诗》大家,尤其是郑玄《毛诗传笺》,亦以史解诗,以宗毛为主,兼采其余三家,阐释补充订正《毛诗》,在训诂上多有创见。

魏晋时,王肃作《毛诗解》,驳斥郑玄,又有王基驳斥王肃而肯定郑玄,两家相争,但郑学仍然风靡于世。北朝兼宗毛、郑,南朝笃信《毛传》,学者对毛、郑的异同仍有争议。唐代孔颖达作《毛诗正义》,调和毛、郑之说,以“诗篇之异体”“诗文之异词”来区别“六义”的风、雅、颂与赋、比、兴,并提出“美刺俱有比兴”。

宋代《诗经》研究方面的疑古精神非常突出。欧阳修《诗本义》最先怀疑《诗序》,辩驳毛、郑之失。南宋郑樵《诗辨妄》,抨击毛、郑,斥《诗序》“皆是村野妄人所作”,而以己意解诗。南宋朱熹作《诗序辨说》批驳《诗序》,还作《诗集传》,疑《传》《笺》,抨击《诗序》,首倡“淫诗”说,成了宋学《诗经》的代表作。王质《诗总闻》自出新意,对汉代诗说有所突破。朱熹三传弟子王柏的《诗疑》,甚至怀疑《诗经》本身,删除所谓“淫诗”三十二篇。元明两代是《诗经》学的衰落期。元代刘瑾《诗传通释》,阐发朱熹《诗集传》。明人胡广等《诗经大全》仍以《诗传通释》为蓝本,陈第著《毛诗古音考》,纠正宋人叶韵说的谬见。

清代是《诗经》学的振兴期，大体可以分为三个阶段。乾嘉之前，主要趋势是抨击以朱熹为代表的宋学。专门抨击朱熹《诗经》学的有陈启源、姚际恒、牟庭等。陈启源针对朱熹和刘瑾，作《毛诗稽古编》，宗《诗序》和《毛传》，兼采《郑笺》。姚际恒《诗经通论》，力主解诗应涵咏篇章，寻绎文义，摒弃汉学、宋学之诗说。牟庭《诗切》，上承汉三家诗说，力求从《诗经》本身探求诗旨。

乾嘉时，古文经学复兴，胡承珙作《毛诗后笺》，宗毛驳郑，广征博引，以证毛义精审，推论亦甚细密。马瑞辰作《毛诗传笺通释》，辨正毛、郑异同，而不专宗毛、郑，注重本字、本义、假借义的探求，时有独见。陈奂作《诗毛氏传疏》，笃信《诗序》，宗《毛传》，贬抑《诗集传》，从文字、音韵、训诂入手，阐发《毛诗》的诗旨，引据赅博，是疏释《毛诗》的集大成之作。而魏源《诗古微》，攻击《诗序》，专主今文诗说。

乾嘉以后，辑佚之风盛行，如范家相、阮元、马国翰、陈寿祺、王先谦等。王先谦撰《诗三家义集疏》辑录三家诗说，疏释博采前人的研究成果。

第五节　“三礼”

“十三经”中记载礼之书有三:《周礼》《仪礼》《礼记》,东汉郑玄并注此三书而盛行于世,乃有“三礼”之称。

一、《周礼》

《周礼》为“三礼”之首,它是“十三经”中唯一阐述儒家理想官制的典籍,是我们认识和研究古代官制、政治史、文化史的一把钥匙,影响深远。

(一)《周礼》的作者及成书

1.《周礼》的书名

《周礼》有多种异名,如“经礼”“礼经”、《周官》《周官经》等。

(1)《史记》《汉书》等记载,《周礼》初名《周官》。《史记·封禅书》曰:“《周官》曰:冬日至,祀天于南郊。”《汉书·礼乐志》《河间献王传》《郊祀志》《王莽传》,提到或征引《周礼》时,并称《周官》。

(2)《汉书·艺文志》和《汉纪》称《周官经》。《汉书·艺文志》曰:“《周官经》六篇。王莽时刘歆置博士。”荀悦《汉纪》云:“刘歆以《周官经》六篇为《周礼》。”

(3)王莽时《周官》更名为《周礼》。孙诒让《周礼正义》认为,王莽居摄之后,刘歆担心《周官》与《尚书·周官》相混淆,所以改名为《周礼》,列为礼经。

(4)郑玄认为,《周礼》又名“经礼”。《礼记·礼器》“经礼三百”郑玄注曰:“经礼,谓《周礼》也。”

2.《周礼》的作者

关于《周礼》之作者,自汉以来,众说纷纭。

(1)刘歆认为《周礼》的作者是周公。刘歆提“周公致太平之迹”,郑玄进一步将刘歆之说坐实,他说:“周公居摄而作六典之职,谓之《周礼》。”此后,《隋书·经籍志》等文献和贾公彦、孙诒让等学者,皆遵从此说。此说遂成为最具代表性的意见。

(2)临硕、何休则反对周公作《周礼》说。临硕认为《周礼》是“末世渎乱不验之书”。何休认为《周礼》是“六国阴谋之书”。

(3)宋代胡安国、胡宏父子认为,《周礼》是“王莽令刘歆撰”。清末康有为《新学伪经考》认为刘歆为帮助王莽篡汉而伪造群经,《周官》是其中一部。此说对后世影响甚大。

3.成书年代

关于《周礼》的成书年代,有西周说、春秋说、战国说和秦汉说等多种。

(1)西周说。蒙文通、陈汉平以及日本学者林泰辅认为,《周礼》成书于西周;朱谦之认为,《周礼》是西周宣王中兴时代之书。

(2)春秋说。金景芳、刘起釪认为,《周礼》成书于春秋时期。洪诚认为,《周礼》起于周初,历经累积,“成书最晚不在东周惠王后”。

(3)战国说。东汉何休首倡此说,汉儒张禹、包咸,清儒崔述、皮锡瑞,近人钱穆、郭沫若、顾颉刚、范文澜等,都支持此说。此说近代以来较流行。

(4)秦汉说。清毛奇龄《经问》卷二认为,《周礼》是周末秦初儒者所作;梁启超认为,《周礼》是战国、秦汉之间人借从前短篇讲制度的书,发表个人的主张;胡适、徐复观、侯家驹、史景成、陈连庆、彭林以及日本学者池田温等,认为《周礼》成书于秦末汉初。

《周礼》记载的名物、职官、礼制,绝大部分与其他先秦古籍相合,书中多用古字古义,其为先秦作品最为可信。

(二)《周礼》的内容及价值

1.《周礼》的结构与内容

《周礼》原为6篇,现存5篇,第6篇《冬官》亡,补之以《考工记》。《周礼》体例完整、结构严密,除后补的《考工记》外,其余5篇有着整齐的布局和统一的体例:每篇前有“叙官”一篇,均以“惟王建国,辨方正位,体国经野,设官分职,以为民极”20字开篇。此后,分别叙述各种官职的爵位、人数。

《周礼》详细记述了天子六官及其分属职官的职掌,即天官冢宰第一、地官司徒第二、春官宗伯第三、夏官司马第四、秋官司寇第五、冬官司空第六。天官为治官,其主要职掌治典,即统领百官,掌理天下政务,辅佐君王。地官司徒为教官,其主要职掌教典,还主管土地和户口,负责分配土地,收取赋税。春官宗伯为礼官,其主要职掌礼典,具体掌管“五礼”(吉、凶、宾、军、嘉)。夏官司马为政官,其主要职掌政典,主要是军政,包括编制军队、征收军赋、管理军需军械,以及掌理国王戎事和田猎等事务。秋官司寇为刑官,其主要职掌刑典,具体掌管刑法、司法、治安、外交与礼宾等。

由于《周礼·冬官》原文亡佚,冬官的具体职掌不甚清楚,以《考工记》替补的冬官相当于后世的工部。补冬官之缺的《考工记》,体例与上述五官不相同。《考工记》篇首是总叙百工的分工、职业范围和百工制作器物与地理环境的关系；其次是分述从“轮人”到“弓人”的30种工种，专载攻木、攻金、攻皮、设色、刮磨、抟埴之工，记述各工种的工艺过程和制作器物的原理。

2.《周礼》的价值与影响

《周礼》对中国古代的政治、思想、文化产生过深远的影响。

其一，《周礼》是一部理想政治典章。在其官制体系里，汇集了周秦以来实存和虚拟的官名与职掌；在其思想体系里，融合了儒、法、阴阳等思想。自刘歆大力推举《周礼》以来，《周礼》成为学者研究的重要对象。

其二，《周礼》作为传世的政治经典，深刻影响了中国封建社会的政治生活。隋唐六部就是仿《周礼》六官而设，历史上的王莽改制，西魏苏绰定制，唐玄宗制《开元六典》，宋代王安石变法，无不是仿《周礼》而进行制度的变更、革新、构建。

其三，《周礼》中所蕴含的理想精神、人文精神、道德精神对中华民族的文化传承影响深远。

其四，《周礼》具有重要的历史文化价值。《周礼》仍是我们今天研究先秦乃至汉初思想、文化的重要史料。诚如金景芳先生所言：“我们今日而欲考求中国古代的田制、兵制、学制、刑法、祀典诸大端，固舍是书莫属了。”（《经书浅谈》）

（三）《周礼》的流传与研究

《周礼》只有古文，其发现充满了争议，或言出自山岩屋壁，或言为河间献王得于民间所藏，但《周礼》出现于汉惠帝四年（前191）除挟书之律后是可以肯定的。河间献王刘德得到《周礼》时，已经缺失《冬官》，乃取《考工记》补之，后献于朝廷，因藏入秘府，故时人多不知有《周礼》。直到刘向、刘歆父子奉诏入秘府校理群书，发现了《周礼》，将其公之于世。

东汉时期，自刘歆校理秘书后，《周礼》之传授，未有间断。刘歆传《周礼》于杜子春，杜子春传于郑兴、郑众、卫宏、贾逵。杜子春师从刘歆研习《周礼》，并撰有《周官注》。郑兴、郑众、卫宏、贾逵均撰有《周官解诂》，马融有《周官传》，卢植有《周官礼注》。郑玄从张恭祖、马融研读《周礼》，作《周礼注》，书成后他书皆废。

三国魏时，王肃著有《周官礼注》，攻击郑玄所代表的“郑学”，排斥郑注经传。西晋经说以王肃为主，俱尊王学，郑学暂衰。东晋郑学复兴，郑玄《周礼注》又为学界所尊崇，干宝、刘昌宗、徐邈、陈劭等人，或注释《周礼》，或为《周礼》注音。南北朝时期，均重视三礼学，同尊郑玄。研究《周礼》的南朝学者有雷次宗、何佟之等，北朝学者有沈重、熊安生等。

有唐一代,《周礼》的研究在这一时期显得较为冷清,但还是出现了礼学大师贾公彦,他集魏晋六朝之说阐释郑玄注,疏解“极博该,足以发挥郑学”。

宋代经学家对《周礼》之态度,或相信褒奖,或疑惑批驳,北宋欧阳修、王安石、张载、程颢、程颐以及南宋朱熹、蔡沈等人,对《周礼》均有不同程度的怀疑。宋代的《周礼》研究呈现出较为繁盛的局面,有一百多部研究整理《周礼》的著作,以王安石《周礼新义》影响最大。王与之的《周礼订义》是宋代重要集解之作。

元明时期,对《周礼》不够重视,大多株守宋儒之说,故多无所发明。可称道者,元毛应龙有《周官集传》,参考诸家训说,引据颇博,宋以来诸儒散佚之说,藉其得存大略;明王志长有《周礼注疏删翼》,立足郑《注》贾《疏》,间采宋以后之说,时有发明。

清代文人迫于政治高压政策,以考据学为正统,《周礼》研究重视版本、目录、校勘及文字、音韵、训诂,专究名物、典章、制度,名家辈出,著作宏富,如方苞的《周官集注》、惠士奇的《礼说》、江永的《周礼疑义举要》、任启运的《田赋考》、沈彤的《周官禄田考》、庄存与的《周官记》与《周官说》、王鸣盛的《周礼军赋说》、戴震的《考工记图注》、段玉裁的《周礼汉读考》、阮元的《考工记车制图解》、徐养原的《周礼故书考》、郑珍的《轮舆私笺》、程瑶田的《沟洫疆理小记》与《考工创物小记》、王聘珍的《周礼学》、宋世荦的《周礼故书疏证》等。清末有孙诒让的《周礼正义》,甄录历代研究《周礼》的重要成果,堪称《周礼》研究的集大成之作。

二、《仪礼》

《仪礼》为“三礼”之第二部,是记录上古时代礼仪的一部重要典籍,保存了上古社会的民俗民风、政治经济、宗教文化、伦理道德、语言状况等珍贵的历史资料,具有重要的文化价值。

(一)礼的起源

中国自来被称为“礼仪之邦”,礼仪活动是人们生活中的重要内容。礼在上古时代人们的生活中占据着重要的地位,扮演着重要的角色,礼典仪式名目繁多,礼典实践严格,为《仪礼》成书创造了条件。

关于礼的起源,有多种说法:王国维、郭沫若、何炳棣等认为礼起源于宗教祭祀;李安宅、杨宽等认为礼源于俗;杨向奎等认为礼起源于原始社会的礼物交换;也有人认为礼起源于饮食。总之,礼的起源是多元的,礼的产生与人们的生活息息相关。

（二）《仪礼》的作者及成书

1.《仪礼》的书名

《仪礼》先后有《礼》《士礼》《礼经》《礼记》《仪礼》等名称。从战国时代的文献记载看，当时人们称《仪礼》为《礼》。

在汉代，《仪礼》一书有《礼经》《士礼》《礼记》三种不同称呼。因汉武帝独尊儒术，设“五经”博士，《仪礼》一书在“五经”之列，故被称为《礼经》。因书中所言多为士人应遵循的礼仪，故又称《士礼》。汉代《仪礼》又称《礼记》，《史记·孔子世家》云：“故《书传》《礼记》自孔氏。”司马迁所说的《礼记》是《仪礼》，而非今传世本之小戴《礼记》。

魏晋之际，由于“十七篇”除了以“礼”名篇之外，还有以“仪”名篇者，所言多是“礼节”与“仪式”，以“仪”“礼”连文作为篇名，改名为《仪礼》，从此《仪礼》成为通称。

2.《仪礼》的作者及成书时代

《仪礼》的作者及成书时代，学界大致有以下四种说法：

其一，《仪礼》为周公所作。古文学派坚持认为《仪礼》是周公所作，周公制礼作乐，《仪礼》就是其中的一部分，其成书年代在西周。东汉郑玄，六朝崔灵恩，唐陆德明、孔颖达、贾公彦，元代敖继公，清代胡培翚等持此说。

其二，《仪礼》为孔子编著。今文学家坚持《仪礼》为孔子所作，其成书年代在春秋。汉司马迁在《孔子世家》中说：“孔子之时，周室微而礼乐废，《诗》《书》缺，追迹三代之礼”，认为《仪礼》是孔子编修而成。今文学家多继承发展了司马迁的观点，邵懿辰、皮锡瑞认为孔子在周公制礼的基础上，编订了《仪礼》，廖平、康有为认为《仪礼》是孔子所著，与周公无关。

其三，《仪礼》为孔子之后的儒者所作。此说出自宋元疑古学派，他们认为《仪礼》既非周公所定，也非孔子所撰，而是出于后世的儒者。南宋郑樵怀疑孔子作《仪礼》，认为《仪礼》一书似为汉儒所作。清顾栋高则明确肯定《仪礼》成于汉儒之手。清代的经学家毛奇龄、姚际恒、崔述、袁枚等主张《仪礼》成书于战国时代。现代疑古派的主将钱玄同进一步明确提出撰作者当为战国时荀子一派。

其四，《仪礼》为孔子弟子及其后学撰作。沈文倬通过吸取近代考古学成果，结合文献记载，提出《仪礼》是孔子的弟子及其后学陆续撰作而成，主要由孔子编作，其后有七十子后学的续编与增益，其成书年代在春秋战国之间。

（三）《仪礼》的内容及结构

1.《仪礼》的结构：经、记、传

今本《仪礼》有经文、记文和传文。今本《仪礼》除《士相见礼》《大射仪》《士丧礼》《少牢馈食礼》《有司彻》外，其余12篇每篇末还有“记”文。《仪礼》中的记文，或阐发礼的意义，或追述远古仪制，或补充说明仪制变化及原因，或详述器物的形制、规格和数量，或附录礼典仪式中所用之“辞”。

《仪礼·丧服》还独有传文，不仅经文部分有传文，记文部分也有传文，即著名的《丧服传》，又称《服传》。《丧服》传文以“传曰”标注出，从而与经文、记文相区别，内容丰富，其关于宗法制度的论述，对研究古代宗法制度有重要价值。

2.《仪礼》的内容

《仪礼》篇次的排序主要有两种：一是刘向所定的篇次，以吉凶人鬼为序，前10篇是吉的，是关于人的；后7篇是凶的，是关于鬼的。另一种是戴德本《仪礼》的序次：士冠礼、士昏礼、士相见礼、士丧礼、既夕礼、士虞礼、特牲馈食礼、少牢馈食礼、有司彻、乡饮酒礼、乡射礼、燕礼、大射仪、聘礼、公食大夫礼、觐礼、丧服。

一般说来，《仪礼》17篇可分为4组，分列如下：

冠昏（婚）之礼（3篇）：士冠礼、士昏礼、士相见礼；

乡射之礼（4篇）：乡饮酒礼、乡射礼、燕礼、大射仪；

朝聘之礼（3篇）：聘礼、公食大夫礼、觐礼；

丧祭之礼（7篇）：丧服、士丧礼、既夕礼、士虞礼、特牲馈食礼、少牢馈食礼、有司彻。

《士冠礼》源于古代氏族社会的“成丁礼”，记述男子20岁时举行的加冠礼的陈设、仪式和致辞；《士昏礼》记述青年男子娶妻成婚的礼节仪式，即“六礼”（纳采、问名、纳吉、纳征、请期、亲迎）；《士相见礼》记述贵族之间初次交往的礼节仪式。

《乡饮酒礼》和《乡射礼》分别记载古代乡里定期举行的宴饮活动和射箭比赛的礼节仪式；《燕礼》和《大射仪》分别记述诸侯与其大臣举行宴饮和射箭比赛的礼仪。

《聘礼》记述外交礼仪，在“五礼”中属于“宾礼”；《公食大夫礼》记述国君招待外国来朝聘的大夫的礼仪，属“嘉礼”；《觐礼》记述秋天诸侯觐见天子的礼节。

《丧服》是《仪礼》中最重要的一篇，记述古人根据血缘关系的亲疏远近而为死去的亲属穿着不同丧服和服不同的丧期等的礼仪制度，传统的“五服”制度（斩衰、齐衰、大功、小功、缌麻）源于此；《士丧礼》和《既夕礼》两篇本为一篇而分为两篇，记述士阶层的丧葬礼仪;《士虞礼》记述士埋葬父母后返家举行的安魂礼;《特牲馈食礼》记述士阶层在家庙中定期以猪祭祀祖祢的礼仪,《少牢馈食礼》与《有司彻》本为一篇,记述卿大夫定期在家庙中以羊和猪祭祀祖祢的礼仪,后三礼属“吉礼”。

(三)《仪礼》的流传与研究

《仪礼》成书后,曾作为礼典在各诸侯国流行,后经秦焚书之劫而散亡。汉代民间传授《仪礼》的第一代大师是鲁高堂生,现存《仪礼》为其所传。高堂生五传弟子庆普、戴德、戴圣三家传礼自成家法,即庆氏《礼》、戴德《礼》(世称大戴《礼记》)、戴圣《礼》(世称小戴《礼记》)。大、小戴《礼》在西汉立于学官,庆普礼则独盛于东汉。

汉初高堂生一系所传17篇《仪礼》,是“今文”礼。据文献记载,汉武帝时还有从孔壁中发现的古文《仪礼》。《仪礼》古文经及其流传情况已湮没难详,据《汉书·艺文志》载,其内容与体例与今文经《仪礼》相似,但其分篇为56篇,其中17篇与汉初儒生所传习的今文《仪礼》相同,另39篇逐渐失传,佚失的这39篇古文《仪礼》被称为《逸礼》。

西汉诸家传授《仪礼》只有师授而无注解,东汉马融始为《仪礼》的《丧服传》作注。东汉末年,郑玄综合今古文之长,整理校订《仪礼》,并为之作注,文简义明,超越诸家而传于后代(多出的39篇的真伪在汉代今古文学者中引起了争论,郑玄在为《仪礼》作注时没有为其作注,因此失传)。今天所看到的《仪礼》就是郑玄本。

魏至西晋,王肃反对郑玄之学,所作《仪礼注》及《仪礼丧服经传注》,杂用今古文,刻意与郑玄立异。依靠司马氏的支持,王肃的礼学被立于学官,在西晋盛极一时。东晋元帝时,又恢复了郑学。

南北朝时,南、北学于礼则“同尊于郑氏”。南朝治礼者适应门阀社会的需要,多重宗法礼制的应用,注重《丧服经传》的探讨。刘宋的雷次宗以礼学名世,时称“雷郑”;萧齐朝礼学以王俭、刘瓛最为著名。北朝礼学,承袭汉学,注重训诂,著名礼学者有北魏的徐遵明,北周的沈重。

《仪礼》在唐代时趋于衰微,唐贾公彦的《仪礼义疏》最早对《仪礼》全书作疏,疏解详赡。此外,陆德明的《经典释文》、杜佑的《通典》也记录了很多前代《仪礼》的资料。

《仪礼》学在北宋较为冷清。南宋时期,注释和研究《仪礼》的著作,有李如圭的《仪礼集释》《仪礼释宫》《仪礼纲目》,魏了翁的《仪礼要义》,朱熹及其再传弟子黄榦的《仪礼经传通解》,杨复《仪礼图》,等等。元明礼学更加衰微,元代罕有人传习和研究《仪礼》。明代《仪礼》之学几成绝学。

清代学者穷究古代典章制度,详研汉唐注疏文字,《仪礼》之学达到全盛。校勘方面的名著有卢文弨的《仪礼注疏详校》,张尔岐的《仪礼郑注句读》,阮元的《仪礼注疏校勘记》和《仪礼石经校勘记》等，经义注疏方面的名著有万斯大的《仪礼商》和方苞的《仪礼析疑》等。代表清代《仪礼》学最高水平的著作是胡培翚的《仪礼正义》、凌廷堪的《礼经释例》和张惠言的《仪礼图》。

四、《礼记》

《礼记》汇编了先秦至两汉时期研究礼学、传讲礼经的儒家观点，既阐释了《仪礼》所载的各种礼仪制度，也记述了夏、商、周三代所传之礼，是研究中国古代礼学和早期儒家礼学思想的重要资料。

（一）《礼记》的作者及成书

《礼记》中的“礼”指的是《仪礼》，“记”是指对经文所做的解释、说明或补充。今本《礼记》，也称《小戴记》或《小戴礼记》。

关于《礼记》一书的作者，据孔颖达所引郑玄之说及《释文》《隋志》所载，一般认为《礼记》49篇是西汉戴圣删戴德《大戴礼记》85篇而成。也有人认为汉末马融传小戴之学而补《月令》《明堂位》《乐记》3篇。《礼记》49篇是东汉以后才开始流传的，一般认为它是孔子门徒共撰，出自从先秦至汉代诸儒之手。

唐代《礼记》被列入经书，孔颖达与诸儒撰有《礼记正义》颁行天下，《礼记》于“三礼”中第一次脱颖而出，正式升为经。

（二）《礼记》内容与价值

1.《礼记》的内容

《礼记》49篇，记载了夏、商、周三代的典章制度以及冠、婚、丧、祭、燕、射、朝聘等礼仪，也夹杂了汉初的礼仪制度。《礼记》内容庞杂，有的篇章则杂乱无序。刘向曾将《礼记》49篇分为8类，已被学者指出其分类缺乏科学性，分类标准不尽统一。王文锦摭采众人之说，将《礼记》划分为8类：

（1）专述某项礼节。如《奔丧》《投壶》，与《仪礼》相近，是对《仪礼》的补充。

（2）直接解释、说明《仪礼》。如《冠义》《昏义》《乡饮酒义》《射义》《燕义》《聘义》《丧服四制》。

(3)杂记丧服丧事。如《檀弓》《曾子问》《丧服小记》《杂记》《丧大记》《奔丧》《问丧》《服问》《间传》《三年问》等。

(4)记述专项礼制。如《王制》《礼器》《郊特牲》《玉藻》《明堂位》《大传》《祭法》《祭统》《深衣》等。

(5)记述日常生活礼节和守则。如《曲礼》《内则》《少仪》等。

(6)记述孔子言论。如《坊记》《表记》《缁衣》《仲尼燕居》《孔子闲居》《哀公问》《儒行》等。

(7)结构比较完整的儒家论文。如《礼运》《学记》《祭义》《经解》《大学》《中庸》。

(8)具有专门目的的篇章。如用于授时颁政的《月令》,意在为王子示范的《文王世子》。

《礼记》49篇,涉及政治、法律、道德、哲学、祭祀、历法等诸多方面。上至治国方略,下至家庭伦理规则,都有专章论述。书中阐述了儒家"大同"的理想社会及以礼治世的政治主张,表达了恪守中道的人生哲学与修身治国的政治抱负,提出了尊师重教的教育理论及以乐教化的文艺思想,确立了礼以效法天地为宗的精神与立中制节的礼仪制度。它阐述了儒家关于礼制的精神以及构建礼制的意义,集中地反映了儒家礼治的思想和主张。

2.《礼记》的价值

在儒家经典体系中,《礼记》系统地阐释了儒家的社会政治思想、天道人伦观念等。《礼记》阐释、揭示了各种礼所蕴含的思想精神,就思想学术价值而言最为重要。正如清代著名学者焦循所说:"《周官》《仪礼》,一代之书也。《礼记》,万世之书也。必先明乎《礼记》,而后可学《周官》《仪礼》。"《礼记》一书最能体现、揭示儒家思想的精髓和核心价值观,其价值主要有:

第一,社会政治思想价值。《礼记·礼运》中,孔子与其弟子子游以答问的形式提出了著名的"大同"社会理想,并进而说明"天下为公"是大同社会的特征,而礼制则是"小康"社会的纲纪。此篇所提出的"大同""天下为公"和"小康"等政治思想被康有为、孙中山、邓小平先后用来表述、阐释自己的政治思想,并以此指导自己的社会实践。

第二,《礼记》阐述的儒家礼乐文化"和"的精神具有重要意义。《礼记·儒行》明确提出"礼之以和为贵",主要的价值取向就是"贵和",就是崇尚和提倡构建"和谐"的人际关系。

第三,《礼记》有利于个人的修养和整个社会公德的培养。《大学》篇不仅重视个人的修身养性,而且重视"齐家""治国""平天下"的宏大理想,所提出的"大学之道",培育并激励了一代代的知识分子修养品德,并积极入世,兼济天下,对我们每个人的自我修养和整个社会公德的培养有着重要的价值。

（三）《礼记》的流传与研究

到了汉宣帝时，大小戴及庆普三家所传的礼学皆立于学官。西汉《礼记》应为《汉志》之《记》百三十篇，礼博士官大小戴分别从中选编了两个选本。东汉中期时，《礼记》49篇已有传本。至通儒马融、卢植，皆注有《礼记》。东汉末郑玄对《礼记》贡献最大，所注有《礼记注》，郑注出而使《礼记》脱离《礼经》而独传，与《周礼》《仪礼》同尊。

三国魏时，曹氏立十九博士，于《礼记》宗郑学，王肃注的《礼记》三十卷，其注经以与郑注立异为本，凭借司马氏的政治权势，西晋时其经注皆立于学官。到了东晋元帝简省博士，将旧制改为置五经博士九人，置有《周官》《礼记》郑氏博士各一人，郑学得以复兴。

南北朝时期，义疏之学兴起，治经重在疏解经注。何胤事沛国刘瓛，受《礼记》等经，著有《礼记隐义》。吴郡皇侃撰有《礼记义疏》《礼记讲疏》；吴兴沈文阿撰有《礼记义疏》。北朝李铉撰有《三礼义疏》，北魏刘献之撰《三礼大义》。北周沈重撰有《礼记义》，熊安生著有《礼记义疏》。

唐贞观中孔颖达撰《礼记正义》，颁行于天下。孔氏奉诏所定五经之疏，《礼》主郑注。孔颖达宗郑氏之学，使郑注得传，让《礼记》升入经书之列。唐“九经”中《礼记》为“大经”，时人多习之，唐代《礼记》于“三礼”中独盛。

宋置《大学》《中庸》于《礼记》经书之外，是《礼记》学之一变。先有程颢、程颐兄弟将《礼记》中的《大学》篇“次其简编”，后有朱熹“别为次序”，并将《大学》《中庸》从《礼记》中分出，与《论语》《孟子》并立，称之为“四书”。朱熹并作《四书集注》(《大学章句》《中庸章句》《论语集解》《孟子集解》)，“四书”立于学官，自此与“五经”并行于世。宋卫湜所撰的《礼记集说》，不以郑、孔注疏为宗，采摭群言，最为赅博，去取最为精审，纪昀称其为“礼家之渊海”。

元代尊奉宋学，以朱子之学为大宗。元代重《礼记》之学，“三礼”中唯《礼记》被列为考试科目，仍沿用郑注、孔疏。元代《礼记》学最著者，如吴澄的《礼记纂言》和陈澔的《礼记集说》。明代初年，治经之学仍沿元代各经所主，《礼记》一经用郑注、孔疏。明成祖命翰林院学士胡广、侍讲杨荣等修有《礼记大全》，又有《四书大全》。《礼记大全》以元陈澔《礼记集说》为宗，其采掇诸儒之说凡四十二家。

清康乾之世，开启兼采汉、宋经学之风，王夫之有《礼记章句》，黄宗羲有《深衣考》，他们以汉儒之说、宋学为宗，潜心于朱子之学，又不轻议汉儒之说。乾隆钦定的《三礼义疏》中有《礼记义疏》，打破了元末明初以来陈澔《礼记集说》对于《礼记》之学的垄断。清代治《礼记》之学较著者，有孙希旦所撰的《礼记集解》和朱彬的《礼记训纂》。近现代对《礼记》的研究，影响较著者有梁启超《要籍解题及其读法》、王文锦《经书浅谈》、王梦鸥《礼记今注今译》、杨天宇《礼记译注》。

第六节　《春秋》及三传

一、《春秋》

（一）《春秋》经传

《春秋》是我国现存最早的编年体史书。《春秋》用鲁国纪元记各诸侯国事，它记载了上自鲁隐公元年（前722年），下至鲁哀公十四年（前481年），共242年的历史，后人因之将这一时期称为“春秋时代”。

《春秋》名称的由来，一是认为取“赏以春夏，刑以秋冬”语，以示寓褒贬于其中之意；二是认为取孔子著书时间，“以其春作秋成，故云《春秋》”；三是认为《春秋》是鲁国史书名。第三种较可信。在春秋时期，除鲁国的史书被称作《春秋》外，其他一些国家的史书也多称作《春秋》（也有少数国家的史书采用了另外的名称，如晋国的史书称《乘》，楚国的史书称《梼杌》）。

《春秋》一书迎合了统治阶级的需要，故一出现即受到统治者的高度重视，后世儒家将《春秋》尊之为经，也有不少传授者为之作传，进行解释和补充。据《汉书·艺文志》所载，为《春秋》作传的有五家，即《左氏传》《公羊传》《穀梁传》《邹氏传》和《夹氏传》。其中《邹氏传》无承传之师，《夹氏传》无解说之书，故此二家其后湮灭无闻。《春秋》有今古文之分，今文《春秋公羊传》与《春秋穀梁传》各11篇，为解经之传；古文《春秋左氏传》12篇，为记事之传。在西汉时期，《公羊传》《穀梁传》被立于学官，《左传》则因其史学价值、文学价值以及语言学价值均远远高于另二传，自东汉至今，更为人所重。

（二）《春秋》的作者

关于《春秋》的作者有两种说法：一种认为《春秋》是孔子据鲁史修成，即“孔子修《春秋》”说。此说见于《孟子》《左传》《公羊传》、司马迁《史记》、杜预《春秋左传集解序》等文献。因《史记》等文献的权威性，孔子修《春秋》说为历代学者所信从，影响深远，今人范文澜、白寿彝、卫聚贤、苏渊雷及沈玉成等学者亦均持此说。

另一种说法认为《春秋》非孔子所修，而是鲁国的旧史。持此说的学者为少数派。第一个怀疑孔子修《春秋》的学者是唐代的刘知几。北宋的王安石曾讥《春秋》为“断烂朝报”,也不认为《春秋》是孔子所作。顾颉刚、钱玄同和杨伯峻均持此说,钱玄同提出“孔子与六经无关”说。

(三)《春秋》的价值

《春秋》一书一万六千余字,记载了自鲁隐公元年(前722)至鲁哀公十四年(前481)共242年间发生在鲁国及其他各国中的重要事件,以鲁国隐、桓、庄、闵、僖、文、宣、成、襄、昭、定、哀十二位君主在位的先后序次记事,年分季、季分月、月分日、日系事,用鲁国纪元,记载了一年之中各国之大事。

《春秋》是一部具有重要史学价值的著作。前人对《春秋》的评价极高,《左传》称其文:“微而显,志而晦,婉而成章,尽而不汙,惩恶而劝善,非圣人谁能修之?”(成公十四年)晋杜预认为:“仲尼因鲁史策书成文,考其真伪,而志其典礼,上以尊周公之遗制,下以明将来之法。其教之所存,文之所害,则刊而正之,以示劝诫。”(《春秋左氏传序》)唐刘知几从史学的角度亦盛赞《春秋》“为不刊之言,著将来之法,故能弥历千载,而其书独行。”(《史通·六家》)作为我国第一部编年体史书,它开创了编年体的体例,记载了春秋时期的自然现象和各国的政治、军事、经济状况以及盟会、外交、礼仪、通婚等社会现象,为研究古代自然、地理、历史和社会生活提供了宝贵资料,所记多是可信的史料。《春秋》相对严密系统的记事原则及其精神对后代史学家也产生了积极的影响。

(四)《春秋》书法

关于《春秋》的记事,前人有“《春秋》书法”之说。所谓“《春秋》书法”,首先是指《春秋》记事所遵循的原则,即汉人所讲的“属辞比事”。“属辞”指内容上讲究文法修辞,如战争用“伐”,杀君用“弑”等,“比事”是按年排比史事,以事系日,以日系月,以月系时,以时系年。

其次,还指《春秋》“微言有大义”,字里行间寄寓着对人物或事件的褒贬,借以惩戒后人。前人多以为《春秋》书法是孔子修订《春秋》时使用,旨在体现圣人的微言大义。如《春秋·宣公四年》:“夏六月乙酉,郑公子归生弑其君夷。”这句话中点了郑大夫“公子归生”及郑灵公“夷”的名,这样的用词表明《春秋》的作者认为弑君事件中的臣为有罪之臣,君为无道之君,通过点名的形式以示贬斥之意。东汉何休在《春秋公羊经传解诂序》中说:“往者略依胡毋生条例,多得其正,故遂隐括使就绳墨焉。”西晋杜预《春秋释例》,亦对《春秋》书法进行了系统总结,他指出,《左传》中以“凡”字起头的语句均属对《春秋》书法的揭示,即所谓“五十凡”。皮锡瑞《经学通论》说:“《春秋》有大义有微言,大义在诛乱臣贼子,微言在为后王立法。惟《公羊》兼传大义微言,《穀梁》不传微言但传大义。《左氏》并不传义,特以记事详赡,有可以证《春秋》之义者,故三《传》并行不废。”

汉代及以后的学者多数都坚信《春秋》书法的存在，他们以探讨《春秋》书法、阐释圣人微言大义作为研究《春秋》的最高目标。但也有不少学者对《春秋》书法表示了不同程度的怀疑或否定，如唐代的孔颖达，宋代的苏轼、郑樵、朱熹，元代的吴澄、程端学，清代的朱鹤龄、顾炎武、顾栋高等。

二、《左传》

（一）《左传》的作者及成书

关于《左传》的作者及成书年代，主要观点有以下几种：

1.《左传》作者是左丘明，成书于春秋晚期。司马迁《史记》、班固《汉书》、班彪《后汉书》和杜预《春秋左氏传序》均肯定《左传》是左丘明为传《春秋》而作，既然《左传》是因孔子《春秋》而作，孔子生活在春秋末期，左氏生活的时代及著《左传》的时间亦当在春秋末期。班彪更明确指出《左传》的成书时间是在春秋末期的鲁定公、哀公时期。

2.《左传》成书于战国初期，作者不是左丘明。持这种观点的学者如近人章太炎、钱穆、卫聚贤、徐中舒、杨伯峻等。卫聚贤根据《左传》中使用的谥号，推断《左传》成书应在周威烈王元年到二十三年之间（即公元前425年到前403年之间）。朱东润、赵光贤等人根据《左传》中的预言和占筮，亦持该说。

关于作者，卫聚贤没有具体提出《左传》的作者，杨伯峻认为《左传》的作者难以确定，而徐中舒认为《左传》的作者是子夏的再传弟子。章太炎则认为《左传》的名称来自地名，即战国时期吴起的居住地左氏。章氏依据《韩非子·外储说右上》“吴起，卫左氏中人也”一语及《韩非子·内储说上》之注文“左氏，都邑也”，联系吴起曾传《左氏》之学，遂提出《左传》是因吴起居地而得名，其成书年代即在战国初期。钱穆明确认为《左传》的作者就是吴起，他在《先秦诸子系年·吴起传〈左氏春秋〉考》中，通过清人姚鼐及日本人狩野直喜之说，断定前人把《左传》的作者视为左丘明实是因书名而造成的误会。郭沫若也同意《左传》作者为吴起之说。

3.《左传》成书于战国中期以前，是战国时人根据各国史料辑录而成的。宋王安石、叶梦得、郑樵、王应麟提出此说，此后持这种观点的主要有清人顾炎武、姚鼐及今人沈玉成等。

4.《左传》撰成于东汉，是由古文学家刘歆改编的伪书。刘逢禄认为《左氏春秋》流传到西汉时经过了刘歆的改编。康有为在《新学伪经考》中提出《左传》是刘歆割裂《国语》而成。顾颉刚提出了著名的“层累地造成的古史观”，认为古史是古人依据上古的零星传说按照不同的时代需要不断地附益而成，他据《左传》中的左丘明时代没有的材料，推断这部反映春秋历史的著作必然经过了后人的改造。

（二）《左传》之传《春秋》

1.《左传》与《春秋》的趋同

《史记·十二诸侯年表》、杜预《春秋左氏传序》均明确地指出《左传》是一部为传《春秋》而作的史书。东汉桓谭《新论》甚至进一步认为："《左氏》经之与传，犹衣之表里，相持而成，经而无传，使圣人闭门思之，十年不能知也。"今人徐中舒、杨伯峻等学者都肯定《左传》为传《春秋》而作。如果将《左传》和《春秋》进行全面的比较，就会发现相吻合处很多：

第一，《左传》传文与《春秋》经文基本相对应。据《十三经导读》的统计，《左传》与《春秋》相对应的事例占大多数，接近总例数的3/4。《春秋》有记载而《左传》无传的事例仅有119条，只占总计事数约26%。

第二，《左传》对《春秋》的凡例进行了说解。根据杜预《春秋释例》的统计，《左传》对《春秋》凡例的说明共有50条，即所谓"五十凡"。

第三，《左传》对《春秋》的义理进行了说解。"义理"指"《春秋》书法"中的所谓"大义"。《左传》通过对《春秋》用意的随文解释，指出了许多没有包含在固定的凡例之中的义理。杨伯峻归结《左传》传《春秋》的方式共有四种，即说明《春秋》书法、用事实补充《春秋》、订正《春秋》的错误和增加无经的传文。

2.《左传》与《春秋》的差异

清人刘逢禄、皮锡瑞则据《左传》与《春秋》存在着的不少差异，认为《左传》是一部独立的史书，和《春秋》无直接联系。二者的差异主要表现在：

第一，《经》后之《传》。指《春秋》全文之后增加的《传》文，这些《传》文均没有相应的《经》文。《公羊传》《穀梁传》上的经文止于鲁哀公十四年（前481年），《左传》上的经文止于鲁哀公十六年（前479年）。《左传》起自时间与《春秋》相同，终止时间则延续到了鲁哀公二十七年（前468年），比《公》《穀》二传的经文多出13年，比《左传》的经文多出11年。

第二，无《经》之《传》。指《左传》的一些传文没有相应的《春秋》经文。

第三，异《经》之《传》。指某一年的经文和传文均不相应，或是传文和经文的内容有差异。

尽管二者存在着不少差异，总的来说"同"多于"异"，应该承认《左传》是为传《春秋》而作。

（三）《左传》的流传及研究

《左传》在战国时期已开始流传，《荀子》《战国策》等文献对《左传》也有不同程度的引用。《左传》自战国至西汉初期的传授在刘向《别录》中有叙述：左丘明授曾申，申授吴起，起受其子期，期授楚人铎椒。铎椒作《抄撮》八卷，授虞卿；虞卿作《抄撮》九卷，授荀卿；荀卿授张苍。

西汉时期贾谊对《左传》做过训诂工作，其后刘歆将《左传》与《春秋》相对照，以《传》文解释《经》文，让《经》《传》转相发明，互为补充，使《春秋》的义理得以彰显。从西汉初的张苍到东汉的刘歆，《左传》的传授用的都是古文本。

在西汉时期，《公羊传》和《穀梁传》相继被立于学官，处于正统地位。《左传》虽有人相继传习，但未立于学官，地位远不如《公羊》《穀梁》显赫。直到汉平帝时《左传》始被立于学官，东汉光武帝刘秀时再次被立于学官，不久又因博士李封死而废。《左传》在东汉初虽然被废于官学，但东汉从事《左传》传习研究的人数众多，有陈元、郑众、贾逵、马融、延笃、彭仲博、许惠卿、服虔、颖容等人。

三国至两晋时期，研究《春秋左传》的学者主要有王肃、杜预等。王肃承贾逵、马融之学，撰有《春秋例》《春秋三传》。杜预于群经中尤好《左传》，著《春秋左氏经传集解》，对《春秋》义理、《左传》之旨多有发明。

南北朝时，对《左传》侧重于书法条例的探求，《春秋左氏》学分成南北两派，南宗杜预，北宗服虔。研究《左传》的学者，南朝主要有谢庄、王俭等人，北朝主要有庾信、沈重等人。

隋唐五代时期《左传》的研究并不局限于《春秋》义理的解释，同时涉及对前人注文的疏证，对《春秋》经、传的评价和《左传》名号的整理等。研究学者主要有孔颖达、刘知几、啖助、赵匡、陆淳等。孔颖达《春秋左传正义》先释《春秋》，后释《左传》，最后对杜注进行说解，注文多采用杜预《春秋左氏经传集解》，而释文多据刘炫《春秋述义》，引证详博，保存了许多汉魏遗说，可看作对汉魏六朝以来《春秋左传》学的总结。刘知几有关《史通·惑经》篇站在史学的角度对《春秋》的所谓书法提出了大胆的怀疑，动摇了《春秋》的神圣地位；其《申左》篇则对《左传》进行了充分的肯定，认为《左传》叙事采用直笔，不虚美，不隐恶。陆淳（后改名陆质）师事赵匡，继承啖助、赵匡二家《春秋》之学，撰有《春秋集传纂例》《春秋微旨》《春秋集传辨疑》。

宋元明时期，对《春秋》的书法提出了种种不同的看法，在训诂方面往往借题发挥，托古喻今，代表人物主要有胡瑗、孙觉、刘敞、胡安国、吕祖谦等人。胡瑗著有《春秋口义》，他还组织了《春秋》经社，对《春秋》经传的传播起到了推进的作用。孙觉著有《春秋经解》《春秋学纂》《春秋经社要义》，坚持《春秋》“尊王”说和“有贬无褒”说。刘敞对《左传》的价值给予了充分的肯定。胡安国主张《春秋》的大义在于“尊王攘夷”，而重在“攘夷”。吕祖谦著有《春秋集解》《左传类编》《春秋左氏传说》《春秋左氏续说》，他不仅从经学、史学角度着眼，还涉及《春秋》的义理、人物形象以及春秋时期的军事制度、税制、刑法等。元代程端学先后著《春秋本义》《春秋三传辨疑》《春秋或问》等，对《春秋》微言大义之说持否定态度。明代陆粲著有《左传附注》《左氏春秋镌》《春秋胡氏传辨疑》等书，敢于否定成说，勇于标新立异。

清代研究《春秋左传》的学者辈出，先后有顾炎武、马骕、高士奇、顾栋高、阮元、洪亮吉、刘逢禄、康有为、刘师培等人。顾炎武著《左传杜解补正》，注重杜注而又能规正其失，同时多采服虔之说，表现了顾氏实事求是的考据作风。马骕著《左传事纬》，将编年体改编为以事为纲的纪事本末体，每事之末附以评论。高士奇《左传纪事本末》，按专题将《左传》改编为纪事本末体，于每篇之中附录有相关的文献资料，同时设有补逸、考异、辨误、考证、发明及评论等，有利于读者从整体上把握人物和事件。顾栋高一生治学多用力于《春秋左传》，以15年之功著成《春秋大事表》，将《春秋左传》的内容分类列表，各表之后有评论、考辨及附录，该书资料详博，条理分明，考证亦多精确之论。阮元对《春秋左传》的校勘所采版本齐全，还利用了小学研究，是流传至今的权威校本。洪亮吉著《春秋左传诂》，钩沉汉魏遗说以指明杜注的出处，引证遍及经、史、小学，对杜注孔疏有纠谬补阙之功。刘逢禄《左氏春秋考证》，宗旨是要证明《左传》是一部经过刘歆改编过的伪书。康有为《新学伪经考》颇受刘逢禄的影响，认为《左传》是由刘歆割裂《国语》而成。刘师培在《春秋左传》学方面反对《左传》为伪作的观点，对《左传》成于先秦的事实进行了考辨。

今人童书业著有《春秋左传研究》。杨伯峻侧重于《春秋左传》的整理，著有《春秋左传注》。徐中舒侧重于从史学的角度对《左传》进行整理，撰有《左传注》。

三、《公羊传》

《公羊传》亦称《春秋公羊传》《公羊春秋》，是专门解释《春秋》的一部典籍，其起讫年代与《春秋》一致，即公元前722年至前481年，其用问答的方式解经，着重阐释《春秋》所谓的“微言大义”。

（一）《公羊传》的书名与作者

1.《公羊传》的名称

经学早期无《公羊传》之称。经、传、子、史中所称引之《春秋传》，即是《公羊传》。据经学家崔适考证，《公羊传》之名是今、古文经学早期斗争的产物，《公羊传》之名与公羊氏之籍都出自刘歆的《七略》。他认为是刘歆贬抑今文和今文经，欲黜《公羊传》，因而趁整理宫廷藏书职事之便，更其名为《公羊传》，著录于《七略》之中。

2.《公羊传》的作者

依公羊学家的观点，《公羊传》为孔子亲传，认为《春秋》经中“以史实说法”的微言大义，是孔子亲自口授。司马迁明确指出，孔子借《春秋》褒贬是非以定制立法，将不得明言者，通过“口授”传其旨意于“七十子之徒”，由子夏以往一代代口耳相传。

《公羊传》的作者，班固《汉书·艺文志》笼统地称之为“公羊子”，颜师古说是子夏的弟子公羊高，《四库全书总目》则署作西汉景帝时的公羊寿，说法不一。还有另一说法，《公羊传》并非尽出公羊氏。《四库全书总目·春秋公羊传注疏》云：“今观传中有子沈子曰、子司马子曰、子女子曰、子北宫子曰，又有高子曰、鲁子曰，盖皆传授之经师，不尽出于公羊子。”

（二）公羊学的主要观点

《春秋公羊传》作为今文学派的重要经典，有独特的理论色彩。所阐述的“大一统说”“三世说”“通三统说”“春秋改制说”“寓褒贬说”等，均是解读《春秋》的管钥。

1.“大一统”说

《公羊传》及由此而衍生的公羊学宣扬“大一统”。尊奉王室，维护一统之制的观点，是这部经世政治著作政治理论的核心，它贯彻于《春秋》及《公羊传》始终，也是儒家的政治理论纲领。后代的公羊学家大多遵循并发展董仲舒《春秋繁露》、何休《解诂》的路径研究《公羊传》，深入开掘《春秋》经以至《公羊传》中蕴涵的隐微内容及深奥意旨，不断发明《春秋》经的微言大义。

2.“三世”说

今文公羊家阐发《春秋》之“义”的重要内容之一是“三世”，董仲舒、何休及后世公羊家一致阐发所见、所闻、所传闻三个时代，即“公羊三世说”。“三世”说是公羊学历史哲学的理论核心。《公羊传》讲“所见异辞，所闻异辞，所传闻异辞”，董仲舒加以发挥，划分春秋十二公二百四十二年为“所见世”“所闻世”“所传闻世”。何休《解诂》于隐公元年给予进一步具体的说明：“所传闻世”是“据乱世”，“内其国外其夏”；“所闻世”是“升平世”，“内诸夏外夷狄”；“所见世”是“太平世”，“夷狄进至于爵，天下远近大小若一”。公羊家的“三世”说历来是批判复古倒退的历史学说的武器，历代倡导改革的政治家都尊崇公羊之学。

3.“通三统”说

公羊学是政治学，重在实践，讲“改制”，拨乱反正，为后王立法。“通三统”即“通三王之统”。夏、商、周三种历法各成一统，新王朝建立，受命于天，必改正朔，对前代政治必有因革损益，师法前王，使今王之统通于前王之统。为表示尊礼先王，新王立必要封赠前二代王之后人为公，二王后与己为三，称为“通天下三王之统”。“通三统”以夏、商、周异姓为王的三统，来讲朝代更替必有损益的历史规律，以变的理念看待更替中的三王的历史。

4.《春秋》改制说

改制是《春秋》的微言大义，可以从《春秋》书例中挖掘出来，《公羊传》多有发明。“改周之文，从殷之质”，是《春秋》改制的一个大原则。《春秋》礼制中不同于周礼者、“与文武异”者皆为《春秋》继周而立的一新统之制。

5.寓褒贬说

皮锡瑞《经学通论》曰：“《春秋》有大义，有微言。所谓大义者，诛讨乱贼以戒后世是也；所谓微言者，改立法制以致太平是也。”诛讨犯上作乱，即诛戮谴责僭越、篡位窃国、破坏大一统之“乱贼”，是《春秋》大义，但“改立法制以致太平”的微言是隐晦难明的。公羊家认为《春秋》这些表达政治见解的微言寄寓于笔削之中，寄寓于行文方式的褒贬之中，《公羊传》的宗旨是揭示讲解这些精微之处深藏的微言。例如，郑国与王室矛盾日深，积怨日重，不再朝觐。桓公五年，周桓王率诸侯伐郑。然而从者只有蔡、卫、陈三国。结果王师大败，郑祝聃射中周桓王肩膀。《春秋》隐讳的说法是：“秋，蔡人、卫人、陈人从王伐郑。”《公羊传》中发其微言为：“其言从王伐郑何？从王，正也。”是对蔡、卫、陈遵王命进行褒扬，隐含着对那些不尊王的诸侯的批评。

（三）《公羊传》的流传及研究

《公羊传》最辉煌的时期是西汉，其主张大一统理论，代表了时代的政治理想；“三世”说、变革改制的政治学说，也适应了西汉巩固统一王朝及建立新的政治体制的需要。以董仲舒、胡毋生为代表的学者，将儒学理论改造成了符合大一统需要的新儒学，获得了“罢黜百家，独尊儒术”的统治地位，《公羊传》在汉代始终占据学术的主导地位。汉初《春秋》博士有胡毋生、公孙弘等多人，其说大多不存。传世的研治《公羊传》的最早著作，有董仲舒的《春秋繁露》和何休的《春秋公羊解诂》。二人使公羊学说的理论体系建立了起来，成为今文经学的核心。

从魏晋南北朝到明代，是公羊学的长期停滞期。魏晋玄学盛极一时，儒家经学不发达，公羊学也消沉了。唐代主要研究的是古文经，尽管将《公羊》《穀梁》也列入九经，但实际上处于废绝状态。宋儒抛开“微言大义”的探求，学者以义理及性命为论学对象，对于“《公羊》《穀梁》二传，儒者多不措怀”。元末明初虽有专治《春秋》的赵汸，然其《春秋属辞》《春秋师说》等未理解《公羊传》探求微言大义之旨归，未抓住精髓。

清代《公羊传》与公羊学的研究又一次出现高峰。庄存与首先打破沉寂，他兼通六经，尤善《春秋》，治《公羊》崇董、何，著有《春秋要旨》《春秋正辞》《春秋举例》，宣扬王权神授、大一统、通三统的理论，认为必须探索“先圣微言于语言文字之外”的大义。乾隆时期的“衍圣公”孔广森著《公羊通义》，指出“经主义、史主事”，《春秋》是经书，读《春秋》应重在探求其义旨。刘逢禄潜心于《春秋》，著《春秋公羊何氏释例》《公羊何氏解诂笺》等，认为《公羊传》是儒学正统，得孔子真传，驳斥了历来古文经学派对《公羊传》和公羊学的诋毁。他更着力于阐发“三世”说，宣扬变革的理论，继承发展了公羊学朴素的进化思想，突显了《公羊传》政治历史哲学的本质。

道光、咸丰以后，面对社会的危机，一些较为清醒的士大夫以忧国忧民的情怀创造性地倡导了经世治用的公羊学，使其占据了学术的主导地位。龚自珍拜师刘逢禄，他继承了董仲舒、何休及刘逢禄的变革理论，无情地批判古文经学的末流及宋明理学的弊病，提倡关注现实经世的新学风。他把公羊学的变易观、进化观的史学思想与社会政治实践密切结合，强调政治改革的必要性，使公羊学成为社会变革的哲学武器。魏源师从刘逢禄治《春秋公羊传》，著有《公羊春秋论》，在诠释《春秋》微言大义中弘扬公羊经世之学的宏旨，推演、倡导变革哲学。

至晚清，公羊学适应时代而掀起高潮。康有为著《新学伪经考》《春秋董氏学》《孔子改制考》《大同书》等，认为只有《公羊传》今文经才发明孔子拨乱反正的微言大义。他痛斥顽固保守的“祖宗之法不可变”之说，援公羊“三统”“三世”、孔子改制说、《礼记》“大同”说，演绎据乱世至升平世以达太平世而实现“大同”的社会理想，构建变法维新的理论，在公羊变易哲学、“三世”说中融入了资产阶级维新变法的新思想和进化论，对公羊学有创造性的发展。维新派知识分子梁启超、谭嗣同、黄遵宪等都推崇公羊学说和维新运动。

四、《穀梁传》

《穀梁传》是《穀梁春秋》《春秋穀梁传》的简称，以语录体和对话体为主的方式来注解《春秋》，它是研究儒家思想从战国时期到汉朝演变情况的重要文献。

（一）《穀梁传》的作者及成书

《穀梁传》的作者，相传是子夏的弟子，战国时鲁人穀梁赤。唐杨士勋《春秋穀梁传疏》云：“穀梁子名俶，字元始，鲁人。一名赤（按：尚有名喜、嘉、寘之说）。受经于子夏，为经作传，故曰《穀梁传》。传孙卿，孙卿传鲁人申公，申公传博士江翁。其后鲁人荣广大善《穀梁》，又传蔡千秋。汉宣帝好《穀梁》，擢千秋为郎，由是《穀梁》之传大行于世。”但也有些学者认为无论公羊高或者穀梁赤，都未必是子夏的学生，而是托名子夏以自重。《穀梁传》初口说流传，弟子再传弟子，至汉景帝时，才著于竹帛，成书于《公羊传》之后。

(二)《穀梁传》的内容与价值

《穀梁传》影响不如《公羊传》大。皮锡瑞《经学通论》说："《穀梁》不传微言，但传大义。"《穀梁传》"借事明义"，强调礼制、重视宗法，重"持世教""正人心"，具有其价值和意义。

1.思想价值

《穀梁传》着重宣扬儒家思想，重礼义教化和宗法情谊，受到统治阶级的极大重视，是儒家思想体系的组成部分。

(1)提倡礼制，维护宗法

《穀梁传》认为，君臣、父子、兄弟、夫妇之间都有一定的行为道德规范，不能违背礼制。《穀梁传》认为，作为诸侯，必须尊周，尊天子，必须向周天子进贡。按照名分等级，宗庙的数量有一定的规定，庙堂房屋柱子的颜色都有差别。君臣各有职分，必须严格贵贱尊卑之别，等等。

《穀梁传》认为，宗法是维护宗族体制、调整人际关系的规范，宣扬尊尊亲亲，诸侯忠于天子，大夫忠于诸侯；儿子敬爱父亲，弟弟敬爱兄长；要为尊者讳，为亲者讳，维护尊亲的权威和利益。

《穀梁传》认为，婚姻对于宗族延续和繁衍具有重要意义，对婚姻有严格的礼仪规定。

(2)崇尚道义，悯农爱民

春秋乱世，诸侯割据，战争不断，所谓"春秋无义战"。《穀梁传》并不一概反对武力，而主张文事与武备并重。认为加强战备是必要的，但备战要以道义为重。《穀梁传》主张会盟，互不侵伐。而用兵要有正义的目的，征伐要有一定的限度。

《穀梁传》站在中原华夏的立场上，维护中原华夏礼仪文化，蔑视贬斥周边夷狄之国，痛恨夷狄的入侵扩张行为，谴责夷狄之暴行。还认为中原华夏与四周夷狄的对立和差别并不在于民族、血统，而在于礼仪文化，界限划分并非是固定的，而是处于变化之中，这种观点无疑具有进步意义。

《穀梁传》还提出，民众是君王的根本，君王应该关心农耕，满足民众对生活资料的基本需求，关心民众的疾苦，否则就不合正道。

2. 文献价值

《榖梁传》作为一部成书于汉代的著作，也具有重要的文献价值。

（1）《榖梁传》阐发的《春秋》大义和记述的古代礼制，是中国古代经学史、思想史、伦理史、文化史的重要内容和宝贵资料，对中国古代思想、道德、文化的形成和发展产生了不可低估的影响。

（2）《榖梁传》对于《春秋》字词语言的分析解释，是研究训诂学、词义学、语法学、汉语史的宝贵资料。

（三）《榖梁传》的流传与研究

《榖梁传》与《公羊传》体例相同，采取自问自答的方式解说《春秋》的旨意。《榖梁传》在历史上有过短暂的兴盛时期，汉时立于学官，很快又衰微冷落了。

《榖梁传》最初与《春秋》也是"别本单行"的。现存最早为《榖梁传》作注的是东晋范宁《春秋榖梁传集解》。唐代杨士勋又作《春秋榖梁传疏》。

清代研究《榖梁传》较著名的著作有柳兴恩的《榖梁春秋大义述》、许桂林的《春秋榖梁传时月日书法释例》和钟文烝的《榖梁补注》。《榖梁补注》引证详尽，多有创见。今人著作有傅隶朴《春秋三传比义》、刘世南《春秋榖梁传直解》、承载《春秋榖梁传译注》等。

第七节 《孝经》

《孝经》专讲孝道，是十三经中最短的一部，称“小经”。

一、《孝经》的作者和成书

《孝经》的作者是谁，历来众说纷纭，主要有孔子说、曾子说、曾子门人说、子思说、孔子门人说、齐鲁间儒者说、孟子门人说、汉儒说等说法。一般认为：《孝经》是孔子向曾子讲述孝道的言论，刚开始是口耳相传，后经过孔子、曾子的弟子归纳整理而成书。

《吕氏春秋·察微篇》和《孝行览》中均引用了《孝经》。故《孝经》的成书年代当在战国末期，至少不会晚于《吕氏春秋》（修成于公元前241年）。

《孝经》这一名称在成书时就是如此，并非像《诗经》等是后人把其奉为经典后所加。清马国翰说：“经者，常也，法也。……孝为百行之本，故名曰《孝经》。”

二、《孝经》的主要内容

《孝经》是儒家学派专门阐发“孝道”的专著，它汇集了儒家先辈们论述“孝”的言论。主要思想内容如下：

第一，认为“孝”是人类社会关乎生存的最高法则，论述了“孝”的重要性。首章开宗明义，指出“夫孝，德之本也，教之所由生也”。以“孝”为道德的根本、教化的源泉。肯定“孝”是上天所定的规范：“夫孝，天之经也，地之义也，人之行也。”书中指出，孝是诸德之本：“人之行，莫大于孝。”国君可以用孝治理国家，臣民能够用孝立身理家，保持爵禄。《孝经》还竭力反对“不孝”，把“不孝”说成是犯罪，列为五刑之罪之首。《孝经》认为，只有推行“孝道”方能使社会得到安定。以孝治天下，可得万国之欢心；而不孝为大乱之道。

第二，认为“孝”是不同等级差别的人都必须遵循的，论述了行“孝道”的不同内容。《孝经》认为，在“事亲”的总前提下，天子之“孝”要求“爱亲者，不敢恶于人。敬亲者，不敢慢于人。爱敬尽于事亲，而德教加于百姓，刑于四海”；诸侯之“孝”要求“在上不骄，高而不危，制节谨度，满而不溢”，才能使“富贵不离其身”，才能“保其社稷，而和其民人”；卿大夫之“孝”则一切按先王之道而行，“非法不言，非道不行，口无择言，身无择行”；士阶层的

“孝”要做到“资于事父以事母而爱同，资于事父以事君而敬同”，忠顺事上，保禄位，守祭祀；庶人之“孝”应“用天之道，分地之利，谨身节用，以养父母”。

第三，《孝经》的核心思想是以孝劝忠，论述了“移孝于忠”。《孝经》将孝亲与忠君联系起来，认为“忠”是“孝”的扩大，把“孝”的社会作用绝对化、神秘化，认为“孝悌之至”就能够“通于神明，光于四海，无所不通”。《开宗明义章》指出：“夫孝，始于事亲，中于事君，终于立身。”其中所说的“事君”，就是如何“移孝于忠”，这点为后世统治阶级所利用。

第四，为推广孝道，《孝经》规定了实行“孝”的要求和“孝”的方法。它主张把“孝”贯串于人的一切行为之中，“身体发肤，受之父母，不敢毁伤”，是孝之始；“立身行道，扬名于后世，以显父母”，是孝之终。把维护宗法等级关系与为封建专制君主服务联系起来，主张“孝”要“始于事亲，中于事君，终于立身”，并按照父亲的生老病死等生命过程提出“孝”的具体要求：“居则致其敬，养则致其乐，病则致其忧，丧则致其哀，祭则致其严。”

三、《孝经》的价值

尽管学术界对《孝经》、对“孝道”肯定的少，否定的多，《孝经》还是有其价值的：

第一，《孝经》倡导的“孝道”，突出地强调了对父母的“孝养”“孝敬”，这充分反映了中国人的价值观念，至今仍有实践价值。

第二，《孝经》把本来用于维系家庭伦理观的“孝道”推向社会。其所主张的“广敬”“博爱”，反映了中华民族的群体意识。

第三，《孝经》的“移孝于忠”，提倡“忠君”，其实际含义是尽心竭力为国家效力。但《谏诤》篇明确反对愚孝愚忠。它要求天子、国君、卿大夫要有争臣，士要有争友，父要有争子，也有其进步意义。

作为战国末期的著作，《孝经》所倡导的孝道，有鲜明的时代烙印。我们需要从中汲取精华、剔除糟粕，批判地继承和发扬儒家所倡导的“孝道”。

四、《孝经》的流传

在秦始皇焚书坑儒后，《孝经》同其他几部经书一样，有今、古文之分，相传古文有孔安国注本，今文有郑玄注本。自汉代以降，作为儒家的经典，历代君王推崇备至。汉文帝时，《孝经》不仅被列入官学，置博士，而且成为儿童识字以后的必读书。历代帝王多为之作注。晋元帝作《孝经传》，晋武帝作《总明馆孝经讲义》一卷，梁武帝作《孝经义疏》十八卷，梁简文帝作《孝经义疏》五卷。唐玄宗用今文本作《御注孝经》，后又增补修订，作为定本，颁布天下。（宋代邢昺又为《御注孝经》作疏，即今通行的《孝经注疏》。）清代亦有顺治皇帝《御注孝经》一卷和雍正皇帝《御纂孝经集注》一卷。这些注本，虽大都亡佚了，但从中可以窥得历代皇帝对《孝经》的重视。

第二章

史学

第一节　史学概说

梁启超在《中国历史研究法》中说："中国于各种学问中，惟史学为最发达；史学在世界各国中，惟中国为最发达。"[①]此说符合历史实际。中国古代史学是座瑰丽的宝库。其内容之丰富，形式之多样，制度之完备，史家之杰出，理论之精善，都充分说明中华民族是一个重历史的民族。

一、中华重史的传统

中国有着悠久的重史传统，《尚书·召诰》云："我不可不监于有夏，亦不可不监于有殷。"《诗·大雅·荡》云："殷鉴不远，在夏后之世。"通过西周初年的这些史料我们可以看出，早在西周初年我国就已经有了较为浓厚的重史传统。春秋时期"礼崩乐坏"，人们普遍追求实力与实利，但是人们"赋事行刑，必问于遗训，而咨于故实"，正是得益于这样的一种环境，中国传统史学诞生了。[②]

① 梁启超《中国历史研究法》，北京：中华书局，2009年。

② 王旭送《春秋时期的重史传统》，《沙洋师范高等专科学校学报》2005年第6期。

(一)重史传统的表现

总结前代的统治经验及教训,以古鉴今,加强文化思想控制,改善、巩固自己的统治,是史籍编撰的主旨。中国历代统治者重视史学,首先表现在重视史书的编撰,其次表现在重视史学家对于历史人物和事件的评价,这是由于史书的性质所决定的。史书的基本内容是对历史事件或历史过程所做的全面记载以及撰史者对之做出的评判、解释、说明,其目的是总结历史经验教训,为巩固当时王朝的统治服务。在我国历史上,从奴隶社会开始,统治者就非常重视史学,朝廷中设立了史官,专掌记载历史。进入封建社会,特别是秦汉大一统封建王朝建立之后,由于巩固统治的需要,统治者加强了对文化思想的统治。销毁或者篡改史书,打击与本朝政见不合的撰史者和文人,对史书的编撰权严加控制,其措施即禁止私撰史书,开创并逐步完善官修史书制度。官修史书制度始自东汉朝廷编撰本朝史《东观汉纪》。魏晋南北朝时期官修与私修史书并行。至隋代,为了加强中央集权的统治,禁止私撰史书。唐代朝廷设立史馆,负责编修前代史和本朝国史,并由重臣或宰相监修,正式确立了史馆修史的制度,朝廷对史籍编撰工作的控制大为加强,从此官修史书成为我国古代史书的主体。

该制度对中国传统史学的发展、史籍数量的迅速增加起了一定的促进作用。但是,官修史书的有关内容取舍必须符合统治者的需要,对历史人物及事件的评价也必须体现统治者的意图,史书的编撰实际就是当时实施统治的重要内容,因此,其思想性受到了很大局限。特别是有的王朝对撰史者及有关文士进行打击、镇压,如秦始皇的焚书坑儒,清代的“文字狱”等及编纂《四库全书》时对不利于清王朝统治史籍的禁毁,从另一方面证明了统治者对史学严密控制的消极影响。

(二)中华民族拥有重史传统的原因

(1)历史在古代中国所起的作用,一定程度上等同于对神的崇拜和对某种宗教的信仰。

任何传统的形成都有一个较长的过程,并且有其必然的原因,中国人看重历史的传统也不例外。在人类的早期,无论哪一群体、哪个民族,都要经过一个对自然或超自然力量的崇拜阶段,并产生自己的神话。也往往会产生巫术、占卜、祭祀或原始的宗教信仰,巫师、祭司等负责沟通人与神之间关系的人具有崇高的地位,而记录他们的活动或言论也成为一个部族或群体最重要的任务之一,肩负这类任务的人就是原始的史官。早期的巫师与史官大多兼于一人,但随着群体范围的扩大和事务的繁剧,两者逐渐分化。中国黄河流域的部族较早形成发达的农业文明,物质条件的改善和稳定使供养专职的史官成为可能。

同样，由于农业社会的发达，一个部族相较于游牧、狩猎、采集等生产方式条件下形成和维持着的部族就会拥有更多的人口，也更重视人本身的力量。但人类之间的威慑力毕竟有限，统治者还是不得不借助于天或神的力量。为了巩固自己的统治权威，统治者总是将自己打扮成天或神的代表。所不同的是，在有些群体中，神被直接当作统治者；而在另一些群体中，统治者被当作神的代表。中国的华夏诸族显然属于后者，所以在上古没有形成系统的神话，至多是一些半神半人的英雄，并且逐渐让位于代表了天意或天命的人物。开天辟地的盘古、创造人类的女娲、移山填海的精卫，很快让位于有具体事迹的黄帝、尧、舜、禹，就连黄帝乘龙飞升的结局也为禅让等经过美化的人事所取代。周人的先祖后稷，传说他的母亲是在一个巨人的足迹中受孕的，这只是对早期群婚制残余的一种美化。

"溥(普)天之下，莫非王土；率土之滨，莫非王臣"的理想，"君权神授"和"天人感应"的观念，都赋予记录君主言行和祭祀、军事等大事的史官以最神圣的使命。他们所记录的实际是天意，是天命的体现。如果有半点不实，那就是曲解了天意和天命，就是欺天。正因为如此，历史在古代中国所起的作用，一定程度上等同于对神的崇拜和对某种宗教的信仰。天或神的意志通过天象、祥瑞、灾异传达给人类社会，或者直接给予人类庇佑或惩罚，又由获得它们充分授权或信任的君主加以执行。史官的作用不仅在于记录以君主为核心的事实，而且扮演着沟通天人之间关系的角色——因为只有当他们如实地记录了天意、天象，上天的意图才能让人们了解。离开了他们的记录和解释，普通人不可能从某种孤立的现象或事件中了解天意，即使那些人有幸在现场耳闻目睹，亲身感受。对于后人来说，史官的记录更是他们了解天意的唯一途径。所以，史官实际上类似于早期的巫师或祭司，或者是宗教中的高级神职人员。

(2)由于人们普遍都害怕不良的历史记录会给自己的余生或后代带来"恶报"，客观上也增加了古人对历史的敬畏。

早在先秦时，就出现了坚持记录事实的史官的典型。例如，公元前607年，荒淫暴虐的晋灵公引发了晋国的内乱，他为将军赵穿所杀，而当时担任正卿(首席大臣)的是赵盾。内乱平息后，太史董狐记下"赵盾弑其君"(赵盾以臣子的身份谋杀了他的君主)，并在朝廷公开宣示。赵盾认为这不是事实，董狐反驳说："子为正卿，亡不越境，反不讨贼，非子而谁?"(你作为正卿，逃亡时尚未走出国境，返国后又不惩治凶手，不是你又是谁呢?)赵盾无言以对，但也不敢对董狐有所不利，因为他明白董狐的精神支柱是什么。公元前548年殉职的齐国太史兄弟的事迹更为惨烈。齐庄公因与大臣崔杼之妻私通，被崔杼指使部下杀死，另立齐景公为主。事后这位太史记下"崔杼弑其君"的事实，被崔杼所杀。太史的两位弟弟相继作同样记录，相继被杀。太史的三弟依然这样记录，崔杼无计可施，只能就此罢休。南史氏得知太史接连被杀，惟恐齐国的历史中断，准备去续写。途中听说已经有人如实做了记载，才放心地回去。这一切已经远远超出了一般的职业道德，而是基于神圣的使命感，这才是董狐、齐太史兄弟和南史氏视死如归的根源。而赵盾之所以不加害于董狐，崔杼最终不敢继续杀害太史的三弟，并不仅仅是慑于他们的人格力量，而是害怕违背天意，丧失天命，遭到天谴。

"视死如生"的观念在先秦时就已形成，至秦汉已成为处理后事的原则。君主的去世被认为是生命在另一个世界的延续，所以不仅要给予精神上的尊崇，还需要物质上的供养。这也使君主对史官的记录和未来编纂成的历史保持着更大的敬畏。如果说受到天谴或许还有点虚无缥缈，至少不至于立竿见影的话，那么在另一个世界直接要听到后人的咒骂，看到自己的子孙后代受到报应，就足以使他们的行为有所收敛，或者在史官面前要有所顾忌。而在民间，无论是由域外传入的佛教，本地产生的道教，还是各种多神崇拜，更直接地满足着人们的世俗诉求，表现为"善有善报，恶有恶报"的因果报应观念。即使是士大夫阶层，讲求的是儒家学说、孔孟之道，骨子里大多也信因果报应。由于人们普遍都害怕不良的历史记录会给自己的余生或后代带来"恶报"，客观上也增加了古人对历史的敬畏。不过物极必反，这样的敬畏也会导致另一种后果——千方百计使历史记载对自己有利。

(3)新建立的朝代都会将为前朝修史作为国家政治的大事，其主要目的是通过修史掌握解释天命的主动权。

其实，孔子在编纂《春秋》时，就发现了现实与理念的矛盾——理论上应该代表"天命"的"天王"周天子不仅掌握不了天下的命运，连自己的颜面和生命都难保证；而犯上作乱的乱臣贼子非但得不到应有的惩罚，还能堂而皇之地享用天子礼仪，成为诸侯的共主。痛心疾首的孔子既不能违背史官有事必录的准则，又不愿接受礼崩乐坏的现实，于是创造了"春秋笔法"的记录手段，即在保存事实的同时用不同的词语显示自己的贬褒立场。如周天子被迫逃出国都，《春秋》记为"天王狩于河阳"。周天子到达河阳倒是事实，却成逍遥自在的"狩猎"。而"狩"此后也成了皇帝逃亡或被俘的代名词，如宋徽宗父子被金兵俘虏后北迁被称为"北狩"，慈禧太后逃往西安被记为"西狩"。后世儒家称颂"孔子修《春秋》而乱臣贼子惧"，认为他"一字之褒荣于冕绂，一字之贬严于斧钺"。尽管乱臣贼子根本不怕"一字之贬"，也不在乎"一字之荣"，孔子的理论和实践却开了历史记载必须服从政治的先例。为了政治正确，事实可以增删，同样的事实可以做不同的记述或解释。掌握了政权就掌握了历史的编纂权和解释权，而历史也成为一个政权的合法性来源和统治基础。

正因为如此，新建立的朝代都会将为前朝修史作为国家政治的大事。总结历史的经验教训，将历史当作一面镜子，当然是目的之一。但更主要的是，通过修史掌握解释天命的主动权，以证明本朝取代前朝是因为前朝已失去天命，被天所厌恶，所抛弃；而本朝得了天命，得到了上天的眷顾和庇佑，因此识天命的臣民就要忠于本朝，而不能逆天意而动。成功地运用对历史的解释权，不仅能消弭敌对行动和潜在的反抗势力，还能赢得前朝遗臣遗民的衷心拥戴。清朝入关后，各种形式的反抗一直没有停止，明朝遗臣遗民和士大夫的消极对抗更是持久不衰。但当清朝正式修《明史》，承认其正统地位，充分肯定遗臣遗民忠于明朝、反抗清朝是“忠臣”、“义民”、“节妇”，而投降清朝的官员都被列名于“贰臣”，同时证明天命已归于清朝之后，绝大多数人从此心服口服，俯首帖耳当清朝的忠臣顺民了。甚至在清朝覆灭之后，汉族遗老遗少还在称颂“自古得天下无如本朝之仁者”。[①]

二、中国的“良史”精神

中国古代史家历来把秉笔直书视为持大义、别善恶的神圣事业和崇高美德。他们以直书为荣，以曲笔为耻，为了直书，不避强御，不畏风险，甚至不怕坐牢，不怕杀头，表现出中国史家的高风亮节，被称为“良史”。

“良史”精神与“良史”论，贯穿于整个中国古代史学。中国古代原先“巫史不分家”，巫集算卦记史于一身。为了准确计算概率，巫非常重视记录真实的历史。这可以说是中国“良史”精神的起源。随着历史的发展和史学的发展，“良史”的内涵逐渐丰富和提升。而孔子所论，则是这一问题的渊源所在。孔子评价太史董狐曰“：董狐，古之良史也，书法不隐。赵宣子，古之良大夫也，为法受恶。惜也，越境乃免。”[②]

这是中国史学上明确提出的关于“良史”的记载。也就是说，孔子是现知最早提出“良史”概念的思想家、史学家。孔子称董狐为“良史”，因其“书法不隐”，即作为史官能够做到不畏权势，按照礼的原则和书法的要求记事。这件事情在中国史学上产生了深远的历史影响，“良史”之称，每每见于史书。

系统、明确地指出何谓“良史”的是史学家章学诚。章学诚给了我们明确的答案：“才、学、识，三者得一不易，而兼三尤难，千古多文人而少良史，职是故也。”他承接刘知几的史才三长说，指出良史须具备的基本条件应是“才学识”，同时又提出“史所贵者义也，

① 葛剑雄《中国为什么有重视历史的传统》，《探索与争鸣》2008年第9期。

② 杨伯峻《春秋左传注》，北京：中华书局，1990年。

而所具者事也，所凭者文也”。[1]即“良史”在其史著中更应兼具义、事、文，后者与前者是相互联系的：“非识无以断其义，非才无以善其文，非学无以练其事。”识来断义，才以善文，学能练事，良史具备才、学、识的目的就是使义、文、事三者完美地融合于史著之中。具体来说，良史要有史德，修炼仁义之心术；良史要重掌故，达到经世致用；良史要工文，使成天下至文。

而随着历史的发展和史学的发展，“良史”的内涵更加丰富并进一步提升了，以至“良史”一词往往具有不同的指向，主要有以下几点：

（一）秉笔直书的气节

早在中国史学开始兴起之时，秉笔直书就成为史家的崇高美德而受到称赞，以秉笔直书而被时人称为“良史”者，最早有孔子称董狐：“古之良史，书法不隐。”其后如魏收评价李彪：“秉笔立言，足为良史。”《唐会要》记史官吴兢抵制宰相张说提出略改数字的要求，曾言“若取人情，何名为直笔！”这使同修史官“深惊异之”，感叹“昔董狐古之良史，即今是焉！”与此相类的是，南宋史家袁枢同乡章惇“家以其同里，宛转请文饰其传”，袁枢拒，言“子厚为相，负国欺君。吾为史官，书法不隐，宁负乡人，不可负天下后世公议”，时任兼修国史的宰相赵雄感叹说，袁枢“无愧古良史”。

这种直书的精神成为史家遵循的传统，刘知几在《史通》中写了《直书》《曲笔》的专篇，总结唐以前史家直书的优良传统，表彰南、董仗气直书，不避强御，韦、崔肆情奋书、无所阿容的直书精神。刘知几指出直书与曲笔的对立，认为直书是实录的前提，而曲笔则会造成实录难求。正是从实录的角度来区别直书与曲笔的界限，集中反映了中国古代史学的求实精神。

这种直书精神有很大的影响力，正直的史官和史家都会自觉效法，付诸实践。贞观年间，褚遂良负责记录太宗言行，太宗欲索取过目，褚遂良以“不闻帝王躬自观史”为由加以拒绝。太宗问他：“朕有不善。卿必记之耶？”褚遂良回答：“臣职当载笔，君举必记。”《贞观政要》的作者吴兢曾参与《则天皇后实录》，如实记载了魏元忠事件的原委，宰相张说感到此事于己不利，想让史官“删削数字”，吴兢义正词严地斥之：“若取人情，何名为直笔！”

以“实录”作为评定良史的标准之一，是史学批评最鲜明的表现。仅仅依靠予夺褒贬，后人可能看不到历史的真相，无法发挥史学的取信功能，而良史的职责就是按照历史事实的本来面目书事载言，使善恶昭彰，从而达到劝善惩恶的目的。[2]

---

① 章学诚《文史通义》，上海：上海古籍出版社，2008年。

② 罗炳良《良史之忧：史学批评范畴的时代特征》，《天津社会科学》2014年第3期。

(二)会通古今的器局

中国古代有代表性的史家，一般都具有恢宏的历史视野，他们学兼天人、会通古今，用包容一切的气势和规模，阐述历史的发展过程，探究历史的前因后果。

以史论精辟而被誉为“良史”的史家如魏征，《旧唐书·魏征传》记：“有诏遣令狐德棻、岑文本撰《周史》，孔颖达、许敬宗撰《隋史》，姚思廉撰《梁史》、《陈史》，李百药撰《齐史》。征受诏总加撰定，多所损益，务存简正。《隋史》序，皆征所作，《梁》、《陈》、《齐》各为总论，时称良史。”以“会通”而贯穿古今被誉为“良史”者，如东汉班固评价司马迁“涉猎者广博，贯穿经传，驰骋古今，上下数千载间，斯以勤矣”。[①]中国古代史学的“会通”思想，从司马迁提出“究天人之际，通古今之变，成一家之言”的撰述宗旨，到司马光“监前世之兴衰，考当今之得失”的“通鉴”思想，再到郑樵提出“同天下之文”，“极古今之变”的“会通之义”，深深影响了人们对“良史”的评价。

班氏父子最早阐述司马迁是会通古今的良史之才。班彪说：“若迁之著作，采获古今，贯穿经传，至广博也。”班固承袭父说，进一步评论道：“司马迁据《左氏》、《国语》，采《世本》、《战国策》，述《楚汉春秋》，接其后事，讫于天汉。其言秦汉，详矣……亦其所涉猎者广博，贯穿经传，驰骋古今，上下数千载间，斯以勤矣。”这不仅肯定了司马迁采集文献的广博，还指出司马迁贯通古今历史、详于秦汉历史的特点。他撰写《汉书》，就继承了这一宗旨，说要“综其行事，旁贯五经，上下洽通”，“穷人理，该万方”，“函雅故，通古今”。马、班并称良史，能通古今之变是一个重要的原因。[②]

在这里，司马迁“究天人之际，通古今之变”的撰史宗旨，成为评价良史的标准，从而使这种视天人古今、社会历史为一个统一整体的观念，更深透地渗入史家思想当中，成为许多史家的共识。史学史上明确提出“会通之义”并把它作为整个史学工作原则和史家责任的是郑樵。在《通志·总序》中，他多处提倡“会通之义”“会通之旨”“会通之道”，其主旨一是重视古今“相因之义”，贯通历史的联系；一是重视历代损益，揭示“古今之变”。在此观点下，郑樵一方面推崇司马迁的会通，说他“会《诗》、《书》、《左传》、《国语》、《世本》、《战国策》、《楚汉春秋》之言，通黄帝、尧、舜至于秦汉之世，勒成一书……使百代而下，史官不能易其法，学者不能舍其书。六经之后，惟有此作。”另一方面批评班固《汉书》断代为史，失却了司马迁会通古今之旨，他说：“自《春秋》之后，惟《史记》擅制作之规模。不幸班固非其人，遂失会通之旨，司马氏之门户自此衰矣。……由其断汉为书，是致周、秦不相因，古今成间隔。”[③]显然，他这些观点是继承了司马迁“通古今之变”的历史思想。

---

① 班固《汉书》，北京：中华书局，1962年。

② 张桂萍《司马迁与中国史学的良史思想传统》，《学术研究》2004年第3期。

③ 郑樵《通志十二略》，北京：中华书局，2017年。

他撰著《通志》,也是以继承司马迁的会通传统而自居。清人于敏中称赞郑樵:“爰自著此书,推天地之中,极古今之变,网罗数千载之典籍,而才与识足以贯之”,“可谓良史之才也”。

(三)才识兼备的素养

在史学上,以博学多识而留“良史”之美名的,最早当是左史倚相。《左传·昭公十二年》记,楚灵王对子革称赞左史倚相是“良史也,子善视之,是能读《三坟》、《五典》、《八索》、《九丘》”。这表明,谙于典籍、历史知识渊博是评价“良史”的一个标准。《三国志·方技·管辂传》裴注记:“近有阎续伯者,名缵,该微通物,有良史风。”唐初学者李至远,“少秀晤,能治《尚书》、《左氏春秋》,未见杜预《释例》而作《编记》,大趣略同。复撰《周书》,起后稷至赧,为传纪,令狐德棻许其良史”。中唐史家沈既济因“博通群籍,史笔尤工”,被时任吏部侍郎的杨炎以“有良史才”而举荐,任左拾遗、史馆修撰。以上这些史家都因博闻强识,具有丰富的历史知识而被人们称为“良史”。

在博学的基础上,史学上还有以善于叙事而被誉为“良史”的史家。东汉班彪称赞司马迁说:“善述序事理,辩而不华,质而不野,文质相称,盖良史之才也。”陈寿进而指出:“司马迁记事,不虚美,不隐恶。刘向、扬雄服其善叙事,有良史之才,谓之实录。”陈寿撰《三国志》,“时人称其善叙事,有良史之才”。孙盛撰《晋阳秋》,“词直而理正,咸称良史焉”。这些都是从善叙事的角度评价“良史”,或“文质相称”,或不虚美隐恶,或“词直而理正”。史文尚简是历史叙事的重要方面,以“尚简”而被誉为“良史”者有:干宝撰《晋纪》,“其书简略,直而能婉,咸称良史”。值得注意的是,将“直”与“能婉”相结合,可以看作与《左传》作者评价《春秋》“婉而成章”有着思想上的连续性。唐太宗亦曾提倡良史应“发挥文字之本,通达书契之源”,而史官敬播因能够撮颜师古《汉书》注之机要而被房玄龄称赞为“有良史之才”。《旧唐书》作者评价唐史官韦述“事简而记详,雅有良史之才”,评价吴兢“叙事简核,号良史”。明人胡应麟也指出:“文之繁简,可以定史之优劣。”这些都突出了史家叙事以“简”为其特点,故刘知几强调以“简”为叙事之美,指出“史之为美者,以叙事为先”。清代史家赵翼在评价姚察、姚思廉父子修《梁书》《陈书》的贡献时指出:“两朝数十卷书,经父子两世纂辑之功始就,盖作史之难不难于叙述,而难于考订事实,审核传闻,故不能速就耳。至其文笔,亦足称良史。所可嫌者惟多载诏、策、表、疏之类,稍觉繁冗,而叙事之简严完善,则李延寿亦不能过。”①

① 赵翼《廿二史劄记校证》,北京:中华书局,2016年。

(四)经世致用的宗旨

自孔子作《春秋》,就有明确的经世目的。司马迁对《春秋》主旨的总结和宣扬,以及他对自己“究天人之际,通古今之变”“稽其成败兴坏之理”等著史思想的自觉阐释,集中体现了他对史学经世传统的自觉意识。他说:“居今之世,志古之道,所以自镜也,未必尽同。帝王各殊礼而异务,要以成功为统纪,岂可绲乎?”就是说,当今的人们,了解历史是为了给自己立一面镜子,以为借鉴,但不必完全模仿古人,因为古今的形势不同,关键的是能解决当今的社会问题。他叙述汉高祖功臣及其子孙的兴衰历史,做出了“观所以得尊宠,及所以废辱,亦当世得失之林也,何必旧闻”的结论。指出当今的社会是正在演化的历史,认真总结近代或当前的社会变化,能得到很多可借鉴的经验。这个思想对后来的史家和政治家有很大影响,从唐宋两代对史学鉴戒作用的重视可以清楚地看到这一点。唐代君臣对总结历史经验教训有极高的自觉性,在“以史为鉴”的风气下,他们对《史记》垂诫惩劝的精神也有更深刻的认识。所谓“究天人之际,通古今之变”就是以人事作为治乱兴衰的一个主要的因素,探讨人事与历史成败兴衰的关系,从中得到历史、人生的大智慧。

可以说,以史经世的思想因为司马迁而具有强烈的时代精神和人文精神,并促使后代史家不断地以修史的方式实现自己的社会责任,促进了史学朝着正确的方向发展。在此过程中,经世致用的思想深深地积淀在人们心中,成为评判良史的指导思想。

总而言之,我国古代史学的良史精神所包含的内容是很丰富的,关于良史的思想和信念反映了中国史家深刻的历史意识、自觉的史学意识和高度的历史责任感,它不仅促使史家思考怎样认识自身的价值,促使他们关注历史、关注现实,同时也促使历代史家视治史为神圣的事业,锲而不舍地为之奋斗,形成了中国史家深厚的良史精神传统。

第二节　史书的体例

我国的史书卷帙浩繁，种类很多，我国古代很早就设有史官，由于上古史官注重保存史料，到了西汉后期，就有大量的史书出现。班固在《汉书·艺文志》中说："左史记言，右史记事。事为《春秋》，言为《尚书》。"[①]早期的史书都是以编年史的形式存在的，晋朝太康年间汲冢出土的《竹书纪年》也是编年体。东汉末年，荀悦撰成《汉纪》，开创了编年体的断代史。编年体的优点是方便考查历史事件发生的具体时间，了解历史事件之间的联系，还可避免叙事重复。《资治通鉴》的成功形成了撰写编年史的一个高潮。陈寅恪曾说："中国史学，莫盛于宋。"[②]编年体盛行起来，从而产生了纲目体与纪事本末体。梁启超认为："盖纪传体以人为主，编年体以年为主，而纪事本末体以事为主。夫欲求史迹之原因结果，以为鉴往知来之用，非以事为主不可。"[③]并在《新史学》中将史籍划分为10种22类，即正史（官书、别史）、编年体、纪事本末体（通体、别体）、政书（通体、别体、小纪）、杂史（综记、琐记、诏令奏议）、传记（通体、别体）、地志（通体、别体）、学史、史学（理论、事论、杂论）、附庸（外史、考据、注释）等。

中国古代史学在先秦肇始与形成，于秦汉至隋唐时期发展和成熟，于两宋至明清时期日益深化并出现了变革的趋势。史部的书有多种体例，分别做如下介绍：

一、正史（二十四史）与别史

1.二十四史

以纪传体、编年体的体例，记载帝王政绩、王朝历史、人物传记和经济、军事、文化、地理等诸方面情况的史书叫正史。通常所说的二十四史即正史。除少数是个人著述（如司马迁的《史记》、范晔的《后汉书》、陈寿的《三国志》、欧阳修的《新五代史》）外，大部分正史是官修的。

"正史"之名，始见于《隋书·经籍志》："世有著述，皆拟班、马，以为正史。"清代乾隆皇帝钦定"二十四史"，"正史"一称即专指"二十四史"。按《四库全书》的规定，正史类"凡未经宸断者，则悉不滥登，盖正史体尊，义与经配，非悬诸令典，莫敢私增"，即未经皇帝批

① 班固《汉书》，北京：中华书局，1962年版。

② 陈寅恪《金明馆丛稿二编》，北京：生活·读书·新知三联书店，2001年。

③ 梁启超《中国历史研究法》，北京：中华书局，2009年。

准，不得列入正史。

二十四史总共3249卷，约有4700万字。它记叙的时间，从第一部《史记》记叙传说中的黄帝起，到最后一部《明史》记叙到明崇祯十七年（1644年）止，前后历时4000多年，用统一的本纪、列传的纪传体编写。二十四史的内容非常丰富，记载了历代经济、政治、文化艺术和科学技术等各方面的事迹。

（1）《史记》

西汉·司马迁著，130卷。

汉武帝太初元年（前104年），司马迁开始编写《史记》。《史记》最初没有固定书名，或称“太史公书”，或称“太史公记”，也省称“太史公”。“史记”本来是古代史书的通称，从三国开始，“史记”由通称逐渐成为“太史公书”的专名。

《史记》是一部贯穿古今的通史，从上古的黄帝开始，一直写到汉武帝太初四年（前101年），叙述了我国3000多年的历史。《史记》序中写道，全书有本纪12篇，表10篇，书8篇，世家30篇，列传70篇，共130篇。《史记》取材相当广泛。当时社会上流传的《世本》《国语》《国策》《秦记》《楚汉春秋》《诸子百家》等著作和国家的文书档案，以及实地调查获取的材料，都是司马迁写作《史记》的重要材料来源。特别可贵的是，司马迁对所搜集的材料做了认真的分析和选择，舍弃了一些无稽之谈。对一些不能弄清楚的问题，或者采用阙疑的态度，或者记载各种不同的说法。由于取材广泛，修史态度严肃认真，所以，《史记》记事翔实，内容丰富。

（2）《汉书》

东汉·班固著，100卷。

继司马迁撰写《史记》之后，班固撰写了《汉书》。班固，字孟坚，扶风安陵人，生于东汉光武帝建武八年。父亲班彪是一个史学家，曾作《后传》65篇来续补《史记》。《汉书》就是在《后传》的基础上完成的。和帝永元元年（89年），班固随从车骑将军窦宪出击匈奴，参预谋议。后因事入狱，永元四年（92年）死在狱中。那时《汉书》还有“八表”和《天文志》没有写成，汉和帝命班固的妹妹班昭补作，马续协助班昭作了《天文志》。班昭是“二十四史”作者中绝无仅有的女性。

《汉书》包括本纪12篇、表8篇、志10篇、列传70篇，共100篇，后人划分为120卷。它的记事始于汉高祖刘邦元年（前206年），终于王莽地皇四年（23年）。

《汉书》的体例与《史记》相比，已经发生了变化。《史记》是一部通史，《汉书》则是一部断代史。《汉书》把《史记》的“本纪”省称“纪”，“列传”省称“传”，“书”改曰“志”，取消了“世家”，汉代勋臣世家一律编入传。这些变化，被后来的一些史书沿袭下来。

《汉书》记载的时代与《史记》有交叉，汉武帝中期以前的西汉历史，两书都有记述。这一部分，《汉书》常常移用《史记》。但由于作者思想境界的差异和材料取舍标准不尽相同，移用时也有增删改易。

《汉书》新增加了《刑法志》《五行志》《地理志》《艺文志》。《刑法志》第一次系统地叙述了法律制度的沿革和一些具体的律令规定。《地理志》记录了当时的郡国行政区划、历史沿革和户口数字，有关各地物产、经济发展状况、民情风俗的记载更加引人注目。《艺文志》考证了各种学术派别的源流，记录了存世的书籍，它是我国现存最早的图书目录。《食货志》是由《平准书》演变来的，但内容更加丰富了。它有上、下两卷，上卷谈“食”，即农业经济状况；下卷论“货”，即商业和货币的情况，是当时的经济专篇。

《汉书》“八表”中有一篇《古今人表》，从太昊帝记到吴广，有“古”而无“今”，因此引起了后人的讥责。后人非常推崇《汉书》的《百官公卿表》，这篇表首先讲述了秦汉分官设职的情况，如各种官职的权限和俸禄的数量，然后用分为十四级、三十四官格的简表，记录汉代公卿大臣的升降迁免，详细地展现了当时的官僚制度和官僚的变迁。

从思想内容来看，《汉书》不如《史记》。班固曾批评司马迁“论是非颇谬于圣人”。这集中反映了两人的思想分歧。这里所谓的“圣人”，就是指孔子。司马迁不完全以孔子的思想作为判断是非的标准，正是值得肯定的。而班固的见识却不及司马迁。从司马迁到班固的这一变化，反映了东汉时期儒家思想作为封建正统思想已在史学领域立稳了脚跟。

(3)《后汉书》

南朝宋·范晔著，90卷。

《后汉书》90卷，南朝宋范晔撰。范晔《后汉书》的记述，起于刘秀起兵推翻王莽，终于汉献帝禅位于曹丕，详载了东汉195年的历史。

范晔字蔚宗，顺阳人。出身于一个世族家庭。他的祖父范宁曾任晋豫章太守，著《穀梁集解》一书。《十三经注疏》中的《穀梁传注疏》就是以《穀梁集解》为基础写成的。元嘉九年(432年)，范晔在为彭城太妃治丧期间，因行为失检得罪了司徒刘义康，被贬为宣城太守，范晔郁郁不得志，就借助修史来寄托他的志向，开始写作《后汉书》。元嘉二十二年(445年)，当他完成了本纪、列传的写作，同时又和谢俨共同完成《礼乐志》《舆服志》《五行志》《天文志》《州郡志》等五志的时候，有人告发他参与了刘义康的篡位阴谋，因此下狱而死。谢俨怕受牵连，毁掉了手中的志稿，使《后汉书》只有纪传部分流传了下来。

(4)《三国志》

西晋·陈寿著，65卷。

《三国志》，65卷，包括《魏书》30卷，《蜀书》15卷，《吴书》20卷，主要记载魏、蜀、吴三国时期的历史。

作者陈寿，字承祚，巴西郡安汉（今四川南充）人，生于汉后主刘禅建兴十一年（233年），死于晋惠帝元康七年（297年）。他在蜀汉做过官，三十岁时，蜀汉政权灭亡，入晋后做过晋平令、著作郎。陈寿写《三国志》以前已出现一些有关魏、吴的史作，如王沈的《魏书》、鱼豢的《魏略》、韦昭的《吴书》等。《三国志》中的《魏书》《吴书》，主要取材于这些史书。我们要了解三国时代的典章制度，可以借助于《晋书》。《三国志》善于叙事，文笔简洁，剪裁得当，当时就受到赞许。与陈寿同时的夏侯湛写作《魏书》，看到《三国志》，认为没有另写新史的必要，就毁弃了自己的著作。后人更是对陈寿推崇备至，认为在记载三国历史的史书中，独有《三国志》可以同《史记》《汉书》相媲美。因此，其他各家的三国史相继泯灭无闻，只有《三国志》一直流传到今。

（5）《晋书》

唐·房玄龄等著，130卷。

《晋书》130卷，包括帝纪10卷，志20卷，列传70卷，载记30卷，记载了从司马懿开始到晋恭帝元熙二年（420年）为止，包括西晋和东晋的历史，并用“载记”的形式兼述了十六国割据政权的兴亡。

唐太宗非常重视史书的撰修工作，他认为有关晋代的史料，没有一家令人满意的，并在修晋书诏中对各家史著逐一进行了批评。撰写一部系统、完整、旨趣较高的晋史，是唐太宗的一大心愿。贞观二十年（646年）他下诏让房玄龄、褚遂良、许敬宗担任监修，组织编写《晋书》。

众人撰写《晋书》，从受命到成书，仅历时两三年。成书时间之所以较短，主要有两个原因，一是《晋书》由于有政府作为后盾，人力、物力、财力和图书档案资料都有保证，这些条件，是私人修史无法比拟的。二是有多种晋史著述可供参考。由于有蓝本作为依据，成书自然较为容易。

《晋书》在取材方面不太注意史料的甄别取舍，喜欢采用笔记小说里的奇闻轶事，对《搜神录》《幽明录》中一些荒诞不经之谈也加以收录，有损于它的史料价值。另外，书中有记事前后矛盾和疏漏遗脱的地方。《晋书》的执笔人大多数擅长诗词文赋，撰史过程中有片面追求辞藻华丽的倾向。因此，后人批评它“竞为绮艳，不求笃实”。这也是《晋书》的缺点之一。

（6）《宋书》

南朝梁·沈约著，100卷。

《宋书》是一部纪传体断代史著，记述南朝刘宋王朝自刘裕建基至刘准首尾59年的史实，为沈约所撰。全书100卷，纪10卷，志30卷，列传60卷。

《宋书》的作者沈约，是南朝著名史学家、文学家、声律学家，字休文，吴兴武康人。父沈璞，刘宋时为淮南太守，元嘉末年于皇族争权夺位之乱中被害，沈约时年十三岁。少年时代，沈约横遭家难，潜窜流寓，家境孤贫。他笃志好学，读书昼夜不倦，遂博通群籍，善属诗文。天监十二年(513年)卒，年七十三岁，谥曰“隐”，后世亦称“隐侯”。

作者根据何承天、徐爰等所著宋史旧本，旁采注纪，撰续成书。全书以资料繁富而著称于史林，为研究刘宋一代历史的基本史料。纪传部分成于南齐永明六年(488年)，诸志当成于隆昌元年(494年)之后。叙事详密，列目入载二百三十余人。纪传中收录的大量诏令、奏疏、书札及文章，虽冗长，但有多方面的史料价值。

各志工程巨大，内容详备，篇幅几占全书之半。志前有《志序》，详述前代修志情况，并上溯各志所记制度源流，可为考补前史缺志之助。《州郡志》记三国以来地理沿革并及东晋以来侨州郡县情况，有补于史事考证。《律历志》全载景初、元嘉、大明三历文字，为历法学的珍贵资料。《乐志》记叙汉魏及两晋乐府的情况，乐府诗章有分类开录，并保存了汉魏以来大量的乐府诗篇及乐舞文辞，其中“古辞”多为汉代遗篇，是研究乐府及诗史的重要文献。

(7)《南齐书》

南朝梁·萧子显著，59卷。

《南齐书》记述南朝萧齐王朝自齐高帝建元元年(479年)至齐和帝中兴二年(502年)，共23年史事，是现存关于南齐最早的纪传体断代史。原名《齐书》，至宋代为区别于李百药所著《北齐书》，改称为《南齐书》，撰著者为萧子显。现存59卷，其中帝纪8卷，志11卷，列传40卷。所缺一卷为《自序》。

萧子显，字景阳，南朝历史学家、文学家。萧子显出身皇族，博学多识，长于写作，又是自齐入梁的贵族人物，对南齐的许多史事、王室情况是熟悉的或是亲自经历过的，加之梁朝取代南齐，未经重大战乱，许多图书文籍得以保存，都为萧子显撰著史书提供了有利条件。

(8)《梁书》

唐·姚思廉著，56卷。

《梁书》记载自梁武帝萧衍建国至梁敬帝萧方智亡国共56年间的历史，是姚察及其子姚思廉两代人辛勤撰写完成的。姚察、姚思廉父子都有较深厚的文字素养，于史文撰著方面，文字简洁朴素，力戒辞藻的华丽与浮泛，继承了司马迁及班固的文风与笔法，在南朝诸史中是难能可贵的。

姚察，字伯审，吴兴武康人，南朝历史学家。历经梁、陈、隋三朝，于陈朝任秘书监、领著作郎、吏部尚书等职，于隋朝任秘书丞。入隋后于文帝开皇九年（589年）又受命编撰梁、陈两代历史，未竟而卒。临终时遗命，嘱其子姚思廉继续完成撰史工作。

姚思廉，字简之，姚思廉在撰史工作中，充分利用其父的史著旧稿。自贞观三年（629年）至贞观十年（636年），历时7年最终完成了《梁书》与《陈书》的撰写工作。

（9）《陈书》

唐·姚思廉著，36卷。

《陈书》是南朝陈的纪传体断代史著作，记载了自陈武帝陈霸先即位至陈后主陈叔宝被隋文帝灭国首尾33年间的史事，由姚察、姚思廉两代人撰成。

《陈书》中的帝纪6卷，列传30卷，共36卷，无表、志。陈朝政权只存在了33年，在政治、经济、文化方面没有特别的建树，《陈书》无表、志或许与此有关。《陈书》内容比不上《梁书》那样充实，本纪和列传都过于简略。

（10）《魏书》

北齐·魏收著，130卷。

《魏书》，124卷，其中本纪12卷，列传92卷，志20卷。因有些纪、列传和志篇幅过长，又分为上、下、或上、中、下三卷，实共130卷。

魏收，北齐钜鹿曲阳人，字伯起，小字佛助。他机警能文，与温子升、邢邵号称“北地三才子”，但生性轻薄，人称“惊蛱蝶”。他奉命著《魏书》时曾声称：“何物小子，敢共魏收作色！举之则使上天，按之则使入地！”书成之后，众口喧嚷，指为“秽史”，魏收三易其稿，方成定本。

鲜卑族是我国古代东北大兴安岭东麓一个古老的民族。公元1世纪末，随着匈奴帝国的解体，鲜卑族逐渐向西迁徙，成为一个强大的民族。公元3世纪初，鲜卑拓跋部首领猗卢在塞北建立了代国。公元376年，代政权被氐族建立的前秦消灭。公元386年，拓跋鲜卑各部复拥拓跋珪为代王，重建政权。拓跋珪解散了拓跋鲜卑原有的部落组织，定居农耕，迁都平城，于公元398年改称魏，史称北魏。由于吸收先进的汉族文化，北魏国力日益强盛，终于在公元439年统一中国北方，结束了十六国时期的动荡局面。公元493年，孝文帝拓跋宏迁都洛阳，改姓元氏，推行了一系列汉化改革措施。到宣武帝元恪时，北魏达到鼎盛时期，在西边夺取汉中，进窥巴蜀，在东边巩固了洛阳周边的防御，并与梁朝争夺淮南，但不久就由于政治腐败和人民的反抗而崩溃，分为东魏和西魏两个对峙的政权。《魏书》记载了鲜卑拓跋部早期至公元550年东魏被北齐取代这一阶段的历史。

《魏书》在流传过程中亡佚甚多，本纪缺2卷，列传缺22卷，此外又有3卷残缺不全，分别由后人取其他史书补足。

(11)《北齐书》

唐·李百药著,50卷。

北魏末年,北方六镇发生声势浩大的反叛浪潮,后出身于怀朔镇低级武官的高欢获得了对20余万鲜卑人的领导权,控制了北魏朝政。公元534年,高欢所立的孝武帝元修被逼西奔长安,高欢于是另立孝静帝元善见,迁都邺城,史称东魏。公元550年,高欢之子高洋废孝静帝自立,建立北齐。东魏、北齐统治区域南至长江,与梁、陈两朝先后对峙,西边在今山西、河南、湖北,与西魏、北周分界。公元577年,北齐被北周吞并。

《北齐书》本名《齐书》,宋时才加一"北"字而成今名。它虽以记载北齐历史为主,但实际上记述了从高欢起兵到北齐灭亡前后约80年的历史,集中反映了东魏、北齐王朝的盛衰兴亡。

李百药(564—648年),字重规,定州安平(今河北安平)人,出身仕宦之家。李百药从小好学,博览经史著作,隋初曾任太子舍人,袭父爵为安平县公。贞观二十二年(648年)卒,享年84岁。

北齐政权中,皇族内部叔侄、兄弟相互残杀,使这个20年的短命王朝换了6个皇帝。《北齐书》对封建统治者之间的权势争夺有较多的叙述。《北齐书》在流传过程中残缺严重,现在只有17卷保持原貌,其他都是后人用《北史》等著作增补的,这使《北齐书》的价值大大降低。

(12)《周书》

唐·令狐德棻等著,50卷。

《周书》,50卷,其中本纪8卷,列传42卷。唐令孤德棻主编,参加编写的有岑文本和崔仁师等。

北魏末年,政治动荡,乱事遍起。出身于北魏北方六镇中武川镇的宇文泰,率领一批以武川镇人为主的鲜卑族军队,联合关陇地区的汉人豪族武装,建立起西魏政权。后宇文泰的第三子宇文觉在公元557年代魏建周,史称北周。西魏、北周这两个前后相续的政权,统治区域大致包括今天陕西、宁夏、甘肃和四川的大部、山西西南部、湖北西部及河南西部。与东边的东魏、北齐和江南的梁、陈成鼎足之势。公元577年,北周灭北齐,统一中国北方。公元581年,杨坚代周,建立隋朝。

《周书》虽以"周"题名,但实际上记述了从公元534年北魏分裂到杨坚代周为止48年的西魏、北周的历史。《周书》由于资料贫乏,再加上它所记载的人物多是本朝显官的祖先,因而显得单薄而不尽合事实。但它基本上反映了宇文政权的建立,建立后三个封建政权之间的战争,以及宇文政权上层集团内部斗争的情况,是研究和了解西魏、北周历史最基本、最原始的一部史书。

(13)《隋书》

唐·魏征等著,85卷。

《隋书》共85卷,其中帝纪5卷,列传50卷,志30卷。本书由多人共同编撰,分为两阶段成书,从草创到全部修完共历时35年。唐武德四年(621年),令狐德提出修梁、陈、北齐、北周、隋等五朝史的建议。次年,唐朝廷命史臣编修,但数年过后,仍未成书。贞观三年(629年),重修五朝史,由魏征"总知其务",并主编《隋书》。《隋书》的作者都是饱学之士,具有很高的修史水平。

《隋书》是现存最早的隋史专著,也是《二十四史》中修史水平较高的史籍之一。首先,它有明确的指导思想。下令修隋史的唐太宗亲历了灭隋的战争,在执政之后,他经常谈论隋朝灭亡的教训,明确提出"以古为镜,可以知兴替"的看法。汲取历史教训,以史为鉴就成了修隋史的指导思想。其次,《隋书》弘扬秉笔直书的优良史学传统,品评人物较少阿附隐讳。主编魏征刚正不阿,他主持编写的纪传,较少曲笔,不为尊者讳。如隋文帝之"刻薄专断""不悦诗书""暗于大道",隋炀帝矫情饰貌,"锄诛骨肉,屠剿忠良"等情况,都照实写来,了无隐讳。再次,《隋书》保存了大量政治、经济以及科技文化资料。其中10志记载梁、陈、北齐、北周和隋五朝的典章制度,有些部分甚至追溯到汉魏。

(14)《南史》

唐·李延寿著,80卷。

《南史》是合南朝宋、齐、梁、陈四代历史为一编的纪传体史著,记事起自南朝宋武帝刘裕永初元年(420年),止于陈后主陈叔宝祯明三年(589年),记述南朝四代170年的历史。《南史》与《北史》为姊妹篇,是由李大师及其子李延寿两代人编撰完成的。

李大师(570年—628年),相州(今河南安阳)人,南朝末期由隋入唐的历史学家。他认为南北朝时期各朝的断代史,彼此孤立,记事重复,又缺乏联系,打算撰写《南史》与《北史》,使南朝与北朝各代的历史分别统编于这两部史著之中。隋末,李大师曾参加农民起义领袖窦建德建立的夏政权,任礼部侍郎。因此,在唐初被流放到西会州(今甘肃境内),后遇赦被放回,死于唐太宗贞观二年(628年),所撰《南史》与《北史》未能成书。此后,由李延寿继续撰成,合称为《南北史》。

李延寿,字遐龄,生卒年代已不可确知,大约卒于唐高宗仪凤年间(676—679年),唐初历史学家,曾任崇贤馆学士,官至符玺郎。唐太宗时,李延寿曾参加《隋书》纪、传、志和《晋书》的编写,又参与唐朝国史的编纂工作。但他的主要成就在于承接其父未竟的事业,完成《南史》与《北史》的写作。

《南史》以《宋书》《南齐书》《梁书》及《陈书》为本，删繁就简，重新编纂，成为史林新著，成书于唐高宗显庆四年(659年)。《南史》有本纪和列传，无表、志。本纪10卷，列传70卷，共80卷。其编撰方法按朝代顺序、帝王在位先后，排列各朝帝王、宗室、诸王、大臣等纪传。

《南史》文字简明，事增文省，在史学上占有重要地位。其不足处在于作者突出门阀士族地位，过多采用家传形式。例如将不同朝代的一族一姓人物不分年代，集中于一篇中叙述，实际成为大族族谱。《南史》《北史》中，某些传文亦有重复现象。

(15)《北史》

唐·李延寿著，100卷。

《北史》100卷，其中本纪12卷，列传88卷。记述从公元386年到618年，魏、齐(包括东魏)、周(包括西魏)、隋四个封建政权共233年的历史。作者李延寿，参与修撰《隋书》《晋书》，另外著有《南史》。

《北史》主要在《魏书》《齐书》《周书》《隋书》四书基础上删订改编而成，但也参考了当时所见的各种杂史，增补了不少材料。

总的来看，《北史》虽有内容偶呈芜杂之弊，但毕竟体例完整、材料充实、文字简练，在后代颇受重视，以致《魏书》《齐书》《周书》三书唐以后皆残缺不完，后人又多取《北史》加以补足。作为研究北朝历史的资料，《北史》与《魏书》《齐书》《周书》《隋书》四书有互相补充的作用，不可偏废。

(16)《旧唐书》

后晋·刘昫等著，200卷。

唐代(618—907年)是中国封建社会的一个重要时期。五代后晋时官修的《旧唐书》，是现存最早的系统记录唐代历史的一部史籍。它原名《唐书》，宋代欧阳修、宋祁等编写的《新唐书》问世后才改称《旧唐书》。《旧唐书》共200卷，包括本纪20卷，志30卷，列传150卷。后晋高祖天福六年(941年)，石敬瑭命修唐史，由当时的宰相赵莹负责监修。赵莹立即组成修纂班子，到出帝开运二年(945年)，全书修成，历时仅4年多。

《旧唐书》的作者去唐不远，有条件接触到大量的唐代史料，所以能在短短的4年多时间里修成这样一部200卷的大书。

但是，由于肃宗以后的国史尚未编出，宣宗以后的实录也未修成，所以《旧唐书》的作者在修《旧唐书》时，唐代晚期的史料相当缺乏。虽然作者曾做过不少搜集史料的工作，但成书仓促，所以对于唐代晚期史事的记述仍显得粗糙，在材料的占有与剪裁、体例的完整、文字的简洁等方面都存在不少缺点。

《新唐书》行世后，《旧唐书》在很长一段时间里几乎被人们废弃。等到明朝嘉靖十七年（1538年）闻人诠等重新刊印后，才又广泛流传开来。《旧唐书》传布过程中的兴衰，既反映了它的缺点，也说明它有自己的长处，非《新唐书》所能取而代之。

（17）《新唐书》

宋·欧阳修、宋祁等著，225卷。

《新唐书》225卷，包括本纪10卷，志50卷，表15卷，列传150卷。宋仁宗认为《唐书》浅陋，下诏重修。前后参预其事的有欧阳修、宋祁、范镇、吕夏卿、王畴、宋敏求、刘羲叟等人。其中列传主要由宋祁负责，本纪、志、表主要由欧阳修负责，所以《新唐书》署“欧阳修、宋祁撰”。宋祁有文名，曾任知制诰、翰林学士等职。他历时10余年完成列传，于嘉祐三年（1058年）交齐全部列传的稿子。欧阳修是北宋著名的文学家，擅长古文，他因参加推行“庆历新政”的活动，被贬为地方官，直到至和元年（1054年）才调到朝廷任翰林学士，主持修史工作，等到他写定本纪、志、表，已是嘉祐五年（1060年）的事了。列传与本纪、志、表合在一起时，并没有经过严格的整齐划一。

《新唐书》比起《旧唐书》来，确有自己的一些特点和优点。首先，《新唐书》的作者对“志”下了一番功夫，增加了以前各史所没有的《仪卫志》《兵志》。其他几个“志”也各增补了新资料，质量多在《旧唐书》之上。

（18）《旧五代史》

宋·薛居正等著，150卷。

《旧五代史》全书150卷，包括本纪61卷，列传77卷，志12卷，另有目录2卷。原名《五代史》，也称《梁唐晋汉周书》，后人为区别于欧阳修的《新五代史》，便习称《旧五代史》。

这是由宋太祖诏令编纂的官修史书。薛居正（912—981年）监修，卢多逊、扈蒙、张澹、刘兼、李穆、李九龄等同修。经始于宋太祖开宝六年（973年）四月，至次年闰十月甲子日完竣呈上，前后只用了一年半左右的时间。成书如此迅速，主要在于宋太祖十分重视，组织的撰修班子规格高、阵容强；同时也因为去古未远，可资参考的史料相当齐备。五代各朝均有实录，范质又在此基础上整理出实录简编——《建隆五代通录》，从而为修史提供了极大便利。

在我国历史上，唐朝和宋朝之间曾有过封建社会中最后一次的大规模分裂割据时期。从公元907年朱温代唐称帝到公元960年北宋王朝建立，中原地区相继出现后梁、后唐、后晋、后汉、后周等五代王朝，中原以外存在过吴、南唐、吴越、楚、闽、南汉、前蜀、后蜀、南平、北汉等10个小国，周边地区还有契丹、吐蕃、渤海、党项、南诏、于阗、东丹等少数民族建立的政权，习惯上称之为“五代十国”。《旧五代史》记载的就是这段历史。

(19)《新五代史》

宋·欧阳修著,74卷。

《新五代史》,原名《五代史记》,是唐代设馆修史以后唯一的私修正史。撰者欧阳修(1007—1072年),大约于景祐三年(1036年)至皇祐五年(1053年)的18年间编成此书。

欧阳修,字永叔,号醉翁、六一居士,是北宋古文运动的领袖,"唐宋八大家"之一,也是著名的史学家。他奉命和宋祁领衔编撰《新唐书》。崇儒复古是他的政治主张,也是他修史的指导思想。他意在秉承孔子的《春秋》笔法、"褒贬"义例,对《旧五代史》改编重修。在编排体例上,推翻《旧五代史》一朝一史的基本格局,取法《南史》、《北史》,打破朝代界线,把五朝的人事综合统编在一起,按时间顺序排列。

《新五代史》全书74卷,包括本纪12卷、列传45卷、考3卷、世家及世家年谱11卷、四夷附录3卷。其中的列传最有特色。它采用类传的形式,设立《家人传》《臣传》《死节传》《死事传》《一行传》《唐六臣传》《义儿传》《伶官传》《宦者传》《杂传》等名目。每类传目,内寓特定含义,用以贯彻作者的"褒贬"义例。譬如将相大臣,凡专事一朝的在《臣传》,历事几朝的则列入《杂传》。又如根据死者忠的不同程度,分为两等,头等的进《死节传》,次等的入《死事传》。

一般史书的"志",《新五代史》称作"考",仅有《司天考》和《职方考》,分别相当于《旧五代史》的《天文志》和《郡县志》。作者认为五代是个名分纲常颠倒的乱世,其典章制度一无可取,所以将《旧五代史》的"志"删除。这也是为了体现以"礼"修史的原则。

《新五代史》的世家及世家年谱,大致相当于《旧五代史》的《世袭列传》和《僭伪列传》,明确地将中原以外的割据政权分为吴、南唐、前蜀、后蜀、南汉、楚、吴越、闽、南平、东汉等十国。各小国的划分编排,条理清晰,首尾完具,显然胜于旧史。《四夷附录》相当于旧史的《外国列传》。

就整体而论,《新五代史》的史料价值比《旧五代史》要略逊一筹,这是欧阳修在删繁就简时将不少具体资料也一同削去所造成的。至于他对旧"志"部分的大肆砍削,人为造成史料空白,更是不足取的。但《新五代史》后出,采用了实录以外的笔记、小说等多种材料,在删削的同时也新增了一些史料,尤其对十国部分的补充。由于《旧五代史》已非原帙,残缺不全,《新五代史》特有的价值就更不应低估。再从其他角度来着眼,欧阳修撰史,浑然一体,结构严谨,选材讲究,文字凝练;思想上不像旧史那样大肆渲染"天命"而注重人事;创《职方考》,独树一帜,提纲挈领,眉清目秀,颇受称道,都是它的长处。平心而论,两部《五代史》各有短长,可以互为补充,不应偏废。

(20)《宋史》

元·脱脱等著,496卷。

《宋史》撰修于元朝末年,全书有本纪47卷,志162卷,表32卷,列传255卷,共计496卷,约500万字,是二十四史中篇幅最庞大的一部官修史书。早在元初,元世祖忽必烈就曾诏修宋史,因体例未定而未能成书。元朝末年,丞相脱脱主张分别撰修宋、辽、金三史,各自独立,这一意见得到元顺帝的同意,于至正三年(1343年)三月开局,三史同时修撰。经过二年半时间,至正五年(1345年)十月,《宋史》匆匆成书。

《宋史》是在原宋《国史》的基础上删削而成的。两宋时期,史官组织完备,雕版印刷术广泛应用,书籍流传和保存都较为便利,积累了大量史料。这就为元修《宋史》提供了良好的基础。但是由于《宋史》修撰者匆匆急就,在史料的裁剪、史实的考订、文字的修饰、全书体例等方面都存在不少缺点,如一人两传,无传而说有传,一事数见,有目无文,纪与传、传与传、表与传、传文与传论之间互相抵牾等,这使它在二十四史中有繁芜杂乱之称。尽管《宋史》存在不少缺点,但是它卷帙浩繁,仅《列传》就有2000多人,比《旧唐书·列传》多出一倍;叙事详尽,就史料的学术价值而言详胜于略。同时,《宋史》的主要材料是宋代的国史、实录、日历等书,而《宋史》是保存宋代官方和私家史料最有系统的一部书。

(21)《辽史》

元·脱脱等著,116卷。

《辽史》撰成于元代,全书116卷,包括本纪30卷,志32卷,表8卷,列传45卷,国语解1卷。本书较系统地记载了我国古代契丹族建立的辽朝200多年的历史,并兼载辽立国以前契丹的状况,以及辽灭亡后耶律大石所建西辽的概况,是研究辽和契丹、西辽的重要史籍。

辽太祖耶律阿保机建国之初,依仿汉人制度,设立监修国史官,并且仿照中原的做法,撰修《起居注》《日历》《实录》等。辽代曾先后4次撰修实录。

金朝建立后很注意总结前朝的兴衰得失,着力修撰《辽史》,前后撰成两部《辽史》。第一次是熙宗皇统年间(1141—1149年),耶律固主持修纂,最后由萧永祺完成,此《辽史》有纪30卷,志5卷,传40卷,但未曾刊行。

第二次撰修《辽史》,由廉惠山海牙、王沂、陈绎曾分撰,从至正三年(1343年)四月开始撰写,次年三月即告脱稿,仅仅用了11个月的时间。这是因为前人所撰《辽史》和实录提供了良好的基础。一般人认为,元修《辽史》失之简略,但不应否定它特有的长处。《辽史》的志、表多有特色,其中的一些志、表是其他正史所没有的。

(22)《金史》

元·脱脱等著,135卷。

《金史》撰成于元代,全书135卷,其中本纪19卷,志39卷,表4卷,列传73卷,是反映女真族所建金朝的兴衰始末的重要史籍。

《金史》是元修三史之一,最早议修于元世祖中统二年(1261年),以后在至元元年(1264年)、至元十六年(1279年),以及仁宗朝、文宗朝都分别议论过修史的事,都因义例难定未付诸实行,直到元顺帝至正三年(1343年),才决定"各与正统",《辽史》《金史》《宋史》三史分别撰修。翌年十一月,《金史》告成,前后用了不到一年的时间。修三史的都总裁官是右丞相脱脱,参加修《金史》的有铁木尔塔识、张起岩、欧阳玄、王沂、杨宗瑞等,其中欧阳玄的贡献最为突出,他制订《金史》撰修的发凡举例,书中的论、赞、表、奏皆他属笔。

(23)《元史》

明·宋濂等著,210卷。

《元史》是系统记载元朝兴亡过程的一部纪传体史书,成书于明朝初年。

明太祖洪武元年(1368年),元朝灭亡,朱元璋下令编修《元史》。洪武二年(1369年),以宋濂、王为裁、汪克宽等16人为纂修,开史局于南京天界寺,进行编写。从洪武二年(1369年)二月到八月,用188天的时间,修成顺帝以前各朝的历史,共159卷。接着,明朝政府派欧阳佑持等12人到全国各地征集顺帝一朝的资料。洪武三年(1370年)二月重开史局,仍由宋濂、王任总裁,但纂修人员做了大幅度的调整,这一次纂修共15人,只有赵埙曾参与第一次工作,其余都是新人。八月书成,共53卷,历时143天。前后两次修成的文稿经过统一加工,共210卷,内本纪47卷,志58卷,表8卷,列传97卷。两次开局共历时331天。

朱元璋在建国之初立即着手组织《元史》的编纂,而且在很短的期间成书,主要出于政治上的需要。他的意图是以此来说明元朝的灭亡和明朝的兴起都出于"天命",而他自己则是"奉天承运"的真命天子。

清代著名学者钱大昕说:"古今史成之速,未有如《元史》者;而文之陋劣,亦无如《元史》者。"①《元史》问世后,很多学者对它表示了不满,钱大昕则是不满者中持激烈否定态度的一个。对于《元史》的批评,主要认为它的编纂工作过于草率,没有认真地融会贯通,基本上都是利用已有的文献资料,略加删削修改而成。但是,尽管存在这样那样的问题,《元史》仍是我们今天了解、研究元代历史的极其珍贵的文献。它是最早的全面、系统记述元代历史的著作。

① 钱大昕《廿二史考异》,上海:上海古籍出版社,2014年。

(24)《明史》

清·张廷玉等著,332卷。

《明史》332卷,包括本纪24卷,志75卷,列传220卷,表13卷。它是一部纪传体明代史,记载了自朱元璋洪武元年(1368年)至朱由检崇祯十七年(1644年)共200多年的历史。清朝顺治二年(1645年)设立明史馆,纂修明史,因国家初创,诸事丛杂,未能全面开展。康熙四年(1665年),重开明史馆,因纂修《清世祖实录》而停止。康熙十八年(1679年),以徐元文为监修,开始纂修明史。于乾隆四年(1739年)最后定稿,进呈刊刻。从第一次开馆至最后定稿刊刻,前后经过90多年,是官修史书历时最长的一部。在二十四史中,《明史》以编纂得体、材料翔实、叙事稳妥、行文简洁为史家所称道,是一部水平较高的史书。这反映出编者对史料的考订和运用、对史事的贯通、对语言的驾驭能力都达到了较高的水平。

白寿彝教授指出,《明史》受时代特点所限,已无法像"前四史"那样去体现史家的思想,也无法像其余诸史那样相对少有避讳。史家们的艰难是在史德与现实的夹缝中找寻出路。尽管如此,《明史》仍不失为一部历史巨著,它的完善是突出的,它的避讳难言是突出的,它反映出的史家们的艰难也是突出的。这也是清初史学的特点。

2.别史

别史主要指编年体、纪传体之外,区别于正史、杂史,杂记历代或一代史实的史书,创始于南宋陈振孙《直斋书录解题》,用以著录"上不至于正史,下不至于杂史"之书。其后,《宋史·艺文志》《千顷堂书目》《四库全书总目》等均有此项。

如《东观汉纪》《东都事略》《大金国志》以及《通志》等史书都属于别史。由此可见,别史实际上是正史类史籍的重要补充部分,犹正史之别支,所以《四库全书总目·史部·别史类叙》中才有"犹大宗之有别支"的说法。

二、编年体与纪传体

1.编年体

编年体史书是中国传统史书的一种体裁,以历史事件发生的时间为中心,按年、月、日来编撰、记述历史的一种方式,是编写历史最早的,也是最简便的方法。它以时间为经,以史事为纬,比较容易反映出同一时期各个历史事件的联系。因为编年体是中国最古老的历史体裁,故《隋书·经籍志》称之为"古史"。

编年体最早起源于中国,其他地区类似形式的历史书则被称为年代记,编年体也是年代记的一种。如《春秋》《资治通鉴》等就是编年体史书。

(1)编年体史书的创立

在奴隶社会,史书不出于记事和记言两种基本形式。在封建社会,记事和记言两种史书的内容互相渗透、互相结合,因而产生了正式体裁的史书。这种体裁按照时间顺序叙事为原则,但不是机械地按照年时月日只作简略的记事,而是以年和月为纲,既记事,又记言,更可以追叙往事,附叙后事,并有当事人或后人对某一事件或人物所做的评论,因而对于史事有比较完整的叙述。这种按照年时月日时间顺序编排史事的史书体裁,被称为编年体。我国现存第一部编年体史书,是孔子整理编订而成的鲁国史书《春秋》。《左传》是继《春秋》之后的又一部春秋时期的编年史,相传为春秋末期鲁国史官左丘明编撰。从《左传》的编纂方法来看,这时编年体已经完善。编年体是先秦史籍体裁的主流。

(2)编年体的发展

从《史记》《汉书》创纪传体之后,编年、纪传二体并行于世。东汉末年,荀悦用编年体撰成《汉纪》,记西汉一代历史,开创了编年体的断代史。从汉至唐,纪传体成为正式的独家体裁,编年体的地位逐渐衰落。编年体的飞跃发展,源自于北宋司马光编撰《资治通鉴》,这一编年体巨著的撰成使编年体史书的编撰出现了一个高潮。自宋代以来,代有续作,使编年体也形成了一个从上古传说时代直到清代世代相传的庞大的史书体系。

(3)编年体史书的缺陷

编年体史书的优势,是可以在同一年代内看出不同的史实,有利于对历史进行总的考察,但也有较大的缺陷,以事系日,以日系时(季),以时系年,对了解一代兴亡大势,很是方便,但历史事件自酝酿、发生至结束,往往延及数月乃至数年,编年体史书诸事杂陈,从中人们难以稽其首尾。也就是说,其优点是给人以明确的时间观念,比较容易反映出史事发生和发展的时代背景;缺点是不易集中反映同一历史事件前后的联系。为此,从《左传》起,就用追溯往事或带叙后事的方法,以弥补这一缺陷。另外,这种体裁以时间为中心,对人物生平、典章制度和文化的叙述多过于简略,年代不明的事甚至无法写入书中,这些都影响了编年体史书的使用价值。

2.纪传体

纪传体是通过记叙人物活动来反映历史事件。纪传体史书的突出特点是以大量人物传记为中心内容,是记言、记事的进一步结合,能够更好地表现人物的性格,创始于司马迁的《史记》。

在司马迁之前，先秦史籍在编纂方法上已出现了若干体例，司马迁综合各种体例，集于一书，创造了以人物为中心的纪传体史书《史记》。该书分为本纪、表、书、世家、列传五个部分。“本纪”是帝王的传记，按年月顺序记载帝王的政绩、言行，兼及当代的重大事件，属于编年体。“表”是大事记，用表格形式，按时间顺序，提纲挈领地谱列史事。“书”是各种典章制度的专史，记述社会政治、经济、文化、天文、地理等各方面的制度沿革或发展情况。“世家”是重要诸侯的传记。“列传”主要是人物传记，也有少数列传记载的是我国少数民族的历史以及当时与我国有交往的国家的历史。此外，在每篇本纪、书、世家、列传的最后，都有一段评论文字，发表史家对本篇记述的历史人物与事件的意见，借以表达作者的政治观点和史学思想。这种史书体裁以纪、传为主体，以表、书为辅助，既各有分工，又互相配合，组成一个有机的整体，后人称为纪传体。

《史记》是一部纪传体的通史。东汉时班固撰《汉书》，创立了纪传体断代史。纪传体被统治阶级定位“正史”，“正史”至清朝共有二十四部，就是二十四史。二十四史的第一部是《史记》，最后一部是《明史》。清朝灭亡之后，又增加了《清史稿》和《新元史》，所以我国纪传体“正史”也可以称为“二十六史”。

三、杂史、会典、政书

1.杂史

杂史是区别于纪传体、编年体、纪事本末体的一种史书体裁，泛指我国古代私家著述的史书，是以记载带有掌故性的见闻为主的史书。它既不同于纪、传、表、志等体例齐全的正史，也不同于关系一朝执政的别史，它不受体例限制，博录所闻，虽则杂荒疏浅，却可弥补官修史书的疏漏与不足，它包括家史、外史、小史、稗史、野史、逸史等类别。

杂史大多可以成为正史的补充，尽管杂史在一定意义上并不一定是历史上真实发生过的事情，但是我们也可以借助杂史了解到一些事情，从而在一定程度上猜测到在正史那春秋笔法似的文字下面还隐藏了些什么。

2.会典

会典之名始见于元代，意思是“典章会要”。会典是记载一个朝代官署职掌制度的书，源出于《周官》(《周礼》)。唐有《唐六典》。元明清改称“会典”，意思是“典章会要”。会典大多属当代官修断代式政书，以职官为纲，记录中央与地方官职制度沿革；着重记述法令典章，而不详备史实。

会典与会要最大的差异是：会典以“职官”为纲，记录中央与地方官职制度的沿革；会要因事分类，着重记述法令典章，而不详备史实。

3.政书

政书是典章制度专史。它记载典章制度的沿革及政治、经济、文化发展的情况。由于它具有资料汇编性质，所以一般也把它作为工具书使用。

政书一般分两大类，一为记述历代典章制度的通史式政书，名称中一般有“通”字，如《通典》《通志》《文献通考》等；一为记述某一朝代典章制度的断代式政书，称为会典、会要，如《唐会要》《元典章》等。

四、纪事本末体

史书的两大主要体裁是纪传体和编年体，这两种体裁各有优势，缺点也很明显。前者往往容易出现内容重复的现象，描述发生在同时期的事件时，很难体现出相互之间的关联。后者虽然时间概念很强，但是很破碎。因此后来便出现了另一体裁，取两家之长，补两家之短，形成了很独特的叙述方式，这就是纪事本末体。“本末”这个词，原意是指树的根和梢。《礼记·大学》中说：“物有本末，事有始终。”意思是任何事物都有它的起源和归宿。后来，这个词被引申为主次、先后等意思。它克服了编年体记事分散和纪传体记事重复的缺点，在编年、纪传、政书三体之外又创立了一种新体裁，从而为史学发展开辟了一条新途径。

纪事本末体的写法，分两种情况：一是“一书备诸事之本末”，二是“一书具一事之本末”，都是先将重要的事件分门别类，形成独立的篇章，然后按照时间顺序，详述事件发生的原因、过程和结果。例如史书中关于“玄武门之变”的记载，可能分散在唐史的各个部分中，纪事本末体就会把这些内容都提炼出来，先讲它的起因，再讲过程，最后讲结果，像讲一个完整的故事一样。

纪事本末体这个体裁出现于宋代。南宋袁枢的《通鉴纪事本末》正式创立此种体例。袁枢喜欢研读《资治通鉴》，但是“苦其渊博”，认为写得不错，但内容太杂。于是他就“区别其事而贯通之”，把同一事件的相关内容从不同的时期提出来，然后连贯叙述成一个整体。他把各个事件的叙述合在一起成书，因为书的内容来自《资治通鉴》，便取名为《通鉴纪事本末》。这部作品共42卷，记录了239件事，时间可上溯至三家分晋，下至后周世宗时期。后此书被人呈给当时的皇帝宋孝宗。皇帝大加赞赏，感叹说：“治国之道，都在这本书里了。”《四库提要》也曾夸奖它“经纬明晰”，“一目了然”，意即脉络很清楚，“实前古之所未见也”。这种书写起来不容易，写书人需遍览史籍，烂熟于胸，下笔时才有把握，不致有遗漏，所以它的史学价值是毋庸置疑的。

南宋袁枢的《通鉴纪事本末》之后，用此体改编或创作的史书很多，如：（明）陈邦瞻《宋史纪事本末》《元史纪事本末》、张鉴《西夏纪事本末》、（清）谷应泰《明史纪事本末》、近人黄鸿寿《清史纪事本末》等，均贯通古今，自成系统。

另外，清代每一重大军事、外交行动结束后，将有关诏谕、奏报按时间顺序汇编成书，称为方略。《四库全书》也将其列入“纪事本末体”内，这是专史的纪事本末。总计29种方略，可分为3类：一类为平定叛乱，削除地方割据势力，统一和巩固边疆的活动；一类为镇压农民和少数民族起义起事的；一类为处理外交洋务问题的。

纪事本末体的优点在于按照某一历史事件独立成篇，各篇按时间顺序进行排列，它可以集中而相对完整地描写历史事件的全貌。但也存在较大的缺点，首先，从保存史料的作用上看，不如编年体和纪传体。纪事本末体只能从全部历史中选择其某些方面做系统论述，而不能对全部历史做全面系统的介绍。其次，纪事本末体将错综复杂的历史有机整体分割为一些孤立的历史事件，会使其失去相互之间的内在联系。不过，纪传体以人为纲，编年体以时间为纲，纪事本末体以事件为纲，三者互相补充，结合起来，可以展示出中国历史的不同侧面。

第三节 《史记》

《史记》是西汉著名史学家司马迁撰写的一部纪传体史书，是中国历史上第一部纪传体通史，被列为“二十四史”之首，记载了上至上古传说中的黄帝时代，下至汉武帝太初四年（前101年）共3000多年的历史。《史记》的原名叫《太史公记》，称作“史记”开始于东汉桓帝之时。与后来的《汉书》《后汉书》《三国志》合称“前四史”。现存《史记》有三家注，即南朝刘宋裴骃的《史记集解》、唐司马贞的《史记索隐》和张守节的《史记正义》。三家注原先各自单行，自北宋始将三家注散列在正文下合为一编。

一、《史记》的撰修及流传

1.司马迁其人

司马迁，字子长，左冯翊夏阳人。夏阳，就是现在的陕西韩城。司马迁在《太史公自序》中追溯了自己的家世，意在表明自己出身于一个有悠久传统的史官世家。但对司马迁影响最大的还是他的父亲司马谈。此人学问渊博，是汉武帝时期的太史令，有志于撰写一部历史巨著。司马谈大概有不少的著作，然而我们现在能看到的只有被他儿子收录在《太史公自序》中的《论六家要指》。司马谈活到中年，没有实现自己的夙愿，可谓是赍志而殁。他因患病不能随汉武帝到泰山封禅，滞留于洛阳。此时，出使西南夷的司马迁正好归来，遇上了他。临终前将遗志嘱咐儿子司马迁说：“今天子接千岁之统，封泰山，而余不得从行，是命也夫，命也夫！余死，汝必为太史；为太史，无忘吾所欲论著矣……”司马迁俯首流涕，回答道：“小子不敏，请悉论先人所次旧闻，弗敢阙。”可知司马迁乃秉承父亲的遗志完成史著。司马谈死后三年，司马迁被任命为太史令。《史记》以《封禅书》为其“八书”之一，即见其秉先父之意。

2.撰修过程

撰写《史记》，并不是司马迁作为太史令的职责，而是他的个人行为，是他继承父志、完成父业的史学实践活动，也是他们父子二人自觉的史学发展意识的反映。当时太史令的职责是掌管天文历法，负责管理国家的图书、档案和各地上交的文书资料。记事修史虽然也是太史令的职责之一，但不是主要工作。司马迁正式动笔写作《史记》的时间是在太初元年（前104年）。

（1）独特的人生壮游为创作《史记》提供了丰富的写作素材

他早年受学于孔安国、董仲舒，漫游各地，了解风俗，采集传闻。初任郎中，奉使西南。这些，为该书的编撰积累了丰富的材料。司马迁一生的游历有三次：一是二十壮游；二是奉使巴蜀以南之游；三是扈从武帝之游。司马迁的行旅实践活动丰富了他的历史知识和生活经验，司马迁的人生经历无不与其“游”密切联系，他的史学成果无不与其“游”密切相关，司马迁的学识是在其“游”中得到了锤炼和升华，司马迁正是从“游”中更深刻地了解历史事件和人物，“游”使其知识得到印证，使其感情得到升华。多方面游历使司马迁一方面对当时汉王朝的地理版图、行政统治有了切身的了解，另一方面对各地地理环境、文化传承、经济状况、民风秉性有了地理考察一般的认识，而这些都与文字性图书档案资料一一对比，结合统一，为创作《史记》提供了大量丰富的感性素材，甚至影响了其对历史人物的主要看法。①

（2）悲剧性的人生经历为创作《史记》提供了丰富的人生营养

在写作还在进行的时候，他遭遇了一场大灾祸。天汉三年（前98年），司马迁因言获罪，他为投降匈奴的李陵说了几句辩护的话，被捕入狱，最后以“诬上”之罪被处以宫刑。宫刑是对人的最大侮辱，如司马迁说的：“诟莫大于宫刑。”“最下腐刑，极矣。”在形体和精神上给了他巨大的创伤。出狱后任中书令，他忍辱含垢，发奋继续完成所著史籍，以其“究天人之际，通古今之变，成一家之言”的史识，前后经历了14年，创作了中国第一部纪传体通史《史记》。他之所以如此隐忍，并不是贪生怕死，而是为了完成《史记》。司马迁在给朋友任安的信中，吐露了自己积蕴心底的冤屈：人固有一死，或重于泰山，或轻于鸿毛。如果自己没有完成《史记》即伏法受诛，其生命价值与蝼蚁无异，“是以就极刑而无愠色”。也就是说，为了完成《史记》，他宁可接受宫刑。

3.《史记》的流传

《史记》成书后，由于它被指责为对抗汉代正宗思想的异端代表，因此，在两汉时，《史记》一直被视为离经叛道的“谤书”，不但得不到应有的公正评价，而且当时的学者也不敢为之作注释。《史记》有两部，一部在司马迁的工作场所（宫廷）里；副本在家中。在汉宣帝时期，司马迁外孙杨恽才开始流传，开始把该书内容向社会传播，但是篇幅流传不多，很快杨恽被宣帝腰斩，《史记》的流传因杨恽遇害而中止。

司马迁的《史记》在汉魏期间属于禁书，官民不得自由阅读，即使是王公诸侯亦没有此权利，而且《史记》的《孝景本纪》《孝武本纪》等10篇被删去，其他篇章亦多有篡改。今日《史记》的版本，与司马迁的原稿差别很大。魏明帝曹叡曾批评过司马迁，认为司马迁因为受过宫刑而著《史记》贬损汉武帝，令人痛恨，但大臣王肃却肯定司马迁善于叙事，乃

① 王秀琴《探寻司马迁的游历》，《沧桑》2009年第1期。

良史之才，不虚美，不隐恶。

《史记》原为完帙，但在流传过程中却因各种原因而有残缺。《汉书·司马迁传》云《史记》“而十篇缺，有录无书”。元帝、成帝时，褚少孙补作的部分，均冠有“褚先生曰”字样，较为容易区别。今本《史记》130卷篇亦非全出自司马迁之手，但绝大部分是司马迁的手笔，基本上保留了《史记》的原貌。

到东汉时，今本《史记》130卷，篇数跟司马迁自序所说的相符。但班固在《汉书·司马迁传》说其中“十篇缺，有录无书”。三国魏张晏指出这十篇是《景帝本纪》《武帝本纪》《礼书》《乐书》《律书》《汉兴以来将相年表》《日者列传》《三王世家》《龟策列传》《傅靳列传》，后人大多数不同意张晏的说法，但《史记》残缺是确凿无疑的。

今本《史记》也是130篇，有少数篇章显然不是司马迁的手笔，汉元帝、成帝时的博士褚少孙补写过《史记》，班固在《汉书·艺文志》中著录冯商所续《史记》七篇；刘知几认为续补《史记》的不只是褚、冯两家，而有15家之多。

司马迁创作的《史记》比较广泛地传播流行，大约是在东汉中期以后。东汉朝廷也曾下诏删节和续补《史记》。《后汉书·杨终传》云，杨终“受诏删《太史公书》为十余万言”。这表明东汉皇室依然不愿全部公开《史记》，只让杨终删为十多万字发表。被删后仅十余万言的《史记》在汉以后即失传，以后一直流传的是经续补的《史记》。

唐朝时，由于古文运动的兴起，文人们对《史记》给予了高度的重视，当时著名散文家韩愈、柳宗元等都对《史记》特别推崇。

宋元之后，欧阳修、郑樵、洪迈、王应麟各家，以及明朝的公安派、清朝的桐城派，都十分赞赏《史记》的文笔。《史记》的声望与日俱增，各家各派注释和评价《史记》的书也源源不断出现。

二、《史记》的内容及价值

《史记》取材相当广泛。当时社会上流传的《世本》《国语》《国策》《秦记》《楚汉春秋》、诸子百家等著作和国家的文书档案，以及实地调查获取的材料，都是司马迁写作《史记》的重要材料来源。特别可贵的是，司马迁对所收集的材料做了认真的分析和选择，淘汰了一些无稽之谈。对一些无法弄清楚的问题，或者采用阙疑的态度，或者记载各种不同的说法。由于取材广泛，修史态度严肃认真，所以，《史记》记事翔实，内容丰富。

1.《史记》的主要内容

《史记》全书有本纪12篇，表10篇，书8篇，世家30篇，列传70篇，共130篇。《史记》的文章可分成两个部分：前面的正文是人物的生平描述，这部分皆以代表性事件或逸事衔接交杂而成;正文后面会加上作者的评论或感想,通常以“太史公曰”为起头,内容或为作者的个人经历,或为对人物的评价,或为收集资料的过程,但仍以评论题材人物的性格与行事为主,这也呼应了司马迁在自序中“究天人之际”的写作目标。

《史记》分本纪、表、书、世家、列传五部分。其中本纪和列传是主体。它以历史上的帝王等政治中心人物为史书编撰的主线,各种体例分工明确,其中,“本纪”“世家”“列传”三部分占全书的大部分篇幅,都是以写人物为中心来记载历史的,由此,司马迁创立了史书新体例——“纪传体”。

“本纪”之意是法则、纲纪。“本纪”是全书的提纲,以王朝的更替为体。本纪是按照编年的体例,依照年月的顺序,记载帝王的言行政绩以及当时的重大事件的。以国君的事迹作为纲领,采用编年、记正朔的形式,反映朝代的变迁、时代的大势。

《史记》十二本纪中,《五帝本纪》是记传说中的五位上古帝王,即黄帝、颛顼、帝喾、唐尧、虞舜时代的史事,《夏本纪》《殷本纪》《周本纪》是记叙夏、商、周三代的史事。这四篇是上古史部分。《秦本纪》《秦始皇本纪》《项羽本纪》是表现春秋战国直至秦汉之际的历史,可以说是当时的近古史。《高祖本纪》《吕太后本纪》《孝文本纪》《孝景本纪》《孝武本纪》,集中叙述了汉代的历史,是《史记》的当代史部分。后代史书中,本纪的情况虽然有一些变动,但编年纪事这一原则基本上没有变化。

实际上,它的内容并不简单是帝王的传记,其主要的作用是按照编年的形式来记载一朝的大事。本纪作为纪传体史书的编年部分,其实是贯通全书的纲要部分。刘知几《史通本纪》就说:“纪者既以编年为主,唯叙天子一人。有大事可书者,则见之于年月。”

《史记》中的特殊本纪有《吕太后本纪》和《项羽本纪》。汉高祖刘邦死后虽然由他的儿子即位,就是汉惠帝,但是惠帝性格慈爱,在位时间短,没有什么特别的建树;而高祖的妻子吕后性格强悍,是个铁腕人物,汉惠帝生前和死后都由吕后掌握实权,而且把天下治理得很好。司马迁在《吕太后本纪》的赞语里说:“惠帝垂拱,高后女主称制,政不出房户,天下晏然。刑罚罕用,罪人是希。民务稼穑,衣食滋殖。”所以司马迁在《史记》中不给惠帝作本纪,而给吕后作本纪。这是出于历史的事实,按照历史的本来面目去写作。司马迁把项羽也列入本纪,因为他认为当时项羽虽非天子,却在实际上有着和天子等同的地位和作用。唐代刘知几在《史通》中充分肯定《史记》的成就,唯独于《项羽本纪》和《陈涉世家》不能赞同,可见司马迁的思想远远超越了他的时代,也超越了后代的很多人。

《史记》的“表”其实是一种文体。“表”用表格来简列世系、人物和史事;《史记》的“表”共有十篇,可分两类。一类是大事年表,“年经事纬,纵横互订”。另一类是人物的年表,一些传不胜传的人物,就以表载之。史表的创制,是《史记》体例的一大特点。“表”当然有表格,但不仅仅只有表格,在表格之前有序。

“表”在《史记》中还具有这样的功能：本来，《史记》是纪传体史书，以人物为中心，突破了编年体史书以时间为中心的表现模式。以人物为中心是司马迁“究天人之际”的史学追求的体现，有利于对人谋、人事乃至人心、人性的深入探讨。但是，以人物为中心亦有可能出现一些问题，例如刘知几在《史通》中便曾说：“同为一事，分在数篇，断续相离，前后屡出。”作为体大思精的史学名著，《史记》中的“表”正能起到弥补这些漏洞的作用：众多的人、事都以“世”“年”，甚至“月”为线索被清晰地简化、表现出来了。于是，不仅纪传体的优势可以得到充分发挥，编年体的长处也被吸收进来，二者相得益彰。

“书”则记述制度发展，涉及礼乐制度、天文兵律、社会经济、河渠地理等诸方面内容。

《史记》有三十世家，“世家”记述子孙世袭的王侯封国的史迹和特别重要人物的事迹；也有成就杰出但不是王侯的人记入世家，如孔子世家、陈涉世家。孔子名列“世家”，是因为他是思想家、教育家、儒家学派的创始人，是历代祭祀不绝的人物。陈涉名列“世家”是因为他在反抗暴秦斗争中的首倡之功。

列传是司马迁撰《史记》时首创，共有七十列传。列传为以后历代纪传体史书所沿用。司马迁《史记》索隐：“列传者，谓列叙人臣事迹，令可传于后世。”张守节《史记正义》：“其人行迎可序列，故云列传。”一般用以记述帝皇以外的人物事迹（凡侯王而能世袭的，《史记》原列入“世家”，后代的纪传体史书则取消“世家”一类，统称为“列传”）。也有记载少数民族和其他国家历史的，前者如《明史》中的《四川土司列传》，后者如《明史》的《外国·日本列传》。简而言之，列传是帝王诸侯外其他各方面代表人物的生平事迹，少数列传则是外国史和少数民族史。

2.《史记》的艺术价值

“盖文王拘而演《周易》；仲尼厄而作《春秋》；屈原放逐，乃赋《离骚》；左丘失明，厥有《国语》；孙子膑脚，《兵法》修列；不韦迁蜀，世传《吕览》；韩非囚秦，《说难》、《孤愤》。《诗》三百篇，大抵圣贤发愤之所为作也。”司马迁深刻认识到这一点，不断激励自己，才有了《史记》的横空出世。在刑不上士大夫的西汉时期，士人被处以宫刑乃奇耻大辱，生不如死，但司马迁为了完成父亲之遗愿，忍辱负重，终究苦心人、天不负，完成了《史记》的宏伟篇章。

《史记》对后世史学和文学的发展都产生了深远影响。其首创的纪传体编史方法为历代正史所传承。刘向等人认为此书“善序事理，辩而不华，质而不俚”。同时，《史记》还被认为是一部优秀的文学著作，在中国文学史上有重要地位，被鲁迅誉为“史家之绝唱，无韵之《离骚》”，梁启超赞其为“千古之绝作”，足见《史记》的巨大价值和深远意义。《史记》的艺术价值主要体现在以下几点：

（1）历史人物形象的成功塑造。《史记》描写人物多，范围广，形神兼备，大多具有典型性。《史记》写人上至帝王将相、皇亲国戚、文武大臣，下至学者、商人、妇女、游侠、医生、卜者、方士、倡优等，各行各业都有，比先秦史书更加广泛。《史记》写及人物四千有余，个性突出与完整者不下百人。

《史记》塑造人物形象的成功，首先得力于对历史人物特征的准确捕捉和精心选材。司马迁笔下的历史人物大都有鲜明的特征，如李斯自私、刘邦隆准、项羽重瞳、李广善射、扁鹊擅医、邓通爱钱、信陵君好客、石奋恭谨、韩信能忍、王温舒残酷等等。他还常常抓住一个人物的几个特征，甚至不避人物特征的缺陷，如周昌口吃、张良瘦弱等。在诸多人物特征中他最注重的是性格特征，其他方面的特征及传记选材大都是围绕性格特征而精心进行的。为此，他在选取人物一生中最有代表性的大事刻画人物性格特征的同时也不排斥小事。此外，为表现人物性格，他在选材安排上还十分注意互见法的运用，即把某一人物的部分材料，并不写入他本人的传记里，而是写入他人的传记中。如“鸿门宴”一事，在《项羽本纪》中详写，在《高祖本纪》中略写。

其次，《史记》善于通过矛盾冲突描写和虚实相生手法刻画人物。前者如“完璧归赵”“渑池之会”（《廉颇蔺相如列传》）的描写，东廷辩论（《魏其武安侯列传》）的描写，都是通过激烈尖锐的矛盾冲突来表现人物性格的。后者如《鸿门宴》，作者只实写了项羽、刘邦一席，而对其他人物包括诸侯王及主要将领，并没有形诸笔端，但通过被写实人物的语言行动，读者明显可以感到他们的存在。

此外，《史记》还善于通过细节描写、心理描写、对比映衬等来刻画人物，如《魏公子列传》中信陵君迎侯生的经过，便突出地将三者综合在一起来表现人物性格。

（2）叙事和场面描写悲壮慷慨、诙谐滑稽。《史记》塑造的人物多是具有悲壮之美的悲剧人物，与此相应，其叙事与场面描写多具有悲壮色彩。如《赵世家》中的程婴、公孙杵臼，为保护赵氏孤儿与权奸屠岸贾进行了长达十几年的斗争。在二人看来，为了争取善与正义的最后胜利，惨烈的死是不在话下的。不过，司马迁所写的悲剧事件不一定都和死亡联系在一起，如蔺相如为维护赵国尊严与强秦进行的不屈不挠的斗争。他慷慨陈词，大义凛然，迫使秦王却步，结果并不是死，但斗争场面极为悲壮。另有一些悲壮事件与场面的描写则是以其历史教训发人深思，如项羽英名盖世，心如铁石，坑降卒、灭秦族、杀义帝，都未曾掉过半滴泪，而垓下被围，与虞姬生离死别，竟呜咽悲歌，若不胜情。作者用这一场面生动宣告了光靠武力经营天下是不行的。

（3）浓郁的抒情性。鲁迅先生曾称《史记》为“无韵之《离骚》”，其中最重要的一个原因就是《史记》具有浓郁的抒情性。司马迁的人品、遭遇与写作心情，都与屈原相近，他著名的“发愤著书说”也是直接从屈原等先贤那里体会到的。屈原的高尚人格和其《离骚》

讽兴当世的力量、爱奇的审美观、浓郁的抒情性也为他所继承发扬，融入《史记》的创作中，因而其笔下的人物刻画和论赞中都跳跃着太史公诗人般的激情。如《屈原列传》是一支屈原伟大人格的赞歌，《项羽本纪》是一首充满悲壮叹惋之情的英雄史诗，《伯夷列传》是一首喷发出愤激不平之情的怨刺诗，《魏公子列传》是一首充满崇敬之情的赞美诗……可以说，整部《史记》就是一部形象与情感有机结合的长篇史诗。不惟记叙中有浓郁的感情，各篇论赞的议论中，作者也大都以唱叹出之，或愤激，或同情，或赞许，抒情味极浓，历来为人钟爱。①

(4)刚柔相济、以刚为主的艺术风格。《史记》的艺术风格具有多样性和丰富性，既有阴柔之美，又有阳刚之美。而总体上看，全书则以阳刚之美为主。这主要表现在以下几点：第一，气魄宏伟，笔力千钧。《史记》体大思精、包罗宏富，在130篇中，司马迁充分发挥其组织能力，将纵横数千里、上下三千年的历史风云尽收眼底，举重若轻、条贯有序地再现了出来，并对前代各种学术流派给予历史的总结，在此基础上建立了自己“究天人之际，通古今之变”的“一家之言”，表现出广阔的胸襟和卓然不凡的史胆、史才、史识和史德。第二，内容奇伟，惊心动魄。《史记》中的历史人物大都有不同寻常的气质、轰轰烈烈的事业和瑰异的操行，具有强烈的传奇色彩。国君或雄才大略如秦皇、汉武，或忍辱复仇如越王勾践；大臣或犯颜直谏、倔强刚毅如伍子胥，或功高盖世、蒙冤千古如韩信。男子蹈义而行，甘赴鼎镬，如纪信、郦生；女子见义勇为，不畏风险，如缴女、如姬。言大则侯生七十犹献奇计，一心报国；言幼则甘罗十二挟策说赵，立取五城。……这些人物以自己的生命之弦，演奏出一支支威武雄壮、豪迈悲凉，惊天地、动鬼神的乐曲。书中的历史事件也大都紧张、热烈、粗犷，读来令人心惊目骇。第三，气势凌厉，一泻千里。司马迁志高才雄，能站在时代高度，俯仰古今，故其文章自有一种居高临下、汹涌磅礴的气势。而于纵横不羁中又有一定的法度可寻，爱用排比、夸张和重字迭句便是其中较明显者。

(5)结构和语言。《史记》很重视结构，总体上它是五体结构，气魄宏伟。其中最突出的是人物传记的结构艺术，一般开头先介绍人物姓氏、籍贯，中间是记叙主体，选择与人物性格、事功最相关的几事件进行叙述，结尾以“太史公曰”表明作者自己的意见。具体每篇传记的写作，有时又比较灵活，如《佞幸列传》以议论开头，提起全篇。其人物传记，又有分传、合传、寄传、杂传，这也是作者根据人物的性格及事功进行的结构安排。其结构对后世史书及传记文学的创作有深远影响。

《史记》由于突出的艺术成就，深受后代文士喜爱，产生了深远影响。魏晋以前，统治者视之为“谤书”，影响不够深广。从唐代开始，其影响越来越大。唐、宋、明、清的古文家都奉为典范。我国古代小说在纪传体格局、富于传奇色彩、塑造性格复杂的人物、历史演

① 王德军《论〈史记〉中的诗化倾向》，《新乡学院学报》2009年第12期。

义题材及熔史才、诗笔、议论于一炉等方面，都继承了《史记》的有关文学表现因子。《史记》大胆揭露现实的精神、悲壮奇瑰的历史题材、精彩的场面描写、个性化的语言等，对后世的戏曲创作产生了深远影响。我国古典诗歌在实录精神、题材、寄兴深远方面，也受到《史记》的很大影响。因而，《史记》是了解和研究中国文学时要特别重视的名著。

三、《史记》对中国史学传统的影响

史学传统主要是指对史学家和史学经典的思想、品性和经验的总结和继承。我们可以从史学传统中看大历史传统在新时代的发展方向和趋势，《史记》是我国史学的奠基之作，就是在总结和继承先秦史学的基础上形成的，并且在思想、内容、特色等方面达到了新的高度并具有鲜明的特征。可以说，《史记》为史学传统的形成奠定了基础，并开创了一些新传统，主要体现在以下几个方面：

1. 建立了杰出的通史体裁

《史记》是中国史学史上第一部贯通古今、网罗百代的通史名著。正因为《史记》能够会通古今撰成一书，开启先例，树立了榜样，于是仿效这种体裁而修史的也就相继而起了。通史家风，一直影响着近现代的史学研究与写作。

2. 确立了史学的独立地位

中国古代，史学是包含在经学范围之内而没有自己的独立地位的。所以史部之书在刘歆的《七略》和班固的《艺文志》里，都是附在《春秋》的后面。自从司马迁修成《史记》以后，作者继起，专门的史学著作越来越多。于是，晋朝的荀勖适应新的要求，才把历代的典籍分为四部：甲部记六艺小学，乙部记诸子兵术，丙部记史记皇览，丁部记诗赋图赞。从而，史学一门在中国学术领域里才取得了独立地位。饮水思源，这一功绩应该归于司马迁和他的《史记》。

3. 开创了史传的文学传统

继承先秦史传文学传统并有重大创新的历史文学，是《史记》。《史记》突破了先秦史传以事为中心的编年体形式，找到了一种新的表述方式，以成熟的传记文学开辟了我国历史文学的新纪元，为中国后世文学提供了一系列塑造典型人物形象的成功经验。司马迁的文学修养深厚，其艺术手段特别高妙。某种极其复杂的事实，他都措置妥帖，秩序井然，再加以视线远，见识高，文字生动，笔力洗练，感情充沛，信手写来，莫不词气纵横，形象明快，使人“惊呼击节，不自知其所以然”（《容斋随笔·史记简妙处》）。史传文学具备如下特点：其一，寓褒贬于叙事中，在记述历史时暗含褒贬，其二，以人物为中心，强调人物在历史中的作用。

4.强化了史家的实录传统

史学家秉笔直书，不虚美，不隐恶，提倡实录，编写信史，这是诸多史学家推崇和履行的编纂史籍原则，尽管由于撰史者历史和阶级的局限，致使中国传统史籍中仍然存在程度不同的缺陷和不足，但是在大量的史籍名著中，特别是在私撰史籍中，基本上做到了记载史实、较为客观地评论史事和人物。

5.重视史家的个人修养

这首先表现在史家的个人优良品德修养方面，如司马迁、班固、刘知几、欧阳修、章学诚等人，他们不仅具有撰史者应具有的学问、才能和见识，而且具有很强的历史责任感，把撰史当成一项神圣而庄严的事业，为了达到目的，不畏辛劳，持之以恒，终获成功。

第四节 《资治通鉴》

《资治通鉴》(常简作《通鉴》),是由北宋司马光主编的一部多卷本编年体史书。《资治通鉴》全书294卷,约300多万字,另有《考异》《目录》各30卷。全书历时19年完成,主要以时间为纲,以事件为目,从周威烈王二十三年(前403年)写起,到五代后周世宗显德六年(959年)征淮南停笔,涵盖16朝1362年的历史。《资治通鉴》是中国第一部编年体通史,在中国官修史书中占有极重要的地位。

一、《资治通鉴》编修过程及其书名

1.司马光其人

司马光,字君实,陕州夏县(今山西夏县)涑水乡人。生于宋真宗天禧三年(1019年),死于宋哲宗元祐元年(1086年),享年68岁。死时被追赠为"温国公",谥号"文正",所以后代学者称他为"司马温公"或者"司马文正公"。他出身于官僚地主家庭,20岁中进士。以后在朝廷中先后担任过许多重要官职。宋神宗时,王安石主持变法,守旧派的官僚纷纷表示反对,司马光是反对变法的守旧派的代表人物。因政见不合,遭到排挤,后来退居洛阳,专心编写《资治通鉴》。宋神宗死后,司马光应召入京,担任宰相,主持政事,在短短几个月里他就把王安石的新法全部废止。他自己也在这一年九月病死。他一生著作很多,流传至今的有《稽古录》《涑水纪闻》《传家集》等多种,其中最为著名的则是《资治通鉴》。

司马光一生著作甚丰,但主要著述是《资治通鉴》。《资治通鉴》既是中国史学名著,也是不可多得的文化瑰宝,在中国史学史和文化史上都占有极其重要的地位。司马光也因编撰《资治通鉴》而扬名古今中外,成为与司马迁遥相呼应的史学巨人和文化名人。

司马光从小就特别喜好史学,做官以后也从来没有间断过研究历史。当时读书十分困难,许多历史书籍在民间很难找到。而且,我国的历史学发展到宋代,已经是著作浩繁,光是纪传体的"正史",篇幅就多达1500多卷。一般的读书人,一辈子都很难把这样大篇幅的历史书读完,更不要说精通了。面临北宋中期日益严重的社会危机,司马光希望通过编写历史,"删削冗长,举撮机要",为封建统治者提供简明扼要的历史借鉴。

2.《资治通鉴》的编修过程

司马光很早就开始着手这部书的编撰。《资治通鉴》的纂集，应当从《历年图》说起。英宗即位第二年改元治平，治平元年（1064年）三月，司马光进其所纂《历年图》，则《历年图》当纂于此前。《记历年图后》述其初衷："光顷岁读史，患其文繁事广，不能得其纲要，又诸国分列，岁时先后，参差不齐，乃上采共和以来，下讫五代，略记国家兴衰大迹，集为五图。每图为五重，每重为六十行，每行纪一年之事。其年取一国为主，而以朱书他国元年缀于其下。盖欲指其元年，以推二、三、四、五，则从可知矣。凡一千八百年，命曰《历年图》。其书杂乱无法，聊以私便于讨论，不敢广布他人也。"此时司马光主要考虑的是旧史"文繁事广，不能得其纲要"，"诸国分列，岁时先后，参差不齐"，集为五图，用朱、墨两色文字，都是为了"聊以私便于讨论"。而且其起始之年为"共和"，并非战国"三家分晋"。最初编成的《历年图》五卷，起于周威烈王二十三年，止于宋朝建立前，是1362年间历朝大事记，提纲挈领。《历年图》可看作是司马光创作《资治通鉴》的提纲。

早在嘉祐年间（1056—1063年），司马光就曾对刘恕说："余欲托始于周威烈王命韩、魏、赵为诸侯，下讫五代，因丘明编年之体，仿荀悦简要之文，网罗众说，成一家言。"（转引自刘恕《通鉴外纪后叙》）到治平三年（1066年），司马光独自写成了一部八卷本的编年史，从战国写到秦二世，完成了前八卷内容。司马光将之命名为《通志》，于治平三年（1066年）进呈给宋英宗，内容从三家分晋写到秦二世三年（前207年）。宋英宗在看了之后十分欣赏，命令司马光继续编修历代君臣事迹，并且同意他自己选择助手，设立书局，允许他借用皇家藏书，还赏赐给他笔墨缯帛等。宋英宗决定将司马光编修史籍的工作转变为官方行为，由政府出资募员，司马光领衔，来完成一部讲述"历代君臣事迹"的史书。司马光决定将这项工作放在编撰《通志》的原计划基础上进行。这是这部编年体通史成为官修书之始。很多文献都说《资治通鉴》的编撰，前后历经19年（完成于宋神宗元丰七年，即1084年），就是把治平三年（1066年）作为编修的起始年来算的。这个算法其实也不确切。如前所述，这一年只能算这部书成为官修书的开端，事实上司马光的准备工作和早期编写工作早就开始了。

在得到宋英宗的支持之后，司马光开始挑选助手，强化编修程序。司马光将编修程序分为三步。第一步是将所有史料按年月汇集，称作"丛目"；第二步是在"丛目"基础上，将无益于治道的内容予以删削，也要对一事多说者进行辨析、提炼，称之为"长编"；第三步是在"长编"基础上删定成书。三位助手完成前两步工作，最终司马光亲自笔削定稿。

参与全书编纂者前后总共5人，即进书表末所列名单：检阅文字——司马康，同修——范祖禹、刘恕、刘攽，编集——司马光。同修三人，刘恕、刘攽先入局，刘攽负责汉，刘恕负责三国两晋南北朝至隋。熙宁三年范祖禹入局后，负责唐及五代，如司马康所云：

"此书(《资治通鉴》)成盖得人焉。《史记》、前后汉则刘贡父,三国历九朝而隋则刘道原,唐迄五代则范纯甫。"

治平四年(1067年)春,司马光完成了第一批定稿。这时候宋英宗已经去世了。宋神宗即位(1067年),所以这第一批定稿被进呈给了继任的宋神宗,并由司马光在经筵中为宋神宗讲解相关内容。在这部书里,编者总结出许多经验教训供统治者借鉴,宋神宗认为此书"鉴于往事,有资于治道",即以历史的得失作为鉴诫来加强统治,所以定名为《资治通鉴》,既是史家治史以资政的自觉意识增强的表现,也是封建帝王利用史学为政治服务的自觉意识增强的表现。

二、《资治通鉴》的内容及价值

1.《资治通鉴》的主要内容

《资治通鉴》是一部编年体的通史,《资治通鉴》所记内容,上起周威烈王二十三年(前403年),下迄后周显德六年(959年),前后共1362年。全书按朝代分为十六纪,即《周纪》5卷、《秦纪》3卷、《汉纪》60卷、《魏纪》10卷、《晋纪》40卷、《宋纪》16卷、《齐纪》10卷、《梁纪》22卷、《陈纪》10卷、《隋纪》8卷、《唐纪》81卷、《后梁纪》6卷、《后唐纪》8卷、《后晋纪》6卷、《后汉纪》4卷、《后周纪》5卷。

《资治通鉴》以时间为"纲",以事件为"目",纲举则目张,时索则事叙。它是司马光以为君亲政、贤明之道为出发点所编写成的一本巨著,所谓"删削冗长,举撮机要,专取国家盛衰,系生民休戚,善可为法,恶可为戒者,为编年一书,使先后有伦,精粗不杂。"在横跨中国16个朝代,一共1362年的历史中,详近略远,其中隋唐五代371年,篇幅约占全书40%,史料价值最高。

《资治通鉴》的内容以政治、军事和民族关系为主,兼及经济、文化和历史人物评价,目的是通过对事关国家盛衰、民族兴亡的统治阶级政策的描述警示后人。按时间先后叙次史事,往往用追叙和终言的手法说明史事的前因后果,容易使人得到系统而明晰的印象。它的内容以政治、军事的史实为主,借以展示历代君臣治乱、成败、安危之迹,作为历史的借鉴。它还叙述了各族人民的生活与斗争。

《资治通鉴》于叙事之后皆有附论,共186篇。其中"臣光曰"有102篇,其余84篇是各家评论,其中裴子野的论占了10篇,司马迁的论只有1篇。以篇数看来,《唐纪》所占篇幅最多(81卷),其次为《汉纪》(60卷)。《资治通鉴》具有强烈的正统立场,在分裂时代,如三国,魏有《纪》,蜀、吴无《纪》;南北朝时期,南朝有《纪》,北朝无《纪》;五代有《纪》,而十国无《纪》。又如《资治通鉴》载魏明帝太和五年："（诸葛）亮帅诸军入寇，围祁山，以木牛运。"对此朱熹曾表达他的不满曰："三国当以蜀汉为正，而温公乃云，某年某月'诸葛亮入寇'，是冠履倒置，何以示训？缘此遂欲起意成书。推此意，修正处极多。若成书，当亦不下通鉴许多文字。但恐精力不逮，未必能成耳。若度不能成，则须焚之。"

陈垣《通鉴胡注表微》曰："《通鉴》书法，不尽关褒贬，故不如《春秋》之严。温公谦不敢法《春秋》，而志在续《左氏传》，有所感触，亦仿左氏设辞'君子曰'而称'臣光曰'以发之。余则据事直书，使人随其实地之异而评其得失，以为鉴戒，非有一定不易之书法也。"[①]从今日来看，"臣光曰"充满封建色彩，黄盛雄将其归纳为"诚"与"礼"，"礼之纲纪"这个概念，可谓贯穿《资治通鉴》之核心。张须在《通鉴学》云："《春秋》之意，最重名分，名分所在，一字不能相假，封建之世，以此为纲维。名分既坏，则纲维以绝，政权崩溃，恒必由之。温公以此事兆东周之衰，与七国之分立，而又系论以见托始之意。"司马光本人的思想并没有跨越时代，故其论述没有太大价值。例如：司马炎因守三年之丧被司马光称赞是"不世之贤君"。事实上，司马炎在中国历史上并不能与唐太宗、汉武帝等相提并论。

2.《资治通鉴》的价值

（1）史学求"通"的思想和总结历史盛衰的意识

《资治通鉴》是一部"贯穿今古，上自晚周，下迄五代"的编年体通史。《通鉴》共294卷，记叙了从战国时期周威烈王二十三年（前403年）至周世宗显德六年（959年）的1362年的历史。《通鉴》是史学求"通"思想的一种发展。司马迁写的《史记》，是一家之言的"通古今之变"的创作。通变思想是《史记》的重要特色。司马光谈到他写《资治通鉴》的意图时说："每患迁、固以来，文字繁多，自布衣之士，读之不遍，况于人主，日有万机，何暇周览！臣常不自撰，欲删削冗长，举撮机要，专取关国家兴衰，系生民休戚，善可为法，恶可为戒者，为编年一书。"《资治通鉴》在探索政治兴衰上突出表现出史学求通的思想。

《资治通鉴》写历史盛衰变化，还有两点值得重视。一是在写政治变动、军事征战、边邻纷争的同时，注意叙述典章经制、学术文化、宗教和社会风尚的内容。胡三省说，《资治通鉴》"不特纪治乱之迹而已，至于礼乐、历数、天文、地理，尤致其详。"司马光把这些内容作为政治变动的相关因素和历史盛衰的组成部分。二是《资治通鉴》收录历代政治家、思想家有关历史盛衰议论的重要内容，这些论疏奏章反映了各个时代的人物对历史变动的见解。如汉代贾山、贾谊、晁错、董仲舒等，唐之陆赞等的议论文字在《资治通鉴》中占有较大的分量。这些又反映出《资治通鉴》求通的思想的开阔一面。

---

① 陈垣《通鉴胡注表微》，北京：商务印书馆，2001年。

(2)《资治通鉴》完善了编年史体例

《资治通鉴》以年为经,以事为纬,易于揭示同时期各个历史事件之间的内在联系。编年史在各种体裁中产生得最早,例如中国第一部史学专著《春秋》就是采用的编年体,它成书于公元前481年,不仅列中国史学专著之首,而且也是世界上最早的一部编年史专著。《春秋》记事过于简略,一般只有十几个字。司马光在编撰《资治通鉴》时,创新编写程序和方法,融会多种史学体例,发展了编年史体,出色地完成了完善编年体的工作。《资治通鉴》是一部卷帙浩繁的历史巨著,要做到网罗无遗、繁简得体,没有周密的考虑,不确定一套科学的编纂方法和步骤,就无法做到这一点。司马光和他的助手们在编撰《资治通鉴》的过程中,严格地按照制作丛目、编修长编、删改定稿三大步骤进行,这种创造性的编写活动有力地保证了全书的质量。

《资治通鉴》继承了编年体的优点,即脉络分明、语无重出、文字简洁、主线突出。同时,《资治通鉴》还吸收了纪传体的合理成分,为己所用。例如,它以纪传体的本纪为经,列传为纬,在时间本位与事件本位相矛盾时,不拘泥于“以事系日”,严格按照时间顺序逐条排列史事的程式,而采用以事件为线索组织材料的写法,又充分运用追叙、插叙、带叙、附叙之法交代人物、事件之本末,从而以系年为主,兼取诸体之长,进一步完善了编年体。例如,重大历史事件的发生必交代前因后果,同一事件的材料相当集中。这为编年体史书开辟了新纪元,为编年体史书的编写开创了新思路,从而促进了编年体史书的发展。

此外,司马光在编写《资治通鉴》的同时还围绕《资治通鉴》编写了一系列派生之书。在这些史书中,《历年图》可作为《资治通鉴》的年表和写作提纲看待;《通鉴释例》可作为《资治通鉴》的凡例或导言看待;《通鉴考异》可作为《资治通鉴》的注文兼资料补编看待;《通鉴目录》可作为《资治通鉴》的简编看待。它们联为一体,自成系统,互相阐发,互相补充,这是史书编纂体例上的一大创造,从而把我国编年体史籍的编纂推进到一个新水平。

(3)《资治通鉴》的文学特色和贡献

中国的史学家在文学修养上都是十分深厚的,例如班固就是写赋的高手。司马光当然也不例外,他不仅是北宋经学涑水学派的首领,而且在文学上主要是诗方面的造诣也很深,成果丰硕。正基于此,他编撰的《资治通鉴》是一部文学色彩十分浓厚的史学著作。善于叙事、长于剪裁、文字简洁、语言传神是《资治通鉴》的突出特色。例如赤壁之战是我国古代一次决定历史发展进程的大战役,事件本身错综复杂,而记载这次战役的历史文献又非常不集中,散见于范晔《后汉书》、陈寿《三国志》、习凿齿《汉晋春秋》、虞溥《江表传》、韦昭《吴书》、乐资《山阳公载记》等书之中,涉及人物有曹操、刘备、刘璋、刘焉、孙权、贾羽、程昱、诸葛亮、关羽、张飞、赵云、周瑜、鲁肃、张昭、黄盖等,我们即使将这些史料通读一遍乃至数遍，也未必能对赤壁之战有个完整、明晰的印象。司马光把涉及这场战争的全部史料集中起来，置于《资治通鉴》第六十五卷建安十三年十月这条之下，加以整理、穿插、剪裁、润色，仅用2000余字就完整地描述了赤壁之战的全过程，不仅把赤壁之战威武雄壮的场面写得有声有色，而且把众多的英雄人物也写得栩栩如生、跃然纸上，成为千古传诵的文学名篇。

《资治通鉴》虽然是史学著作，但读起来并不让人感到枯燥乏味，许多篇章写得生动感人，引人入胜。例如：写淝水之战胜利时的谢安亦颇具传神之笔。《资治通鉴》是这样描述的："谢安得驿书，知秦兵已败，时方与客围棋，摄书置床上，了无喜色，围棋如故。客问之，徐答曰：'小儿辈遂已破贼。'既罢，还内，过户限，不觉履齿之折。"淝水之战，晋以8万兵力抗击前秦80余万，形势危于累卵，人心惶惶是很自然的事。谢安位兼将相，身系一国安危，一言一行自然也为朝野所瞩目。因此，他不能不掩饰自己内心的忧虑，处之泰然，指挥若定，以稳定大局。《资治通鉴》通过对谢安的一系列表情、动作、语言的描述，将谢安初闻胜利，在客人面前喜不外露、镇定如常的统帅风度与客人走后情不自禁、欢喜若狂的情态淋漓尽致地表现了出来。

总之，无论从中国史学发展史来说，还是从当今吸取历史上治国理政的经验教训来说，《资治通鉴》都是不可替代的。正如司马光在《进资治通鉴表》中说："臣今骸骨癯瘁，目视昏近，齿牙无几，神识衰耗，目前所为，旋踵遗忘。臣之精力，尽于此书。"自宋朝以后，此书就不断受到推崇，便是由于此书可以"资治"，无论对于治国理政还是修身齐家，都具有重要的借鉴意义。

宋末元初胡三省评价此书："为人君而不知《通鉴》，则欲治而不知自治之源，恶乱而不知防乱之术；为人臣而不知《通鉴》，则上无以事君，下无以治民；为人子而不知《通鉴》，则谋身必至于辱先，做事不足以垂后。"清代学者王鸣盛说："此天地间必不可无之书，亦学者必不可不读之书也。"曾国藩《致某书》说得更加直接："窃以为先哲经世之书，莫善于司马温公《资治通鉴》，其论古皆折衷至当，开拓心胸；论事能窃物之理，执圣之权；又好叙兵事所以得失之由，脉络分明；又好详名公巨卿所以兴家败家之故，使士大夫怵然知戒，实六经以外不刊之典也。阁下若能读此书，将来出而任事，自有所持循而不至失坠。"

三、《资治通鉴》与"通鉴学"

1."通鉴学"的来历

通鉴学，是研究北宋史书《资治通鉴》的学问，属于中国史学史的一个分支。《资治通鉴》为北宋司马光及其助手等人共同编撰，是我国第一部编年体通史，集文学和史学成就于一身，是一部堪与《史记》相媲美的史书。因此，历代不少学者对其进行研究，以至于类似“史记学”，成为一门“通鉴学”。

最早采用“通鉴之学”说法的学者是元代历史学家胡三省。在他的经典著作之一《通鉴释文辩误》“后序”中，他提到：“盖温公之薨，公休以毁卒，《通鉴》之学，其家几于无传矣。”该说法指出通鉴之学原本只是司马氏的家学，并在司马光之子司马康去世后就“几于无传”。从现存文献来看，胡三省是最早将通鉴学研究标举为一种专门之学的人。不过，胡三省在这里还没有明确地界定通鉴学研究的具体内涵和研究范围；另一方面，针对通鉴学的研究也不是晚至胡三省的时代方才开始的。①

2.“通鉴学”的体系

通鉴学主要分两大体系：续书系和注补系。

续书系的李焘、毕沅、徐乾学等继承司马迁传统，依《资治通鉴》体例延续记载历史事件；注补系的胡三省、严衍等，他们在《资治通鉴》的基础上注解、补充、考异，这些都是对历史学发展有益的工作，有历史贡献。相比较而言，续书系的历史贡献更高，发扬司马光编年体记事的通史传统，他们对历史事件的记载有利于后世把握历史发展的脉络，便于把历史经验用于社会实践中，防止重新犯历史错误。

注补系中有的单纯从学术角度对待《资治通鉴》，最有创新的是袁枢，他以原著为基础，简略大事记，创建了《资治通鉴纪事本末》，把近300卷简编成40多卷，这是史学纪事本末体的建立；有的从注解方面对待《资治通鉴》，其中胡三省的注解最有影响；有的从补充方面对待《资治通鉴》，最著名的是严衍、谈允厚师徒等。另外，在《资治通鉴》原作的基础上，朱熹写过评述，并创作了《通鉴纲目》，也算是纲目体的建立。这些通鉴学分支在历史上发挥的作用迥异。袁枢的作品被宋孝宗称赞，对治国有些作用。李焘、毕沅、徐乾学的作品延续记载历史，对历史学的传承记载有重要作用，也能继承和发扬司马光的思想精神和学术传统，对治国兴邦有意义。胡三省的注解对保存历史记载和帮助阅读理解原著有重要作用，便于历史知识缺乏的初学者阅读学习。严衍师徒对原著补充了大量资料，严衍是《资治通鉴》迷，用他自己的话来说，在生气时看《资治通鉴》能变欢喜，能整天不吃饭看《资治通鉴》。

通鉴学在历史上也被统治阶级用来做宣传。司马光的《资治通鉴》被删改成《通鉴纲目》，以宣传正统为目的，不重视“生民之休戚”，1237年刊印《通鉴纲目》，1263年后刊印《朱子语类》都是对《资治通鉴》进行删改和批评。不真实为宣传，“阳崇之而阴摧之”的做法对治国安邦作用不大，也不利于学习历史经验，到明末也影响了严衍，他批评《资治通

① 傅骏《金元通鉴学之研究》，复旦大学博士学位论文，2007年。

鉴》的缺点，主张“严正统”等，都背离了司马光重“资治”和“生民休戚”的核心，对挽救国家危亡，让百姓安居乐业毫无用处。严衍的观点正体现了明末的政治舆论风气，就像当时重视虚名宣传，却不关心百姓，不重视人民的现实生活疾苦那样。

宋元明清时期，研究《资治通鉴》而卓然成一家之言者，以《资治通鉴音注》《通鉴地理通释》《资治通鉴补》等著作为代表。

《资治通鉴音注》的作者胡三省（1230—1302年），浙江台州宁海人。胡三省初作《通鉴释文辨误》12卷，纠正史炤《通鉴释文》之误，并在此基础上写成了《资治通鉴音注》。这部书虽然名为“音注”，其实注释的范围十分广泛，对《资治通鉴》所载典章制度、音韵、训诂，都能参考借鉴源流，详细注释，对官制、地理的考证尤为精详，堪称一部博大精深的学术著作。后人极力推崇胡三省及其《音注》，认为是“通鉴之功臣，史学之渊薮”。

《通鉴地理通释》的作者是王应麟。王应麟（1223—1296年），浙江鄞县人。《通鉴地理通释》14卷，是最早注释《资治通鉴》地理的注作。由于《资治通鉴》所载地名之沿革十分复杂，又兼险要厄塞之处措置得失，也是统治阶级所当借鉴的，有王氏之书各为条例，给研读《资治通鉴》者带来了很大的方便。

《资治通鉴补》的作者是严衍和谈云厚。严衍（1575—1645年），上海嘉定人。他精义理，通史学。谈云厚是严衍的学生。严衍与谈云厚用了30年的时间，为《资治通鉴》拾遗补阙，订正讹误，完成了《资治通鉴补》一书。对于此书，历来学者评价不一。比较公允的看法是，严氏师生治学严谨，他们用十七史等书同《资治通鉴》逐字逐句地进行比勘，订正了《资治通鉴》和胡注的许多谬误。要深入研究《资治通鉴》不可不阅读《资治通鉴补》。但严、谈二人不应随意对《资治通鉴》和胡注做删节，并变更《资治通鉴》的体例。另外，所补过多过乱，卷帙比《资治通鉴》多至四倍，被人讥为“膨胀《通鉴》”，而且所补资料多出自十七史，这样补遗，有失《资治通鉴》的本意。

严衍在世时，《资治通鉴补》只有抄本流传。清道光四年（1824年），张敦仁选择《资治通鉴补》中的改正、移置、存疑、备考、补注等部分，编成《通鉴补正略》，分上、中、下三册，付梓，始有版刻本。

民国以来，在《资治通鉴》的研究上出现了一些带总结性和开拓性的著作，这其中有崔万秋的《通鉴研究》、张须的《通鉴学》、陈垣的《通鉴胡注表微》等。

《通鉴研究》，1934年出版，是一部研究《资治通鉴》的总结性的著作。凡12节，对作者生平、著作、编辑动机、经过、同僚、姊妹篇、编次、蓝本参考材料、影响、评论、批判等各方面均有涉及。此书主要是总结介绍，间有己意。

《通鉴学》的作者是张须（1895—1986年），江苏淮阴市人。《通鉴学》，1947年出版。这是一本迄今为止唯一全面研究和介绍《资治通鉴》的著作。全书凡7章，在材料和考核的功夫上超过了崔万秋的《通鉴研究》。此书几乎把前人研究《资治通鉴》的成果收罗殆尽，而排比撰次又自成体系，是研究《资治通鉴》时不可不读之书。

《通鉴胡注表微》的作者是陈垣(1880—1971年)，广东新会人。此书是陈垣先生抗日战争时期在沦陷的北平所写，书成于1945年。全书共20篇，前10篇言史法，后10篇言史事。《通鉴胡注表微》的价值有两个方面：第一，对胡三省的生平、抱负、学术思想、治学精神等各个方面做了详尽的、全面的研究。在此之前，胡三省这样一位爱国史学家长期被埋没，《宋史》《元史》中均无其传。清代，顾炎武、钱大昕、赵绍祖等人钻研过他的《资治通鉴音注》，但是只认为他是一位擅长地理的考据家。陈垣先生对《资治通鉴音注》做了深入、细致的研究，发掘出胡氏隐藏在文字里的思想，这个思想就是强烈的民族气节和爱国主义热情，从而纠正了明清以来《资治通鉴》研究之失。第二，表述了作者自己的思想。一类是关于做学问的，做学问贵在实事求是，而实事求是非经考证不可。陈垣先生写《通鉴胡注表微》，征引书目凡256种，用胡注750余条，可见其用力之勤奋、征摭之审慎。另一类是表达自己爱国思想的。他在当时险恶的环境下，利用中国史学的传统语句，巧妙地征引经传，熟练地运用史事，表明了《资治通鉴音注》隐微的思想，也表明了自己的爱国之心、报国之心。

新中国成立以来最为重大的出版工程之一是20世纪50年代开始的对《资治通鉴》做的标点、分段、校勘工作。这部由中华书局出版的《资治通鉴》点校本，把宋、元、明各本的长处汇集在一起，是《资治通鉴》最好的版本，它推动了对《资治通鉴》进一步深入的研究。许多专著和论文相继发表出版，其中有冯惠民的《司马光和资治通鉴》、柴德赓的《〈资治通鉴〉介绍》。1984年《资治通鉴》问世900周年，1986年司马光逝世900周年，海峡两岸都举行了纪念活动，出版了《〈资治通鉴〉丛论》《司马光与〈资治通鉴〉》《纪念司马光与王安石逝世九百年学术研讨会论文集》(台湾出版)等。

近年来出版的相关学术著作，有吴玉贵的《〈资治通鉴〉疑年录》，这是一部专攻《资治通鉴》记事时间之失的学术著作。另外，在宋衍申先后完成的《司马光传》与《司马光评传》中，有相当篇幅是介绍《资治通鉴》的。给《资治通鉴》作新注较早的有瞿蜕园的《通鉴选》和王仲荦的《资治通鉴选》，后者收于郑天庭主编的中国史学名著之中。稍后有陈光崇、顾奎相选注的《资治通鉴选读》。近年有关《资治通鉴》的译注作品频出，对于《资治通鉴》的普及是个有力的推动。①

① 韩勇《司马光与〈资治通鉴〉》，山东大学硕士学位论文，2008年。

第三章 子学

第一节 子学概说

一、“子”与“子学”

先秦诸子本为士人，在西周是不能称子的。周初分封，爵位分为五等：公、侯、伯、子、男。士大夫虽贵，但不能称子。东周以降，周王室衰微，政权下移，各国执政之卿始称子。春秋战国时期，学流民间，士人地位日渐提升，其中的优异者脱颖而出，于是，凡有道德、学问、爵位的人，均可称为子。由此引申，“子”也是古人对老师的尊称。如《论语·公冶长》中“愿闻子之志”，是弟子称师为“子”。再如《公羊传》中子沈子、子司马子、子北宫子之类，皆是弟子称其授业老师。“子”亦为古代男子的尊称。

春秋战国之际，学术思想活跃，学者各持学说，各有撰述，以为济世之用。然而，当时诸子之撰述未必尽出于己手，往往由门人弟子祖述其说，缀辑以成书。门人弟子成书以后，尊师为子，如《老子》《庄子》《孟子》《管子》等，后世儒学、道家别立，脱离子学。

汉成帝时，刘向与其子刘歆校书，总天下图书为《七略》，其中将诸子所著之书归为“诸子略”，班固《汉书·艺文志》沿袭。自此以后，子书开始独立。凡著书立说，自成一家之言者，统称“子书”；研究阐释子书的学问，遂被统称为“子学”，又称“诸子学”。

二、“子”与经史集的关系

汉成帝时，经学家、目录学家刘向受诏校理经传、诸子、诗赋，写成了被称为中国目录学之祖的著作《别录》。后来，其子刘歆据此序录删繁就简，编成《七略》：曰辑略，曰六艺略，曰诸子略，曰诗赋略，曰兵书略，曰数术略，曰方技略。此时，子书归入诸子略，开始独立为一门类。班固其后撰《汉书·艺文志》，除了删除了《辑略》之外，其余均沿袭了刘歆的体例。

魏晋时期，产生了四部分类法。初始名为甲、乙、丙、丁四部。《隋书·经籍志》记载：“魏秘书郎郑默始制《中经》，秘书监荀勖又因《中经》更著《新簿》，分为四部，总括群书。一曰甲部，纪六艺及小学等书，二曰乙部，有古诸子家，近世子家、兵书、术数；三曰丙部，有史记、旧事、《皇览簿》、杂事；四曰丁部，有诗赋、图赞、《汲冢书》。大凡四部，合二万九千九百四十五卷。”荀勖的《中经新簿》是中国古代图书四部分类之滥觞。总体而言，甲部记儒家经典，乙部记子书，丙部记史书，丁部记诗赋，其次序是“经子史集”。东晋初年，李充编《晋元帝四部书目》，因袭甲乙丙丁四部，而乙、丙两部内容互换，次序即今天所云“经史子集”。唐初，《隋书·经籍志》分类时废弃甲、乙、丙、丁之称，直接以经、史、子、集标明四部。从此以后，以经史子集为名称的四部分类法完全定型。后代史书，十之八九都沿袭了经史子集的四部分类法。

子书与经书、史书、集部书并列，是中国古代文献的重要组成部分。

三、诸子源流

班固据刘歆《七略》撰《汉书·艺文志》，标列“诸子略”。在其中，对诸子的起源做了概述：“儒家者流，盖出于司徒之官”；“道家者流，盖出于史官”；“阴阳家者流，盖出于羲和之官”；“法家者流，盖出于理官”；“名家者流，盖出于礼官”；“墨家者流，盖出于清庙之守”；“纵横家者流，盖出于行人之官”“杂家者流，盖出于议官”；“农家者流，盖出于农稷之官”；“小说家者流，盖出于稗官”。显然，刘歆、班固认为，先秦诸子各流派皆渊源于某一王官之学，有一定的道理，但揆之复杂的历史实际，拘泥于某一学派必出于某一官学，未免生硬牵强，恐难与史实完全吻合。

有鉴于此，清人章学诚提出了诸子源于“六经”之说。《文史通义·诗教上》云：“诸子之为书，其持之有故，而言之成理者，必有得于道体之一端，而后乃能恣肆其说，以成一家之言也。所谓一端者，无非六艺之所该，故推之而皆得其所本，非谓诸子果能服六艺之教，而出辞必衷于是也。《老子》说本阴阳，《庄》《列》寓言假象，《易》教也。邹衍侈言天地，关尹推衍五行，《书》教也。管、商法制，义存政典，《礼》教也。申、韩刑名，旨归赏罚，《春秋》教也。其他杨、墨、尹文之言，苏、张、孙、吴之术，辨其源委，挹其旨趣，九流之所分部，《七录》之所叙论，皆于物曲人官，得其一致，而不自知为六典之遗也。”

其实，诸子源出六经，《汉书·艺文志》已肇其端。“诸子略”在总述九流十家时，有这样一段话：“今异家者各推所长，穷知究虑，以明其指，虽有蔽短，合其要归，亦六经之支与流裔。”颜师古注云：“其于六经，如水之下流，衣之末裔。”可见，班固等在探究诸子源流时既认为其皆出于王官之学，又指出其皆为六经之余绪。先是，学在王官，官师合一；后来，王官失守，学流民间，官师开始分离。在这种情况下，孔子、墨子等才有可能绛帐授徒，整理原来由官府执掌的典籍，并以之教化庶民，从而开宗立派。当然，开宗立派的目的也是相当明确的：都是为救济时弊而应时创设。各家多从不同立场出发采取不同的救世方略，各立一中心学说，并辅之以他说。因此，诸子各家的关系，往往是你中有我，我中有你，只是主次方略不同而已。故《汉书·艺文志》云诸子“皆起于王道既微，诸侯力政，时君世主，好恶殊方，是以九家之术蜂出并作，各引一端，崇其所善，以此驰说，取合诸侯”。经后学辗转传承，有的磨合归一，有的由微而显，由小而大，甚至互为水火，不能相容，百家争鸣的局面也由此产生了。

《汉书·艺文志》“诸子略”对先秦诸子流派分类甚明：儒家、道家、阴阳家、法家、名家、墨家、纵横家、杂家、农家和小说家，共“诸子十家”。简述如下：

儒家崇奉孔子学说，崇尚“礼乐”和“仁义”，提倡“忠恕”和“中庸”之道。主张“德治”与“仁政”，重视伦常关系。西汉以后，儒家逐渐成为我国封建社会占统治地位的学派。《汉书·艺文志》云，儒家乃“助人君顺阴阳、明教化者也。游文于六经之中，留意于仁义之际，祖述尧舜，宪章文武，宗师仲尼，以重其言，于道最为高”。需要注意的是，儒家本为先秦诸子中的一员，汉代儒学独尊，地位提升，儒家的地位才渐居于其他诸子之上。

道家以老子、庄子为代表，思想崇尚自然，有辩证法的因素和无神论的倾向，主张清静无为，反对斗争。《汉书·艺文志》云，道家“历记成败存亡祸福古今之道，然后知秉要执本，清虚以自守，卑弱以自持，此君人南面之术也。……放者为之，则欲绝去礼学，兼弃仁义，曰独任清虚可以为治”。

阴阳家代表人物有邹衍等，提倡阴阳五行说。阴阳说和五行说本来是春秋、战国之际具有朴素唯物主义因素的两种流行思想。以邹衍为首的阴阳家，认为人类社会的发展也受水、火、木、金、土五种势力的支配，提出“五德终始”和“五德转移”说，用以论证社会历史的变革和王朝的更替，有唯心主义的历史循环论色彩。《汉书·艺文志》评阴阳家“敬顺昊天，历象日月星辰，敬授民时，此其所长也。及拘者为之，则牵于禁忌，泥于小数，舍人事而任鬼神”。

法家起源于春秋时的管仲、子产，发展于战国时的李悝、商鞅、申不害、慎到等人，战国末韩非集法家学说的大成，主张以法治代替礼治，反对贵族特权。《汉书·艺文志》云法家“信赏必罚，以辅礼制。……及刻者为之，则无教化，去仁爱，专任刑法而欲以致治，至于残害至亲，伤恩薄厚”。

名家以正名辨义为主，主要代表为邓析、惠施、公孙龙等。《汉书·艺文志》云：“古者名位不同，礼亦异数。孔子曰：‘必也正名乎！名不正则言不顺，言不顺则事不成。’此其所长也。”

墨家是战国初年墨翟所创立的学派。后学有相里氏、相夫氏、邓陵氏等。墨家是一个纪律严密的学术团体，其首领称“巨子”，其成员到各国为官必须推行墨家主张，所得俸禄亦须向团体奉献。主张人与人平等相爱（兼爱），反对侵略战争（非攻）。但是相信有鬼（明鬼），相信天的意志（天志）。《汉书·艺文志》云：“茅屋采椽，是以贵俭；养三老五更，是以兼爱；选士大射，是以上贤；宗祀严父，是以右鬼；顺四时而行，是以非命；以孝视天下，是以上同：此其所长也。及蔽者为之，见俭之利，因以非礼，推兼爱之意，而不知别亲疏。”

纵横家是以苏秦、张仪为代表的一个流派。战国时期一批从事政治活动的谋士，以审察时势、陈明利害的方法，以“合纵”或“连横”的主张，游说列国君主，对当时的形势有一定影响。苏秦主张合纵，合山东六国之力以抗秦。张仪主张连横，说六国以事秦。当时谋士一般分属合纵、连横两派。后称凭辩才进行政治活动者为“纵横家”。《汉书·艺文志》云：“当权事制宜，受命而不受辞。此其所长也。及邪人为之，则上诈谖而弃其信。”

杂家为战国末至汉初折衷和糅合各派学说的学派。《汉书·艺文志》云杂家“兼儒、墨，合名、法，知国体之有此，见王治之无不贯，此其所长也。及荡者为之，则漫羡而无所归心”。

农家是战国时期反映农业生产和农民思想的学术派别。农家主张劝耕桑，以足衣食。《汉书·艺文志》云农家，“播百谷，劝耕桑，以足衣食，故八政一曰食，二曰货。孔子曰‘所重民食’，此其所长也。及鄙者为之，以为无所事圣王，欲使君臣并耕，悖上下之序”。

小说家乃采集民间传说议论，借以考察民情风俗的流派。《汉书·艺文志》云：“街谈巷语，道听涂说者之所造也。孔子曰：‘虽小道，必有可观者焉，致远恐泥，是以君子弗为也。’然亦弗灭也。闾里小知者之所及，亦使缀而不忘。如或一言可采，此亦刍荛狂夫之议也。”

十家中小说家属于艺文，除去不算，称为九流，故云“九流十家”。

需要特别说明的是，诸子的流变情况较为复杂，或因流传著作很少，或因著作散佚，或因流派渐趋消亡，后世诸子有损益变动。清代官修《四库全书》子部下含：儒家、兵家、法家、农家、医家、天文算法、数术、艺术、谱录、杂家、类书、小说家、释家、道家等类，由此可见，诸子增减变动颇多，也颇为复杂。

据此，本章我们将选取墨家、兵家、法家、纵横家、阴阳家加以详细介绍，儒家、道家、释家等别立章节。又考虑到中国中医文化的发达，本章将后世增入的医家别立一节。

第二节　墨家

一、墨家概说

墨家是战国时期的重要学派，创始人为战国初期的墨子。他初习儒学，后自创墨家学派。《淮南子·要略》说："墨子学儒者之业，受孔子之术，以为其礼烦扰而不说，厚葬靡财而贫民，久服伤生而害事，故背周道而用夏政。"墨子提出自己的主张："国家昏乱，则语之尚贤、尚同；国家贫，则语之节用、节葬；国家熹音湛湎，则语之非乐、非命；国家淫僻无礼，则语之尊天、事鬼；国家务夺侵陵，则语之兼爱、非攻。"墨子的信徒有严密的组织，且不畏劳苦艰险，不务空谈，严守纪律，死不旋踵，宗教色彩颇浓。战国时期墨家影响甚巨，后来"墨离为三"，三派各立门户，招徒授业，代代相传，基本上继承了墨子的唯物思想，在认识论、逻辑学和自然科学研究上有一定贡献。墨家的代表著作是《墨子》。西汉后，墨学不为统治者所容，甚至被看成一种危险思想，由此逐渐衰微。

二、墨子的思想

墨子（前468？—前376），名翟，鲁国人（一说宋国人），是我国战国时期著名的思想家、教育家，墨家学派的创始人。墨子出身卑微，可能从事过手工业生产，生活俭朴，量腹而食，度身而衣。青年时期曾学习儒学，为孔门弟子，后因不满儒家的繁缛礼节、厚葬靡财等，从而背离儒学，开始倡导一系列与儒学对抗的思想学说，收徒讲学并身体力行，形成了独立的墨家学派，当时影响很大，与儒家并称"显学"。

墨子的哲学思想主要包含：

其一，兼爱非攻。兼爱包含平等与博爱；非攻即反对诸侯国之间的侵略战争。墨子要求君臣、父子、兄弟都要在平等的基础上相互友爱，"爱人若爱其身"，并认为社会上出现强执弱、富侮贫、贵傲贱的现象，是因天下人不相爱所致。

其二，尚同尚贤。尚同是要求百姓与天子皆上同于天志，上下一心，实行义政。尚贤则包括选举贤者为官吏，选举贤者为天子国君。墨子认为，国君必须选举国中贤者，而百姓理应在公共行政上对国君有所服从。墨子要求上面了解下情，因为只有这样才能赏善罚暴。墨子要求君上能尚贤使能，即任用贤者而废抑不肖者。墨子把尚贤看得很重，以为是政事之本。他特别反对君主用骨肉之亲，对于贤者则不拘出身，提出“官无常贵而民无终贱”的主张。

其三，节用节葬。墨家抨击君主、贵族的奢侈浪费，反对儒家看重的久丧厚葬之俗。认为君主、贵族都应像古代的大禹一样，过着清廉俭朴的生活。墨子要求墨家信徒在这方面也能身体力行。

其四，天志明鬼。宣扬天志鬼神是墨子思想的一大特点。墨子认为天之有志——兼爱天下之百姓。因“人不分幼长贵贱，皆天之臣也”，“天之爱民之厚”，君主若违天意就要受天之罚，反之，则会得天之赏。墨子不仅坚信有鬼神，而且尤其认为它们对于人间君主或贵族会赏善罚暴。墨子宗教哲学中的天赋人权与制约君主的思想，是墨子哲学中的一大亮点。

墨子的思想在战国时代十分盛行，门人弟子遍布天下，影响很大。

墨子以其务实的淑世理想、高越的人格情操、丰富的思想内容、完善的教材设计，形成了一个极其严密而充满宗教精神的团体，深深吸引了无数百姓与知识分子。也因为这个团体的切实践履态度，参加各小国反战保卫的活动，协助农耕及军事防御建设，左右墨氏之徒在各国的施政措施，在在显示出墨家势力的庞大。

但在墨子死后，墨家团体无法出现德望、学识真正有领袖之风的“巨子”，而且墨氏思想与主政者的权力与利益有所抵触，受到政治势力的排挤，而其在哲学理论的建构上也不乏矛盾之处，更遭遇其他学派的挑战，后期墨家各学派也彼此不服，是以在汉武独尊儒术以后，墨学便失去了学术上的传承。

在这样一种颓势中，墨学重名实辨的思考与科学研究的热情，在一片强调伦理道德、法治武功的学术市场上便失去了一席之地。值得安慰的是，墨子精神在民间得到发展，游侠的侠义作风与方士的炼丹多少受到墨子学说的启发。

《墨子》今存53篇，内容丰富多样，体例和成书时间不一，文章朴实无华，不加藻饰，但说理透彻，讲究逻辑。墨子的哲学思想中的合理因素为后来的唯物主义思想家所继承和发展，在中国哲学史上产生过重大影响。

三、墨家与游侠

墨家与游侠的生长和发展有着密切的关系。

从理论上讲，首先，墨家对武侠现象进行了观察和研究，提出了完整的“任侠”观念和理论主张。《墨子·经上》曰：“任，士损己而益所为也。”注曰：“谓任侠。”这里墨子提出了一个重要的观念——任侠。墨子认为，任侠者出身于士阶层，武侠是士的一部分，这是指侠的社会性质。墨子还精粹地概括了任侠精神的实质和内核——损己而益所为，也就是损己利人。接着，在《墨子·经说上》中，墨子进一步阐述了任侠精神的实践方式："任，为身之所恶以成人之所急。"也就是要不顾一切地去扶危救困，为人解难。这正是侠的行为准则。墨子对刚出现的武侠现象十分关注，并及时地对侠义精神与侠义行为做了系统的阐述，论证它们是合理的、正当的，这无疑给初生的尚在用生命和鲜血去探索行动宗旨的武侠提供了所急需的精神武器。在中国学术史上，一个文人的理论学派能够直接对活跃于民间的武侠阶层进行理论指导的，尚不多见。

从实践上讲，墨家成员有确定的政治原则和行动纲领，他们有为天下兴利除害的坚定信念，也正因为有兼爱天下的救世情怀，才敢于赴火蹈刃，死不旋踵；他们在生活中也才能严格做到"日夜不休，以自苦为极"，反对私斗与所谓恶勇。

墨子死后，后期墨家分裂成许多派别，而这些派别的共同点是：都研读《墨经》，并认之为发展思想的主要依据，基本上分成两派：一是从自然科学、逻辑思辨的法则与认识论问题着手，主张人的认识能力是获得知识的工具，但必须透过感官与思维作用获得，而真伪的标准，只有透过客观的自然世界或人类社会现况的验证才能取得。另外一派是发展墨子的宗教理念，他们试图在现实政治权力无法取得或予以保护的情况下，仍能奉行墨子平等兼爱的社会理想，通过种种任侠行为实现理想，因而发展成劫富济贫的游侠之路。

第三节　兵家

一、兵家概说

春秋战国时代，诸侯之间战争频仍，一些智谋之士为总结军事方面的经验教训，探索制胜的规律，著书立说以阐发其军事思想，人们将这一类人称为兵家，将其著作称为兵书。《汉书·艺文志》称："兵家者，盖出古司马之职，王官之武备也。"其代表人物有孙武、吴起、孙膑、尉缭、公孙鞅、赵奢、白起、韩信等等，代表著作主要有《孙子兵法》《吴子》《司马法》《孙膑兵法》《尉缭》等。兵家思想集中体现了中国古人对战争的态度和认识。兵家思想在现代战争、管理等方面仍有广泛的运用。

二、孙子与《孙子兵法》

孙武（前545？—前470？），春秋时齐国人，善用兵，以《兵法》十三篇见吴王阖闾，受任为将，领兵打仗，战无不胜，与伍子胥率吴军破楚，五战五捷，率兵3万打败60万楚国大军，攻入楚国郢都。北威齐晋，南服越人，显名诸侯。被后人尊称为孙子、孙武子、兵圣、百世兵家之师、东方兵学的鼻祖。《孙子兵法》又称《孙子》，是他总结当世和过去的战争经验写成的，是中国现存的最早的兵书。

该书现存《始计》《作战》《谋攻》《军形》《兵势》《虚实》《军争》《九变》《行军》《地形》《九地》《火攻》《用间》13篇，共6000多字。

前3篇阐述战略运筹。《始计篇》讲的是庙算，即出兵前在庙堂上比较敌我的各种条件，估算战事胜负的可能性，并制订作战计划。此篇可视为孙子卓越军事思想的高度浓缩和精辟概括，它从宏观上对决定战争胜负的政治、军事等各项基本条件进行比较、分析和研究，并对战争的发展进程和最终结局进行预测，尤其强调用兵前的周密谋划对战争胜负的决定作用。《作战篇》讲的是庙算后的战争动员及取用于敌，胜敌益强。"作战"这里不是指战争，而是指战争前的准备和筹划。本篇继《始计篇》之后，在"慎战"思想的指导下，着重分析了战争与经济的关系，战争依赖于经济，但会对经济造成一定程度的破坏。《谋攻篇》讲的是以智谋攻城，即不专用武力，而是采用各种手段使守敌投降。

第4至6篇讨论作战指挥。《军形篇》讲的是具有客观、稳定、易见等性质的因素，如战斗力的强弱、战争的物质准备。《兵势篇》讲的是指主观、易变、带有偶然性的因素，如兵力的配置、士气的勇怯。《虚实篇》讲的是如何通过分散集结、包围迂回，造成预定会战地点上的我强敌劣，以多胜少。

第7至9篇谈战场机变。《军争篇》讲的是如何“以迂为直”“以患为利”，夺取会战的先机之利。《九变篇》讲的是将军根据不同情况采取不同的战略战术。《行军篇》讲的是如何在行军中宿营和观察敌情。

第10、11篇讨论军事地理。《地形篇》讲的是6种不同的作战地形及相应的战术要求。《九地篇》讲的是依“主客”形势和深入敌方的程度等划分的9种作战环境及相应的战术要求。

第12、13篇谈特殊战法。《火攻篇》讲的是以火助攻。《用间篇》讲的是5种间谍的配合使用。

《孙子兵法》广博精深，体系完整，论述了战争与政治、经济、自然条件的关系，揭示出战争的一些重要规律和取胜的原则、条件与策略，并认为战争中的敌我、众寡、强弱、虚实、攻守、进退等矛盾双方是互相依存、互相转化的，强调充分发挥人的主观能动性，促进矛盾的转化等等，包含朴素的唯物论与辩证法思想。这些军事思想至今还有重要的参考价值，后代的很多将领用兵都受到了该书的影响。

在后代流传中，曾有学者质疑《孙子兵法》为删减本、伪书，甚至认为孙子即孙膑，《孙子兵法》即《孙膑兵法》。1972年，在山东临沂市银雀山发现了两座西汉墓葬，墓中出土了《孙子兵法》和《孙膑兵法》，证实《孙子兵法》未遭删减，并非伪书，孙子、孙膑也确为二人。

三、孙膑与《孙膑兵法》

孙膑，生卒年不详，战国时期齐国人。据说为孙武后代，曾和庞涓一起师从鬼谷子学习兵法。庞涓辅佐魏惠王，派人请孙膑到魏国，却妒忌孙膑的才干，陷害孙膑，施以膑刑（挖掉膝盖骨）。后孙膑逃离魏国，到了齐国，被齐威王重用，为将军田忌的军师，设奇计大败魏军，并射死庞涓。

《孙膑兵法》又名《齐孙子》，系与《孙子兵法》区别之故。《汉书·艺文志》称“八十九篇，图四卷”，但自《隋书·经籍志》始，便不见于历代著录，大约在东汉末年便已失传。1972年，临沂银雀山汉墓竹简出土，这部古兵法始重见天日，但残缺不全，损坏严重。经整理考证，文物出版社于1975年出版了竹简本《孙膑兵法》，共收竹简364枚，分上、下编，各15篇。学术界一般认为，上编系在孙膑著述和言论的基础上经弟子辑录、整理而成；下编内容虽与上篇内容相类，但也存在着编撰体例上的不同，是否为孙膑及其弟子所著存疑。1985年，文物出版社出版的《银雀山汉墓竹简（壹）》中，收入《孙膑兵法》凡16篇，系原上编诸篇加下编中的《五教法》而成，其篇目依次为：《擒庞涓》《见威王》《威王问》《陈忌问垒》《篡卒》《月战》《八阵》《地葆》《势备》《兵情》《行篡》《杀士》《延气》《官一》《五教法》《强兵》。

孙膑在继承孙子、吴起等人的军事思想的基础上，又有了新的发展。举其大端，如下：

其一，孙膑在《威王问》中阐述了战争是政治斗争工具的战争观。他明确地说，战争是先王传布"道"的政治工具，进行战争一定要合于"义"，"战而无义，天下无能固且强者"。先王要"责仁义，式礼乐，垂衣裳，以禁争夺"，为社会创造和平的生活环境，但是，依靠空口说教办不到，所以才"举兵绳之"，用战争的手段禁止争夺。然而，对待战争"不可不察"，要慎之又慎。喜好战争的国家一定灭亡，贪图胜利的人一定受辱。孙膑的战争观显然比《司马法》所说的"以战止战"的思想更加深刻。

在《强兵》篇，孙膑又进一步提出，要想强兵，当务之急在于富国，明确揭示了战争对于经济的依赖关系，在理论上发展了孙武所提出的"取用于国，因粮于敌"的论题。

其二，发展了孙武"任势"的军事理论，明确提出了"因势而利导之"的作战原则。势是战争态势，是敌我双方军事实力（包括兵力、武器装备、军事物资等）的布局。孙武提出了"任势"，即驾驭战争态势的思想。孙膑则在此基础上，提出创造和争取有利作战态势的各种原则。他在《威王问》中说："势者，所以令士必斗也"，而士斗应当在创造优势的条件下进行。在应付"敌众我寡，敌强我弱"的战争态势时，孙膑提出要"让威"，即避开敌人的锋芒，隐蔽好后续部队，以便使我军能随时转移。孙膑还注意利用各种地形创造有利的态势。他在《官一》篇说："易（地形平坦）则多其车，险（地势险阻）则多其骑，厄（山陵狭谷地带）则多其弩。"自己要抢占有利地势，攻敌于不利地势。总之，孙膑主张把握有利战机，利用一切可能的条件，创造有利于我、不利于敌的态势，以争取战争的胜利。

其三，孙膑指出了人在战争中的重要作用。他在《月战》篇中说："间于天地之间，莫贵于人"，这是人文思想的重要表现。从人文主义的论题出发，孙膑与孟子一样，也提出决定战争胜负的三要素是天时、地利、人和。他说："天时、地利、人和三者不得，虽胜有殃"；"得众者，胜"，"不得众者，不胜"。

其四，丰富和发展了春秋以来的阵法，是孙膑在军事学上的另一重要贡献。春秋时，由于盛行以车兵为主的方阵作战，阵法大多以"三阵"和"五阵"为主。战国时，由于形成以步兵为主，车、骑兵为羽翼的多兵种协同作战，又出现了大规模的野战和围城战，所以军阵的阵法更加复杂化了。孙膑在《官一》篇中，分析了10多种阵法，诸如：索阵，用来进剿敌人；囚逆阵，用来疲惫敌人；危□阵，严兵以临敌；云阵，以弓弩与敌对射；羸渭阵，围困敌人；阖燧阵，用来消灭敌军前锋；皮傅阵，用来强攻救援；错行阵，声张军威；刲阵，攻击高陵之敌;雁行阵,适合摆在蜿蜒曲折而多荆棘的路上;锥行之阵,适于火烧敌人的辎重粮草及接应的战车。这不啻为春秋以来的军阵阵法的一次总结。孙膑还概括出一套使用八阵作战的理论,"用阵三分,每阵有锋,每锋有后,皆待令而动。斗一守二,以一侵敌,以二收"。这就是说,用八阵作战,可以把兵力分为主力、先锋、后续部队三支。作战时只以三分之一的兵力接敌,而以其他三分之二作为机动兵力蓄劲待敌。如果敌人弱而乱,就用精锐的部队击溃它;如果敌人强而严整,就用老弱士卒去引诱,待其兵力分散以后再行进攻。孙膑对于运用八阵作战的说明是经典式的说明,这可以使我们从中了解古代军阵作战的奥秘。

此外,孙膑在一系列战略战术上也提出了不少有价值的指导原则,不再赘述。总之,《孙膑兵法》是战国时期战争实践的理论总结,继承了前辈军事家的优秀成果,又对这些成果进行了发挥创造,在我国的军事思想史上占有重要地位。

第四节　法家

一、法家概说

法家是战国时期的重要学派，代表人物为春秋时期的管仲、子产和战国时期的李悝、商鞅、慎到、申不害、韩非等。《汉书·艺文志》说："法家者流，盖出于理官，信赏必罚，以辅礼制。"实际上，法家有法、术、势三派，其思想存在一定差异。以商鞅、李悝为代表的法令派，注重法令的制定和执行，并推行积极的改革政策；以申不害为代表的重权术的一派，着重研究君主如何驾驭臣子的方法；而以慎到为代表的重权势的一派，主要探讨如何增强君主的权势，以使法术有效实现。战国末期的韩非子是法家的集大成者。他提出了一系列法家思想理论，融合儒、道思想以进一步加强中央集权。法家的代表性著作是《商子》《韩非子》。在战国时期，法家思想在推动社会变革、促进生产力发展、推动秦朝这个统一的封建国家的建立等方面，有积极的作用。但法家思想也有消极的一面，"专任刑法而欲致治"，忽略对社会的教化和引导，为封建统治者奴役百姓的残酷统治张目。

二、商鞅与《商君书》

商鞅（前390？—前358），战国时卫人，又称卫鞅、公孙鞅，卫国国君的后裔。后入秦，先任左庶长，后任大良造，先后两次在秦实行变法，以富国强兵为目标，改革旧的政治经济制度，顺应了历史发展的要求。秦行商君法而富强。秦孝公奖其功劳，封之于商，号为商君，史称商鞅。他"少好刑名之学"，吸取早期法家李悝、吴起的变法思想理论，成为先秦时期法家思想的重要奠基人之一。

《商君书》又称《商子》，原有29篇，今存24篇，是记录商鞅政治思想的著作，由商鞅以后的法家编撰，约成书于秦昭襄王时期。

《商君书》阐述商鞅的法治思想。其中提出"不法古，不修今"，强调变法的必要性；又提出"法任而国治也"，把以法治国作为秦国的基本国策。他认为，礼制、法度要随着时代而制定，命令要符合实际的需要。所以，治理人民，并非只有一种方法；为国家谋利益，不必效法古人，只有变法革新，才能使国家富强兴盛。

《商君书》还表现了商鞅的重农思想。在当时的社会历史条件下，具有一定进步意义。商鞅主张通过发展农业而使国家致富。“国待农战而安，主待农战而尊。”“治国之要”，是“令民归心于农”(《商君书·农战》)，因为农业发展了，国家才能富裕。为此，他改革旧的土地制度，在全国实行统一的赋税制度，使税负趋于均平。君主用统一的税法征收，百官就不敢作弊。“訾粟而税，则上一而民平，上一则信，信则臣不敢为邪”(《商君书·垦令》)。为了推行重农抑商的政策，以利农业的发展，他提出了区别对待的赋税政策。对农业税做到轻征；而对农业以外的税收，则实行重征，特别要“重关市之赋”，重征商人。这样，就可以避免农民弃农经商，商人也愿归农。务农的人多，土地就都利用起来了。在国家与人民的分配关系上，商鞅主张富国，这同儒家主张藏富于民相反。他说：“民弱国强，民强国弱。故有道之国，务在弱民。”(《商君书·弱民》)在商鞅看来，人民穷困会努力求富，而富了之后，就会奢侈，产生弊害，不听命于朝廷，所以朝廷应规定富人捐粮食换取爵位，使他们由富变贫。国家富足，百姓也容易治理。商鞅还主张通过赋税政策限制消费，以减少粮食的浪费和防止官民因荒淫醉饱而废弛公务；还主张对那些俸禄多而造成国家税收多的贵族家庭，按他们吃饭的人数征收赋税并加重其徭役负担，以减少邪僻放荡、游手好闲的人员。这两个方面实际上是限制无功受禄的贵族挥霍，而使国家财政增收节支的措施。也正因为商鞅触犯了贵族阶层的利益，所以秦孝公死后，他受到车裂之祸。

三、韩非与《韩非子》

韩非(前208？—前233)，战国末期哲学家，法家的主要代表。战国时期韩国人，出身于贵族世家，师从荀子，把荀子的著作传到秦国，得到秦王嬴政的赞赏。后为秦臣李斯、姚贾所妒忌，陷害下狱，被迫自杀。韩非虽师从荀子，思想观念却与荀子大不相同。他“喜刑名法术之学”，继承并发展了法家思想，成为战国末年法家的集大成者。其著作主要保存于《韩非子》一书中。《韩非子》现存55篇，大部分为韩非自己的作品，由汉武帝时光禄大夫刘向编定。

《韩非子》系统阐述了法、术、势相结合的法治理论。这一理论，达到了先秦法家理论的最高峰，是秦统一六国的政治理论基础。同时，也为以后的封建专制制度提供了理论根据。韩非总结了商鞅、申不害和慎到三家的思想，看到了申不害只讲术不重视法的弊病，也看到了商鞅只讲法不讲术的弊病，因此，韩非指出：“君无术，则弊于上；臣无法，则乱于下。”韩非对于以前法家的学说不是简单地加以综合，而是把法、术、势这三个法治的要素构成一个有机的政治思想体系，认为势与法、术是内在相通的。势离不开术，有权就有术，无术则难免大权旁落，丢权失势；势也离不开法，有严法才有威势。“抱法处势则治，背法去势则乱”，从而构筑了“以法为本”，法、术、势结合的完整的思想理论体系。

韩非提出了君主专制中央集权的理论。对民众，他继承荀子的“性本恶”理论，认为民众“恶劳而乐佚”，要以法来约束民众，施刑于民，才可“禁奸于未萌”（《韩非子·心度》）。因此他认为施刑法恰恰是爱民的表现。对君主，他主张“事在四方，要在中央；圣人执要，四方来效”（《韩非子·扬权》），国家的大权，要集中在君主一人手里，君主必须有权有势，才能治理天下，“万乘之主，千乘之君，所以制天下而征诸侯者，以其威势也”（《韩非子·人主》）。对政治，韩非主张改革和实行法治，要求“废先王之教”（《韩非子·问田》），“以法为教”（《韩非子·五蠹》）。他强调制定了“法”，就要严格执行，任何人也不能例外，做到“法不阿贵”“刑过不避大臣，赏善不遗匹夫”（《韩非子·有度》）。对臣下，他认为要去“五蠹”，防“八奸”。所谓五蠹，指学者（儒家）、言谈者（纵横家）、带剑者（游侠）、患御者（依附贵族并且逃避兵役的人）、商工之民。五蠹会扰乱法制，无益于耕战，必须铲除。所谓八奸，指同床（君主的妻妾）、在旁（俳优、侏儒等君主的亲信侍从）、父兄（君主的叔侄兄弟）、养殃（有意讨好君主的人）、民萌（私自散发公财取悦民众的臣下）、流行（豢养说客辩士收买人心，制造舆论的臣下）、威强（豢养亡命之徒、带剑门客，炫耀自己威风的臣下）、四方（用国库财力结交大国，培养个人势力的臣下）。八奸都有良好的条件威胁国家安危，要像防贼一样防备他们。

韩非注重研究历史，认为历史是不断发展进步的。他认为如果当今之世还赞美“尧、舜、汤、武之道”，则“必为新圣笑矣”。因此他主张“不期修古，不法常可”“世异则事异”“事异则备变”（《韩非子·五蠹》），要根据今天的实际来制定政策。他的新历史观为当时新兴阶层的改革提供了理论根据。

《韩非子》的朴素辩证法思想成就较高，最先提出了矛盾学说，用矛和盾的寓言故事说明“不可陷之盾与无不陷之矛，不可同世而立”的道理。

《韩非子》说理精密，文锋犀利，议论透辟，推证事理，切中要害。值得一提的是，《韩非子》书中记载了大量脍炙人口的寓言故事，如“自相矛盾”“守株待兔”“讳疾忌医”“滥竽充数”“老马识途”等。这些寓言故事的思想性和艺术性完美结合，蕴含着深隽的哲理，具有较高的文学价值。

第五节　纵横家

一、纵横家概说

纵横家出现于战国至秦汉之际，多为策辩之士，可称为中华五千年历史中最早也最特殊的外交政治家。纵横家主要以从事政治外交活动为主，创始人是鬼谷子。《汉书·艺文志》将其列为“九流”之一，“纵横家者流，盖出于行人之官。孔子曰：‘诵《诗》三百，使于四方，不能专对，虽多亦奚以为？’又曰：‘使乎，使乎！’言其当权事制宜，受命而不受辞，此其所长也。”纵横即合纵连横，《韩非子》说：“纵者，合众弱以攻一强也；横者，事一强以攻众弱也。”代表人物为苏代、张仪、苏秦，他们是最著名的纵横家。此外，战国四君子孟尝君、平原君、信陵君、春申君也是纵横家。

二、《战国策》

《战国策》是一部国别体史书，为战国纵横家（游说之士）策谋和言论的汇编，《汉书·艺文志》将其归入“春秋类”（史籍），后世官修史志目录循此成例，宋晁公武《郡斋读书志》始将其改入子部“纵横家类”，元马端临《文献通考》因之。清乾隆年间修纂的《四库全书总目提要》按照历代官修史志目录惯例，复将此书列入史部“杂史类”。此书另有《国策》《国事》《事语》《短长》《长书》《修书》等别称，卷帙亦错乱无序，西汉末年光禄大夫刘向编订为33篇，定名为《战国策》。

《战国策》主要记述了战国时纵横家的政治主张和策略，展示了战国时代的历史特点和社会风貌，是研究战国历史的重要典籍。

《战国策》中所收游说之士的纵横之论，反映了战国时的社会风貌和各国政治、经济、军事、外交的重大活动；记载了当时的谋臣策士游说诸侯或互相辩论时所提出的政治主张和斗争策略，保存了不少纵横家的著作和言论；展现了纵横家们的机智善辩、聪明智慧，使人如临其境，如闻其声。书中所记述的纵横家凭借自己的口才和机智在各国间奔走游说，他们都非常善于分析形势，陈述利害，喜欢夸张渲染，富于很大的煽动性，他们的一席话甚至能改变一国的外交策略。他们在当时的政治上起了不小作用。纵横家的思想、品格及政治观点是十分复杂的，其中有不少是追逐个人功名利禄的自私者，如苏秦便属于这类人。他们朝秦暮楚，投机钻营，实属无是非善恶观念的政客。当然，《战国策》中也写了一些专为他人排忧解难而无所受取的侠义之士，如鲁仲连；还写了一些敢于反抗强暴的高士，如唐雎。受战国纵横家们的智慧、谋略的影响，至西汉时还涌现出了陆贾、边通、主父偃、徐乐、邹阳、严助、庄安等一批纵横家。

《战国策》的文学性非常突出，在人物形象的刻画、语言文字的运用、寓言故事等方面具有非常鲜明的艺术特色。其叙事生动形象，有不少完整而富于戏剧性的故事。如《齐策·邹忌讽齐王纳谏》，从家庭说到朝政，从“群臣进谏，门庭若市”写到“虽欲言，无可进者”，阐明了纳谏除弊的道理，遣词用语生动而又耐人寻味。又如《燕策·荆轲刺秦王》中“易水送别”一段，描写了“白衣素冠”的人物形象，并用“风萧萧兮易水寒，壮士一去兮不复还”的歌声，渲染悲壮气氛，读来令人极受感动。还有《齐策·冯谖客孟尝君》《赵策·鲁仲连义不帝秦》《魏策·唐雎不辱使命》等名篇，都受到历代读者的赞赏。《战国策》文笔多彩，刻画人物栩栩如生，有鲜明的个性。作者用笔行文，当详则尽情挥洒，不吝笔墨；当简则一字不苟，惜墨如金。许多篇章成功地描述了君王、后妃、谋臣、义士等不同类型的人物，把他们的性格特征、身份、处境都刻画得入木三分。如《秦策》写苏秦先以“连横”说秦王，转而又以“合纵”说六国，生动地描写出一个善于机变、惯于夸说，一切言行以利为转移，朝秦暮楚的纵横家形象。又如《齐策》记述齐宣王和颜斶针锋相对的谈话，表现了宣王的专权骄横和颜斶的蔑视权贵。这些手法对后世传记文学的写作很有影响。《战国策》说理论辩，言辞犀利精辟。书中主要记谋臣策士们的说辞，他们为使听者接受自己的政治主张，尽量把话讲得无懈可击，并努力抓住对方最关心之点，一语破的。如《赵策》记述触龙的说辞，他顺着赵太后的心思，从谈家常入手，然后引古论今，层层深入地分析“位尊而无功，俸厚而无劳”的危害，终于使太后心悦诚服地接受他的劝告，让她的幼子长安君到齐国去当人质。《战国策》善用比喻、夸张等多样化修辞手段，增强散文的表达效果。如《楚策四》记庄辛说楚襄王，层层设喻，说明居安不思危之害。《楚策四》通过伯乐识骥的故事，说明有千里马在，尚待伯乐去发现。这类寓言和比喻，写得饶有风趣，常隐寓着深刻的道理，耐人寻味，很多后来成了有名的典故，如画蛇添足、狐假虎威、惊弓之鸟、南辕北辙、鹬蚌相争等。此外，《战国策》还多用工整的对偶和排比句法，使文章具有抑扬顿挫、气势贯通的特色。

第六节　阴阳家

一、阴阳家概说

阴阳是古人对宇宙万物两种相反相成的性质的一种抽象表达，也是关于宇宙的对立统一及思维法则的哲学范畴。中国贤哲拈出“阴阳”二字，来表示万物两两对应、相反相成的对立统一，即《老子》所谓“万物负阴而抱阳”、《易传》所谓“一阴一阳之谓道”。《易经》便是讲“阴阳”变化的数理和哲理。阴阳家是战国时期的重要学派之一，因提倡阴阳五行学说，并用它解释社会人事而得名。这一学派，当源于上古执掌天文历数的统治阶层，也称“阴阳五行学派”或“阴阳五行家”。阴阳家的代表人物有战国时期的公梼生、公孙发、南公等人，以邹衍最为著名。汉初阴阳家还存在，武帝罢黜百家后，其学问的部分内容融入儒家思想体系，部分内容为原始道教所吸收，作为独立学派的阴阳家便不复存在了。

二、阴阳家的主要思想

阴阳家的思想主要源于孔子创立的儒家和儒家所推崇的“六经”。

在自然观上，利用《周易》经传的阴阳观念，提出了宇宙演化论；又从《尚书·禹贡》的“九州划分”进而提出“大九州”说，认为中国为赤县神州，内有小九州，外则为“大九州”之一；在历史观上，则把《尚书·洪范》的五行观改造为“五德终始”，认为历代王朝的更替兴衰均由五行所主运；在政治伦理上，亦“止乎仁义节俭，君臣上下六亲之施”，赞成儒家仁义学说。同时，强调“因阴阳之大顺”，包含若干天文、历法、气象和地理学的知识，有一定的科学价值。

阴阳家倡导五行学说。《尚书·洪范》云：“五行：一曰水，二曰火，三曰木，四曰金，五曰土。”古人认为，宇宙万物就是由这五种基本物质构成的。五行也是关于宇宙社会属性及其变化规律的范畴系统。五行的“行”字，有“运行”之意，故五行中包含着一个非常重要的观念，便是变动运转的观念，也就是“相生”与“相克”。其间“相生”关系为：金生水，水生木，木生火，火生土，土生金。五行相克关系：金克木，木克土，土克水，水克火，火克金。

五行相生相克的关系可用下图表示：

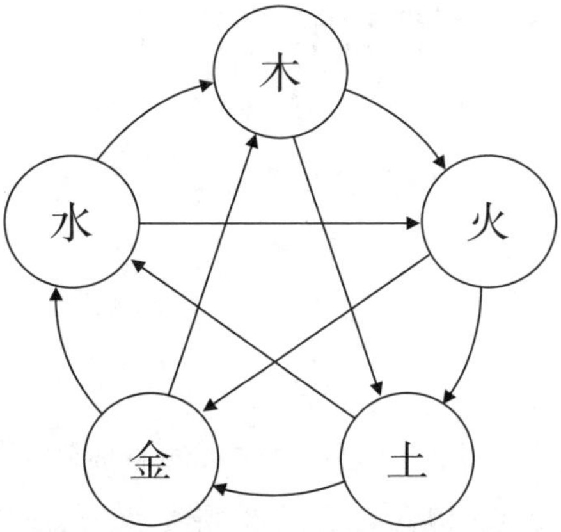

注:图中的弧形箭头表示相生,直线箭头表示相克

五行学说并非言木火土金水五种具体物质本身,而是指五种不同属性的抽象概括。它以天人相应为指导思想,以五行为中心,以空间结构的五方、时间结构的五季、人体结构的五脏为基本间架,将自然界的各种事物按其属性进行归纳。凡具有生发、柔和特性者统属于木;具有阳热、上炎特性者统属于火;具有长养、发育特性者统属于土;具有清静、收杀特性者统属于金;具有寒冷、滋润、就下、闭藏特性者统属于水。将人体的生命活动与自然界的事物和现象联系起来,形成了联系人体内外环境的五行结构系统,用以说明人体及人与自然环境的统一性。

阴阳家代表邹衍运用阴阳五行理论来阐释宇宙演变和历史兴衰,创为"五德终始"之说,影响甚大。后《吕氏春秋》、董仲舒的《春秋繁露》、刘向的《洪范五行传论》等,都是以阴阳五行为思想基干的。"五德"指五行的属性,即土德、木德、金德、水德、火德。按阴阳家的说法,宇宙万物与五行对应,各具其德,而天道的运行、人世的变迁、王朝的更替等,则是"五德转移"的结果,其目的在为当时的社会变革进行论证,结果却陷入了历史循环论。

第七节　医家

一、医家概说

医家是诸子百家之一，源远流长，主要关注人的身体健康。《汉书·艺文志》说："医经者，原人血脉经络骨髓阴阳表里，以起百病之本，死生之分，而用度箴石汤火所施，调百药齐和之所宜。至齐之得，犹慈石取铁，以物相使。"医家以中国哲学为底里，在实践中与哲学揉为一体，因其经受病理的实际考验，故而黜去了哲学之玄，而保留了最为实践的品格，逐渐发展成完整的中医理论体系。《汉书·艺文志》载医家著作"七家，二百一十六卷"。医家的代表人物有扁鹊、华佗、张仲景、葛洪、孙思邈、李时珍等。《黄帝内经》《伤寒杂病论》《本草纲目》等都是著名的医学专著。

二、《黄帝内经》

《黄帝内经》亦名《内经》，是中国医学宝库中现存成书最早的一部理论典籍，是中国传统文化的源头之一。

《黄帝内经》以黄帝和他的大臣岐伯问答的形式写成。该书最早著录于刘歆《七略》中，原为18卷。其中9卷名《素问》；另外9卷无书名，汉晋时被称为《九卷》或《针经》，唐以后被称为《灵枢》。《黄帝内经》非一人一时之作，主要部分形成于战国至东汉时期。《素问》偏重人体生理、病理、疾病治疗原则和原理，以及人与自然等基本理论；《灵枢》则偏重于人体解剖、脏腑经络、腧穴针灸等。

《黄帝内经》在治疗理论方面坚持求是的态度和方法，针对病起、病中、病因都一一提出施医方案，力求因势利导，对症下药。

《黄帝内经》利用阴阳五行学说说明人体各器官的有机联系，强调五脏之间是相互联系、相互制约、不可分割的整体；还提出了生理现象和心理现象的有机联系问题，认为过度的喜、怒、哀、思会伤害内脏的器官，因此人要适当地控制自己的感情。

《黄帝内经》基本上不涉及疾病治疗的具体方药与技术，是中国医学发展的理论渊薮，是历代医学家论述疾病与健康关系的理论依据。它分别从阴阳五行、天人相应、五运六气、脏腑经络、病机、诊法、治则、针灸等方面，结合当时的哲学和自然科学成就，做出了比较系统的理论概括和认识。《黄帝内经》迄今在诊治学上仍具有指导意义。

三、医家与养生

“养生”一词，最早见于《黄帝内经·灵枢·本神》：“故智者之养生也，必顺四时而适寒暑，和喜怒而安居处，节阴阳而调刚柔，如是则僻邪不至，长生久视。”所谓养生，指保养、调养、颐养生命，即以调阴阳、和气血、保精神为原则，运用调神、导引吐纳、四时调摄、食养、药养、节欲、辟谷等多种方法，以期达到健康、长寿的目的。养生产生于上古先民为抗御严酷的自然环境、调整体力、抗御疾病、防治疾病的需要。养生是中华民族传统文化的一个有机组成部分，是先民在长期的生活实践中总结生命经验的成果。

养生与医家关系密切。医家认为，人体正气来源于五脏，五脏坚强，血气充实，卫外固密，外邪无从侵入，疾病则不发生，健康则有保证。中医学的整体理论强调人体平素必须注重四时的气候变化，适时保养，避免外邪侵袭。这是养生的法则，应该遵循。正如《素问·四气调神大论》记载：“四时阴阳者，万物之根本也。所以圣人春夏养阳，秋冬养阴，以从其根……”春养生气，夏养长气，秋养收气，冬养藏气，人应利用外界环境因素增强体质。汉末张仲景在《伤寒杂病论》序中说：“怪当今居世之士，曾不留神医药，精究方术。上以疗君亲之疾，下以救贫贱之厄，中以保身长全，以养其生。”明确提出运用医药的办法进行养生的观点。华佗的五禽戏是导引练形以养生的早期记载，华佗的漆叶青黏散则是延年益寿方剂的早期记载，可知华佗在养生的研究上确有相当的造诣。

养生与儒道释均颇多关联。以恬淡虚无为主导的精神养生或精神调养，源于老庄之学，后来主要发展于佛、道两家。养生与佛、道两家倡导修炼和清静无为的主张分不开，而这也正是气功修炼的重要前提。儒家的气功，主张以无私无畏的浩然正气为根本，即孟子所说的“吾善养吾浩然之气”，后世传习甚少。故气功亦以佛、道两家为主，魏伯阳的《周易参同契》被视为气功学术的经典作品。

六朝时期，矿物药养生达到顶点，服食五石散几乎成了当时士大夫阶层的时髦，流传既广，遗祸亦烈，伤身殒命者比比，这从隋代《诸病源候论》有关记载中可以窥见；唐以后，衰而未绝，帝王豪门因之亡命者代有记述。

第四章 儒学

第一节　儒学概说

一、儒与儒家

(一)儒的由来

关于“儒”的记载,可见于《周礼》。《周礼·天官·冢宰》:“以九两系邦国之民:一曰牧,以地得民。二曰长,以贵得民。三曰师,以贤得民。四曰儒,以道得民。……”郑玄注:“儒,诸侯保氏有六艺以教民者。”贾功彦疏:“诸侯师氏之下,又置一保氏之官,不与天子保氏同名,故号曰儒,掌养国子以道德,故云以道得民。”儒大概是官吏中的一种成员,熟悉“六艺”,负责教化人民。东汉许慎《说文解字》:“儒,柔也。术士之称。”柔,温和、软弱之意,透露出“儒”的性格特点与行事原则;术士,也就是通习“六艺”的人,能够通习礼、乐、射、御、书、数,就有机会成为贵族,学而优则仕,成为诸侯的陪臣。

先秦诸子也有关于儒的论说。《墨子·非儒下》引晏子说:“夫儒,浩居而自顺者也,不可以教下;好乐而淫人,不可以使亲治;立命而怠事,不可以使守职。宗丧循哀,不可使慈民。机服勉容,不可使导众。孔丘盛容修饰以蛊世,弦歌鼓舞以聚徒,……其道不可以期世,其学不可以导众……”晏子即晏婴,与孔子生活在同一时代,都是春秋末年人。当齐景公准备重用孔子作为自己的卿相时，晏子认为儒者自傲、散漫、怠惰而予以谏止。墨子称儒为“儒者”“儒士”，如《墨子·非儒下》：“儒者曰：‘亲亲有术，尊贤有等。’”“今孔某之行如此，儒士者可以疑矣。”墨子主张兼爱、薄葬等，对儒所倡导的爱有差等、久丧厚葬等予以批判。韩非子认为：“儒以文乱法，侠以武犯禁”（《韩非子·五蠹》），把儒视为破坏国家法律的“五蠹”之一；庄子不像墨子、韩非子那样指斥儒者，而是认为儒者“配神明，醇天地，育万物，和天下，泽及百姓，明于本数，系于末度”（《庄子·天下篇》），对儒者做出了很高的评价。孔孟等也自称为“儒”或“儒者”。《论语·雍也》：“女为君子儒，无为小人儒。”《孟子·尽心下》：“逃墨必归于杨，逃杨必归于儒。”《荀子·儒效》：“儒者在本朝则美政，在下位则美俗。”

那么，何为儒呢？儒由何而来呢？早在先秦，便已有人关注这个话题。据传，孔子七代孙孔穿在会见赵国平原君赵胜时，赵胜就曾向他请教：“儒之为名，何取尔？”（《孔丛子·儒服》）近代以来，针对这个问题，曾有多位学者进行过专门的讨论，并形成了一系列有价值的观点。

章太炎认为广义的儒泛指一切方术之士，后来演变为以“六艺”教民的师儒，最后演变为“祖述尧舜，宪章文武，宗师仲尼”的儒者（参见《原儒》），主要从儒的分类进行阐释，对于儒的起源未加详谈。

1934年胡适作《说儒》一文，提出“儒原为殷民族的教士”之说，认为：“儒是一个古宗教的教师，治丧相礼之外，他们还要做其他的宗教职务。”后来，郭沫若撰《驳〈说儒〉》一文，反对胡适的观点，认为：“儒应当本来是‘邹鲁之士缙绅先生’们的专号，那在孔子以前已经是有的，是春秋时代的历史产物，是西周奴隶制逐渐崩溃后所产生出来的成果。”

冯友兰认为：“儒即‘士’之一种。”“在贵族政治崩坏以前，大概没有‘士’之阶级。所谓士之阶级，即是一种人，不治生产，而专以卖技艺才能为糊口之资。”“贵族政治崩坏以后，以前在官的专家，失其世职，散在民间，或有知识的贵族，因落魄而靠其知识生活。”

1975年，徐中舒发表《甲骨文中所见的儒》一文（《四川大学学报》1975年第4期），认为：“甲骨文中的‘需’字，就是原始的‘儒’字。……整个字像沐浴濡身之形。”原始的儒在祭祖事神时，都要沐浴斋戒，以示虔敬。徐中舒这一观点，无疑是对胡适“儒为殷民族的教士”之说的有力佐证。

综合以上诸说来看，儒在商代便已产生，是负责贵族祭祀祖先的教士，以交通人鬼；到了周代，则逐渐演变为既从事祭祀活动又从事文化教育的儒士，以教化人民。随着历史的发展，儒渐成独立阶层，其所从事的职业的宗教色彩日益淡薄，其文化教育的内容则日渐丰富。

（二）儒家的产生

最早把儒称为“儒家”的是《汉书·艺文志》。东汉史学家班固依据刘歆的《七略》写成《汉书·艺文志》，说：“儒家者流，盖出于司徒之官，助人君顺阴阳明教化者也。游文于六经之中，留意于仁义之际，祖述尧舜，宪章文武，宗师仲尼，以重其言，于道最为高。”班固所谓的“儒家”是一个杂糅的概念，实际包含了从“儒”到“师儒”再到“儒家”的发展演变过程。“出于司徒之官，助人君顺阴阳明教化”，大概指的是西周时期的儒，所谓“顺阴阳”，即是祭祀祖先，交通人鬼；“明教化”即是以“六艺”教民，以道得民。“游文于六经之中，留意于仁义之际”，指的当是春秋时期的师儒，以教育为业，其职业的宗教性逐渐退去，人文性逐渐突出；“祖述尧舜，宪章文武，宗师仲尼，以重其言，于道最为高”，指的当是战国时期的儒家。

儒家与一般的儒者不同，前者指的是孔子所创立的学派以及这个学派中的思想家。儒家肇始于孔子。孔子完成了对儒的改造，使儒完成了由“小人儒”到“君子儒”的蜕变。用孔子的话来说，所谓的“君子儒”即“志于道、据于德、依于仁、游于艺”的儒，这样的儒，尽管仍然从事文化教育的活动，但其内容有了很大变化，更加侧重以仁、义、忠、信来浸濡人心、匡正世风，有了道义追求和文化担当。“小人儒”即“游于艺”的儒，这样的儒碌碌于教书相礼，惶惶于以专业知识谋生。孔子的弟子子夏精熟于文章典籍，可谓能够“游于艺”，但孔子告诫子夏不要停留于文章典籍的枝枝节节，而是要有更高层次的道义追求，要做一个“君子儒”，而不能做一个“小人儒”。孔子实现了对周朝礼乐文化的突破，赋之以具有精神内涵的“仁”，确立了以“仁”“礼”为核心的思想体系；又广收门徒，周游宇内，摇旗呐喊，施于有政；上至君侯，下至隐士，均闻其学说，儒家始立，儒学遂兴。

二、儒学的核心思想

儒学之所以能够在中国思想史上绵延发展两千多年而不绝，这与中国传统文化的交互影响有关，与其自身特质也密不可分。儒学集中体现了中国人民的智慧和力量，指引着中国传统社会精神文化前进的方向。经过先秦原始儒学、两汉经学、宋明理学、近现代新儒学等不同阶段的发展，儒学的思想体系可谓蔚为大观。其间，伴有儒学的政治化改造、玄学改造、佛老改造、西学改造，使得儒学体系又极为庞杂。但无论历史如何演进，儒学的核心思想是万变不离其宗的。因为从根本上来说，儒学乃修身济世之学，儒学的这一特性在原始儒学那里已经是被规定好了的，后世儒学虽开出万般花朵，终不离这一根茎。

儒家所讲修身济世，修身与济世是密不可分的，修身的指向是济世，济世的根本是修身，人们从来不离开修身讲济世，也不离开济世讲修身。儒家修身济世的思想，在孔子思想那里已相当突出。《论语·宪问》：

子路问君子。子曰："修己以敬。"曰："如斯而已乎？"曰："修己以安人。"曰："如斯而已乎？"曰："修己以安百姓。修己以安百姓，尧舜其犹病诸。"

修己，就是修养自己的德行，实现自我的知天立命。"以敬"，这个"敬"字不是对外界讲，不是讲尊敬别人，而是一种修己的虔敬态度，也就是孜孜不倦的克己功夫，最终实现知天命。一个人如何知道天命呢？在孔子那里，就是通过不断的学。《论语·为政》：

吾十有五而志于学，三十而立，四十而不惑，五十而知天命，六十而耳顺，七十而从心所欲不逾矩。

孔子所谓的"学"的内容，不仅包含古代的典籍文献，还包括现实的人情伦理，大凡人伦社会的一切都是学的对象。通过不断的学习，最终不仅实现知天命的目的，而且达到从心所欲不逾矩的自如境界。

修己以安人、修己以安百姓，这反映的就是儒家的济世精神。不仅要通过修己安顿自我的生命，而且还要让周围的人安定下来，要让天下的百姓安顿下来。

孔子讲修身济世，后来的儒家也都主张修身济世。《大学》说：

自天子以至于庶人，壹是皆以修身为本。

古之欲明明德于天下者，先治其国；欲治其国者，先齐其家；欲齐其家者，先修其身；欲修其身者，先正其心；欲正其心者，先诚其意；欲诚其意者，先致其知，致知在格物。物格而后知至，知至而后意诚，意诚而后心正，心正而后身修，身修而后家齐，家齐而后国治，国治而后天下平。

《大学》认为无论是王侯将相，还是黎民百姓，修身是根本。通过这段略嫌绕口的一段话我们还可以看出，"修身"也是联结"内圣"与"外王"的关键点。

《孟子·离娄上》：

人有恒言，皆曰，"天下国家。"天下之本在国，国之本在家，家之本在身。

《荀子·君道》:

请问为国？曰:闻修身,未尝闻为国也。君者,仪也;民者,景也;仪正而景正。……故曰:闻修身,未尝闻为国也。

可以看出,先秦时期的儒家都在讲修身济世,其思想体系也都围绕这个问题展开,而且修身与济世密不可分。后世的儒家思想,也是围绕着修身与济世的问题展开,只不过不同的历史时期修身与济世的侧重点不同而已。

三、儒学在中国传统文化中的地位

中国自古以来就是一个多民族的国家,各民族都有自己的传统文化,自成系统。中国传统文化是各民族传统文化的集合体,是一个大系统。在中国传统文化这个大系统中,发展水平最高且一直居于主导地位的则是汉民族文化,而构成汉民族文化最重要的基础即儒学。

每个中国人都感受着儒学,对儒学都能给出自己的理解。尤其在传统的中国人那里,儒学更是作为一种特殊的崇拜形式存在着。韩愈《处州孔子庙碑》:

自天子至郡邑守长,通得祀而遍天下者,惟社稷与孔子为然。而社祭土,稷祭谷,句龙与弃,乃其佐享,非其专主,又其位所,不屋而坛:岂如孔子用王者事,巍然当座,以门人为配,自天子而下,北面跪祭,进退诚敬,礼如亲弟子者。句龙、弃以功,孔子以德,故自有次第哉！自古多有功德得其位者,不得常祀;句龙、弃、孔子,皆不得位,而得常祀;然其祀事,皆不如孔子之盛。所谓生人以来,未有如孔子者,其贤过于尧、舜远者,此其效欤?

从韩愈所描写的祭孔、拜孔的盛况中可以看出,传统中国人对以孔子为代表的儒学的尊崇到了无以复加的程度。

儒学成为中国传统文化的主导是历史形成的。儒学是一个开放的思想体系。孔子在创立儒学之初便充分继承和吸收了夏、商、周三代的优秀文化资源,成为当时传统文化的集大成者。孔子之后的儒家,不仅能够继承孔子的思想,而且能够借鉴吸收其他诸子的学术思想,荀子便是先秦诸子思想的集大成者。秦汉以后,儒学成为官学,影响日隆。

对于异质文化的传入，儒学在保持其学统传承的同时也兼收并蓄。佛教东来，景教入华和西学东渐，在儒学的影响下，经过磨合之后也都基本实现中国化。儒学对异质文化的吸引力与其同化能力是相辅相成的。例如，佛教在汉末传入中国，于隋唐达到鼎盛，给中国人的学术、思想、文学、艺术乃至日常生活都带来了巨大变化。

几千年来，中国始终没有产生本土宗教，中国人之所以没有在尘世中沉沦，正是由于儒学这种半宗教本哲学的品格让中国人能够获得生命的超越，正如李泽厚在《论语今读·前言》中指出的那样：

> 儒学（当然首先是孔子和《论语》一书）在塑造、构造汉民族文化心理结构的历史过程中，大概起了无可替代、首屈一指的严重作用。不但自汉至清的两千年的专制王朝以它作为做官求仕的儒学阶段或必修课本，成了士大夫知识分子的言行思想的根本基础，而且通过各种层次的士大夫以及他们撰写编纂的《孝经》、《急救篇》（少数词句）一直到《三字经》、《千字文》、《增贤广文》以及各种“功过格”等等，当然更包括各种“家规”、“族训”、“乡约”、“里范”等等法规、条例，使儒学（当然首先是孔子和《论语》一书）的好些基本观点在不同层次的理解和解释下，成了整个社会言行、公私生活、思想意识的指引规范。……儒学之所以能够如此，其原因又在于它本身原来就远不止是“处世格言”、“普通常识”，而具有“终极关怀”的宗教品格。它执着地追求人生意义，对超道德、伦理的“天地境界”的体认，追求和启悟。从而在现实生活中，儒学的这种品德和功能，可以成为人们（个体）安身立民、精神皈依的归宿。

在世界各民族的交往以及不同文明的对话中，儒学所秉持的理性精神，正是人类所需要的。

儒学，将永放光芒！

第二节　孔子与《论语》

一、孔子

(一)吾少也贱

孔子是春秋时鲁国人,名丘,字仲尼。其远祖为宋国的贵族,曾祖父孔防叔因避乱而逃至鲁国。孔子的父亲叫叔梁纥,母亲叫颜征在,由于是老夫小妾,并没有举行正式的婚礼,所以《史记》称“野合而生孔子”。

孔子3岁的时候,叔梁纥去世。孔子很小的时候似乎就对“礼仪”十分热衷,《史记》称其“为儿嬉戏,常陈俎豆,设礼容”。15岁的时候,颜征在去世,孔子言其“志于学”。孔子远祖虽然是贵族,但到了其父辈,家道已经中落,地位仅仅是士。因此,当鲁国的权臣季氏要招揽人才时,孔子便去投奔。

为了谋生,孔子曾从事过很多低微的职业,当过季氏的家臣,负责仓库的账目;又曾做过主管牧场的小官,负责蓄养牲畜,故孔子说:“吾少也贱,故多能鄙事。”“三军可夺帅也,匹夫不可夺志也。”贫困的生活并没有让孔子放弃理想。工作之余,“好古”与学习“六艺”是他主要的生活乐趣与重心,并成为远近闻名的“知礼”者。鲁国大夫孟釐子临死的时候,就曾叮嘱其嗣子要跟从孔子学礼。不仅如此,据《史记》记载,孔子还得到鲁国的资助学习礼仪,返回鲁国后,跟从孔子学习礼仪的人日渐增多,孔子“三十而立”,“不学礼,无以立”大概所说的就是自己这时候的生活状态。

(二)仕鲁为政

孔子30岁左右,天下正酝酿着一次大的变革,鲁国的外部生存环境日渐严峻。据《史记》载:“是时也,晋平公淫,六卿擅权,东伐诸侯;楚灵王兵强,凌轹中国;齐大而近于鲁。鲁小弱,附于楚则晋怒;附于晋则楚来伐;不备于齐,齐师侵鲁。”鲁国内部政局动荡不断,孔子35岁时,“三桓”共攻鲁昭公,鲁乱,孔子避乱至齐国,受到齐景公的赏识,但由于遭到齐相晏婴的排挤,甚至有人扬言要杀害他,政治抱负未能施展,又返回鲁国。回到鲁国后,由于政局混乱,孔子没有机会出仕,就把主要精力放在了整理文献典籍和讲学上面。

孔子50岁左右,鲁国政局趋于稳定,孔子得以出仕。其得到的第一个职位是地方行政长官——中都宰。为政一年,政绩斐然,很快便升为大司寇,负责鲁国的司法事务。孔子处理案件,立场中正,能够听取多方意见,从不独断专行。《论语·子罕》云:“吾有知乎哉? 无知也。有鄙夫问于我,空空如也。我叩其两端而竭焉。”这句话,大概说的就是孔子的断案原则,“空空如也”而不持立场,“叩其两端而竭”听取原告和被告对案件的不同甚至相反的陈述,最终查明真相。孔子的追求似乎不在于做一个善于断案的法官,而是追求“无讼”的状态。不仅如此,孔子认为:“道之以政,齐之以刑,民免而无耻;道之以德,齐之以礼,有耻且格。”不要用刑法来控制民众,而是要让民众心悦诚服地遵守各种社会规范。孔子56岁,由大司寇摄行相事,达到了政治生涯的顶峰,在他的治理下,鲁国政清民醇,路不拾遗。

(三)列国求仕

孔子仕鲁,一度引起齐国的不安。齐国先是设下圈套邀请鲁君赴夹谷相会,试图压制鲁国。孔子据理力争,不仅使鲁君免受齐辱,而且得以收复被齐国霸占的郓、灌、龟三地。此一相会,是孔子政治生涯中光彩的一页。孔子摄行相事之后,更让齐人寝食难安。齐国以车马美女赠给鲁君,让其怠于政事。孔子见势已无法挽回,便被迫离开鲁国,开始周游列国。

孔子前后四次到过卫国。第一次到卫国,卫灵公尽管给孔子很高的俸禄,却并没有打算即刻重用他。加上有人在卫灵公面前诋毁孔子,孔子见势不好,便去了陈国。路过匡地时,由于孔子貌似曾暴虐匡人的阳虎,被围困五天,险些丧命,又折回卫国。回到卫国,卫灵公的夫人南子召见孔子,孔子不得已而见之。由于南子名声不好,孔子和南子的见面让子路大为不悦。为此事,孔子还向子路澄清他与南子之间根本没有越礼的行为。有一次,卫灵公与南子同车出行,让孔子为“次乘”,招摇过市,“吾未见好色如好德者也”,大概即指此事。这件事让孔子极为羞愧,便再次离开卫国。经过宋国,孔子与弟子在大树下演习礼仪,突遭宋国权臣司马桓魋的侵扰,欲杀孔子,孔子与弟子慌忙逃命到郑国。到了郑国,弟子四处打听寻找夫子。有人告诉子贡:“城东门有个人,长得两腮像尧,脖子像皋陶,肩膀像子产,下半身像禹,落魄得像个丧家狗!”见到夫子后,子路把那人的话说了一遍,孔子听后笑道:“长相说得不对,而说像丧家狗,对啊,对啊!”孔子在陈、蒲等地居留数年后,又回到卫国。这次,卫灵公为孔子的到来举行了盛大的欢迎仪式,但由于卫灵公年事已高,怠于政事,孔子终不见用。

后来,孔子又到过陈、蔡、叶等地,但这些地方政局混乱,没有出仕的机会。楚国听闻孔子在陈蔡一带辗转,便遣使来聘。孔子打算前往楚国,却遭到陈蔡军队的围困,绝粮数日,多亏楚国出兵援救,幸免于难。其间,卫国的政局趋于稳定,孔子在卫国的弟子也多有从政者，于是，孔子第四次来到卫国，此时他已经是63岁的老人了。一回到卫国，子路就问孔子："卫君让您主持国政，您首先要做的是什么？"孔子回答说："那必然是端正名分了。"子路不以为然，认为孔子太过拘泥固执。孔子说："夫名不正则言不顺，言不顺则事不成，事不成则礼乐不兴，礼乐不兴则刑罚不中，刑罚不中则民无所措手足矣。"卫灵公死后，卫国出现了父子争夺君位的乱象，而致君不君、臣不臣、父不父、子不子，孔子的施政纲领可谓正中卫国政局混乱的根本，但终究无法施行。

（四）时不我与

在陈蔡被围困期间，很多弟子都有不满情绪，孔子却异常镇静，继续讲学、读书、弹琴、唱歌。一向心直口快的子路不无埋怨地对孔子说："君子也有穷途末路的时候吗？"孔子回答说："君子当然有穷途末路的时候，但仍会坚守理想，而小人在穷途末路的时候就无所不为。"看到弟子们对眼前的困境普遍不解，孔子与弟子之间就展开了一次这样的对话。孔子问子路："《诗经》说'不是犀牛也不是老虎，何以在旷野奔跑！'难道我的主张不正确吗？怎么会落到这种地步？"子路说："可能我们的仁德修养还不够，别人不信任我们；可能我们的智慧不足，别人不给我们行道的机会。"孔子说："是这样吗？如果仁者必能取信于人，伯夷、叔齐怎么会饿死呢？如果智者必能见用于世，王子比干怎么会被挖去心脏？"孔子以同样的问题问子贡。子贡说："您的理想太高，所以天下没有人能够容纳夫子。夫子还是把理想降低一些吧？"孔子说："赐啊，好的农夫辛勤耕作不一定获得收获，高明的工匠手艺精湛不一定获得赏识。君子能够提出自己的理想，能够按照原则治理国家，但不一定被人接受。现在你不坚定理想而求取别人的容纳，你的理想太不远大了。"孔子又以同样的问题问颜回。颜回说："您的理想太高，所以天下不能容纳。既然这样，您推行自己的理想，不被容纳又有何妨？不被容纳却依然推行，更能表明我们所行的是君子之道。如果不能够为天下找到出路，这是我们的耻辱；如果我们为天下找到了一个康庄大道却没被采用，那是国君们的耻辱。不被容纳又有何妨？不被容纳更能表明我们所行的是君子之道！"颜回的回答让孔子大为宽慰。

（五）叶落归根

鲁哀公十一年，孔子结束了长达14年的漂泊，回到鲁国，此时他68岁。年迈的孔子已不可能亲自主持鲁国的政事，他的晚年，依然过着学而不厌、诲人不倦的生活，一方面整理《易》《诗》《书》《礼》《乐》《春秋》等文献典籍，一方面教授弟子，"发愤忘食，乐以忘忧，不知老之将至"，前后入孔门求学的大约3000人，身通"六艺"者72人。

鲁哀公十六年，孔子病重，风烛摇曳，子贡前来探望。师徒相见，万千感慨。孔子说：

“天下无道久矣，莫能宗予。”言罢，师徒涕下。后七日，孔子卒，享年73岁。

司马迁在《史记·孔子世家》结尾处说：“余读孔氏书，想见其为人。适鲁，观仲尼庙堂车服礼器，诸生以时习礼其家，余祗回留之不能去云。天下君王至于贤人众矣，当时则荣，没则已焉。孔子布衣，传十余世，学者宗之。自天子王侯，中国言六艺者折中于夫子，可谓至圣矣！”太史公将孔子以王公贵族的身份写进世家，并称其为“至圣”，能够不以血统出身而以行事论人，也可谓是绝唱！

（六）弟子三千

孔子之前，大抵学在官府，孔子首创开馆收徒之风。《史记》记载：“孔子以诗书礼乐教，弟子盖三千焉，身通六艺者七十有二人。”孔子培养的众多弟子，有的德行修养比较突出，如颜回、闵子骞等；有的政治才能比较突出，如冉有、子路等；有的口才比较突出，如宰我、子贡等；有的文学才能比较突出，如子游、子夏等。孔子教育弟子，能够做到有教无类，《论语》载：“自行束脩以上，吾未尝无诲焉”，来求学的人无论是何身份，资质如何，只要有心向学，孔子就会收其为徒。因此，其弟子中，有的出身贵族，有的则是贫苦百姓；有的天资聪颖，有的则鲁钝愚拙。对于不同的人，孔子能够做到因材施教。对于勇敢直率的子路，孔子要纠正的是他粗鲁急躁的毛病；对于才华横溢的子贡，他所要纠正的是他恃才傲物的毛病。《论语·先进》载：

子路问：“问斯行诸？”子曰：“有父兄在，如之何其闻斯行之？”冉有问：“闻斯行诸？”子曰：“闻斯行之。”公西华曰：“由也问闻斯行诸，子曰，‘有父兄在’；求也问闻斯行诸，子曰‘闻斯行之’。赤也惑，敢问。”子曰：“求也退，故进之；由也兼人，故退之。”

由于冉求平时做事情畏首畏尾，所以孔子鼓励他；由于子路平时胆大鲁莽，所以孔子压压他。像这样因材施教的例子，在《论语》中比比皆是。对于弟子做得不对的地方，孔子会毫不留情地予以指正。《论语·子路》载：

樊迟请学稼，子曰：“吾不如老农。”请学为圃。曰：“吾不如老圃。”樊迟出。子曰：“小人哉，樊须也！上好礼，则民莫敢不敬；上好义，则民莫敢不服；上好信，则民莫敢不用情。夫如是，则四方之民襁负其子而至矣，焉用稼？”

樊迟向孔子请求学种庄稼和蔬菜，孔子没有传授这方面的知识，还斥责他是“小人”。也许孔子真的不懂这方面的知识，樊迟向孔子请教稼圃之事，可谓缘木求鱼。这一则对话，常常作为孔子轻视农民的罪状予以批判。其实，从师徒的对话中，我们可以窥知，樊迟此时应该是一个政府官员，看到人口减少，田地荒芜，想学习种庄稼和蔬菜。但在孔子看来，作为一个地方长官，其本职不是下田种地，而是为老百姓的生产提供一个良好的社会环境。樊迟不明本职，因此被孔子称为没有智慧、颠倒本末的年轻人。

孔子与弟子之间具有十分融洽的师生关系，师徒之间或臧否人物，或指摘时政，或畅谈理想，相互切磋，砥砺学业，问疑思难，直言不讳。冉伯牛得了恶疾，孔子执手而叹；颜回去世，孔子有丧予之恸；子路不得其死，孔子早有预言。孔子去世，众弟子服丧三年，而子贡坟场结庐六年。是师生，似父子，这就是中华师道！

二、《论语》的主要内容

《论语》是一部记载孔子及其弟子言语行事的书，是儒家最重要的典籍。关于《论语》的名称的由来，班固的观点具有代表性。《汉书·艺文志》："《论语》者，孔子应答弟子、时人及弟子相与言而接闻于夫子之语也。当时弟子各有所记，夫子既卒，门人相与辑而论纂，故谓之《论语》。"《论语》一书，是由孔子弟子及其再传弟子集体编纂而成的，集中反映了孔子的生活智慧，蕴含着深刻的哲理。《论语》非成于一人之手，也非成于一时一地，最终成书大致在战国末年。秦朝焚书坑儒，《论语》曾一度失传，到汉代，出现了若干版本，较为著名的是《齐论语》《鲁论语》和《古论语》三家。汉代末年，安昌侯张禹以《鲁论语》为底本，综合《齐论语》之长，编写成《张侯论》，不仅在当时广为流传，也为后世《论语》各类传本的底本。

现存《论语》共20篇，《学而》《为政》《八佾》《里仁》《公冶长》《雍也》《述而》《泰伯》《子罕》《乡党》为前10论；《先进》《颜渊》《子路》《宪问》《卫灵公》《季氏》《阳货》《微子》《子张》《尧曰》为后10论。《论语》各篇篇名均取首句的两字，并没有特别的深意。

《论语》是研究孔子思想，也是研究早期儒家思想最为可信的材料。作为一部语录体著作，《论语》章句具有很强的生活性和现场感，后人无法还原历史现场，使得《论语》某些章句的解读出现了不确定性与多样性。但正如美国汉学家赫伯特·芬格莱特在《孔子——即凡而圣》中所说："《论语》的大半来自历史上孔子言论的实录或几近实录，这些实录或几近实录的言论构成了《论语》的主体。无论如何，我的心目中的是《论语》这部著作中所能发现的思想学说，而不是它精确的历史起源。"

《论语》一书虽然只有15 000多字，但内容却十分丰富，涉及个人修养、社会伦理、政治原则、人物和事件品评、孔子与弟子设教问答、孔子日常行事、孔门弟子言论行事等。其主要篇幅则是关于个人修养和社会伦理部分的内容，约占全书的一半。

《论语》所讲，主要是生活中的哲学和智慧，倡明个人如何安身立命，人类群体如何和谐共处而已。孔子自称“吾少也贱”，最终却成为至圣先师永载史册，自有其“成功的秘诀”，《论语》一书即他将成功的心得传授给学生的生动记录。

(一)立己于世

人是社会的动物，不可能脱离社会而存在。儒家要求个人不仅要积极融入社会，而且要努力改造社会，循着“明明德”“亲民”“止于至善”的路子，完成自己的使命。实现政治理想和社会理想的前提，便是立己于世。因为人不能选择所生存的时代，所以人生便有遇与不遇之别。人生若有遇，虽执鞭之士，亦可为之；人生如不遇，则可卷而怀之。“君子求诸己”，“不怨天，不尤人”，“君子不患人之不己知，患己不能也”，君子所关心的是自我的进学修德，所担心的是自己能否挺立于世。

立己于世，要立志。孔子说：“三军可夺帅，匹夫不可夺志也。”想必孔子说这句话的时候是激昂慷慨的，因为这是他的真实写照。孔子出身低贱，父母又在其早年去世，倘若没有远大和坚定的志向，必然在当时就“泯然众人矣”。按孔子的话说，他的志向是“好古”。这里的“古”，是以“周礼”为主要内容的文化遗产，孔子说：“郁郁乎文哉，吾从周！”“古”意味着过去，也昭示着理想和未来。确立了“好古”的志向，还要能视富贵如浮云，倘若“士志于道，而耻恶衣恶食者”，也便“未足与议也”。确立了志向，便能“颠沛必于是，造次必于是”，人生就变得笃定！面对困顿的环境，也能安贫乐道如故。甚至在生命面临危险时，依然有“天生德于予，桓魋其如予何”“天之将丧斯文也，后死者不得与于斯文也；天之未丧斯文也，匡人其如予何”的自信！君子为理想而生，也为理想而活，孔子说：“甚矣吾衰，久矣吾不复梦见周公。”这与其说是夫子在慨叹自己的衰老，不如说是看到理想无法实现时而流露出的无奈。孔子说：“朝闻道，夕死可矣！”“天下有道，丘不与易也！”终其一生，孔子也没看见“天下有道”的景象。孔子的确未能实现志向，但志向的实现与否似乎已不重要，因为生命在追逐志向的征途中已经取得圆满。

立己于世，要学习。《论语》开篇即言：“学而时习之，不亦说乎？”为了志向和兴趣而学习，自然是一件快乐的事情。孔子能够清楚地认识到学习的重要性，他说：“生而知之者，上也；学而知之者，次也；困而学之，又其次也；困而不学，民斯为下矣。”(《季氏》)在孔子看来，那些能够不学而知的人，确实是难得的；那些困而不学的人，才是最可怜的。孔子认为，学习是增进德行的重要途径，“好仁不好学，其蔽也愚；好知不好学，其蔽也荡；好信不好学，其蔽也贼；好直不好学，其蔽也绞；好勇不好学，其蔽也乱；好刚不好学，其蔽也狂。”(《阳货》)只有通过不断的学习，才能避免知、仁、勇等诸德走极端。“吾十有五而志于学，三十而立，四十而不惑，五十而知天命，六十而耳顺，七十而从心所欲，不逾矩。”(《为政》)只有通过不断的学习才能让生命不断丰富和发展。孔子自认为是“非生而知之”者，具有十分好学的精神，“吾尝终日不食，终夜不寝，以思无益，不如学也”，“三人行，必有我师焉”，“十室之邑必有忠信如丘者焉，不如丘之好学也”。孔子之所以能够“学而不厌”，因为他所倡导的是“为己之学”，而非“为人之学”。在具体学习方法上，孔子重视学与问、学与思的结合，“学而不思则殆，思而不学则罔”，“敏而好学，不耻下问”，正如《中庸》所言：“博学之，审问之，慎思之，明辨之，笃行之”，通过这一套方法，便能自然而然地增进学问了。孔子以“六艺”教授学生，让学生领会做人为政之道，认为：“不学诗，无以言。不学礼，无以立。”可见，孔子倡导学以致用。孔子还说：“诵《诗》三百，授之以政，不达；使于四方，不能专对；虽多，亦奚以为?”(《子路》)在孔子看来，学习了《诗经》，治理国家不能让政令通达，出使四方不能赋诗应对，背诵的诗歌再多，也是没有什么用处的。

(二)为仁由己

任继愈在《中国哲学史》中指出：“孔子在中国哲学史上第一次提出了‘仁’这一范畴作为调整统治阶级内部矛盾的原则。它标志着人类在社会关系中逐步加深了对人与人之间相互关系的认识。”正如任继愈先生所言，仁是用以调谐人与人之间关系的道德准则。仁这一概念，并不是孔子最先提出的，《国语》载：“为仁者，爱亲之谓仁；为国者，利国之谓仁。”“以义死用谓之勇，奉义顺则谓之礼，畜义丰功谓之仁。”可见，在孔子之前的一些典籍中已经出现了“仁”，其含义也是指一种道德准则。在前人的基础上，孔子对仁的理念进行了梳理和诠释，使之更加系统化。

在孔子看来，仁是君子所应秉承的道德准则。“君子去仁，恶乎成名？君子无终食之间违仁，造次于是，颠沛必于是。”(《里仁》)君子心中时刻有仁，依仁而行，把仁作为自己行为的准则。当一个立志于仁的人，自己不会去干坏事，“苟志于仁矣，无恶也”(《里仁》)。不仅如此，他会坚持自己的原则，爱憎分明，“唯仁者能好人，能恶人”(《里仁》)，有时候为了捍卫道义原则，甚至不惜献出自己的生命，“志士仁人，无求生以害仁，有杀身以成仁”(《卫灵公》)。对君子来说，仁不是道德上的负担，而是自觉的追求。“为仁由己，而由人乎哉?”(《颜渊》)在具体的事情上做到仁并不是难事，“仁远乎哉？我欲仁，斯仁至矣。”(《述而》)难在能够长期坚持，“子曰：‘回也，其心三月不违仁；其余，则日月至焉而已矣。’”(《雍也》)

如何判断仁呢？从言行上来看，“巧言令色，鲜矣仁。”(《学而》)花言巧语、虚情假意，有违仁德。“刚、毅、木、讷，近仁。”(《子路》)刚强、坚毅、质朴、言谨，接近仁德。从精神状态上看，“仁者不忧”(《子罕》)，仁者心中坦荡，乐以忘忧，能够安于仁德。缺少仁德的人，“不可以久处约，不可以长处乐”(《里仁》)，看起来似乎总是躁动不安。具有仁德的人，

“怨是用希”，缺少仁德的人“放于利而行”，故“多怨”。具有仁德的人，“贫而乐道，富而好礼”；不具有仁德的人，“疾之已甚，则乱”。

如何做到仁呢？孝是为仁的根本。“孝悌也者，其为仁之本与？”（《学而》）一个人如果能孝敬父母、尊敬兄长，践行仁德就有了保证。“仁者，爱人。”（《颜渊》）仁爱的人，能够将“亲亲”的感情予以扩充，“老吾老以及人之老，幼吾幼以及人之幼”。仁者之爱，还扩展到自然界，“子钓而不纲，弋不射宿”（《述而》），只钓鱼，不网鱼，不射归巢的鸟。为“仁”要坚持两条原则。《雍也》：

子贡曰：“如有博施于民而能济众，何如？可谓仁乎？”子曰：“何事于仁，必也圣乎！尧舜其犹病诸！夫仁者，己欲立而立人，己欲达而达人。能近取譬，可谓仁之方也已。”

孔子认为，仁者能够设身处地为对方着想，自己想要实现的也帮助别人实现，自己想要达到的也帮助别人达到，互惠互利，共同向善。《颜渊》：

仲弓问仁。子曰：“出门如见大宾，使民如承大祭。己所不欲，勿施于人。在邦无怨，在家无怨。”仲弓曰：“雍虽不敏，请事斯语矣！”

孔子认为，仁者知道自己不想要的，也不强加给别人的道理。类似的言论又见《卫灵公》：

子贡问曰：“有一言而可以终身行之者乎？”子曰：“其恕乎！己所不欲，勿施于人。”

恕是仁者重要的德行，所谓“恕”，就是“推己及人”，凡事多为对方着想。

仁，作为一种道德标准，不仅是君子所不能须臾离开的，而且也是老百姓所渴望的。“民之于仁也，甚于水火。水火，吾见蹈而死者矣，未见蹈仁而死者也”（《卫灵公》），老百姓生存需要仁，渴望仁，这无疑是孔子对统治者提出的仁民的要求。统治者抛弃仁德，孔子慨叹：“人而不仁，如礼何？人而不仁，如乐何？”（《八佾》）缺少仁德，礼乐也便成了虚有其表的繁文缛节。

第三节　孟子及《孟子》

一、孟子

孟子(约前372年—约前289年),名轲,战国中期邹国(今山东邹县)人。孟轲先祖是鲁国贵族孟孙氏,"三桓"之一。孟孙氏的嫡系称孟孙氏,支系则改称孟氏。春秋以后,"三桓"的子孙逐渐衰微,孟轲的先祖就从鲁国迁到了邹。关于孟轲的父母,史载不详。《阙里志》说孟子的父亲名激,字公宜,母亲仉氏。《韩诗外传》和《列女传》分别记载有"孟母断织"与"孟母三迁"的故事,可见,年轻的孟子曾受到过严格的教育。

孟子私淑于孔子,认为"自生民以来,未有盛于孔子",把孔子称为"圣之时者"。与孔子一样,孟子也曾带领门徒游历齐、魏、滕、薛、宋等地,宣扬儒家的道德学说和治国理念。但其生活的战国中期,"当是之时,秦用商君,富国强兵;楚、魏用吴起,战胜弱敌;齐威王、宣王用孙子、田忌之徒,而诸侯东面朝齐。天下方务于合从连衡,以攻伐为贤,而孟轲乃述唐、虞、三代之德,是以所如者不合"。其学说就难免显得"迂远而阔于事情",因此,"退而与万章之徒序《诗》、《书》,述仲尼之意,作《孟子》七篇"。(《史记·孟子荀卿列传》)

孟子生前不被认可,死后却声名日彰。唐韩愈著《原道》一文,首倡"孔孟道统"之说,认为"夫所谓先王之教者何也?博爱之谓仁,行而宜之之谓义,由是而之焉之谓道,足乎己无待于外之谓德。……尧以是传之舜,舜以是传之禹,禹以是传之汤,汤以是传之文武周公,文武周公传之孔子,孔子传之孟轲。轲之死,不得其传焉。"此后,孟子的地位越来越高。元至顺元年(1330年)孟子被追封为"邹国亚圣公",明嘉靖九年(1530年)他又被追封为"亚圣孟子"。

孟子的思想学说主要载于《孟子》一书,《孟子》由孟子及其弟子共同编撰而成,主要是对孟子言行的记录。现传《孟子》有七篇,分别为《梁惠王》《公孙丑》《滕文公》《离娄》《万章》《告子》《尽心》,每篇又分上下两卷,共14卷。《孟子》一书,被后世列为诸子之冠,是儒家学派的代表。到了宋代,《孟子》被列为"十三经"之一,成为儒家经典;朱熹又把《孟子》与《大学》《中庸》《论语》合为"四书",《孟子》遂成为明清科举考试的依据和必背教科书,对古代士子人格的塑造和中华民族文化的发展产生了深远影响。

二、《孟子》的主要内容

(一)人性论

关于人性问题,孔子说:“性相近也,习相远也。”(《论语·阳货》)指出人“性近习远”的现象。子思说:“天命之谓性,率性之谓道。”这句话似乎包含有人性善的思想倾向,孟子则明确提出了人性善的主张。孟子人性善的思想,是在与告子的辩论中逐渐确立的。《告子上》载:

告子曰:“性犹杞柳也,义犹桮棬也。以人性为仁义,犹以杞柳为桮棬。”

孟子曰:“子能顺杞柳之性而以为桮棬乎?将戕贼杞柳而后以为桮棬也?如将戕贼杞柳而以为桮棬,则亦将戕贼人以为仁义与?率天下之人而祸仁义者,必子之言夫!”

杞柳的枝条柔韧,可以编成杯盘之形。告子把人性比成杞柳,把仁义比成杯盘,认为人性经过“加工”方能成为仁义,实质上是在说人性是不善的。孟子则反问告子是“顺”还是“戕贼”杞柳之性而成杯盘,若是“顺”,则不妨顺着人性而成仁义;若是“戕贼”,则说明仁义也是戕害人性而做到的,又何必还要提倡仁义呢?《告子上》载:

告子曰:“性犹湍水也,决诸东方则东流,决诸西方则西流。人性之无分于善不善也,犹水之无分于东西也。”

孟子曰:“水信无分于东西。无分于上下乎?人性之善也,犹水之就下也。人无有不善,水无有不下。今夫水,搏而跃之,可使过颡;激而行之,可使在山。是岂水之性哉?其势则然也。人之可使为不善,其性亦犹是也。”

告子认为水的流动没有固定的方向,往东引就向东流,往西引就向西流,而人性如同流水,可以为善,可以为不善。孟子则认为,水流确实没有向东或向西的区分,却有向上或向下的区分。人性的善,就如水总是向下流,人性没有不善的,水没有不向下流的。顺着人性行善,正如顺着水性向下流,人做不善的事,是由于外在的不正常的环境造成的。《告子上》载:

告子曰:“生之谓性。”

孟子曰:“生之谓性也,犹白之谓白与?”

曰:“然。”

“白羽之白也,犹白雪之白;白雪之白,犹白玉之白与?”

曰:“然。”

“然则犬之性犹牛之性,牛之性犹人之性与?”

“生之谓性”犹如“白之谓白”是同义反复,但是,难道人性与其他动物之性,没有差别吗?在孟子看来,“人之所以异于禽兽者几希,庶民去之,君子存之”(《离娄下》),人禽之别是十分微小的,区分人与禽的标准就在于人的道德性。《告子上》载:

公都子曰:“告子曰:‘性无善无不善也。’或曰:‘性可以为善,可以为不善;是故文武兴,则民好善;幽厉兴,则民好暴。’或曰:‘有性善,有性不善。是故以尧为君而有象;以瞽瞍为父而有舜;以纣为兄之子,且以为君,而有微子启、王子比干。’今曰‘性善’,然则彼皆非与?”

孟子曰:“乃若其情,则可以为善矣,乃所谓善也。若夫为不善,非才之罪也。恻隐之心,人皆有之;羞恶之心,人皆有之;恭敬之心,人皆有之;是非之心,人皆有之。恻隐之心,仁也;羞恶之心,义也;恭敬之心,礼也;是非之心,智也。仁义礼智,非由外铄我也,我固有之也,弗思耳矣。故曰:‘求则得之,舍则失之。’或相倍蓰而无算者,不能尽其才者也。《诗》曰:‘天生蒸民,有物有则。民之秉彝,好是懿德。’孔子曰:‘为此诗者,其知道乎!故有物必有则;民之秉彝也,故好是懿德。’”

孟子主张性本善,意谓每个人生来就具有仁义礼智的本性。顺着人性,就可以做到善;至于有些人做出不善的事情,并不是天生资质的过错。仁义礼智是与生俱来的,并不是外部强加的。一经探求,就会得到;一经放弃,便会失去。人们的行为之所以相差一倍、数倍甚至无数倍,就在于没有充分发挥人的本性的缘故。

孟子把“四心”称为人的“四端”,是仁义礼智的内在根据。《公孙丑上》载:

无恻隐之心,非人也;无羞恶之心,非人也;无辞让之心,非人也;无是非之心,非人也。恻隐之心,仁之端也;羞恶之心,义之端也;辞让之心,礼之端也;是非之心,智之端也。人之有是四端也,犹其有四体也。

对于个体而言,“四端”犹如人之“四体”,是与生俱来的;对于群体而言,“四端”又是人所共有的。《告子上》载:

口之于味也，有同耆焉；耳之于声也，有同听焉；目之于色也，有同美焉。至于心，独无所同然乎？心之所同然者何也？谓理也，义也。圣人先得我心之所同然耳。故理义之悦我心，犹刍豢之悦我口。

对于声色美味，人们的口、耳等感官有共同的喜好；对于义理，人们的心也应有同样的喜好。这样说来，人人为尧舜才是正理，但现实中却有很多人做坏事，是不是说明这些人就没有“四端”呢？孟子给出了解释。《告子上》载：

牛山之木尝美矣，以其郊于大国也，斧斤伐之，可以为美乎？是其日夜之所息，雨露之所润，非无萌蘖之生焉，牛羊又从而牧之，是以若彼濯濯也。人见其濯濯也，以为未尝有材焉，此岂山之性也哉？虽存乎人者，岂无仁义之心哉？其所以放其良心者，亦犹斧斤之于木也，旦旦而伐之，可以为美乎？

山上本来树木丰美，由于遭到砍伐，还会保持茂盛吗？当然，在阳光雨露的滋润下，它还会不断地生长出幼苗，而人们又经常到那里放牧，要把长出的幼苗啃光了，最终成为现在光秃秃的样子，这难道是山原本的面貌吗？那些做坏事的人，本来具有仁义之心，但就像刀斧对待树木一样，天天砍伐，还能保持茂盛吗？

人性虽善，“四端”虽同，人的行为却有善与不善，究其原因，乃在于后天的道德修养。因此，孟子提出了一系列加强后天道德修养的途径和方法。

（二）修养论

孟子认为，道德修养要“存心”。孟子所谓的心是指“良心”“本心”“四端”。在孟子看来，人的良心、本心很容易丧失，因此，人们要时刻保持警惕，注意“求放心”。《告子上》：

孟子曰：“仁，人心也；义，人路也。舍其路而弗由，放其心而不知求，哀哉！人有鸡犬放，则知求之；有放心而不知求。学问之道无他，求其放心而已矣。”

孔子曰：“‘操则存，舍则亡；出入无时，莫知其乡。’惟心之谓与？”

“四端”是很弱小的，需要精心养护、不断扩充才能发达。《公孙丑上》：

凡有四端于我者，知皆扩而充之矣。若火之始然，泉之始达。苟能充之，足以保四海；苟不充之，不足以事父母。

“四端”是人先天所有，人有“四端”，犹如火之有苗，水之有源。因此，要使之扩充发展，方能火旺泉达，齐家平天下。

存心不仅指守护本心，还包含对本心的养护。养心需要寡欲。《尽心下》：

养心莫善于寡欲。其为人也寡欲，虽有不存焉者，寡矣；其为人也多欲，虽有存焉者，寡矣。

欲望越多，本心越难守护；欲望越少，本心越不易丧失。养心还必须“先立乎其大者”。《告子上》：

公都子问曰：“钧是人也，或为大人，或为小人，何也？”

孟子曰：“从其大体为大人，从其小体为小人。”

曰：“钧是人也，或从其大体，或从其小体，何也？”

曰：“耳目之官不思，而蔽于物。物交物，则引之而已矣。心之官则思，思则得之，不思则不得也。此天之所与我者。先立乎其大者，则其小者不能夺也。此为大人而已矣。”

“小体”是指耳目之类的感官，没有思维能力便只能被外物牵着走；“大体”指人的本心，具有分辨是非善恶的能力，人的本心得以“挺立”，就不会为欲望所遮蔽。

在主张养心的同时，孟子也强调养气，以培养自我的道德力量。《公孙丑上》：

“夫志，气之帅也；气，体之充也。夫志至焉，气次焉。故曰：‘持其志，无暴其气。’”

“既曰：‘志至焉，气次焉’，又曰：‘持其志，无暴其气’者，何也？”

曰：“志壹则动气，气壹则动志也。今夫蹶者趋者，是气也，而反动其心。”

“敢问夫子恶乎长？”

曰：“我知言，我善养吾浩然之气。”

“敢问何谓浩然之气？”

曰：“难言也。其为气也，至大至刚；以直养而无害，则塞于天地之间。其为气也，配义与道；无是，馁矣。是集义所生者，非义袭而取之也。行有不慊于心，则馁矣。我故曰：‘告子未尝知义，’以其外之也。必有事焉而勿正，心勿忘，勿助长也。无若宋人然。宋人有闵其苗之不长而揠之者；芒芒然归，谓其人曰：‘今日病矣，予助苗长矣。’其子趋而往视之，苗则槁矣。天下之不助苗长者寡矣。以为无益而舍之者，不耘苗者也。助之长者，揠苗者也。非徒无益，而又害之。"

志与气二者，志为主，气为辅。志与气相互作用。心志坚定，就能调动"气"；"气"不听指挥，就会动摇心志。孟子所强调的"气"是"浩然之气"，即人们常说的"正气"。养浩然之气，必须顺乎自然，直道蓄养，配合道义，充其量则溢满于天地之间。养气要注意方法，"心勿忘，勿助长"，既不能忘记，也不能急于求成。这样，心中光明正大，日滋月长，便可养成大丈夫的气度。《滕文公下》：

居天下之广居，立天下之正位，行天下之大道。得志，与民由之，不得志，独行其道。富贵不能淫，贫贱不能移，威武不能屈。此之谓大丈夫。

（三）仁政论

儒家不仅强调个人道德修养，也强调统治者应施行仁政。孔子就曾提出"为政以德，譬如北辰，居其所，而众星拱之"的"德治"主张，孟子进一步提出了"仁政"思想。孟子的人性论就是其建构整个仁政思想的根据，《公孙丑上》："人皆有不忍人之心。先王有不忍人之心，斯有不忍人之政矣。以不忍人之心，行不忍人之政，治天下可运之掌上。"孟子的"仁政"主张，最突出的表现就是其民本思想。民本思想包括民贵君轻、保民而王、与民同乐等诸多方面，这里介绍前两点。

1.民贵君轻

《离娄上》："桀纣之失天下也，失其民也。失其民也，失其心也。得天下有道，得其民，斯得天下矣。得其民有道，得其心，斯得民矣。"孟子认为，桀纣之所以亡国，是因为失去了民心，失去了百姓的支持。在君民关系上，孟子提出了著名的"民贵君轻"的观点。他认为："民为贵，社稷次之，君为轻。"（《尽心下》）他还认为，残害百姓的君主是独夫民贼，人人可得而诛之。《梁惠王下》：

齐宣王问曰："汤放桀，武王伐纣，有诸？"

孟子对曰："于传有之。"

曰："臣弑其君，可乎？"

曰："贼仁者谓之贼，贼义者谓之残，残贼之人谓之一夫。闻诛一夫纣矣，未闻弑君也。"

2.保民而王

见于《梁惠王上》。

曰:“德何如则可以王矣?”
曰:“保民而王,莫之能御也。”

除了保民,还要养民。《梁惠王上》:

不违农时,谷不可胜食也;数罟不入洿池,鱼鳖不可胜食也;斧斤以时入山林,材木不可胜用也。谷与鱼鳖不可胜食,材木不可胜用,是使民养生丧死无憾也。养生丧死无憾,王道之始也。五亩之宅,树之以桑,五十者可以衣帛矣;鸡豚狗彘之畜,无失其时,七十者可以食肉矣;百亩之田,勿夺其时,数口之家,可以无饥矣;谨庠序之教,申之以孝悌之义,颁白者不负戴于道路矣。七十者衣帛食肉,黎民不饥不寒,然而不王者,未之有也。

这段话集中体现了孟子的“养民”思想。“不违农时”也就是要使民以时,按照农业生产的周期性征调兵役和劳役。“使民养生丧死无憾”,就是制民之产,让老百姓有恒产,衣食无忧。在孟子看来,“无恒产而有恒心者,惟士为能。若民,则无恒产,因无恒心。苟无恒心,放辟邪侈,无不为已。”(《梁惠王上》)在改善老百姓生活条件的基础上,然后设立学校予以教化,使百姓知孝悌、懂礼仪,就能实现社会的稳定和国家的长治久安。

第四节 《大学》和《中庸》

一、《大学》

“大学”本指古代负责教育贵族子弟的高等教育机构。此处的“大学”，是相对于“详训诂，明句读”的“小学”而言的，即大人之学，所讲乃治国安邦的“大学”。

《大学》本是《礼记》中的一篇文章，朱熹将《大学》与《中庸》《论语》《孟子》合为“四书”，《大学》遂成为儒家经典。朱熹在撰写《四书章句集注》时，改变了“古本大学”原文的编排顺序，将其重编为“经一章，传十章”。“经一章”谈“三纲领”与“八条目”。“三纲领”指“明德”“亲民”“止于至善”。“八条目”指“格物、致知、诚意、正心、修身、齐家、治国、平天下”。“传十章”则是依照“三纲八目”的顺序，重新编排《大学》文本。

朱熹在《大学章句》中说：“子程子曰：‘《大学》，孔氏之遗书，而初学入德之门也。’于今可见古人为学次第者，独赖此篇之存，而《论》、《孟》次之。学者必由是而学焉，则庶乎其不差矣。”认为《大学》是儒家思想的纲领，重要性在《论语》《孟子》之上，遂把《大学》列为“四书”之首。

《大学》把儒家的思想概括为“三纲领”“八条目”。“三纲领”是儒家垂世立教的宗旨和目标。《大学》开篇即说：

> 大学之道，在明明德，在亲民，在止于至善。

何为“明明德”？《大学》原文的解释是：“《康诰》曰：‘克明德。’《太甲》曰：‘顾是天之明命。’《帝典》曰：‘克明峻德。’皆自明也。”《康诰》《太甲》《帝典》都是《尚书》中的篇名。“克明德”，语出《周书·康诰》，原文为：“惟乃丕显考文王，克明德慎罚，不敢侮鳏寡，庸庸，祇祇，威威，显民。”意思是说，伟大的先王文王，能够崇尚道德教化，谨慎地使用刑罚，同情鳏寡孤独，任用值得任用的人，尊敬值得尊敬的人，惩罚应该惩罚的人，使百姓明白国家的政策法令。“顾是天之明命”，语出《商书·太甲》，原文为：“先王顾諟天之明命，以承上下神祇，社稷宗庙，罔不祇肃。”意思是说，先王敬奉天命，顺应天地鬼神，能够恭敬肃穆地对待社稷宗庙。“克明峻德”，语出《虞书·尧典》，原文为：“克明峻德，以亲九族。”意思是说，（帝尧）能够尊明峻德之士，使族人亲近和睦。

“明明德”的第一个“明”为动词，昌明；第二个“明”为形容词，光明的。明明德，即弘扬光明的品德，大学的宗旨就在于彰显光明的德行。人人本来都具有“明德”，通过“大学”的学习使之彰显。

何为“亲民”?《大学》原文的解释是：“汤之《盘铭》曰：‘苟日新，日日新，又日新。’《康诰》曰：‘作新民。’《诗》曰：‘周虽旧邦，其命维新。’是故君子无所不用其极。”朱熹认为“亲”当作“新”，“亲民”就是“新民”。《大学章句》说：“新者，革其旧之谓也，言既自明其明德，又当推以及人，使之亦有以去其旧染之污也。”

从《大学》和朱熹的解释可以看出，“新民”的意思就是通过修养自我，教化百姓，使百姓每天能够革旧图新。

何为“止于至善”？止，达到并停留。至善，最高的善。人际关系被称为“人伦”，止于至善就是“尽人伦”。《大学》原文对“止于至善”的解释是：“为人君，止于仁；为人臣，止于敬；为人子，止于孝；为人父，止于慈；与国人交，止于信。”一个人依照自己在人伦中所处的位分，践履与这个位分相应的道德准则，做到完美，就意味着达到了“至善”的境界。

《尧典》讲“钦明文思安安，允恭克让，光被四表，格于上下”，《论语》讲“修己以敬”，这层意思就是“明明德”。《尧典》讲“克明峻德，以亲九族。九族既睦，平章百姓”，《论语》讲“修己以安人”，这层意思就是“亲民”。《尧典》讲“百姓昭明，协和万邦，黎民于变时雍”，《论语》讲“修己以安百姓”，这层意思就是“止于至善”。三纲之间是层层递进的关系，通过彰显美德，践行美德，教化百姓，最终使人人达到至善的境地。

《大学》不但是儒家的道德理想和纲领，也是修身进学的总原则。《大学》说：

知止而后有定，定而后能静，静而后能安，安而后能虑，虑而后能得。物有本末，事有终始，知所先后，则近道矣。

修身进学的程序是：知止→有定→能静→能安→能虑→能得。知止，就是知道所要达到的目标。目标明确，才有努力的方向，才能专心致志，经过深思熟虑，而后有所收获。修身进学要知道事情的本末和因果，明白先做什么，后做什么，才能逐渐把握其中的道理。

“八条目”是儒家所倡导的人生进修的阶梯。《大学》说：

古之欲明明德于天下者，先治其国；欲治其国者，先齐其家；欲齐其家者，先修其身；欲修其身者，先正其心；欲正其心者，先诚其意；欲诚其意者，先致其知；致知在格物。物格而后知至，知至而后意诚，意诚而后心正，心正而后身修，身修而后家齐，家齐而后国治，国治而后天下平。自天子以至于庶人，壹是皆以修身为本。其本乱而末治者否矣，其所厚者薄，而其所薄者厚，未之有也。

“格物”的意思是探究事物的道理，正如朱熹所说“即物而穷其理”之意。

“致知”意为获得真知。

“诚意”意为情感意念要真诚，不自欺，悦纳自己，表里如一。《大学》说：“所谓诚其意者：毋自欺也，如恶恶臭，如好好色，此之谓自谦，故君子必慎其独也。”

“正心”意为端正内心。

“齐家”意为管理好家庭和家族。

“八条目”可分为两部分来看，“格物、致知、诚意、正心”是“内修”，是自我的向外学习和体悟；“齐家、治国、平天下”是“外治”，是自我的道德实践与扩充。“修身”是具体的言行修养，是连接“内修”和“外治”的桥梁和纽带。修身是“内修”的目的，也是“外治”的基础，所以说“自天子以至于庶人，壹是皆以修身为本”。

“三纲八目”不仅是古代知识分子进学修身的目标和步骤，更是人们追求的人生理想和政治理想。两千多年来，一代又一代知识分子正是在这一思想的指引下“穷则独善其身，达则兼济天下”，今天也潜移默化地影响着我们每一个人。

二、《中庸》

《中庸》与《大学》一样，原为《礼记》中的一篇文章，朱熹将其独立出来，与《大学》《论语》《孟子》合为“四书”，《中庸》遂成为儒家重要典籍。

关于《中庸》的作者，一般认为是子思所作。子思（前483—前402），孔子嫡孙，名伋，鲁国人，曾授业于曾参。据朱熹说，《中庸》原本为“孔门心法”，子思“恐其久而差”，因此著作成书，并传授于孟子。根据《韩非子·显学》记载，孔子去世后，儒分为八个派别，子思和孟子就是其中的一派，但从时间上来看，孟子不可能是子思的亲授弟子，也许是再传弟子。

此书取名“中庸”，内涵深刻。孔子曾说：“中庸之为德也，其至矣乎，民鲜久矣！”（《论语·雍也》）可见，“中庸”在孔子看来是一种“至高无上的德性”。关于“中庸”一词的含义，朱熹解释说：“中者，不偏不倚、无过不及之名。庸，平常也。”在《中庸》第六章关于舜的描写也有助于我们理解。“子曰：‘舜其大知也与！舜好问而好察迩言，隐恶而扬善，执其两端，用其中于民，其斯以为舜乎！’”“中庸”就是“用中”，也就是“致中和”。

《中庸》一书，提出了一系列重大命题，理论色彩浓厚，在儒家思想体系中具有举足轻重的地位。该书共33章，围绕“中庸”予以立论，从多个方面对孔子的思想进行了阐发。《中庸》第1章为总论：

天命之谓性，率性之谓道，修道之谓教。道也者，不可须臾离也，可离非道也。是故君子戒慎乎其所不睹，恐惧乎其所不闻。莫见乎隐，莫显乎微。故君子慎其独也。喜怒哀乐之未发，谓之中；发而皆中节，谓之和。中也者，天下之大本也；和也者，天下之达道也。致中和，天地位焉，万物育焉。

在这一章，《中庸》提出了天命、人性、慎独、致中和等重要概念，从天命、人性两个基本问题入手，为“致中和”寻找理论依据。孔子曾说：“天生德于予”，认为人的德性是上天赋予的。《中庸》秉承了孔子这一思想，提出了“天命之谓性”的观点，把儒家伦理思想从日用中提升了起来，具有了形而上的性质。“率性之谓道”，是说人要顺性而为，按照自我的本性去发展，这才是应该遵循的“道”。“修道之谓教”，是说君子要通过修身才能尽性，而后设教化民，帮助他人实现本性。《中庸》强调，君子修道，心存敬畏，有所戒慎，才能不背离“道”。日就月将，于幽暗细微之处，也能顺道而行，“喜怒哀乐”等情感的抒发也就“从心所欲不逾矩”，从而实现“中和”的状态。

第2章至第11章，主要内容是引用孔子的话来阐释“中庸”之意，大致可分为三个方面。第10章、第11章指出“中庸”是君子努力秉持的德行，是须臾不离的，“君子依乎中庸，遁世不见知而不悔”。第2、3、4、5、7、9章等说明“中庸”是很难做到的。如“子曰：‘中庸其至矣乎，民鲜能久矣！’”（第3章）“子曰：‘道其不行矣夫！’”（第5章），由于“中庸”比较难以做到，有时候会出现违背“中庸”的行为，“仲尼曰：‘君子中庸，小人反中庸。君子之中庸也，君子而时中。小人之反中庸也，小人而无忌惮也。’”（第2章）有时尽管能做到，却不能坚持，“择乎中庸而不能期月守也”（第7章）。在第6章、第8章，《中庸》列举了能够行乎“中庸”的两个人：舜和颜回。第6章说舜能够“执其两端，用其中于民”，第8章说颜回“择乎中庸，得一善，则拳拳服膺而弗失之矣。”

第12章至第14章，主要内容是阐释“道不可离”之意。“君子语大，天下莫能载焉；语小，天下莫能破焉。”（第12章）道，无物不有，无论是大到不能承载的东西，还是小到不能分割的东西，都包含“道”。“道不远人，人之为道而远人，不可以为道。”（第13章），道，贵在用，如果道脱离了人生，那么所追求的也就不是道了。“君子素其位而行，不愿乎其外。素富贵，行乎富贵；素贫贱，行乎贫贱：素夷狄，行乎夷狄；素患难，行乎患难。君子无入而不自得焉。”（第14章）君子素位而行，也就是不离道之左右，因此，无论富贵贫贱，无往而不自得。

第15章至第20章，主要讲“五伦”“三德”，也就是如何让人情“致中和”之意。五伦，即君臣、父子、夫妻、兄弟、朋友五种人际关系，是用中庸之道调节的“五达道”；三德，即知、仁、勇三种德性，是用来调节人际关系的“三达德”。第15章说：“君子之道，辟如行远必自迩，辟如登高必自卑。《诗》曰：‘妻子好合，如鼓瑟琴。兄弟既翕，和乐且耽。宜尔室家，乐尔妻孥。’子曰：‘父母其顺矣乎！’”君子欲使人情致中和，必须从“齐家”开始。第16章至第19章讲“孝”，因为孝是维系五伦关系的关键，所以单独申说。第16章说：“鬼神之为德，其盛矣乎！……使天下之人齐明盛服，以承祭祀。”正如《论语》所言：“慎终追远，民德归厚矣”，举行祭祀先祖的仪式，以“孝”引导民德归厚，正是孝的真谛所在。第17章至第19章，列举舜、文王、武王、周公等“达孝”的典型，说明以孝治天下，“治国其如示诸掌乎”的道理。第20章详细阐释了“五达道”与“三达德”的重要性，并引出“致中和”的重要概念“诚”，因此，本章具有承上启下的作用。

第21章至第26章，主要讲“诚”。何为诚?《中庸》说：

诚者，天之道也；诚之者，人之道也。诚者不勉而中，不思而得，从容中道，圣人也。诚之者，择善而固执之者也。

朱熹将“诚”解释为“真实无妄，天理之本然”。《中庸》第1章说：“天命之谓性，率性之谓道”，因此，“诚”与“性”便有着紧密的联系。《中庸》第21章说：“自诚明，谓之性”，因此，可以说“诚”即“性”，“性”即“诚”，“诚之”便是“率性”。圣人能够“不勉而中，不思而得，从容中道”，能够与天合一，因此是“诚”者，是一种完成时的状态；君子“择善而固执”，率性而为，修身不已，因此是“诚之”者，是一种进行时的状态。

《中庸》第22章说：

唯天下至诚，为能尽其性；能尽其性，则能尽人之性；能尽人之性，则能尽物之性；能尽物之性，则可以赞天地之化育；可以赞天地之化育，则可以与天地参矣。

“天下至诚”，也就是圣人之意了。只有圣人，才能诚到极处，才能“极高明而道中庸”。第21章说：“诚则明矣，明则诚矣”，“至诚”便是“极高明”的意思。

《中庸》第25章说：

诚者，自成也；而道，自道也。诚者，物之终始，不诚无物。是故君于诚之为贵。诚者，非自成己而已也，所以成物也。成己，仁也；成物，知也。性之德也，合外内之道也，故时措之宜也。

此章的意思是说，天道不仅自成，而且成物，世间万物无物不在遵循天道。因人之性得之于天，与物并无二差，因此，君子应该效法天道，发扬“时措之宜”，成己成物也。所以第26章紧承25章，说“至诚无息”，勉励君子道远弘毅，厚德载物，“纯亦不已”，以致“悠久无疆”。

第27至33章描绘的正是一幅“致中和，天地位焉，万物育焉”的景象。第27章说：“大哉，圣人之道！洋洋乎，发育万物，峻极于天。……故君子尊德性而道问学，致广大而尽精微，极高明而道中庸”，第30章：“仲尼”云云，第31章：“天下至圣”，第32章：“天下至诚”，此皆为“致中和”的论说，而第27章为总括。第28章：“车同轨，书同文，行同伦”，第29章：“王天下有三重焉”云云，不就是一幅“万物并育而不相害，道并行而不相悖”的景象吗？第33章更是引诗为证，卒章明义：“上天之载，无声无臭。”且与第1章“天命之谓性”遥相呼应。

《中庸》一书，不同于《论语》一书之浅易明白，不同于《大学》一书之条分缕析，也不同于《孟子》一书之联类譬喻，书中诸如天、命、性、道、慎独、中和、达道、诚、明等等概念，层出不穷。早在汉代就有专门解释《中庸》的著作。特别是宋代以后，人们更是倾注了极大的热情。但难免有时候会以今释古，甚至借道援佛，造成歧解纷出，莫衷一是。

第五节　荀子和《荀子》

一、荀子

荀子，名况，字卿，又名孙卿，战国末期赵国人。生卒年不详，学术活动约在前298年至前238年之间。据《史记·孟子荀卿列传》记载，50岁时荀子到齐国游学，在稷下众多思想家中“最为老师”。齐襄王时，“三为祭酒”。后来，蒙受诋毁，离齐适楚，春申君以其为兰陵令。春申君死后，荀子被罢官，家于兰陵。废居兰陵期间，荀子著书立说数万言，阐明各诸子思想的成功和失败之处。死后，葬于兰陵。荀子的弟子很多，最著名的是李斯和韩非。

荀子的思想主要载于《荀子》一书。现通行的《荀子》共32篇，分为《劝学》《修身》《不苟》《荣辱》《非相》《非十二子》《仲尼》《儒效》《王制》《富国》《王霸》《君道》《臣道》《致士》《议兵》《强国》《天论》《正论》《礼论》《乐论》《解蔽》《正名》《性恶》《君子》《成相》《赋》《大略》《宥坐》《子道》《法行》《哀公》《尧问》等。《荀子》不仅师承了儒家思想，而且批判吸收了春秋战国以来各派的学说，内容比较驳杂，成为先秦最后一位儒学大师。但由于《荀子》的很多思想内容接近法家和刑名家，与儒家正统思想时有出入，因此长期遭受冷落。清代以后，《荀子》的思想价值才逐渐引起人们的重视。

二、《荀子》的主要内容

有别于孔子、孟子，荀子把“法后王，统礼义，一制度，以浅持博，以今持古，以一持万”（《儒效》）作为学说的基本宗旨，建立了自己独具特色的思想体系，主要内容包括：

（一）天道观

先秦各派思想家，特别是儒家，大都将天视为人的道德的根源，认为人的德性受命于天，而人的德行修养的终极目标便是达到天人合一的境界。荀子则强调天人之分，认为天是自然之天，天与人是两种不同性质的存在，人不受命于天。

《天论》开篇即说：“天行有常，不为尧存，不为桀亡。”指出圣王和暴君均与天无关，可谓振聋发聩。自然的变化按照既定的规律运行，不左右人类社会，也不受人类社会所左右。“天不为人之恶寒也辍冬，地不为人之恶辽远也辍广”，“天有常道矣，地有常数矣”。对于星坠木鸣、日食月食、风雨不调等不常见的自然现象，荀子认为，这是“天地之变，阴阳之化，物之罕至者也”，指出“怪之可也，而畏之非也”。比起自然界的“灾异”，统治者“政令不明，举措不时，本事不理”所带来的灾祸更为可怕，这种人类社会的乱象，被荀子称为“人妖”。

在荀子看来，天是外在于人类的自然界，并没有自己的意志，而人尽管也是自然的产物，是自然界的一部分，但人有自己的意志、思维和能力。因此，荀子指出“强本而节用，则天不能贫；养备而动时，则天不能病；修道而不贰，则天不能祸。”人的福祸，关键是看自己如何做，与天是没有关系的。在天人关系中，荀子强调人在天地间的地位和作用，认为“天有其时，地有其财，人有其治，夫是之谓能参。舍其所以参而愿其所参，则惑矣。”(《天论》)。人不仅是自然界的主动参与者，更应该是与天、地并列，天、地、人各司其职，各尽其能方叫“能参”。

(二)人性论

与孟子的“人性善”不同，荀子主张“人性恶”。《性恶》一文专门讨论了这个问题。《性恶》说：

> 人之性恶，其善者伪也。今人之性，生而有好利焉，顺是，故争夺生而辞让亡焉；生而有疾恶焉，顺是，故残贼生而忠信亡焉；生而有耳目之欲，有好声色焉，顺是，故淫乱生而礼义文理亡焉。然则从人之性，顺人之情，必出于争夺，合于犯分乱理而归于暴。故必将有师法之化，礼义之道，然后出于辞让，合于文理，而归于治。用此观之，然则人之性恶明矣，其善者伪也。

荀子认为人的本性是恶的，生来具有“好利”的本性。如果顺着人性，人们就会不顾礼义廉耻，争名夺利，社会就会混乱。人们之所以做出善的行为，是因为受到了礼义的约束。人的恶的本性受到“师法之化”，方能使之“合于文理”，社会才趋于安定。

在人性善恶问题上，荀子与孟子是对立的。所以，在《性恶》一文中荀子对孟子的观点进行了批判。

> 孟子曰：“人之学者，其性善。”曰：是不然。是不及知人之性，而不察乎人之性、伪之分者也。凡性者，天之就也，不可学，不可事。礼义者，圣人之所生也，人之所学而能，所

事而成者也。不可学、不可事而在人者谓之性,可学而能、可事而成之在人者谓之伪,是性、伪之分也。

荀子认为,“不可学、不可事”者为“性”,“可学而能、可事而成”者为“伪”,因此批评孟子的“性善论”没有将“性与伪”区分开来。如何看待孟、荀二人的抵牾之处?荀子以“可学而能、可事而成”者为“伪”,但此“伪”岂不是“我”的一种行为吗?“我”为什么要为“伪”,岂不是“性”自有此吗?所以,孟子说:“乃若其情,则可以为善矣,乃所谓善也。”可以说,荀子之“伪”中正含有孟子之所谓“性”。荀子之所谓“性”,并不能与孟子所谓的“性”画等号。《孟子·尽心下》:“口之于味也,目之于色也,耳之于声也,鼻之于臭也,四肢之于安逸也,性也,有命焉,君子不谓性也。”在孟子看来,口目耳鼻等感官的生理需求不能看成人的本性,如果是人的本性,那么人与动物岂不是并无二致?

荀子主张“性恶”,是由其生活的时代环境所致。当时学者“不遂大道而营于巫祝”,邪说盛行,纵情恣睢,而荀卿予以礼法矫饰,化性起伪。《儒效》篇说:“人无师法则隆性矣;有师法则隆积矣。……性也者,吾所不能为也,然而可化也。”荀子主张“性恶”,实则有感于人们不肯为善。

孟子的性善论,可以让人时时精进,免于自诿;荀子的性恶论,可以让人时时警惕,免于自恃。一正一反,可谓殊途同归。

(三)礼法论

在儒家思想体系中,礼具有重要地位。孔子主张“克己复礼”“非礼勿听,非礼勿视,非礼勿言,非礼勿动”“兴于诗,立于礼,成于乐”,不仅把礼作为个人行为的规范,也作为维系社会关系的重要准则。

“礼”是荀子学说的核心概念。荀子认为,“礼”无论是对个人的化性起伪,还是维系社会的和谐有序,都具有至关重要的作用。

荀子《礼论》说:“礼起于何也?曰:人生而有欲,欲而不得,则不能无求;求而无度量分界,则不能不争;争则乱,乱则穷。先王恶其乱也,故制礼义以分之,以养人之欲,给人之求,使欲必不穷乎物,物必不屈于欲,两者相持而长,是礼之所起也。”认为先王为了调和人的欲望与物之间的矛盾,让人的欲望得以满足,但又将其控制在一个合理的范围,避免引起社会的混乱,这就是礼产生的原因。荀子认为,礼最根本的作用是“明分”。《富国》说:“离居不相待则穷,群而无分则争;穷者患也,争者祸也,救患除祸,则莫若明分使群矣。”荀子认为,治理国家的第一要务就是组织好社会,避免纷争和混乱,使人“能群”。人是社会性的动物,只有在社会中才能生存,人只有融入社会,社会才能得以延续。如果人离群索居，社会就会陷入困顿。礼具有“明分”的作用，恰恰可以让人“群而不争”。

荀子认为，礼具有化性起伪的作用，所以特别重视礼在个人修养上的指导作用。《修身》说：“礼者，所以正身也。”“凡用血气、志意、知虑，由礼则治通，不由礼则勃(同悖)乱提僈；食饮、衣服、居处、动静，由礼则和节，不由礼则触陷生疾；容貌、态度、进退、趋行，由礼则雅，不由礼则夷固僻违、庸众而野。”礼不仅对于个人修养具有重要意义，也是国家治乱的根本。《修身》说：“人无礼则不生，事无礼则不成，国家无礼则不宁。”在国家治理上，荀子重视礼与法的综合作用，认为：“礼义者，治之始也。”(《王制》)“法者，治之端也。”(《君道》)但有别于法家的惟法是崇，荀子认为法只是治理国家的具体手段，是对礼的辅助。《劝学》篇说：“礼者，法之大分，类之纲纪也。”荀子在坚持儒家治国思想的基础上，吸收了法家的某些观念，提出了法治的思想作为对礼治的一种补充。

作为先秦儒家思想的集大成者，荀子的思想是丰富和驳杂的，除了上面提到的天道、人性、礼法等思想外，还有以“平政爱民”“隆礼敬士”“尚贤使能”为主要内容的“王制”思想，以“明分使群”“节用裕民”“节流开源”为主要内容的“富国”思想，等等。

第六节 新儒学

一、概说

孔子“祖述尧舜，宪章文武”，在全面总结三代文化遗产的基础上，崇仁尚礼，创立了儒家学说。孔子的思想比较切近生活，圆融畅达，易知易行。孟子以孔子私淑弟子自居，阐发人性之善，求放心，养正气，倡仁义，偏于“内圣”家数。秦朝一统天下，崇尚严刑峻法，焚书坑儒，儒学蒙受“人妖”之祸。汉初，统治者无为而治，黄老之学应运而兴。汉武帝“罢黜百家，独尊儒术”，董仲舒投其所好，以阴阳家学说改造原始儒学，倡导君权神授，主张“三纲五常”，儒学实际上成为兼综阴阳刑名之学的理论体系。魏晋南北朝时期，何晏、王弼等人，援道入儒，使得儒学玄学化。隋唐时期，儒、释、道并行，儒学在理论上没有大的突破。

儒学发展到宋代，开始以理学的形态出现，理学已经不是原来意义上的儒学，因此学者称之为“新儒学”。

“新儒学”的产生，一方面是由于宋朝统治者偃武修文，大力提倡所致。宋朝开国者赵匡胤为巩固统治，笼络人心，下令“增修国子监学舍，修饰先圣十哲像，画七十二贤及先儒二十一人像于东西廊之板壁”(《宋会要辑稿》)。赵匡胤不仅自己读儒家经典，还督促臣僚阅读，这样一种风气无疑为儒学的发展提供了沃壤。另一方面，在儒、释、道相互竞争、相互渗透的过程中，儒学缺乏思辨性、系统性的弱点逐渐暴露出来，发展面临严重挑战，一些儒家学者遂借鉴吸收佛、道的思想资源改造儒学，由此便出现了儒学的新形态——理学。相比于原始儒学，理学突出的特征是更富有思辨性和哲理性，体系更为成熟。代表人物是二程(程颢、程颖)、朱熹和王阳明。

二、程朱理学

程颢、程颖兄弟二人，被称为“二程”。程颢(1032—1085年)，字伯淳，世称“明道先生”。程颖(1033—1107年)，字正叔，世称“伊川先生”。“二程”有《二程全书》遗世，包括《明道文集》4卷、《伊川文集》8卷、《伊川易传》4卷及《遗书》25卷、《外书》12卷、《经说》8卷、《粹言》2卷等。

“二程”曾向周敦颐求学。周敦颐(1017—1073年)，字茂叔，世称“濂溪先生”。周敦颐在其《太极图书》一文中阐发了宇宙生成论、人与自然的关系等理学的基本概念范畴，使“心性义理”学说得到初步发挥，被公认为是理学的先驱。“二程”继承了周敦颐的理学思想，并使之发展成熟。“二程”的主要思想包括提出“天理”概念，主张“气禀之性”和“天命之性”的人性论，倡导“与理为一”的人生修养目标。

朱熹（1130—1200年），字元晦，又字仲晦，号晦庵，徽州婺源（今属江西）人。朱熹学问渊博，著述宏丰：在儒家经典注解方面，著有《周易本义》《诗集传》《四书章句集注》等；在古典文学方面，著有《楚辞集注》《韩文考异》等。此外，朱熹还编辑有《五朝名臣言行录》《近思录》《河南程氏遗书》等等。朱熹的著述由后人汇编为《朱文公文集》，包括文集100卷、续集11卷、别集10卷。其讲学语录，被分类汇编为《朱子语类》。

朱熹全面总结了宋代的理学成果，是理学的集大成者，“理”是其思想学说的核心。

（一）理与气

朱熹所说的“理”，也称“天理”“太极”。朱熹认为“理”是宇宙的根源，“合天地万物而言，只是一个理”。理先于天地而存在，“未有天地之前，毕竟也只是理，有此理，便有此天地。若无此理，便亦无天地”（《朱子语类》卷一）。理是“形而上”者，至于具体世界的构成，则有赖于“形而下”之“气”，任何事物都包含“理”与“气”两个部分。朱熹说：“天地之间，有理有气。理也者，形而上之道也，生物之本也；气也者，形而下之器也，生物之具也。是以人物之生，必禀此理，然后有性；必禀此气，然后有形。”（《朱子文集》卷五十八）“理”与“气”是两个事物，不能混同，“理”虽先于“气”而存在，但“理”要在“气”中方能运行，所以朱熹说：“天下未有无理之气，亦未有无气之理。”（《朱子语类》卷一）二者在具体事物上“浑沦不可分”。

（二）理与性

气依理而动，流行而为阳气，凝聚则为阴气，世界上的各类生物皆由“气化”而生，人也不例外。朱熹说：“天地之初，如何讨个人种。自是气蒸结成两个人。”（《朱子语类》卷九十四）人是由“气化”而来，此气中之理便是“性”。朱熹说：“人之所以生，理与气合而已。天理固浩浩不穷，然非是气，则虽有是理而无所凑泊。故必二气交感，凝结生聚，然后是理有所附着。凡人之能言语、动作、思虑、营为，皆气也，而理存焉。”（《朱子语类》卷四）气有清浊，人也有得气之清者与得气之浊者的分别，禀气清朗者为圣人，昏浊者为愚人。人的性，是“形而上”之理的总合，人的道德也有对应的“理”，但此理是抽象的，无迹可寻，只有人“情”才可得而见。朱熹说：“仁、义、礼、智，性也。性无形影可以摸索，只是有这理耳。惟情乃可得而见，恻隐、羞恶、辞逊、是非是也。”（《朱子语类》卷六）通过“情”

可以推知“理”的存在，“因其恻隐，知其有仁；因其羞恶，知其有义。”(《朱子语类》卷六)人性因气禀所蔽，无法显露，只有圣贤才能克服气禀所蔽，使本性完全显露。朱熹说：“有是理而后有是气，有是气则必有是理。但禀气之清者，为圣为贤，如宝珠在清冷水中；禀气之浊者，为愚为不肖，如珠在浊水中。所谓明明德者，是就浊水中揩拭此珠也。”(《朱子语类》卷四)

(三)理与欲

在涉及善恶问题和工夫理论时，有“理”与“欲”两个概念相配。理，即天理；欲，即人欲。朱熹说：“人生而静，天之性，未尝不善。感物而动，性之欲，此亦未是不善。至于物至知知，然后好恶形焉，好恶无节于内，知诱于外，不能反躬，天理灭矣，方是恶。”(《朱子语类》卷九十四)朱熹认为“天理流行”为善，天理灭为恶。好恶为情，情没有节制，为欲。朱熹说：“心，譬水也。性，水之理也。性所以立乎水之静，情所以行乎水之动，欲则水之流而至于滥者也。”(《朱子语类》卷五)“情”为“性”之动者，无所谓善恶好坏，并不为朱熹所否定。“圣人千言万语，只是教人存天理，灭人欲”(《朱子语类》卷十二)，所否定者乃滥情之欲。

三、阳明心学

王守仁(1472—1529年)，字伯安，别号阳明子，世称阳明先生，浙江余姚人。王守仁的思想主要论题可分为：心即理、致良知、知行合一等三部分。

(一)心即理

“心即理”是王守仁心学的核心概念。《传习录》：“心即理也。天下又有心外之事？心外之理乎？”理学家认为理是万事万物的本源，而王守仁则将天地万物都涵盖在了“心”里。《传习录》：“心不是一块血肉，凡知觉处便是心。”“耳目口鼻四肢，身也。非心，安能视听言动？心欲视听言动，无耳目四肢亦不能，故无心则无身，无身则无心。但指其充塞处言之谓之身，指其主宰处言之谓之心。”“心”不是物质实体，而是精神的实体，能够主宰人身，化生万物。王守仁在《答季明德》一文中说：“人者，天地万物之心也；心者，天地万物之主也。心即天，言心则天地万物皆举之矣。”“心”成了宇宙的最高本体，这个能够包举万物的“心”，有时被王守仁称为“良知”。“天地万物，具在我良知的发用流行中，何尝又有一物超于良知之外！”

(二)致良知

“致良知”是王守仁关于认识方法的核心思想。“致良知”被王守仁称为“孔门正法眼藏”。他曾说:“吾平生讲学,只是致良知三字。”(《寄正宪男手墨二卷》)王守仁的“致良知”思想导源于《大学》和《孟子》。《大学》:“古之欲明明德者……欲诚其意者,先致其知,致知在格物。”《孟子》:“人之所不学而能者,良能也;所不虑而知者,良知也。”“天理”是有宋以来学者们讨论最多的命题,王守仁将“良知”与“天理”等同起来。“吾心之良知,即所谓天理也。”(《答顾东桥书》)“良知即是天理。”(《答欧阳崇一》)所以,所谓的“致良知”就是人人心中都存在着一个天理,这个天理就是“良知”,人们要克服“物欲”和“昏蔽”,才能认识天理,做得圣人。

(三)知行合一

知行问题的提出,最早可上溯至孔子,孔子学以致用、言行合一的主张便是知行合一命题的端绪。对这一问题的深入讨论,则是从宋儒开始的。程颐说:“不致知,怎生行得?勉强行者,安能持久?”(《程氏遗书》卷十八)陆九渊说:“知之在先,行之在后”(《象山语录》)王守仁则不同意“知先行后”之说,认为:“只说一个知,已自有行在;只说一个行,已自有知在”,“知行如何分得开?”(《传习录》)王守仁认为“知行本体原是如此”,并且以水为喻,来阐明其观点,“知犹水也,人心之无不知,犹水之无不就下也;决而行之,无有不就下者。决而行之者,致知之谓也。此吾所谓知行合一者也。”(《书朱守楷卷》)王守仁认为,知与行是无法割裂的,“原是两个字说一个工夫”(《答友人问》)。“知是行的主意,行是知的工夫;知是行之始,行是知之成。”(《传习录》)

王守仁所说的知,即良知;其所说的行,即致良知。哲学家所用术语的内涵,往往与日常习用之义有别,学习者当留意。

第五章

道学

第一节　道家与道教

不论是创始者老子还是后继者庄子，都没有自称为“道家”。“道家”一词，最早见于《汉书·艺文志》：

> “道家者流，盖出于史官，历记成败存亡祸福古今之道，然后知秉要执本，清虚以自守，卑弱以自持。此君人南面之术也。合于尧之克攘，《易》之嗛嗛，一谦而四益，此其所长也。及放者为之，则欲绝去礼学，兼弃仁义，曰独任清虚，可以为治。”

道家的称谓，是后人根据前辈学说的主要内容进行总结之后提出来的，它包括庄学和黄老学说。

道家思想是中国古代思想的重要源头，与儒家、佛家构成了中国传统文化的主干。道家哲学由宇宙论而延伸到人生论、政治论。人生论是宇宙论和政治论的最终皈依，或云人生哲学方是道家的真正动机。“道”分为天道、地道、人道，但最终指向无非人道。当然，道家的人生哲学也蕴含了丰富的宇宙论和政治智慧。宇宙与人生的统一，是中国哲学的一大特性，正如张岱年所云：“中国哲学在本质上是知行合一的。思想学说与生活实践,融成一片。中国哲人研究宇宙人生的大问题,常从生活实践出发,以反省自己的身心实践为入手处;最后又归于实践,将理论在实践上加以验证。即是,先在身心经验上切己体察,而得到一种了悟;了悟所至,又验之以实践。要之,学说乃以生活行动为依归。”①

一、道家的人生哲学

人生哲学的根本问题是安身立命的问题,涉及个人与社会的关系,以及个人面对自己的境况所采取的态度和方法。春秋战国时期的社会变革,导致了士阶层的崛起和官学的流出,由此导致各阶层对当时的社会礼乐崩坏、战乱纷仍感到不满并提出了相应的解决方法,这些解决方法归纳起来大约分为治身和治国两个方面。而道家正是在治身和治国两个方面提出了和其他诸家不同的观点,在当时独树一帜,且对后世影响深远。

(一)守愚为智、返璞归真

人类多以“智”为尚,至今犹然。“聪明”几乎是所有人的追求,道家思想却有鲜明的反“智”传统。如老子所言:“古之善为道者,非以明民,将以愚之。民之难治,以其智多,故以智治国,国之贼;不以智治国,国之福。”(《道德经》第六十五章)老子因此而被认为是卖弄“愚民之术”的阴谋家。究其实,老子所谓“愚”非“愚昧”之“愚”,而是“愚朴”之“愚”,即人心的浑朴与安静,并以此区别于世人的聪明之术。“我愚人之心也哉;沌沌兮!俗人昭昭,我独昏昏。俗人察察,我独闷闷。”(《道德经》第二十章)“愚”与“智”相对,世事纷乱,人心不古,物欲横流是“智”所不能止的,而“愚朴”却可以从根源上断绝烦恼的因子。要真正地、准确地把握“道”,需要一种大彻大悟,亦即大智慧,这种智慧就是“愚朴”的特性。从这个角度而言,“愚”“智”又并非完全对立。如庄子所言:“知其愚者,非大愚也;知其惑者,非大惑也。大惑者,终身不解;大愚者,终身不灵。”(《庄子·天地》)因为道家深知人类智慧的极限难以超越自然;人类所有的机巧对于自然造化而言无非雕虫小技,因此道家主张“愚”,从而返璞归真,在宇宙造化中安享人生,而非恣意妄为,肆用“聪明”。苏轼曾言:“人皆养子望聪明,我被聪明误一生。惟愿孩儿愚且鲁,无灾无难到公卿。”(《洗儿诗》)可谓是道家这种思想在中国传统士大夫中的影响。

(二)贵身轻物、少私寡欲

人类的各种行为概括起来无非往外和向内这两种基本的模式,因为人类的生存发展不得不凭借外物,因此人类自然而然地关注对人生存发展所必需的外物。然而对于外物

① 张岱年《中国哲学大纲》,北京:中国社会科学出版社,1982年,第5页。

的过分追求,却使人类的心智限于迷惑之中。《列子·杨朱》记载了一个故事:

杨朱游于鲁,舍于孟氏。孟氏问曰:“人而已矣,奚以名为?”曰:“以名者为富。”“既富矣,奚不已焉?”曰:“为贵。”“既贵矣,奚不已焉?”曰:“为死。”“既死矣,奚为焉?”曰:“为子孙。”

这则故事告诉我们,世俗人生的追求无非名利富贵、福寿双全、流芳百世。而老子却告诉我们:“名与身,孰亲?身与货,孰多?得与亡,孰病?甚爱必大费,多藏必厚亡。”(《道德经》第四十四章)即对世俗的观点提出了质问:我们所追寻的东西与我们的身体相比,什么更重要?老子又言:“金玉满堂,莫之能守。富贵而骄,自遗其咎。”(《道德经》第九章)即使我们金玉满堂,富贵了,又当如何呢?这些清醒的、对人生价值和意义的思考对于世俗的人生而言无疑是一泓清泉,抑或是人生的一面明镜。这为人生走向何处提供了新的路径:内求。因此,道家特别重视内求的基本载体,即我们的身体。老子言:“贵以身为天下,若可寄天下;爱以身为天下,若可托天下。”(《道德经》第十三章)

为了保存身体,就不要让身体被纷繁的欲望所控制,为此道家倡导“少私寡欲”。如“不见可欲,使民心不乱。”(《道德经》第三章)“祸莫大于不知足,咎莫大于欲得。”(《道德经》第四十六章)由此而形成了道家珍爱身体(生命),不为外物所累的生命智慧。亦如庄子所言:“居高官尊爵者,皆重失之,见利轻亡其身,岂不祸哉。”“能尊生者,虽富贵不以养伤身,虽贫贱不以利累形。”(《庄子·让王篇》)也如《清静经》所言:“人能常清静,天地悉皆归。”

(三)贵柔守雌、柔弱不争

在人类生存的整个过程之中,除了要和大自然的各种恶劣的环境做斗争之外,还要与同类做斗争。在这些斗争中,人类锻炼出一种特殊的智能。依靠这种智慧,人类不但在艰苦的自然环境中生存了下来,而且在人类社会中创造出各种保存自己、战胜对手的方法与策略。关于生存之道,道家崇尚柔弱和处下,即所谓“清虚以自守,卑弱以自持。”

“天下莫柔弱于水,而攻坚强者莫之能胜,以其无以易之。”(《道德经》第七十八章)

“以天下之至柔,驰骋天下之至坚。无有入无间,吾是以知无为之有益。”(《道德经》第四十三章)

“人莫鉴于流水而鉴于止水,唯止能止众止。受命于地,唯松柏独也在冬夏青青;受命于天,唯舜独也正,幸能正生,以正众生。夫保始之征,不惧之实。勇士一人,雄入于九军。将求名而能自要者，而犹若是，而况官天地，府万物，直寓六骸，象耳目，一知之所知，而心未尝死者乎！彼且择日而登假，人则从是也。彼且何肯以物为事乎！”（《庄子·德充符》）

“形劳而不休则弊，精用而不已则劳，劳则竭。水之性，不杂则清，莫动则平；郁闭而不流，亦不能清；天德之象也。”（《庄子·刻意》）

在艰苦卓绝的生存斗争中一味逞强斗勇、争强好胜并不总是对人有益的；相反，学习水的柔弱的性格，掌握崇尚柔弱的处下之道，对于人们来说更加有益。在刚与柔的这对矛盾体中，刚并不是一直处于优势地位，也并不总是胜利的一方；柔也并不是一直处于劣势地位，因为在一定的条件下柔者可以胜刚。

在道家看来，一味争强好胜只能让人更加疲惫，就如同流水，如果一味湍流不息，只能变得更加浑浊。如果静止下来，崇尚柔弱，学会处下的智慧，那么人就可以在复杂的社会环境中生存下来，并且发展壮大。

（四）毋盈毋满、功成身退

道家思想蕴含着丰富而深刻的辩证法思想，对于矛盾双方的相互转化极为重视，如《道德经》第二章云：“有无相生，难易相成，长短相形，高下相盈，音声相和，前后相随。”即为明证。“大方无隅，大器晚成，大音希声，大象无形”（《道德经》第四十一章）也是此意。道家的这种辩证法思想是从自然界的各种现象中所总结而出的，将其扩充为人生哲学，就是“毋盈毋满”“功成身退”的人生智慧。

《道德经》第十五章云：“保此道者不欲盈。夫唯不盈，故能敝不新成。”第九章亦云：“持而盈之，不如其已”。“盈”是一种丰盈充满的状态，是很多人想实现的一种状态，但这也是极为危险的状态，因为它会瞬间向与其相反的状态转化，即所谓“月满则亏”“水满则溢”的道理，因此道家提倡一种“毋盈毋满”的智慧，即使大功告成，亦不可自恃、自居、自傲，而是要模仿上天的德性，功成身退。《道德经》第九章即言：“功遂身退，天之道也。”唯有如此，方能避免兔死狗烹、鸟尽弓藏的历史悲剧，因此圣人多以此而全身，《道德经》亦反复言说“功成而不处”“功成而弗居”的道理。

（五）崇俭尚啬、长生久视

道家思想非常重视身体本身，以长生不老的仙道而受重于世人。在身心的保养方面，道家强调对身心均要有节制地使用，即“其用不勤”。老子在《道德经》第六十七章中说：“我有三宝，持而保之。一曰慈，二曰俭，三曰不敢为天下先。慈，故能勇；俭，故能广；

不敢为天下先,故能成器长。"就是说明了"俭"的重要性。其第五十九章更加系统地论述了"长生久视"之道。

"治人事天,莫若啬。夫唯啬,是谓早服,早服谓之重积德。重积德则无不克,无不克则莫知其极。莫知其极,可以有国;有国之母,可以长久。是谓深根固柢,长生久视之道。"

"啬"是治人事天的佳径,对于人欲不能放纵,而是要少私寡欲,对于人类的"精""气""神"均要"啬",而不是外逐于五色、五音、五味和驰骋畋猎。庄子亦曰:"少君之费,寡君之欲,虽无粮而乃足。君其……人能虚己以游世,其孰能害之!"(《庄子·山木》)道家这种葆全性命的智慧对于中国历代士人产生了重要的影响。

二、道家与道教的关系

道教,是中国土生土长的宗教,创立于东汉时期。道教承传了华夏古代的文化传统,在春秋战国时期的老子、庄子的道家思想的基础之上进行了进一步的发掘,并与流传久远的神仙方术和长生不老的修炼方法结合起来,从而形成了对中国传统文化产生深远影响的、博大精深的道教文化。

(一)道教理论与道家学说

道教的起源比较复杂。有的认为起源于黄帝,是我国固有的信仰;有的认为起源更早,源于二仪未分之时的元始天尊。目前学术界认为,道教起源于张道陵。

但是在此之前,早在上古时期,先民就认为万物有灵,进而产生了对自然的崇拜、图腾的崇拜、灵魂的崇拜、祖先的崇拜,慢慢发展到祖先与天神合一,成为至上神的雏形。鬼神崇拜早在原始社会时期便已存在。先民们对于日月星辰、风雨雷电、山川河岳等,皆视为有神在主宰,因而产生敬畏感,对之顶礼膜拜。那时先民们除因认为万物有灵而产生自然崇拜外,还认为人死后灵魂不灭,因而又产生了对鬼神的崇拜。后世道教之所以成为多神教,就与古代的鬼神崇拜相关。

到了战国时代,当时就有很多讲究养生术的人,例如《庄子·刻意》中就记载:"吹呴呼吸,吐故纳新,熊经鸟申,为寿而已矣;此道引之士,养形之人,彭祖寿考者之所好也。"

到了西汉,黄老之说盛行,同时亦流行炼丹之法,但此时道教尚未形成。东汉时期,魏伯阳著《周易参同契》,始将黄老、易经、炼丹之术熔于一炉。因此,从理论上看,道家学说是道教的理论基础。

(二)道家代表人物与道教人物

道教产生之后宗派繁多,各个宗派之间又存在着激烈的竞争,而且未必有着血缘近亲的关系,也未必有着共识的基础,直到佛教的传入,才使得平时自称为某某道的各个宗派最终总称为道教。

虽然归隶在"道教"的总称之下,但是各个宗派并不以道教下面的某一派来形容。所以,在佛教"法身""化身""报身"的影响下,道教提出了"一气化三清"的架构。一气化三清指的是元始天尊、灵宝天尊和道德天尊,也代表了道教的三个主要教派:上清、灵宝、正一。

元始天尊,又称玉清元始天尊。道教最高尊神"三清"中的第一位神。元始天尊在道经中的出现比太上老君迟,但地位最高。

据南朝梁陶弘景编撰的《真灵位业图》,元始天尊是第一中位之神。《太玄真一本际经》解释说:"无宗无上,而独能为万物之始,故名元始;运道一切为极尊,而常处三清,出诸天上,故称天尊。"据道经描述:天尊禀自然之气,在宇宙万物产生以前就已存在。其本体常存不灭,即使天地沦坏,也丝毫不受影响。每当新的天地形成,天尊就下降人间,向世人传授奥秘之道,称为"开劫度人"。所度者都是天仙上品,包括太上老君、天真皇人、五方天帝等神仙。天地新开,都有年号,称为延康、赤明、龙汉、开皇,年号之间相距有41亿万年之久。

元始天尊住在三十六天的最上一重天"大罗天"中,其仙府称为"玄都玉京"。玉京黄金铺地,台阶由白玉石砌成,宫中有七宝、麒麟和珍玉、珠宝,中央和左、右三殿里分住有仙王、仙公、仙卿、仙伯、仙大夫等。据道经的说法:"元者,本也。始者,初也,先天之气也。此气化为开辟世界之人,即为盘古;化为主持天界之祖,即为元始。"盘古是元始天尊的前身。而作为天界最高神的元始天尊,实际是道教最高信仰"道"的神格化。元始天尊一般供奉在道教三清殿的中央,头罩圆光,手执丹丸,或左手虚拈右手虚捧,象征"天地未形,万物未生"时的"无极"。

灵宝天尊,原称上清高圣太上玉晨元皇大道君。陶弘景编定的《真灵位业图》列其在第二神阶之中位,仅次于第一神阶中位之元始天尊。唐代时曾被称为太上大道君,宋代起才被称为灵宝天尊或灵宝君。据《云笈七签》引《洞真大洞真经》,灵宝天尊系"玉晨之精气,九庆之紫烟,玉晖焕耀,金映流真,结化含秀,苞凝元神,寄胎母氏,育形为人"。《灵宝略记》则称"太上大道君以开皇元年托胎于西方绿那玉国,寄孕于洪氏之胞,凝神琼胎之府三千七百年,降诞于其国郁察山浮罗之岳丹玄之阿侧,名曰器度,字上开元。

及其长，乃启悟道真，期心高道，坐于枯桑之下，精思百日而元始天尊下降，授灵宝大乘之法十部妙经”。

上清高圣太上玉晨大道君，自元始天尊处受经法以后，即辅佐元始天尊，居三十六天之第二高位上清境，在三十四天之上，治蕊珠日阙，管七映紫房，金童玉女各三十万侍卫。万神入拜，五德把符，上真侍晨，天皇抱图。

据《洞玄本行经》，灵宝天尊以灵宝之法随世度人。自元始开光，至于赤明元年，经九千九百亿万劫，度人有如尘沙之众，不可胜量。凡遇有缘好学之人，请问疑难，灵宝天尊即不吝教诲。天尊有三十六变、七十二化，人欲见之，随感而应，千万处可分身即到。

道教宫观里的三清殿中，灵宝天尊常以手捧如意之像居元始天尊之左侧位。在道教大型斋醮礼仪中，也多设有三清神位，以灵宝天尊居元始天尊之左位。灵宝天尊之神诞日为夏至日，约在农历五月中。民间于夏至日之供奉常以灵宝天尊为主神。

除了这“三清”之外，道教还信奉“微妙元通真君”“致虚观妙真君”。微妙元通真君，即庄子。致虚观妙真君，即列子。列子，姓列，名御寇，郑国圃田人，在古籍中又写作列圄寇、列圉寇或子列子，东周威烈王时期人，与郑穆公同时。列子是战国时期哲学家、思想家、文学家，道家代表人物，终生致力于道德学问，曾师从关尹子、壶丘子、老商氏、支伯高子等。他隐居郑国约40年，不求名利，清静修道，主张循名责实，无为而治。列子的活动时期应该是约与郑繻公同时，晚于孔子而早于庄子。唐玄宗天宝元年封其为“冲虚真人”，所著《列子》诏称《冲虚真经》；宋徽宗封其为“致虚观妙真君。”

（三）道教经典和道家代表作

自道教创立以来，道教的经典便不断出现，其中有的经典直接利用了先秦道家的代表作品。如《道德经》，即《老子》；《南华真经》，即《庄子》；《冲虚至德真经》，即《列子》。道家更多的经典则是后世的创造。道教的典籍众多，一般总称为“道藏”。

世人多认为“道藏”因借鉴佛教《大藏经》而编撰，实际上南北朝时期陆修静于公元471年所编的《三洞经书目录》承继了中国古代修史志的文化传统，远早于佛教《大藏经》的编撰。

《开元道藏》是中国第一部道藏，编纂于唐开元（713—741年）中。唐玄宗即位，令史崇玄等40余人撰《一切道经音义》，在此基础上，纂修成《藏》，目曰《三洞琼纲》，总计7300卷，或说5700卷，到了宋初因战乱焚毁只剩3744卷。《开元道藏》的编纂体例采取三洞分类法，分三洞三十六部，即洞真、洞玄、洞神各十二部。后毁于战火。

自唐之后，历代均编撰《道藏》，现存最早的《道藏》是明朝的版本，由中国国家图书馆收藏。当代则有《藏外道书》《敦煌道藏》《中华道藏》。尤以《中华道藏》最为重要，是继明代《道藏》之后，首次全面、系统、规范地整理道教经典。《中华道藏》以明《正统道藏》《万历续道藏》为底本，三洞四辅的基本框架不变，且按今人的阅读习惯和图书整理规则进行了编修，分为三洞真经、四辅真经、道教论集、道教众术、道教科仪、仙传道史和目录索引七大部类。对保存完整的藏书以新式标点句读，并辅以必要的校勘；对残缺的藏书以数种残卷校补，以合成完整的版本；另，增补了数十种原藏未收的明代以前的道经，尤为难得，是书于2004年由华夏出版社出版，可资参看。

第二节　《道德经》

关于老子其人其书有诸多争议，至今犹然。一般认为《道德经》系春秋时老子所著。老子，姓李，名耳，字聃，楚国苦县人，是我国古代伟大的思想家、哲学家，道家学派的集大成者。老子所著《道德经》五千言，是道家学说的代表作。

关于《道德经》的成书，据《史记》记载："老子修道德，其学以自隐无名为务。居周久之，见周之衰，乃遂去。至关，关令尹喜曰：'子将隐矣，强为我着书。'于是老子乃着书上下篇，言道德之意五千余言而去，莫知其所终。"[①]老子眼见周王室走向衰败，于是要归隐。在归隐之前，被尹喜强求著书，内容就是现在的《道德经》。

一、《道德经》的版本和主要内容

（一）《道德经》的版本

《道德经》虽仅5000余字，版本却比较复杂，且版本之间差异较大，因此有必要对《道德经》的版本作一简要的介绍和说明。

《道德经》的版本一般分为"今本"和"古本"两大系统。

今本系统主要有汉代的河上公本、魏晋的王弼本、唐代的傅奕本和龙兴观本（唐景龙二年易州龙兴观道德经碑）、南宋的范应元本（《老子道德经古本集注》），以河上公本和王弼本流传最广。"王弼本为一般学者所推崇，而河上公本则为普通民间所通用。"[②]可参阅王卡点校的《老子道德经河上公章句》[③]和楼宇烈的《老子道德经注校释》[④]。

古本系统主要有4种，即楚简甲乙丙本（1993）、汉帛甲乙本（1973）、敦煌本和北大西汉竹简本。可参阅以下图书：

荆门市博物馆编《郭店楚墓竹简》，北京：文物出版社，1999年。

李零《郭店楚简校读记（增订本）》，北京：中国人民大学出版社，2007年。

丁四新《郭店楚竹书老子校注》，武汉：武汉大学出版社，2010年。

高明《帛书老子校注》，北京：中华书局，1996年。

---

① [汉]司马迁著《史记》，北京：中华书局，1959年，第2141页。

② 陈鼓应《老子今注今译》，北京：商务印书馆，2015年，第369页。

③ 王卡点校《老子道德经河上公章句》，北京：中华书局，1993年。

④ 楼宇烈《老子道德经注校释》，北京：中华书局，2008年。

徐志钧《老子帛书校注(修订版)》,南京:凤凰出版社,2013年。

北京大学出土文献研究所编《北京大学藏西汉竹书》(二),上海:上海古籍出版社。

如果想要系统地学习《道德经》,可参考熊铁基、陈红星主编的《老子集成》丛书[①],此书收录战国时期至1949年,关于《道德经》的各种注本和传本265种,其中87种台湾严灵峰所辑《无求备斋老子集成初编》和《续编》中未收录,还有50余种难得一见的孤本或善本等等,是《老子》研究的必备书。

(二)《道德经》的主要内容

《道德经》的主要内容分布在八十一章之中,这几乎成为关于《道德经》的常识,而原始的《道德经》不存在分章的问题。最早将《道德经》分为八十一章的是河上公,在学术史上有学者对《道德经》的分章提出了自己的观点,如汉·严遵《老子指归》上经四十章,下经三十二章,共七十二章[②];唐·李约《道德真经新注》,将《老子》八十一章并为七十八章[③];元·吴澄《道德真经注》,六十八章[④];明·朱得之《老子通义》,六十四章[⑤];清·姚鼐《老子道德经河上公章句》,上篇三十二章,下篇五十二章,共八十四章[⑥]。分章问题涉及对《道德经》的整体把握和理解。

《道德经》虽然只有5000余字,内容却是博大精深。概括地说,其内容大致包括三个方面:论道、治国、修身。

1.论道

"道"是《道德经》中最重要的命题,也是老子哲学的中心观念。"道"字,在《道德经》里面出现的频次是最高的,具有丰富的含义,有的是本体论的"道",有的是指所有的规律,也有的是指人生准则。"道"的含义虽有不同,但是在《道德经》里面又是联通贯穿、不可分割的。

(1)道是真实存在的

"视之不见,名曰夷;听之不闻,名曰希;搏之不得,名曰微。此三者不可致诘,故混而为一。其上不皦,其下不昧,绳绳兮不可名,复归于无物。是谓无状之状,无物之象,是谓

① 熊铁基、陈红星主编《老子集成》,北京:宗教文化出版社,2012年。

② 参见严遵著,王德有点校《老子指归》,北京:中华书局,1994年;严遵著,樊波成注《老子指归校笺》,上海:上海古籍出版社,2013年。

③ 唐·李约《道德真经新注》,道藏本。

④ 元·吴澄《道德真经注》,道藏本。

⑤ 明·朱得之《老子通义》,道藏本。

⑥ 清·姚鼐《老子道德经河上公章句》,道藏本。

惚恍。迎之不见其首，随之不见其后。执古之道，以御今之有。能知古始，是谓道纪。”（《道德经·第十四章》）

道的本体是看不见、听不到、摸不着的，无形、无声、无质三者混为一体，是不可用语言来说明的。这种“道”，由于没有具体的形体，所以无法名状，但是又是真实的存在，只不过超越了人类知觉和感觉的作用，因此道不是普通意义上的实体。

老子在《道德经》中继续描述了道的真实性：

“道之为物，惟恍惟惚。惚兮恍兮，其中有象；恍兮惚兮，其中有物。窈兮冥兮，其中有精；其精甚真，其中有信。”（《道德经·第二十一章》）

道虽然超出人类的知觉和感觉的作用而存在，却是实实在在的。道这个东西，是恍恍惚惚的。那样的惚惚恍恍，其中却有迹象；那样的恍恍惚惚，其中却有实物；那样的深远暗昧，其中却有精质；那样的暗昧深远，其中却是可以信验的。“有物”“有象”“有精”，都说明了“道”的真是存在性。

“有物混成，先天地生。寂兮寥兮，独立而不改，周行而不殆，可以为天下母。吾不知其名，强字之曰：道。”（《道德经·第二十五章》）

真实存在的道，是先天地而存在的，而且是以一种浑朴的状态存在的。这种状态无限的完满，无限的周全，而且周流不息地运动着。道不仅仅在时序上先天地而存在，而且天下万物都是道孕育造化的。

(2)道是有规律的

真实存在的道，虽然是超越人类感觉和知觉作用的存在，无形而不可见，恍惚而不可随，但是当道作用于天地万物的时候，却是有规律可循的。

“反者道之动，弱者道之用。天下万物生于有，有生于无。”（《道德经·第四十章》）

在老子看来，天地万物的运动变化都是遵循某种规律的，而其中一个总的规律就是“反”，即事物向相反的方向运动发展，同时，事物的运动发展总要返回到原来的基始的状态。所以，老子的“反”的观念包含了“相反”和“返回”两个意思，因此，道的规律性表现在相反对立和返本复初两方面。

道的规律性首先表现在对立转化上。

老子认为,一切现象,包括自然界和人类社会,都是在相反对立的状态下形成的。

“天下皆知美之为美,斯恶已;皆知善之为善,斯不善矣。有无相生,难易相成,长短相盈,高下相倾,音声相和,前后相随。”(《道德经·第二章》)

在老子看来,任何事物都有它的对立面,同时也是因为它的对立面而形成的。而且,这种相反相成的作用正是推动事物变化发展的动力。也就是说,事物的相反对立的状态在一定条件下是经常互相转化的。

“祸兮,福之所倚;福兮,祸之所伏。”(《道德经·第五十八章》)

福祸本是对立的,但是在一定的条件下便会向对立方转变。道的规律性还表现在循环往复。在描述道的真实性的时候,老子说,“周行而不殆”,所谓的“周行”即“返”和“复”,也就是循环。

“强为之名曰大,大曰逝,逝曰远,远曰反。”(《道德经·第二十五章》)

老子在论述道先天存在之后,强调道广阔无边,不断地向外扩展,向外扩展到一定程度的时候又循环重返,周而复始。

“致虚极,守静笃。万物并作,吾以观复。夫物芸芸,各复归其根,归根曰静,静曰复命。复命曰常,知常曰明。不知常,妄作凶。”(《道德经·第十六章》)

在老子看来,纷纷纭纭的万事万物,最终会返回到它的本根,也就是一种虚静的状态。道是符合自然的,道创生万物之后,万物的发展变化就会离道越来越远。离道越远,就越不符合自然。当这种距离达到一定的程度之后就会返回道的本体。这就是道的循环往复的特点。

2.治国

老子是道家学说的创始人,正如班固所说,老子的学说秉承了史官的文化传统,言天道以明人事。作为古代社会的一种特殊职业,史官的主要任务是关注社会政治的变化与发展。因此,老子更加关注“治道”。

“无为而治”是老子治国的基本方针。而无为的根源在于重视“道”的作用。

“故道大，天大，地大，人亦大。域中有四大，而人居其一焉。人法地，地法天，天法道，道法自然。”(《道德经·第二十五章》)

在治理国家的过程中，要效法天地和道，自然无为，那么就会实现“为无为，则无不治”的治国目标。

(1)统治者要注重自己的修养

统治者自身的修养是治国的关键。这种修养的一种表现就是不居。

“是以圣人处无为之事，行不言之教。万物作焉而不辞。生而不有，为而不恃，功成而弗居。夫唯弗居，是以不去。”(《道德经·第二章》)

上天化生万物，对万物的滋生繁衍、发展变化并不加以干预，而且也不认为是自己的功劳，因此能够永恒不朽。这种观念反映在人事上就是要求统治者消除占有的欲望。

除了不居之外，统治者还需要不争。

“天下皆谓我，道大，似不肖。夫唯大，故似不肖。若肖，久矣其细也夫！我有三宝，持而保之：一曰慈，二曰俭，三曰不敢为天下先。慈故能勇；俭故能广；不敢为天下先，故能成器长。”(《道德经·第六十七章》)

“不敢为天下先”即不争，只有不争，才能够让天下万物滋长。“天之道，利而不害。圣人之道，为而不争。”(《道德经·第八十一章》)统治者不争，才能够让老百姓休养生息。

(2)注重教化

很多人认为，重视教化是儒家的专利，实际上注重教化是诸子百家在面对治理国家问题时的一个共同主张，只不过教化的内容不同罢了。儒家的教化侧重于“礼乐”，墨家的教化侧重于“兼爱”，而老子重视教化，则侧重于使百姓无知无欲。

“不尚贤，使民不争；不贵难得之货，使民不为盗；不见可欲，使民心不乱。是以圣人之治，虚其心，实其腹，弱其志，强其骨。常使民无知无欲，使夫智者不敢为也。为无为，则无不治。”(《道德经·第三章》)

所谓的“无知无欲”，并不是要人抛弃智慧，消除自然本能，而是要求消除贪欲的扩张。不崇尚名位，可以减少人们的妒忌争逐之心；不以难得的财宝为贵，可以祛除人们为盗强的念头；不显耀可贪的事物，那么民众就不会被惑乱。因此要治理国家，就要教化民众“无知无欲”——心灵开阔、生活富足、意志柔韧、身体强健。这样的话，心机狡诈之徒就不敢妄为，天下便可大治。

(3)慎用武力

武力是带来凶灾的东西，统治者应该慎用武力。

“夫兵者，不祥之器，物或恶之，故有道者不处。君子居则贵左，用兵则贵右。兵者不祥之器，非君子之器，不得已而用之，恬淡为上。胜而不美，而美之者，是乐杀人。夫乐杀人者，则不可得志于天下矣。吉事尚左，凶事尚右。偏将军居左，上将军居右。言以丧礼处之。杀人之众，以悲哀泣之，战胜以丧礼处之。”(《道德经·第三十一章》)

兵戈从来都是不祥的，大家都厌恶它，因此有道的人都不会用它。除非在不得已——为了除暴救民——的情况下才会用兵，但是这样用兵也要以恬淡为上。因为“师之所处，荆棘生焉。大军之后，必有凶年。”所以要谨慎用兵。不论是统治者注重自身修养，还是教化百姓无知无欲，还是谨慎用兵，其实都是为了一个目标，即“为无为，则无不治。”

3.修身

相传，老子的老师常枞病了，老子去看望他。常枞就张开嘴问老子：“我的舌头还在么？”老子说：“还在。”“那我的牙齿还在么？”“不在了。”老子回答说。常枞就对老子说：“舌头之所以存在，难道不是因为它柔软么？牙齿现在都不存在了，不是因为它太刚强了么？”老子因此而悟道。从这个故事里我们不仅仅可以看到道家的哲学观念，也能够了解到道家的修身方式。

(1)修身要注重返璞归真

老子认为人应该永远保持质朴、醇厚、纯真的自然本色。

“载营魄抱一，能无离乎？专气致柔，能如婴儿乎？涤除玄鉴，能无疵乎？爱民治国，能无为乎？天门开阖，能为雌乎？明白四达，能无知乎？”(《道德经·第十章》)

健全的生活必须是精神和形体的合一，而且要达到心境极其静定的一种状态，而这种状态恰似人作为婴儿时的那种无求无欲的状态。

“知其雄，守其雌，为天下溪。为天下溪，常德不离，复归于婴儿。知其白，守其黑，为天下式。为天下式，常德不忒，复归于无极。知其荣，守其辱，为天下谷。为天下谷，常德乃足，复归于朴。朴散则为器，圣人用之，则为官长，故大制不割。”(《道德经·第二十八章》)

要达到像婴儿的状态，就要了解刚强，坚持柔弱。“溪”和“谷”都是处下不争的意象，这是老子鉴于当时纷乱的社会现实，要求人们要返璞归真的呼吁。

(2)修身要少私寡欲

老子曾经目睹上层社会的生活情形：寻求感官刺激，流逸奔竞，淫逸放荡，使得心灵不安。因此在修身的时候，老子强调要少私寡欲。

“五色令人目盲；五音令人耳聋；五味令人口爽；驰骋畋猎，令人心发狂；难得之货，令人行妨。是以圣人为腹不为目，故去彼取此。”(《道德经·第十二章》)

追求外在的物欲，会让人自身受到很大的损伤：不但身体上有损，而且行为上也是有亏的。因此要少私寡欲，注重内在的恬淡的生活，而不是追逐外在的贪欲的生活。

(3)修身要有自谦之德

在老子看来，有道者有功而不骄，有才而不傲，有能而不矜，才能够保全自己，体悟大道。

“持而盈之，不如其已；揣而锐之，不可长保。金玉满堂，莫之能守；富贵而骄，自遗其咎。功遂身退，天之道。”(《道德经·第九章》)

一般人在名利当头的时候，总是心醉于此，总是趋之若鹜。但是贪慕名禄的人，往往得寸进尺；恃才傲物的人，总是耀人眼目，这些都是应该自我警省的。因为如果贪慕荣华名位，恃才傲物，总是要自遗其咎的。

“上善若水。水善利万物而不争，处众人之所恶，故几于道。居善地，心善渊与善仁，言善信，政善治，事善能，动善时。夫唯不争，故无尤。”(《道德经·第八章》)

因此，只有向水那样谦卑处下，不争名夺利的人才能够避免灾祸。

(三)《道德经》的历史影响

《道德经》只有短短的5000余字,却是一部千古奇书。这部书言简意赅,以短短的五千余字阐述了博大精深的思想,对后世产生了巨大的影响。

1.创立了道家学说,成为中国传统思想的重要组成部分

老子推天道以明人事,写下五千言的《道德经》,成为道家学说的发端。其自然无为的思想为庄子所继承并发扬,被后人总结为道家者流。道家与儒家一起成为中国传统文化的主流。

中国历史上的各种学派,无不从老子的思想里面汲取营养而加以利用。据说孔子就数次请教过老子,孔子曾经发出老子犹龙的感叹:"鸟,吾知其能飞;鱼,吾知其能游;兽,吾知其能走。走者可以为罔,游者可以为纶,飞者可以为矰。至于龙,吾不能知其乘风云而上天。吾今日见老子,其犹龙邪!"

儒家吸收老子的思想,历经演化,形成了影响深远的宋明理学。兵家吸收老子的思想,形成了慎战、勇战等神秘莫测的用兵思想。武术家吸收老子的思想,形成了传统武术中的内功和气功。这些都是老子思想在传统文化中发挥的巨大作用。

2.对后世治国思想的影响巨大,历代作注者中不乏君主大臣

南怀瑾先生在《老子他说》中说:"细读中国几千年的历史,会发现一个秘密。每一个朝代,在其鼎盛的时候,在政事的治理上,都有一个共同的秘诀,简言之,就是'内用黄老,外示儒术。'自汉、唐开始,接下来宋、元、明、清的创建时期,都是如此。内在真正实际的领导思想,是黄、老之学,即是中国传统文化中的道家思想。而在外面所标榜的,即在宣传教育上所表示的,则是孔孟的思想、儒家的文化。"①换句话说,就是中国治世的出现,其治理国家的指导思想实际上是老子的思想。因为在创建时期的朝廷,如果要发展,就要采用老子的自然无为的思想,让老百姓休养生息,这样才能够长治久安。

正是因为老子的治国思想能够指导一个朝代走向盛世,所以《道德经》历来受到统治阶层的青睐。唐玄宗、宋徽宗、明太祖、清世祖等君王都曾亲自为《道德经》作注②。历史上给《道德经》作注的名臣也有很多,比如韩非、魏征、傅奕、王安石、司马光等。老子的治国思想在历史上的影响,于此可见一斑。

3.老子在国际上的影响

根据联合国教科文组织的统计,《道德经》是除了《圣经》之外,被翻译最多的经典。于此可见《道德经》在国际上的影响。早在19世纪,《道德经》就已经在欧洲传播了,德国

---

① 南怀瑾《老子他说》,上海:复旦大学出版社,2012年,第4页。

② 朱俊红整理《〈道德经〉四帝注》,海口:海南出版社,2012年。

辩证法大师黑格尔读过老子的著作之后，对老子极为赞赏。

英国著名哲学家罗素到中国访问时，有人向他介绍《道德经》中的几段文字后，他极为惊叹，认为两千多年前能有这么深睿的思想，简直不可思议。

英国著名历史学家阿诺德·汤因比在《人类与大地母亲》一书中对老子和《道德经》也做出过高度评价。他说："在人类生存的任何地方，道家都是最早的一种哲学。"

在美国，作家麦克·哈特在他的《人类百位名人排座次》一书中，老子被列为第75位，中国入选的只有孔子、蔡伦、秦始皇、毛泽东、成吉思汗、老子、隋文帝、孟子等8人。在地球上出现过的数百亿人中，老子以短短五千言而进入百位名人之列，足见《老子》在人类历史上影响之巨大。书中这样评价《道德经》："《道德经》是中国被翻译到外国的最伟大的一本书，是谈'道'或'自然道路'、'自然安排'的一本十分有趣味的书。""在西方，《道德经》仅各种英文译本至少有40多种，除了基督教的《圣经》，再没有任何一种书得到如此重视。"

美国从事高能物理研究的F.卡普拉博士似乎也惊奇地发现了道家哲理与高能物理现象的吻合，他在《物理学之"道"——近代物理学与东方神秘主义》中说："中国的哲学思想，提供了能够适应现代物理学新理论的一个哲学框架，中国哲学思想的'道'暗示着'场'的概念，'气'的概念与量子'场'的概念也有惊人的类似。"

第三节 《庄子》

"庄子者，蒙人也，名周。周尝为蒙漆园吏，与梁惠王、齐宣王同时。其学无所不窥，然其要本归于老子之言。故其著书十余万言，大抵率寓言也。作《渔父》《盗跖》《胠箧》，以诋訾孔子之徒，以明老子之术。《畏累虚》《亢桑子》之属，皆空语无事实。然善属书离辞，指事类情，用剽剥儒、墨，虽当世宿学不能自解免也。其言洸洋自恣以适己，故自王公大人不能器之。"①根据《史记》的记载，庄子是继老子之后的道家思想的又一集大成者，其主要的思想反映在"洸洋自恣""大抵率寓言"的十余万言的《庄子》一书中。

一、《庄子》的主要内容

《庄子》一书，为庄子及其后学所著，是反映庄子哲学及其美学的重要著作。据《汉书·艺文志》的著录，《庄子》原有52篇，今存33篇。其中内篇7，外篇15，杂篇11。从宋代起，一般认为内篇为庄子本人所著，而外篇和杂篇是其弟子所作。

（一）《庄子》的哲学思想

庄子的思想核心是"道"，与老子的"道"一脉相承，又有所发展。

1.道是先于天地的真实存在，也就是说，道是根本意义的总体实在

道即宇宙自然本身。

"夫道，有情有信，无为无形；可传而不可受，可得而不可见；自本自根，未有天地，自古以固存；神鬼神帝，生天生地；在太极之上而不为高，在六极之下而不为深，先天地生而不为久，长于上古而不为老。"（《庄子·大宗师》）

道是真实的、有信验的，但也是没有作为、没有形迹的。所以，道是只能够感觉得到而不可以口传目见的。在天地产生之前，道就已经存在，是道产生了天地鬼神。因此，道是永恒的，既在空间上高于太极、深于六极之下，又在时间上先于天地、长于上古。这一点，是继承了老子的"道"。

①《史记·老庄申韩列传》。

2.道是内在的,是万物之所以成为万物的内在因素

“东郭子问于庄子曰:所谓道,恶乎在?庄子曰:无所不在。东郭子曰:期而后可。庄子曰:在蝼蚁。曰:何其下邪?曰:在稊稗。曰:何其愈下邪?曰:在瓦甓。曰:何其愈甚邪?曰:在屎溺。东郭子不应。庄子曰:夫子之问也,固不及质。正获之问于监市履狶也,每下愈况。汝唯莫必,无乎逃物。至道若是,大言亦然。周遍咸三者,异名同实,其指一也。”(《庄子·知北游》)

东郭子问道在何方,庄子说道无所不在。从有生命的蝼蚁到没生命的屎溺,其中都有道的存在。而道的存在是与万物的形体没有关系的,因为道是万物的内在的实质。

因此,从道的角度看,万物是一样的。

“道行之而成,物谓之而然。有自也而可,有自也而不可。有自也而然,有自也而不然。恶乎然?然于然。恶乎不然?不然于不然。恶乎可?可于可。恶乎不可?不可于不可。物固有所然,物固有所可。无物不然,无物不可。故为是举莛与楹,厉与西施,恢恑憰怪,道通为一。其分也,成也;其成也,毁也。凡物无成与毁,复通为一。”(《庄子·齐物论》)

凡事必有其原因。为什么可?自有可的道理。为什么不可?自有不可的道理。但是从道的角度来看,可与不可、然与不然都是一样的,丑陋的女子和西施是一样的。因此,道是整体的,是不能够分开的。

3.道即自然,自然即道

在道和物的关系上,不论是化生万物还是决定万物,都是无意识的、无目的的、自然无为的。因而道不是主宰者,不是人格神或上帝观念,它是无目的的。

“或之使,莫之为,疑之所假。吾观之本,其往无穷;吾求之末,其来无止。无穷无止,言之无也,与物同理;或使莫为,言之本也,与物终始。道不可有,有不可无。道之为名,所假而行。或使莫为,在物一曲,夫胡为于大方?言而足,则终日言而尽道;言而不足,则终日言而尽物。道物之极,言默不足以载;非言非默,议有所极。”(《庄子·则阳》)

“或使”与“莫为”,“有”和“无”等对立的观念,在庄子看来,都是为了思辨而假构出来的,道才是根本的。道和万物并没有构成主宰与被主宰的关系。

“夫昭昭生于冥冥，有伦生于无形，精神生于道，形本生于精，而万物以形相生，故九窍者胎生，八窍者卵生。其来无迹，其往无崖，无门无房，四达之皇皇也。邀于此者，四肢强，思虑恂达，耳目聪明。其用心不劳，其应物无方。天不得不高，地不得不广，日月不得不行，万物不得不昌，此其道与！”（《庄子·知北游》）庄子认为天地万物各有所生，日月星辰各有所行，没有谁主宰谁这回事情。

4.道是不可言说的

道“无为无形”，不是具体的有限存在物，它乃一混沌不分的整体存在，具有模糊、浑化的性质，因而不是感性能加以观照、概念能加以知解、语言能加以描述的，只有用心灵去体悟、去直观。

“夫大道不称，大辩不言，大仁不仁，大廉不嗛，大勇不忮。道昭而不道，言辩而不及，仁常而不周，廉清而不信，勇忮而不成。五者无弃而几向方矣。”（《庄子·齐物论》）

“道不可闻，闻而非也；道不可见，见而非也；道不可言，言而非也；知形形之不形乎！道不当名。”（《庄子·知北游》）

真正的道不是能够言说的，一旦说出来，就不再是原来的道了。庄子关于道的这一特点的论述，继承和发展了老子“道可道，非常道”的思想。

（二）《庄子》的美学思想

庄子的美学观点与儒家的美学观点恰成鲜明的对照。庄子认为，世代的衰微与性情的丧失，就在于物欲的膨胀和艺术、智巧等的出现与发展，他指出：“文灭质，博溺心。”认为只有抛弃了音乐，毁掉了文绘，才会使耳目恢复聪明；只有破坏了机械，才能获得真正的技巧；只有把流行的种种人为的装饰统统抛掉，人类才会返朴归真。这种观点从根本上否认了人文艺术。然而，庄子在生活实践和艺术（文章写作）实践中，却无法摆脱潜在的、固有的审美意识，特别是庄子自身具有的杰出的艺术气质，使得《庄子》一书在否定艺术审美的同时也体现了庄子特有的美学思想。

其一，对待美与丑的关系，如同对待有与无、是与非、大与小等等关系一样，庄子视为彼此是不确定的、没有区别的，一切在于主观的感受，美的可以说是丑的，反之，丑的也可以看成美的。《山木》中所载逆旅小子的话，“其美者自美，吾不知其美；其恶者自恶，吾不知其恶”，就反映了这一观点。这种认识，实际上取消了美的质的规定性和美的客观性。

其二，对自然之美的特殊认识与追求。庄子虽然从理论上反对艺术，反对雕琢情性，要求无知、无欲、无为，但由于他具有丰富的情感，对艺术有着精湛的见解，并且对大自然有着极深厚的亲和力，特别是他不仅摆脱了繁重劳动与自然审美的对立，而且超越了儒家从功利和伦理出发的以道德比附自然的局限，使得他能够达到一种不以物累形的超出实践功利目的的悠然潇洒的身心状态，来观察自然，并融入自然，逍遥于广阔的时空，达到了物我两忘的境界。这样，庄子在否定艺术美的同时，发现和肯定了自然之美；在否定雕琢之美的同时，发现和肯定了素朴之美；在否定五声五色的声色之美的同时，发现和肯定了无声无色之美。

其三，庄子虽然斥责文害情性，但他在创作上却竭力运用各种艺术手段发泄愤懑之情，因而开创了超常之法和风格上的瑰奇之态。这在《庄子》一书中有着充分的体现。庄子在创作手法上如此，他对无声之乐、至乐、天籁的描写与赞美也是如此，例如《天运》中论《咸池》之乐，所描写的“卒无尾，始无首”，听之“始于惧，次之怠，卒之与惑”的音乐审美心理变化过程，就鲜明地反映了庄子以超常的心态、超常的感受，对超常修道活动的一种怪奇浪漫的艺术再现。在庄子的文章创作中，他既是怪奇创作思想手法的开创者，也是非中和审美观念的开山祖。

二、《庄子》的历史影响

魏晋时期，从阮籍、嵇康等开始，人生论问题成为魏晋玄学关注的中心，庄子之学备受重视。阮籍著《达庄论》，重申齐物思想，他描述的“大人先生”，不避物而处，不以物为累。嵇康斥六经为芜秽，以仁义为臭腐，显示援庄而排儒的激进立场，而他所描绘的手挥五弦、心游太玄的形象只要联系《庄子》一书便觉似曾相识。这一时期，人们对个体生存的关注使庄学重放光彩，只是变追求精神逍遥为追求现实自由，导致部分人以纵欲为欢。向秀、郭象注《庄子》，时人更认为复活了庄学，大畅了玄风。不过他们力图合“自然”与“名教”为一体，突出表现了玄学家儒、道兼容的总体倾向。

西晋末年，玄言诗开始盛行，孙绰、许询等“诗必柱下之旨归，赋乃漆园之义疏”(《文心雕龙·时序》)，虽然失之僵直，却构成了庄子之学直接影响艺术的过渡环节之一，其形而上的旨趣在随后勃兴的山水诗画中获得延续。如果说，这一时期的人物画重视传神还只能见出庄学的间接影响，那么，山水画家宗炳表述的“应会感神，神超理得”“独应无人之野”(《画山水序》)等观念则显见目击而道存、游心于物外的意味。正如徐复观先生所指出的：“……在中国艺术活动中，人与自然的融合，常有意无意地，实以庄子的思想做其媒介。而形成中国艺术骨干的山水画，只要达到某一境界时，便于不知不觉之中，常与庄子的精神相凑泊。”

自此以后,一些文学大家,多是庄子之学的热爱者。如陶渊明不愿为五斗米折腰,一直向往着独与天地精神往来,陶醉于"游心"之乐,其诗咏道:"纵浪大化中,不喜亦不惧"(《神释》);"俯仰终宇宙,不乐复何如?"(《读〈山海经〉》)。李白曾以狂人接舆自命,在《大猎赋》中有"使罔象掇玄珠于赤水"之句,他所表述的"垂衣贵清真"(《古风》之一)的审美观念,以及对矫揉造作的丑女效颦的嘲笑等,都能见出庄子之学的印记。

尤其在中唐以后,庄子的审美观逐渐占据主导地位。这一进程建基于庄学本身对审美超越性的有力弘扬,同时也是社会发展的气运使然,且与禅宗美学的广泛传播而相得益彰。

与此同时,禅宗也因获得了良好的环境和气候而快速传播。禅宗是佛教中国化的典型形态,它在很大程度上是佛学与庄子之学奇妙结合的产儿。其不离现世、当下体证、敞亮心灵第三层面而获得精神寄托的取向发展了印度的佛教,而与庄子之学相通相洽。《庄子》中"无思无虑始知道,无处无服始安道,无从无道始得道","道不可闻,闻而非也;道不可见,见而非也;道不可言,言而非也"(《知北游》)等思想观点对中国佛教徒早有启发;而当东郭子询问道之所在,庄子回答:"无所不在""在蝼蚁""在稊稗""在瓦甓""在屎溺""无乎逃物。"(《知北游》)这简直奠定了禅宗公案的基本模式之一。

随着禅宗的广泛传播和向艺术领域的深入渗透,庄子美学的影响进一步扩大。自晚唐至宋代,审美意识领域逐渐实现儒、道、释三家合流。儒家较为着实,讲求经世济用;释家甚是空寂,远离社会生活;庄子之学居间而显持平,既有社会批判又有心灵超越。苏轼是中国古代社会后期文化人的典型代表。他兼受儒、道、禅三家的濡染,但作为文人,其超然物外的旷达胸襟尤其来自庄学的陶铸。他认为,"君子可以寓意于物,而不可以留意于物"(《宝绘堂记》),只要"游于物之外",人生自能"无所往而不乐"(《超然台记》)。对于艺术,他强调须合于天造,天工清新;甚至其行文也颇类庄子,系风捕影,汪洋恣肆。

庄子力图消除历史发展中人性的异化,向往纯洁、和谐的生存环境,在任何时候都有积极意义。理想的社会蓝图应当是高度的物质文明与和谐的人际环境的统一。庄子美学方便于引导人们在精神上重返上古,达到诗意的栖居,理当成为全人类的精神财富。如欲对庄子进行全面的了解和深入的研究,有严灵峰辑《无求备斋庄子集成初编》《无求备斋庄子集成续编》,以及华东师范大学编《子藏·庄子卷》可以参阅。

第四节 道教派别与经典

道教自从创立以来，各种宗派林立，随着时间的推移，渐渐形成了以正一教、全真教等教派为主的局面。

一、正一教与全真教

(一)正一教

正一教前身为五斗米教，由于后来的教徒信奉创始人张陵为天师，故又称天师道。张陵在鹤鸣山创教，凡入道者需缴纳五斗米，故称五斗米教。各地传教的中心称“治”，传教的首领称“祭酒”，传教中心的首领称“治头大祭酒”。

张修就是五斗米教的“治头大祭酒”。五斗米教和太平道教类似，都是采用了符箓和符水等为人治病，因此比较有民众基础，从而发展起来。相比于太平道教，五斗米教有着更加复杂的活动，包括向信众传授或者要求信众诵读《老子》、作三官手书等。

后来张陵的孙子张鲁杀了张修，夺了张修的教权。张鲁夺了教权之后，根据当地情况，丰富了五斗米教的活动。

张鲁采取了一系列的措施，在汉中实行政教合一，又设置义舍，安抚流民，推行教化，使得五斗米教的势力范围成为汉末乱世中的桃花源。因此，五斗米教也没有必要和朝廷对抗，这为后来五斗米教在曹操的道教镇压活动中得以生存发展提供了一个重要的条件。

汉魏之际的曹操鉴于黄巾军的教训，采取了一系列的手段镇压了民间的道教，特别是在统一北方之后，对民间道教更是严厉镇压。但是，在建安二十年(215年)的时候，曹操亲统大军攻入了汉中，张鲁率其家族部众投降，得到了比较宽厚的待遇。这就为五斗米教的传播和发展提供了一个机遇。由于张鲁归顺曹魏，导致五斗米教的北传，渐渐形成了南北二宗的天师道。

北宗天师道是北魏寇谦之改革五斗米道而形成的，其主要道场建立在今山西大同，他改革的主要内容是：清整原来的五斗米道，除去三张伪法、租米钱税以及男女合气之术。新天师道所传《云中音诵新科之诫》，宣讲“新科”等大道清虚之道，提倡专以礼度为首，而加以服食闭练。新天师道重视醮仪，提倡礼度，改变了过去以符水疗病及注重炼形的教义，特别是泰常八年（423年），有道士李谱文所传《录图真经》等醮仪感动了太武帝。太武帝于太平真君三年（442年）亲自设立道坛，受道教符录，使新天师道与皇权结合，一度成为国教，不断发展壮大。

南天师道是由陆修静改革江南天师道而形成的，主要表现在他对江南天师道组织进行整顿和改造，并积极收集整理道经，制订道教斋醮科仪，推动了南朝旧道教的改革和士族新道教的形成。特别是陆修静在孝武帝大明五年（461年）至宋明帝泰始三年（467年）的七年间，隐居庐山修建太虚观，他以太虚观为大本营，在此收徒布道，逐渐成为名震南北的重要道场，使得四方高道纷至沓来。至唐宋时，先后有许坚、钱朗、孙晟、郗法遵等大批高道云集庐山，庐山因高道辈出，名声大震于江南。为了完善斋醮科仪，陆修静一是吸收儒家传统的忠孝礼义等伦理道德作为道徒必须遵守的教规，强调忠孝为先。这样，既保证了道士严格遵守教戒，一心修善立功，又更加完善了宗教仪范。二是吸收佛教“三业清静”思想，即要求去贪、忿、痴，身除杀、盗、淫等，以制定斋仪，并特别强调“斋直为求道之本”。三是注重广收道经，著书立说。他“祖述三张，弘衍二葛”，潜心于道教理论研究，并著有《灵宝经目录序》《太上洞玄灵宝众简文》《洞玄灵宝斋说光烛戒罚灯祝愿仪》《太上洞玄灵宝授度仪》《道门科略》《洞玄灵宝五感文》等。这些斋戒仪范著作和收集的道经、药方、符图等计1228卷，已行世的有1090卷，他均采用“三洞四辅十二类”的方法，将这些道书整理集成《三洞经书目录》，于泰始七年（471年）上献朝廷，深受宋文、明二帝赞赏，使“灵宝之教，大行于世”，特别是他总括“三洞”，改革旧天师道，并提倡以斋仪为主的道教，由此其名望不断壮大，威震江南，成为江南道教的统领，使江南道教与北魏寇谦之改革的“北天师道”并存，而称南天师道。

隋唐时期，由于统治阶层的扶持，道教兴盛，天师道逐渐融合了其它符箓各派，成为道教的正统。隋文帝信奉道教，其“开皇”的年号就来自道书。隋文帝曾经下诏保护佛、道两教：“佛法深妙，道教虚融，咸降大慈，济度群品。凡在含识，皆蒙覆护，所以雕铸灵相，图写真形，率土瞻仰……敢有毁坏偷盗佛及天尊像岳镇海渎神形者，以不道论；沙门坏佛像，道士坏天尊者，以恶逆论。”①

李唐追溯老子为其祖先，以道教为尊。唐高宗乾封二年（667年），追谥老子为太上玄元皇帝。唐玄宗开元二十五年（737年），开始在玄元庙设置崇玄学，学习《老子》《庄子》《文子》和《列子》，并设立玄学博士，以四子真经开科取士。天宝七年（748年），唐玄宗亲赐第十五代天师张高手书，嘉贲天师符箓，同时召见张高，命他在京师置坛传箓，赐金币，免租税等。同时，唐玄宗还亲自注解《道德经》。

两宋时期，宋真宗和宋徽宗都大力崇道。除了人为制造一个道教之祖——赵玄朗之

① 罗伟国《佛藏与道藏》，上海：上海书店出版社，2014年，第188页。

外，宋真宗还伪造天书，更改年号。宋徽宗自称道君皇帝，即位后，在全国寻访具有道行的道士，有计划地培训道士。除此之外，宋徽宗还模仿政府官员的品秩，为道士设立道官道职。宣和元年（1119年），宋徽宗下诏废除佛教："佛改号大觉金仙，余为仙人大士之号，僧为德士，易服饰，称姓氏。寺为宫，院为观，即住持之人为知宫观事。所有僧录司可改为德士司，左右街道录院可改道德院，德士司隶属道德院。"另外，又改女冠为女道，尼为女德。虽然这一诏令在后来被废止，但是佛教受到了打击，道教则迅速发展。

元朝统治者对天师道加以扶植，使其代代相传，从未间断。并且，他们对各代天师的重用程度也是前所未有的。但值得一提的是，元朝统治者对天师道的扶植还不仅仅表现在张氏后裔的身上，而且还表现在对正一天师的一些大弟子的重用上。这方面，最著名的有张留孙及其道徒吴全节。

以光复唐、宋汉民族统治阶级政权为己任的明王朝，虽然没有像李唐赵宋诸帝那样，利用道教神化皇族统治，推崇道教为国教，但从其维护封建纲常、皇权利益的需要以及鬼神崇拜的信仰出发，也在一定程度上恢复唐宋崇道的殊制，特别对道教正一派予以扶植。洪武七年（1374年），明太祖朱元璋敕命道士宋宗真等编纂《大明玄教立成斋醮仪》一卷，并亲赐御书，制定统一的道教斋醮仪轨，简化道派传统的科仪。朱元璋在御制序文中论述道："禅与全真务以修身养性独为自己而已，教与正一专以超脱，特为孝子慈亲之设。益人伦，厚风俗，其功大矣哉！"明初以来，道教诸派逐渐归于正一、全真两大派。洪武十五年（1382年）设立道录司总管道教，所辖道士亦分全真、正一两等，于此两派中扬正一而抑全真的态度鲜明灼然。朝廷贵戚建醮设斋，尚好扶乩降仙，对符箓道教的重视过于金元时期。道士被授予真人、高仙的称号，封赐官位品爵，其中绝大多数也是正一道士。明王朝命正一天师掌管天下诸路道教，正一教的地位较元代大为提高，并凌驾于全真派之上。

正一教被封为明王朝道教的首脑，永乐初，根据王朝清整道教的需要，第43代天师张宇初针对道教弊端，撰著《道门十规》一卷，列述道教源流、道门经箓、坐圜守静、斋法行持、道法传绪、住持领袖、云水参访、立观度人等十条，涉及教义、教制各方面的重要问题，是明代重要的道教文献。正一天师以符箓、剑术为道教祈禳祓禬的主要手段。张天师所著《岘泉集》中有《玄问》《丹纂要序》等文，阐述了正一派内丹、剑法、符箓之道与道家学说的渊源关系。清代以后，正一教渐渐衰落，现在河北一带还有少数正一教道士。

（二）全真教

全真教，也称全真道或全真派，金初创立。因创始人王重阳在山东宁海自题所居庵为"全真堂"，凡入道者皆称"全真道士"而得名。该派汲取儒、释的部分思想，声称三教同流，主张三教合一。全真教以《道德经》《般若波罗蜜多心经》《孝经》为主要经典，教人“孝谨纯一”和“正心诚意，少私寡欲”。早期以个人隐居潜修为主，不尚符箓，不事黄白之术。

全真道认为，清静无为乃修道之本，除情去欲，心地清静，才能返璞归真，识心见性。该派注重修炼“性命”，认为“性者神也，命者气也”，“气神相结，谓之神仙”。主张修道者必须出家，并忍耻含垢，苦己利人，戒杀戒色，节饮食，少睡眠。

全真道建立后的相当长段时间内，以其本身所具有的活力和统治阶级的支持，保持着向上发展的势头。与此同时，又保持着明晰的传承体系和集中统一的领导体制。在金元时期，经历了数十代掌教的传承。

元朝大统一后，为原在北方的全真道提供了南传的条件，也为原在南方的道教南宗提供了北上的机会。全真道的南传，使原来互相隔绝但同源于钟吕金丹派的南、北二宗（南宗与全真派）增加了接触的机会，由此经过接触，彼此认同，逐渐产生了合为一宗的要求，特别是组织松散、势力弱小的南宗更有回归全真道的愿望。

全真道除合并南宗以外，元代中后期又合并了真大道、楼观道和部分净明道，成为唯一的一个丹鼎大派，与符箓大派正一道平行发展。

王重阳，原名中孚，字允卿，宋徽宗政和六年（1116年）十二月二十二日出生于陕西咸阳大魏村的一个富裕人家。少年时，王重阳曾勤奋攻读儒学经典，企图科举仕进，但在宋金两国交战的兵荒马乱的岁月里，靠科考获取功名显然没有什么出路，于是，王重阳转而习武，笔墨纸砚换作了刀枪棍棒，后来他果然考取了刘豫“大齐”政权的武举，名中甲科。刘豫“大齐”政权本为金朝的傀儡，金朝入主中原以后，政局稍趋稳定便废掉了“大齐”取而代之，将占领区直接划归自己管辖。在异族统治之下，汉族官吏自然不受重用。十年磨成一剑的王重阳，本想从此能飞黄腾达，却不料只被派到了一个小村庄当了一名征收酒税的小官吏。他一气之下，愤然放弃了官职，回到家乡。

王重阳在仕途无望的痛苦生活中曾一度打算皈依佛门，但他最终还是选择了信奉道教。道教中传说，王重阳48岁时在甘河镇的一家酒铺中遇到了隐士，隐士“密付口诀，又饮以神水”，并传授给他许多仙道修炼的秘术。全真道称这次奇遇为“甘河遇仙”。王重阳自此弃家当了道士，自号“重阳子”，其行为举止也开始变得异于常人。

金世宗大定元年（1161年），王重阳将家产分给了亲友乡邻，隐居到终南县的南时村，他在村里挖了一个深4米的洞穴，称作“活死人墓”，整天在洞中坐禅深思，企图建立一种新型的教派。王重阳在钻研道学的同时，也开始和僧侣，尤其是禅僧们密切交往。可以说，他对儒、释、道三家的思想理论都有很深入的研究。经过多年艰苦的修行思索，王重阳发现，道家的“清静无为”、佛家的“禅定”、儒家的“真实无妄”等思想有许多相近之处，三者实为殊途同归。于是，他提出了儒、释、道三教同源论，创立了独具特色的道教团体：全真道。

王重阳提出“三教同源论”主张的初期并没有得到什么社会反响。他先在陕西传教，几乎没有收到一个信徒。

大定七年(1167年)，王重阳一把火烧了自己的茅庵，离开陕西云游到山东半岛，他劝说当地富户马钰出资修庙，起名为“全真庵”，站稳了脚跟进行传教活动。此后，他的主张才渐有影响，受到了重视和拥护。王重阳从此开始广收弟子，致力于传教活动，其弟子最为著名的是号称为“北七真”的七位高徒：丹阳真人马钰、长真真人谭处端、长生真人刘处玄、长春真人丘处机、玉阳真人王处一、广宁真人郝大通、清净真人孙不二(即马钰的夫人)。三年之后，王重阳去世，教门由其弟子马珏掌领，七位高徒励精图治，千辛万苦传教布道，终于使全真道迅速发展壮大，成为影响后世的重要道教流派。

“北七真”之中，对全真教贡献最大的当首推丘处机。有全真教“兴于重阳子(王重阳)，大盛于长春公(丘处机)”之说，后代门徒奉丘处机为“丘祖”。

丘处机，亦作邱处机，字通密，道号“长春子”。生于金熙宗皇统八年(1148年)，山东登州栖霞县人。丘处机年轻时因慕道而隐修。王重阳在山东传教时，他慕名拜师学道，成为王重阳的七位高徒之一。

丘处机名播教坛的功绩离不开统治者的庇护。最初，他依附于金朝皇帝金世宗，为世宗祈寿，为金国祈福，受到金朝王室的优待，其后蒙古帝国崛起于漠北，挺进中原，全真道兴盛的山东一带成了宋、蒙、金三国势力的交汇点，丘处机作为频繁活动于山东的全真教教主之一，自然成了各派势力的争取对象。在三方势力难分胜负之际，他巧妙地采取若即若离的态度，静观事态的变化。

公元1217年底，蒙古大汗铁木真为求治国之道及长生不老之法，派人专程到山东强请丘处机西行。丘处机权衡利弊，觉得无论从全真道的发展考虑，还是为中原的百姓着想，蒙古之行都是有利无害的，于是，75岁高龄的丘处机带领弟子尹志平、宋德方、李志常等18人，走完了万里之途，终于到达西域雪山与成吉思汗会面。对于这段经历，史书上有过这样的记载，据《元史·释老传》载，丘处机率领十八弟子，“经数十国，为地万有余里。盖蹀血战场，避寇叛域，绝粮沙漠，自昆仑历四载而始达雪山。”一个是中原教门的掌门人，一个是新兴帝国的君主，两人进行了多次晤谈。据《元史·邱处机传》记载：

“太祖时方西征，日事攻战，处机每言，欲一天下者，必在乎不嗜杀人；及问为治之方，则对以敬天爱民为本；问长生久视之道，则告以清心寡欲为要。太祖深契其言，命左右书之，且以训诸子焉。”

丘处机告诫成吉思汗，修身延生的要旨在于“内固精神”“外修阴德”。为了说服这位杀人成性的蒙古大汗克制各种欲望，禁止杀掠，他结合中原情况，提出了许多具体的治国安民的良策，这些建议得到了成吉思汗的赞赏，为此特赐丘处机“神仙”之号，封爵大宗师。

丘处机在西域受到了空前的优待礼遇。滞留一年之后，他以年事已高、思乡恋土为由，多次提出东归中原之意。成吉思汗百般挽留，见丘处机去意坚决，遂放行。

丘处机回到中原后，住持燕京天长观（今北京白云观）继续传道三年，由一方教主而位尊万乘国师，全真道因他之故极盛一时。成吉思汗为表谢意，在丘处机临终之际，特降圣旨，“尽免全真教徒之赋役。”并以其道号“长春子”，改“天长观”为“长春宫”。丘处机借帝王的隆威，广度道徒，大建宫观，将创立不久的全真道推向了鼎盛时期。元统一全国后，流行于北方的全真道传布江南，得到迅速传播。

然而，随着丘处机及其弟子们的谢世，全真道自元朝中期以后盛极而衰，走向腐化，众多的道徒有些得意忘形，他们把元朝统治者的优待看作一种特权，开始在社会上胡作非为，恣意乱行，他们利用权势专横无度，“毁夫子庙，毁佛像，占梵刹四百八十二所。”这种倒行逆施自然引来了人们的反对。1225年丘处机殁后，全真道一统教权的格局没有维持多久便被打破。《元史·宪宗纪》云：“元年，以僧海云掌释教事，以道士李真常（李志常）掌道教事。”

自此，佛教才有了喘息和还手的机会。于是，受压已久的佛教与道教争端日起。宪宗五年，皇帝诏少林高僧与道士李志常在宫内辩论，李志常败北，遂将印有诋毁佛教的道经焚毁，并下令民间收缴道经。此举大大地打击了全真道的气焰。

全真道的特点是以“性理”学说融贯三教。王重阳在诗中写道：

“心中端正莫生邪，三教搜来做一家。义理显时何有界，妙玄通后更无加。”①

“儒门释户道相通，三教从来一祖风。悟彻便令知出入，晓明应许觉宽洪。”②

“释道从来是一家，两般形貌理无差。识心见性全真觉，知汞通铅结善芽。”

由此可见，王重阳吸收了儒、释两家的许多思想营养，对以前的一些道教理论进行了一次大胆的改革，使全真道在元朝兴起的几大道派中脱颖而出。

全真道的兴起无异于道教历史上的一次革命。在此之前，道教从信仰到方仪都逐渐在民间乃至上层社会中失去市场。炼丹衍生越来越复杂，越来越玄虚，耗财费钱，而始终见不到长生效果，使人们对此丧失信心；在民间，道士们的斋醮祈禳，作鬼弄神，粗俗不堪，引起了世人对道士的反感。王重阳保留并恢复了道教原始的精华，崇尚清净自然，淡泊无为，讲求个人炼养；更为重要的是，他融汇儒、释两教的思想精华为其所用，将杂乱无章、粗陋原始的道教整合为一种全新的走向正规的宗教。

---

① 李跃忠，曹冠英《道士》，北京：中国社会出版社，2009年，第64页。

② 杨军《宋元三教融合与道教发展研究》，成都：巴蜀书社，2009年，第176页。

二、道教主要经典

在道教产生和发展的漫长过程中，道教徒与信道者先后编纂了大量的经书，加上道教把很多先秦诸子的著作收录在道教经籍里面，因此，道教的经书数量庞大，内容涉及范围广泛，包括哲学、历史、文学、医学等方面。

魏晋以前，道教的经书数量并不是很多。据东晋葛洪的《抱朴子》记载，大约有经书1200多卷。南朝的道士陆修静广泛搜集道书，编成《三洞经书目录》，计有1228卷。北周玄都观道士编成《玄都经目》，增至2040卷。唐玄宗开元年间，下诏搜访道书，编成《开元道藏》，总共有3744卷，其纲目为《三洞琼纲》。宋代曾经6次编修道经，先后修成《大宋天宫宝藏》4359卷，《万寿道藏》5481卷等。金代修成《大金玄都宝藏》6455卷。元代修《玄都宝藏》，增至7800余卷。由于种种原因，上述道藏均已亡佚。

现在流传的道教经书是明代修纂的，名为《正统道藏》，共有5305卷，加上后来修成的《续道藏》180卷，共有5485卷。民国年间，商务印书馆将《正统道藏》加以影印，才流传于世。

道教的书籍繁多，需将其进行归纳分类。最早进行分类的是陆修静，他提出了“三洞”的分类方法，将道书分成洞真、洞玄、洞神三大类。将托名元始天尊所授的经书归为洞真部，相当于佛教的大乘经典；将托名太上道君所授的经书归为洞玄部；将托名太上老君所授的经书划归为洞神部，类似于佛教的小乘经典。到了宋代，又提出“四辅”的分类法，将“三洞”以外的经书分为太玄部、太平部、太清部和正一部。

在“三洞”之下，又分为十二部：

本文类，即道经的原文；

神符类，即符箓咒语；

玉诀类，即注解道经的经书；

灵图类，即以神灵图形为主的道书；

谱录类，即记录神仙的谱系事迹的道书；

戒律类，即记载道教戒律的道书；

威仪类，即有关道教礼仪制度、斋醮祭祀的道书；

方法类，即关于修行方法的道书；

众术类，即有关炼丹和五行变化之术的道书；

记传类，即有关神仙传记和道教历史方面的道书；

赞颂类，即以赞词和颂辞为主的道书；

表奏类，即以祈祷和上奏天庭的章表为主的道书。

由于道教经典繁多，在此仅就重要的经书做一番简介。

(一)《道德真经》

即《老子》,见前文。

(二)《南华真经》

即《庄子》,见前文。

(三)《冲虚真经》

即《列子》,见前文。

(四)《通玄真经》

《通玄真经》即《文子》。唐玄宗于天宝元年(742年)诏封文子为“通玄真人”,尊《文子》一书为《通玄真经》,道教奉为“四子”真经之一。

刘向《七略》存《文子》9篇,《汉书·艺文志》录9卷。梁阮孝绪《七录》作10卷,《隋书·经籍志》和《新唐书·艺文志》均为12卷。《文子》曾被认作伪书,1973年,河北定县四十号汉墓出土了《文子》残简,其中与今本《文子》相同处有6章,有学者据此认为它并非伪书,而是一部先秦古籍,但经过了后人加工。《文子》解说老子思想,继承并发展了“道”的学说,又杂糅名、法、儒、墨诸家的思想。明代宋濂《诸子辨》称其为《道德经》的义疏。现存唐徐灵府《通玄真经注》12卷,宋朱弁《通玄真经注》7卷,元杜道坚《通玄真经渐义》12卷,皆收入《正统道藏》洞神部玉诀类。

(五)《洞灵真经》

《洞灵真经》即《庚桑子》,或称《亢仓子》《亢桑子》。唐玄宗于天宝元年(742年)诏封庚桑子为洞灵真人,尊《庚桑子》一书为《洞灵真经》。道教将其奉为“四子”真经之一。

关于庚桑子其人,《庄子·庚桑楚》称庚桑子,为老聃之弟子,“偏得老聃之道”。《历世真仙体道通鉴》卷四谓:“庚桑子,陈人,得老君之道,能以耳视而目听。居畏垒之山,其臣去之,其妾远之,居三年,畏垒大穰。后游吴,隐毗陵孟峰,进成仙去。”

《庚桑子》一书,《汉书·艺文志》和《隋书·经籍志》皆未著录,仅《新唐书·艺文志》、晁公武的《郡斋读书志》及《孟浩然集》等记载。《洞灵真经》要旨在全身、治国,不出儒、道二家之言,基本思想则是道家思想,在多方面发挥了老子的思想。书中多作古文奇字,并有注音。《宋史·艺文志》著录《亢仓子音》一卷。本书注释极少,仅存唐朝何璨注九卷一种,收入《正统道藏》。

（六）《太平经》

《太平经》，又名《太平青领书》，收录在《正统道藏》中。该书是一部早期道教的重要经典，专以奉天地、顺五行为本，亦有修身治国之术。原书170卷，今残存57卷。该书非出一时一人之手，是一部集体编写的道书。原《太平经》按十天干编排，分甲、乙、丙、丁、戊、己、庚、辛、壬、癸十部，每部17卷。采用神人（或天师）答六方真人疑问的形式，阐述基本理论。其经卷帙浩繁，内容庞博，但宗趣大体一致，包融道、儒、墨、阴阳、神仙诸家之学。该经的特点是不多引用前人陈言，间有遣词造句，采摘古人的成语亦不指明出处。经文每章皆有标题，末附篇旨总摄一章大意，多与文相符，显出它自成一家的体裁。

《太平经》上承老子遗教，近受当时图谶、神仙方术的影响，反映了许多更新时代的思想，为张角、张鲁在汉中政教合一之治奠定了理论基础。及至今天，为研究我国古代医药、音乐、哲学以及早期道教提供了重要资料。

（七）《清静经》

《清净经》，全称为《太上老君说常清静妙经》《太上老君说常清静经》《太上老君说常清静真经》，又称为《太上混元上德皇帝说常清静经》。《清静经》的作者，据经文起句为“老君曰”，系托称老君所著。经末附仙人葛翁、左玄真人、正一真人跋语，称此经乃天人所习，由西王母授金阙帝君，金阙帝君授东华帝君，东华帝君授葛玄，皆口口相传，不记文字，葛玄书而录之，因以传世。

《清静经》正文起首一句就是“大道无形”，而定了全经格调。经文不讲有为的修养方法，而是要人从心地下手，以“清静”法门去澄心遣欲，去参悟大道。经中以发挥“清静”两字为主，简明地叙述了道家修心养性的基本原则。认为“夫人神好清，而心扰之；人心好静，而欲牵之。”要去除这些牵扰，获得“清静”，达到“心无其心”“形无其形”“物无其物”“唯见于空”的境界，必须“遣其欲而心自静，澄其心而神自清”。但是有“空”存在，还不究竟，还要“观空亦空”“所空既无”“无无既无”，才能“湛然常寂”。然后“寂无所寂，欲岂能生，欲既不生，即是真静”，直至进入“常清静”的境界，如此“渐入真道”，“名为得道”。经文大旨，主要是根据老子“清静无为”的理论推演而来，而且没有荒诞无稽的神话色彩，在道经之中不失为纯正之品。

《清静经》虽然字数不多，但是言简意赅，义理深刻，一向为道教人士所重视，视为道教性功修持之准鹄。道教将其作为日常念诵的经文之一，编入《早坛功课经》中。全真道士领受初真戒时，也必须诵习此经。因此，《清静经》在后来的道教中被视为一部非常重要的上乘经典。

(八)《度人经》

《度人经》原为1卷,后衍为61卷,作者不详,或曰三国时葛玄所传出,或称为《灵宝度人经》,全称为《元始无量度人上品妙经》,是中国道教经藏中的至宝,是道教第一部描绘神仙天界、凡人世界和幽冥鬼界的经书,产生于东晋末期。陆修静的《灵宝经目》已经将其著录其中。《度人经》给人们展示了一幅宇宙立体空间的图景。这图景就是上有天堂,中有人间,下有地狱。天堂或说天界,分为欲界六天、色界十八天、无色界四天、种民天四天和三清境(又称大罗天)。欲界、色界、无色界总称为"三界"。这样,"三界一天"共计三十二天。三十二天,每天各有一天帝管辖,共计三十二天帝。三十二天帝分处东、南、西、北四方。这样,每方各有八天八帝。这三十二天,因为有高低不同,并不处于同一水平面上,从东方第一欲界天开始,向南经西最后到北方最上一层种民天,呈现出立体螺旋台阶式构架。

《度人经》认为,位于俗界的世人,修道后可以成仙,进入天界可以作天人;而作恶行鬼道,必然入地狱。《度人经》给人们画了一幅修道飞升图,给人们指出了修道成仙所可能到达的境界。这就是"三界一天"。"三界一天",依次递升。如上所说,"三界一天"分别是欲界、色界、无色界和种民天。若是把俗界、鬼界(地狱)、三清境算入,那就叫"五界一天一境"了。俗界是世人居住的地方,鬼界是幽鬼生活的地方,三清境是道教信奉的三位最高尊神玉清、上清、太清所居之所。

《度人经》是东晋灵宝经派的首经,在道教经典中占有重要地位。其倡导的一系列宗教活动一直延续至今。明代修《正统道藏》,将此经列为第一,亦说明了该经的重要地位。

(九)《心印妙经》

《心印妙经》,又名《心印经》,全称为《无上玉皇心印妙经》或《高上玉皇心印妙经》,托言为无上玄穹主金阙大道君所作,和玉皇信仰有着密切的关系,是以玉皇冠名的道教经典中的重要代表之一。《心印妙经》被收在明代《正统道藏》洞真部本文类。全经仅200字,由四言韵文组成,共50句。它的文字虽然很短,但每一个字都是道教内丹的修炼心法,所以一直以来都很受道教内丹家的关注和推崇。他们将《心印妙经》编入《早坛功课经》中,作为道士们日常念诵的经文之一。在道教经书中,《心印妙经》与《阴符经》《清静经》一样受到清修道教徒的高度重视。

道教修炼方术,大体上可以分为外丹炉火与内养精气神两大类。《心印妙经》开篇就说"上药三品,神与气、精",并且认为修炼精、气、神,获得"先天一炁",就是得"真"。经中还说"人各有精,精合其神。神合其气,气合其真","神依形生,精依气盈,不凋不残,松柏青青”，基本上都是从道教传统的对形、神关系的认识出发谈修炼方法。①

历代以来，为《心印妙经》作注解的人很多。如八祖合注《高上玉皇心印妙经》《终南八祖说心印妙经解》，抱真子注《高上玉皇心印经》，玄谷帝君注《高上心印经》，李简易注《无上玉皇心印经》，陆西星注《无上玉皇心印妙经测疏》等，基本上都是阐发道教内丹修炼思想。

（十）《玉皇经》

《玉皇经》，全称为《高上玉皇本行集经》，一共三卷，是道教徒斋醮祈禳以及道门功课的必诵经文之一。一般举办较大的道场，都要念诵《玉皇经》。《玉皇经》经文由《清微天宫神通品》《太上大光明圆满大神咒品》《洞玄灵宝玉皇功德品》《天真护持品》及《洞玄灵宝报应神验品》等篇组成。主要叙述元始天尊在清微天中宣说玉帝来历的神话。经文中还宣扬玉皇度化众生、功德无量的事迹，倡导信众重视《玉皇经》。此外，有关灵宝经法的咒语、符箓、戒律、赞文、斋法等内容，《玉皇经》也有涉及。

三、现代生活中的道教

道教经过漫长的发展历程，至清末已衰微不堪。五四运动中，陈独秀、钱玄同、鲁迅等人对旧宗教、偶像崇拜，对关帝、吕祖、九天玄女、瘟将军等的崇祀、迷信予以抨击，道教的宗教观念迅速失去了地盘。面临急剧的社会变革，道教界人士为维护本教，成立过一些道教徒的群众组织。如1912年北京白云观成立了全真派的全国性教会组织“中央道教会”。同年，第六十二代正一天师张晓初在上海筹建正一派的全国性教会组织“中华民国道教总会”。在一些省市如上海，还成立过“中国道教总会”“中华道教会”等地方性的道教组织。

中华人民共和国成立后，随着宗教信仰自由的政策逐步落实，“中国道教协会”于1980年重新开始活动，各地道教宫观逐步恢复，道士们过着正常的宗教生活，并努力实现劳动自养。

在现代文明的冲击下，道教的宗教观念，尤符箓道、神仙崇拜的信仰，在社会生活中的影响日益缩小，道教继续衰落，但是道教文化是中国古代文化遗产中的重要组成部分，深深渗入民族文化的诸多方面，其将来的命运，只会是扬弃，而不会是全盘摒弃。

（一）道教医学与现代生活

道教医学作为中华传统医学史上的一个重要流派，在明清之际业已汇入传统医学发

① 高以宜《风追盛唐——钟吕八仙道光》，西安：西北大学出版社，2013年，第176页。

展的大潮之中，其精华是中华传统医学宝库中不可或缺的组成部分。这就需要我们以平实的态度、科学的精神、分析的眼光，认真加以整理和挖掘，重新认识其潜在的科学价值，在继承的基础上加以创新、发展。

人们现今把完全或主要从生物因素来阐述健康和疾病的医学观，称为生物医学模式。这种医学模式是西方医学从18世纪以后，随着近代自然科学的发展，特别是生物学和解剖学的发展而逐渐形成的。生物医学模式曾对人类的健康做出过积极贡献。但是，这种医学模式只依据病人身体检查和化验参量的结果是否偏离正常值来诊断是否有病，不问心理与社会环境因素对这些参量的影响。也就是说，这种医学模式把人只看成生物的人，把疾病与健康只看成生物学的过程，只研究细菌、病毒或理化因素给人体带来的损害，而忽视了人的社会性，忽视了心理和社会环境因素对疾病与健康的影响。因此，单纯用"生物医学模式"的观点对这类疾病的治疗是难以立刻奏效的。所以，根本出路还在于改善人之心理状态，增强社会人群的伦理道德观念，净化社会环境，突破生物医学模式的狭隘观念，建立起综合地从生物、心理、社会三方面来阐述健康和疾病的医学观，即生物、心理、社会医学模式，完成人类医学史上又一次"哥白尼式的革命"。

在道教生命哲学观的指导下，道门在治病防病时能广泛而灵活地运用各种手段、措施进行医治。不但善于运用传统医学的本草、汤液、方剂（各种膏、丸、丹、散）及针灸手段，而且能根据临床证候，选用导引、吐纳、行气、服食、辟谷、存思、按跷、房中、守一、制魂魄等内修外养之术，辩病施功；并且还配合以符水、禁咒、祝由、斋醮仪礼等对疾病以各个不同角度进行治疗和预防。其治病养生，既采用常规药物疗法，也采用心理疗法、信仰疗法，将生理治疗与心理治疗、社会治疗结合起来，治疗与养生预防相结合，从而形成综合性、多元化的道教医学模式，这种医学模式与现代医学发展的趋势不谋而合，具有重要的潜科学价值，对当代医学发展不无借鉴和启迪。

道教医学的具体医学养生方术中也蕴涵着许多极有价值的思想成分，要重新认识和估价。如辟谷术，蕴涵着重要的养生价值。辟谷，也称断谷、却谷、休粮、绝粒，指不食五谷之术。道教服食家深信：服食草木类药物不仅可以轻身益气、益寿延年，而且如果服食到一定程度，且配合服气行气修炼，就可以使身体处于"不饥""不饿"的状态，甚至达到不食五谷而长生的"断谷"境界。

道教医学养生方术是中华传统医学宝库中的一朵奇葩，其中导引、按跷、吐纳服气、服食（食疗）、辟谷（断食疗法）、房中、胎息、守一、存想、内丹诸术中皆蕴涵了丰富的医学养生思想，其特点是"不劳针石，不假汤药"，即通过调动、开发人体潜能而达到自我调摄、自我保健的目的。修习道教养生方术，能有效地促进身心健康，既防病于未然，又免于吃药、打针之苦，同时也可节省大量的医药费用。

（二）道教武术与现代生活

道教武术一般称为道家武术。中华武术是中国古代的文化遗产之一，而道教对中华武术的发展，贡献尤大。武术本为竞技和防身之用，殷周时期的竞技和角斗当为开中华武术之先河。秦汉以来的方仙道有墨侠之遗风，为其发展奠定了基础。汉室独尊儒术，名门缙绅子弟重文轻武，惟以五经猎取官禄，视武术、兵法为“不急之末学”（《抱朴子外篇·自叙》）。而隐士、道士独处山林，既无意于功名，又易为盗贼、猛兽所伤，故不得不习武防身，从而刺激了武术在道教徒中的发展。况且，习武须专心致志，持之以恒，神清气足，才能臻于至境，世俗之人多累于名利，忧生惧死，且情欲伤身，难以在武术上有所成就，因而自古武林高手多出于方外之人。武功出众的道士，传艺授徒，强身护法，也有利于道教威望的提高和教团的生存发展。据史料记载，道家武术的成熟期约在魏晋之初。《抱朴子外篇·自叙》：“少尝学射，但力少不能挽强，若颜高之弓耳。意为射既在六艺，又可以御寇辟劫，及取鸟兽，是以习之。昔在军旅，曾手射追骑，应弦而倒，杀二贼一马，遂得以免死。又曾受刀盾及单刀双戟，皆有口诀要求，以待取人，乃有秘法，其巧入神。若以此道与不晓者对，便可以当全独胜，所向无前矣。晚又学七尺杖术，可以入白刃，取大戟。”可见，在魏晋时道家武术已成套路。元明时期，是流派纷呈的全盛期。明代道士张三丰创立的武当山内家拳术将道教气功与武术融为一体，形成同外家少林拳术风格迥异的流派。道家武术以太极拳、武当剑、形意拳、大成拳等为代表，属内家武术。现武当山、崂山等地的道教宫观仍有道家武术流传。道家武术以道教哲学及道教理论为指导，结合道教医学、内丹学、养生学的成果，将武术技击和健身术融为一体，讲究经络穴道，以炼好坚实内功为根基，以气发力，借力打力，擅长以柔克刚，具有刚柔相济、技巧性强、以静制动、避实击虚、灵活圆转等特点。习者外能技击抗敌以自保，内能强身健体以养生，可兼得技击和养生之效。

（三）道教音乐

道教音乐是道教在斋醮等仪式上使用的音乐，又称“法事音乐”或“道场音乐”。它独具一格，有其特定的形式和内容，在中国民族音乐中具有独立的价值。相传巫以歌舞迎天神下凡，道教从远古中走来，道士们在举行宗教仪式时必定使用音乐，所谓“扣鼓集神，悬祷而告”。道教徒认为在祈福求愿的斋醮仪式中，道教音乐有“感动群灵”的作用。

早期的道教科仪比较简单。《太平经》中虽有关于音乐的论述，但科仪中只有诵念，并无音腔。北魏神瑞二年（415 年）寇谦之所得的《云中音诵新科经戒》，即《华夏颂》《步虚声》，是道教音乐较早的书面记载。

唐代时道教音乐曾得到朝廷的重视，盛极一时。高宗曾令乐工制作道调；武后重视道教，曾一度把大内教房改为韵绍房。玄宗不但诏道士、大臣广制道曲，还亲自教道士“步虚音韵”；同时，吸收和融合民间音乐、西域音乐以及佛教音乐，使其得以发展和提高。北宋时，朝廷曾设云敖部主管道乐，并出现了现存第一本道教音乐的谱集《玉音法事》，从中可见道曲自有其特色。金世宗时，王重阳创立全真道。金元以后，全真道得到了广泛传播，同时，形成了适应其清修科仪需要的全真道乐。同时，在南宋地区，正一道派的音乐仍在民间广泛流传。明代时道教音乐有新的发展，更加规范化，可以说是进入了定型阶段。明成祖时又出了一本道教音乐谱集——《大明御制玄教乐章》，用传统的工尺记谱法记录了14首道曲。明末清初叶梦珠在其著作《阅世编》中形容他晚年听到的道曲，“引商刻羽，合乐笙歌，竟同优戏”。可见，明代道教音乐已经发展到较高的水平。明末以后道教逐渐衰落，但是民间道教活动仍很流行，这使明代道教音乐得以保留到近代。

道教音乐与其它宗教的音乐有许多共同之处，例如：用音乐来渲染和加强宗教仪式的气氛，赞、颂采用庄严而节奏缓慢的旋律，以及吸收民间音乐素材的创作方式等。道教音乐植根于民间，具有大众化、通俗化、多样化的特征，一直为民间所喜闻乐见，欣赏道教音乐常常带给人们莫大的精神享受。

道教音乐是具有地方性特点的宗教音乐。道教是在中国社会中产生的，所以道教音乐势必会受到中国社会政治经济特点的影响，受到中国民族音乐发展状况、道教的教义和宗教仪式结构等的制约，因此道教音乐必然会产生与其它宗教音乐完全不同的情景，显示出中国民族音乐的明显个性。表现之一：各地的行腔、旋律装饰（加花）都带有本地地方音乐特点而各不相同。表现之二：同一法事中的同一首词，各地选用本地音调配曲。

以正一派道乐为例。江西龙虎山天师府是正一道派的祖庭，天师府道乐吸收了不少江西民歌小调和曲艺、赣剧的成分。苏州玄妙观道乐同苏南吹打一脉相承。无锡道教音乐承袭了中国道教经典音乐的传统，尤其是昆曲等优秀成分，形成了鲜明的地域风格。《二泉映月》《十八拍》等名作就诞生于无锡道教音乐这片沃土。上海道教音乐是一个各乐种成分相互融汇，并具有江南独特音乐风格和丰富道教色彩的音乐，有时鼓声震天，气势磅礴，以示召神遣将、镇邪驱魔；有时丝竹雅奏，余音绕梁，使人身心清静，如入缥缈之境。台湾中南部道乐受到福建南音的影响。

以全真派道乐为例。北京白云观采用北京韵。崂山道乐具有胶东地方音乐风格，如《离恨天》与《六问青天》这两首就是诞生在崂山。沈阳道乐具有东北民间音乐的特点。川西道乐同四川清音、扬琴以及川剧高腔音乐也有紧密联系。值得一提的是，青城山道乐与蜀派古琴亦相互促进。武当道乐则融汇了中华民族传统音乐与宫廷音乐之精华。

它以其苍劲古朴、婉转清新和肃穆典雅的美妙韵律自成一格，以其浓厚的宗教韵味和古典音乐气质，使欣赏者进入一种悠远神秘的特殊氛围中，给人以超凡脱俗之感。

道教音乐由于受到历代帝王的重视，有时还直接作为宫廷祭祀音乐进入皇家生活。因此，道教音乐和中国宫廷音乐关系甚密。在道教音乐中，相对稳定地保存了不少宫廷音乐的素材。早期道教音乐所用的乐器，以道书称之为“法器”的钟、磬和鼓等打击乐器为主。隋唐时代，增加了吹管、弹拨乐器。宋代以后加入了拉弦乐器。明代《茅山志》记载国醮演奏乐器的道士达30名。近代虽然吹管、弹拨、拉弦、打击等乐器并用，但在演奏中，特别是全真道派，仍以吹管、打击乐器为主。

除了斋醮科仪用的音乐之外，还有表现道教思想内容的器乐曲和声乐曲。例如唐代司马承祯的《玄真道曲》、李含光的《大罗天曲》、贺知章的《紫清上圣道曲》，以及现代民间曲艺“道情”的前身——道教的道情等。

在乐谱方面，除《正统道藏》中的两种乐谱外，清代康熙年间道士彭定求编修的《道藏辑要》收有《全真正韵》一卷，辑录全真经韵56首，采用“当清”记谱法，在经文旁注有“当、清、鱼”等字样，标示打击乐器。该谱并无曲调标识，因此，诵唱时仍需师傅口授。清乾隆年间娄近垣在苏州刊刻《太极灵宝祭炼科仪》，后附《隔凡》《金字经》等7种曲牌的工尺乐谱。另外，苏州道士曹希圣在清嘉庆四年（1799年）将吾定庵收集整理的乐谱刊印为《钧天妙乐》《古韵成规》《霓裳雅韵》等三种。江南一带道士称之为“曹谱”。

第五节　新道家

春秋战国时期，随着百家之学影响的不断扩大，渐渐形成了学派。《韩非子》中就有记载："世之显学，儒、墨也。儒之所至，孔丘也。墨之所至，墨翟也。自孔子之死也，有子张之儒，有子思之儒，有颜氏之儒，有孟氏之儒，有漆雕氏之儒，有仲良氏之儒，有孙氏之儒，有乐正氏之儒。自墨子之死也，有相里氏之墨，有相夫氏之墨，有邓陵氏之墨。故孔、墨之后，儒分为八，墨离为三，取舍相反不同，而皆自谓真孔、墨，孔、墨不可复生，将谁使定世之学乎？"虽然当时的人们并没有将自己的学说划为某一派别，但是由于思想上的亲缘关系，后人便根据他们的学说总结归纳出某一家的系统来。

一、秦汉新道家

由老子创立的道家学说，经过庄子的发展，在秦汉之际又有了新的发展方向，即黄老学说。《史记·魏其武安侯列传》中记载："太后好黄老之言，而魏其、武安、赵绾、王臧等务隆推儒术，贬道家言。"从文意看，所谓的"道家言"指的即黄老学说。而《史记·孟荀列传》中说得更加的直接："黄老道德之术"。这种黄老学说源于老庄学说，与其有着密切的关系，也有着很大的区别，所以被人们称为"新道家"。《吕氏春秋》和《淮南子》是秦汉新道家的代表作品。

《吕氏春秋》，又称《吕览》，是秦相吕不韦召集诸门客集体编纂的一部著作。吕不韦，濮阳人，阳翟的富商，家累千金。他曾帮助在赵国邯郸做人质的秦国庶子异人顺利成为秦国的国君，即庄襄王。庄襄王即位后，拜吕不韦为丞相，封为文信侯，食河南洛阳十万户。吕不韦一跃成为秦国国君之下最有权势的人。吕不韦在庄襄王、秦王政时期为相13年。庄襄王在位三年而死，秦王政即位时仅13岁，尊吕不韦为相国，号称仲父。此时秦国的大政方针，都由吕不韦掌控。吕不韦为秦国完成统一大业做出了积极的贡献。

《吕氏春秋》是一部结构体系十分完备的著作。它的结构体系是经过精心安排、精心设计的，自成一个系统。全书分为三个部分：纪、览、论。"纪"按春夏秋冬十二个月份为十二纪，如春分三纪：孟春、仲春、季春。每纪包括5篇文章，总共60篇。"览"按照内容分为八览，每览8篇，共64篇（第一览"有始览"缺一篇，现有63篇）。"论"也是按内容分为六论，每论6篇，共36篇。还有一篇序意，即全书的序言（今本已残缺），放在十二纪后边。总括起来，《吕氏春秋》全书共160篇，结构完整，自成体系。

《吕氏春秋》受到道家思想的影响，而又对道家思想进行了较大的改造。关于宇宙本源的认识，是战国时期各家学派争论的焦点。《吕氏春秋》继承并发挥了精气说，认为宇宙的本源是一种极其精微的物质即精气，这种精气又叫作太一或道。正是由于这种精气或太一或道的运动和结合而产生千姿百态、性质迥异的天地万物。

《吕氏春秋》认为天是由精气构成的自然的天，并不是什么有意志的万物的主宰。他认为"类同相召，气同则合，声比则应"，自然界的同类事物之间都有一种客观的联系，不是什么超物质的意识在起作用。《吕氏春秋》不相信鬼神，不承认天命。它认为人的生死不是什么命中注定，而是具有一种客观的必然性。他说："凡生于天地之间，其必有死，所不免也。"《吕氏春秋》认为宇宙万物是不断运动的，而且没有终结。《吕氏春秋》还流露了对事物的辩证的认识。它认为事物是互相依存的："小之定也必恃大，大之安也必恃小，小大贵贱，交相为恃。"而且可以互相转化，这种转化是以一定的条件为前提的。没有适当的条件，转化就无法产生。

《淮南子》，又称《淮南鸿烈》。由淮南王刘安（前179—前122）主持，他的门客集体编写。该书的注释者高诱在《叙目》中说：刘安"与苏飞、李尚、左吴、田由、雷被、毛被、伍被、晋昌等八人及诸儒大山、小山之徒，共讲论道德，总统仁义，而着此书。"

刘安，西汉诸侯王，思想家，汉初黄老学派主要代表之一。汉高祖刘邦之孙，其父淮南厉王刘长在文帝时因罪致死，刘安以嫡长子承淮南王位42年。他反对汉武帝的内兴功、外征讨的政策，后因"谋反"事发而自杀。"持以道德，辅以仁义"是《淮南子》全书的主旨。全书以道家思想为主，兼采先秦法家、阴阳家等各家学说，也承袭了儒家的一些观点。

《淮南子》认为"物有道"，"道"是万物所遵循的规则。从这一点出发，提出了"因其自然""无为而治"的政治主张，即：应该遵循事物本身具有的规律和发展趋势，不应人为地改变，强调顺应事理的"有为"，主动地利用规律，反对消极顺应。只要是"不易自然"、不违"物性"，积极进取、大有作为等都可称为"无为"。

秦汉新道家和老子、庄子的原始道家相比，颇有自己的特点。

第一，由批判儒墨变成了"兼儒墨，合名法"。从战国后期开始，各家各派都在互相吸收、互相融合，只不过各自站在不同的基点上吸收，各自所标榜和强调的不同罢了。新道家是站在道家立场上来"采儒墨之善，撮名法之要"的。《吕氏春秋》就是如此，所以它就表现为高诱所说的："以道德为标的，以无为为纲纪，以忠义为品式，以公方为检格。"（《〈吕氏春秋〉序》）《淮南子》则更为明显，是以"道"来通论一切的，"道"既是宇宙万物的本体，处世为人、治国平天下，皆莫不得之于造成宇宙万物的"道"，所以它说："今专言道，则无不在焉。"（《要略》）从全书的内容看，很明显是吸收了儒、墨、名、法各家思想的，它是"非循一迹之路，守一隅之指"（《要略》）的。

第二，由遁世变成了入世。新道家不回避现实矛盾，不轻率地对待矛盾，他们的代表作都认真地讨论现实政治问题，可以说都是政论书。司马谈曾说："易大传：'天下一致而百虑，同归而殊途。'夫阴阳、儒、墨、名、法、道德，此务为治者也，直所从言之异路，有省不省耳。"(《史记·太史公自序》)没有哪一家不是在那里探讨如何统治的经验、原则和方法，但是"省与不省"却有不小的区别。相对来说，以老、庄为代表的道家，直接讨论政治问题就要少得多，而新道家的作品则明显是政论书。《汉书·艺文志》把《吕氏春秋》《淮南子》这样的新道家代表作列入杂家，又说杂家之学"盖出于议官"，议官就是议政，也可见此类书的政论性质。《淮南子·要略》中讲得明白："夫作为书论者，所以纪纲道德，经纬人事，上考之天，下揆之地，中通诸理……总要举凡……惧为人之惽惽然弗能知也，故多为之辞，博为之说。又恐人之离本就末也，故言道而不言事，则无以与世浮沉，言事而不言道，则无以与化游息。"显然它是一部政论书。《吕氏春秋》也是如此。

第三，发展了老子天道自然无为的思想，把它创造性地运用到人生和政治上去了。《吕氏春秋》中就有大量的具体运用，它写道："得道者必静，静者无知。知乃无知，可以言君道也。"(《君守》)"有道之主，因而不为，责而不诏。去想去意，静虚以待，不伐之言，不夺之事，督名审实，官复自司。以不知为道，以奈何为实。"(《知度》)等等，不必一一列举。

《淮南子》的运用则进一步把它理论化了，《原道训》中说："万物固以自然，圣人又何事焉?""是故圣人内修其本，而不外饰其末，保其精神，偃其智故；漠然无为而无不为也，澹然无治而无不治也。所谓无为者，不先物为也。所谓无不为者，因物之所为。所谓无治者，不易自然也。所谓无不治者，因物之相然也。"

二、当代新道家

当代新道家是20世纪末提出的概念。1991年，董光璧在《当代新道家》一书中提出："使用'当代新道家'是出于与'当代新儒家'对应的考虑。"在此基础上，他提出新道家指的是那些受道家思想启发而做出卓越贡献的科学家。后来，陈鼓应、胡孚琛、孔令宏、张京华等人对新道家的概念进行了拓展，把它定义为一切从事道家、道教研究的专家学者；宫哲兵先生进一步扩大了新道家的内涵，他认为凡是认同道，继承道家传统，在新条件下建立新体系并使之得到运用的人，都可称为新道家。还有民间人士认为，凡是愿意按自己的天性生活，也不反对别人按自己的天性生活的现代人，都是新道家。

(一)当代新道家的理论建构

由于不同的学者对"当代新道家"概念的理解不同，导致了当代新道家的理论系统的构建也不同。董光璧将道家思想的现代形式归结为"道实论""生成论""循环论"和"无为论”。并指出:“‘道实论’是类似老子‘道’的科学实在观,存在与规律一体的潜在实在观。……‘生成论’类似老子的生成观,强调以‘产生’和‘消灭’或者‘转化’阐述变化。……‘循环论’对克服生物进化论和热退化论矛盾具有‘回天’之力。……‘无为论’思想要人们顺其自然,也就是说按规律行事。人与自然的和谐成为当代人思考的主题,老子‘无为’的古老格言又焕发出新的启示。对老子的‘无为’思想的种种误解已由一些学者研究纠正,并且阐明了它的历史和现实意义。”但是,其主张偏向于科学方面,而道家的学说的内涵绝不止于此。

胡孚琛认为新道家体系应有八大支柱,即道学范围内的八个分支学科:人行道哲学、政治管理学、文艺审美学、医药养生学、宗教伦理学、自然生态学、丹道性命学、方技术数学等。从文化角度入手对八大支柱重新加以整合即他所谓的综合创新之道,认为新道学应是包括究天人之际的自然学说、察古今之变的历史学说、穷性命之源的生命学说,集中自然、社会和生命的大智慧。但是,胡孚琛的八个分支学科尚未表现为内洽的系统。

孔令宏则力图梳理出历史上道家、道教思想的内在逻辑和联系,借用当代新儒家的构建理路,接着道家、道教讲,营构当代新道家体系。他认为道家、道教哲学总体上是一种二元化的哲学。在每一个层次,都有相辅相成的一对概念。它们因对待而相立,因互补而相须,因相反而相成,因反转而相生。如此,实现了不断的层次更替和超越,从而实现了生生不息的流转、迁变。通过对道的体与用、道与术、道的实体化与反实体化,道家、道教哲学力图把本源和本体论统一起来。这种统一,最典型地表现在先天与后天这一对范畴上。先天在形式上是本源,但在义理上是形而上的本体;后天在形式上是本源的衍生物,但在义理上是形而上之体的道之用。通过本源论与本体论的统一,道家、道教形而上的核心骨架被树立起来,在此形而上学的指导下,可以具体探讨道家、道教思想中的功夫论和境界论。

其他一些学者对建立当代新道家体系也提出了自己的见解,但对它们之间的内在联系和贯通大多疏于论证,因为当代新道家的建构才刚刚开始,新道家尚处于酝酿的过程之中。

(二)当代新道家的代表人物

不同的学者对于谁是新道家的代表人物也有很大的分歧,例如董光璧认为李约瑟、汤川秀树、卡普拉等科学家为当代新道家的代表;陈鼓应则认为:严复、王国维、章太炎、金岳霖、方东美、宗白华、汤用彤、蒙文通、冯契等学者为当代新道家的代表。此处就金岳霖、方东美、陈鼓应等做一简介。

金岳霖(1895—1984),字龙荪,湖南长沙人,现代哲学家、逻辑学家。1914年毕业于清华学堂，后赴美留学，在美国哥伦比亚大学先后获硕士学位和博士学位。1921年后游学英、德、法、意等国。1925年回国，历任清华大学、西南联合大学哲学系教授、系主任，清华大学文学院院长。1952年起任北京大学哲学系主任、教授。一生从事哲学、逻辑学研究。在哲学方面，吸收西方哲学的成果，建立了自己独特的哲学体系。最早把西方哲学中的逻辑分析方法应用于哲学研究，并处处考虑到中国的特点。批判了英国新实在论者罗素的主观唯心论（"唯主方式"），力图证明客观事物的独立存在以及知识的客观性，用"正觉底呈现是客观的""内容和对象在正觉底所与上合一"的观点，论证了事物的可知性。提出摹状与规律的学说，肯定了抽象概念有摹写现实和规范现实的双重作用，具有辩证法的因素。他在逻辑方面有很深的造诣，对中国逻辑学的发展做出了杰出的贡献。1937年撰《逻辑》一书，系统地从西方引进演绎逻辑（包括数理逻辑），对演绎逻辑的一些基本问题做了深入的探索，对逻辑系统的完全性、一致性和独立性问题的讨论等至今仍有重要学术价值。在20世纪60年代，主编了中国第一部高等学校文科逻辑教科书《形式逻辑》。主要代表作还有《知识论》《论道》《罗素哲学》《客观事物的确定性和形式逻辑的头三条基本思维规律》《论中国哲学》等。

方东美（1899—1977），名珣，字东美，安徽桐城人，当代哲学家。早年毕业于金陵大学，旋赴美深造，先后入威斯康星大学和俄亥俄州立大学学习哲学，获博士学位。回国后历任武昌高等师范大学、东南大学、中央大学哲学教授。1948年去台湾，任台湾大学哲学系教授兼系主任。1973年6月自台湾大学退休，同年9月任辅仁大学讲座教授。他早年研究与讲学的重点在于西方哲学和比较哲学，20世纪60年代后则立足于弘扬中国哲学。他主张儒、道、佛三教并重，认为原始儒家（即孔孟儒学）、老庄道家、大乘佛学、宋明理学四大潮流汇合融通形成了中国文化的"共命慧"。主要著作有《方东美先生演讲集》《科学哲学与人生》《生生之德》《中国人生哲学》《华严宗哲学》《新儒家哲学十八讲》《原始儒家道家哲学》《中国大乘佛学》等。

陈鼓应，1935年生，福建长汀人。1949年前往台湾，1960年考取台湾大学哲学研究所，师从殷海光、方东美。陈鼓应于1964年取得学位后，于台大哲学系担任讲师，后升为副教授。1979年在台湾创办《鼓声》杂志，任发行人。1984年他前往北京大学担任哲学系教授，讲授老庄哲学。1997年陈鼓应回到台大任教。历任台湾大学哲学系副教授、美国加州大学伯克利分校研究员、北京大学哲学系客座教授，现任台湾大学哲学系教授。主编《道家文化研究》学刊。著有《悲剧哲学家尼采》《存在主义》《庄子哲学》《老子注释及评介》《庄子今注今译》《黄帝四经今注今译》《老庄新论》《易传与道家思想》《管子四篇诠释》《耶稣画像》及《周易注释与研究》（与赵建伟合著）等。

第六章 佛学

第一节　佛学概说

一、佛教的产生发展

1.佛教的产生

佛教产生于公元前6至5世纪的印度，创始人是悉达多·乔达摩。乔达摩是姓，悉达多是名，意思是“达成目的的人”，中国佛经中译为“一切义成”。释迦牟尼是佛教徒对他的尊称，意即“能仁”“能儒”“能忍”“能寂”的圣人。他又被称为“佛”或“佛陀”，意思是“觉者”，“觉悟了真理的智者”。

释迦牟尼是古印度迦毗罗卫国净饭王的王子，一说生于公元前565年。释迦牟尼读了不少书，对世间的种种苦难和生老病死苦苦思索，但始终找不到解脱人间苦难的答案。于是在他19岁时(一说29岁)，舍弃了王位，抛妻别子，剃发出家。他在深山修炼苦行6年，历经苦难辛酸，但毫无收获。一天，他在河里沐浴，接受了一个牧羊女的羊奶，恢复了气力，随后他独自来到一棵菩提树下，盘腿打坐，经过七七四十九天的打坐沉思，终于悟到了解脱烦恼的真理，大彻大悟尽除烦恼，证成佛果，立地成佛了。

释迦牟尼悟到的真理是：世间一切都是因缘而起的假象、幻影，都是空的。因此，人们对世间的一切都不必刻意追求。对一切都无所追求、不执着，就没有烦恼了。

释迦牟尼宣扬的佛教教义，仅仅是口头传诵，尚未著成书。佛祖涅槃后，他的弟子们为了避免教义失传，也为了抵制异教邪说混入佛法，保证佛教的纯洁，于是举行了第一次佛教的结集。他们召开僧众大会，对口述的佛经进行审定，把大家公认符合佛法的教义以及僧徒们的解释编辑成书，抄写在贝叶上，这就形成了最早的佛经《阿含经》。

2.佛教的分裂

从释迦牟尼传教到其涅槃后，佛教的影响虽然逐渐扩大，但教义并没有多大改变，史称这个时期的佛教为“原始佛教”。后来佛教分为主张改革的“大众部”与主张坚持原始教义的“上座部”两大派系，后又分为十八部派，史称这个时期的佛教为“部派佛教”。公元1—2世纪时，印度佛教再一次出现分裂，分为“大乘”和“小乘”两个主要教派。大乘教派由佛教大众部的一些支派演变而来，强调一切众生皆可成佛，确信他们自己的教义能把无量众生从生死大河的此岸运载到菩提涅槃的彼岸，普度众生成就佛果，因此自称“大乘”；而把坚持原始教义、只重个人解脱的上座部教派贬为“小乘”。

佛教开始只在恒河两岸流传，到孔雀王朝的阿育王（约公元前273—前232年在位）时代，开始传播到印度各地，并影响其他国家：向北传；向南传到斯里兰卡，向东传到中国、日本和朝鲜。8世纪起，伊斯兰教不断进入印度，11世纪逐渐在印度形成强大的势力，到13世纪，印度佛教基本消亡，而在中国等地却与当地文化相结合而获得长足发展。

二、佛教的基本教义

1.缘起说

释迦牟尼创立的佛教中心理论叫作“缘起说”，认为世间万物万事均因缘而生，因缘而灭。“因”指产生事物的直接原因，“缘”指产生事物的间接原因。“缘起说”认为：“因此有彼，无此无彼；此生此彼，此灭彼灭。”万事万物都处在一定的因果联系之中，并随着因果关系的改变而改变。诸佛因为觉悟了“缘起”，才得以成佛，故“见缘起即见佛法身”。其具体的阐释为十二因缘，又称“十二缘起”。佛教以十二缘起为理论观察和解释人生。十二缘起由无明、行、识、名色、六入、触、受、爱、取、有、生、老死组成。

“无明”：人生苦难的根源在人们的心中，因为人心底里与生俱来的就有，这“无明”也叫作“痴”或“愚惑”。这是导致人不能自觉的根本。

“行”：人一旦被“无明”支配，就会有欲念。有了欲念就有千方百计去夺取的能力，就是“行”。这是行为能力。

“识”:指认识与分别事物的能力,知道好坏,知道美丑。这是分别能力。

“名色”:指确定与分别事物的语词与命名,并通过名而确认事物的能力。通过命名,把天下的万事万物分出了高下美丑。这是概念能力。

“六入”:即经过眼、耳、鼻、舌、身、意“六根”得到的感觉和认识,由六根起“六识”,就是色、声、嗅、味、触、意。“六入”也就是六种主观与客观接触的渠道,六种感官引起的六种感觉。

“触”:指身与物、心与境的接触,由眼、耳、鼻、舌、身、意“六根”与外界接触。

“受”:接触以后的种种感受,接触后感觉到的病痒、苦乐、忧喜、好恶等。

“爱”:执着的获取欲望,也就是产生了贪婪、欲望、渴求。

“取”:内在的感受转向外在的获取,由爱欲而产生的炽热而固执的获取行为。

“有”:由于人的执着和愚昧,本来是空幻假相、镜花水月的世界,就在人的渴求、欲望和不断的攫取中幻化成真实的世界,于是“无”就成了“有”。

“生”:人生存在于幻化虚无的主观世界之中。

“死”:老死之后就将进入下一轮回。

释迦牟尼认为人生死轮回的因果链条包括十二环,即由“无明”缘“行”,由“行”缘“识”,由“识”缘“名色”,由“名色”缘“六入”,由“六入”缘“触”,由“受”缘“爱”,由“爱”缘“取”,由“取”缘“有”,由“有”缘“生”,由“生”缘“老死”。总之,“十二因缘”是说明人生苦难的原因以及从轮回中解脱出来的途径。中心是世界是苦的,主张前世因果——前世造因,今世受果;今世造因,来世受果。

2.四谛

“谛”是实在、真理的意思。这四谛是:

①苦谛:指对社会人生及自然环境所做的价值判断,认为世俗世间的一切,包括生、老、病、死等,本质都是苦。有四苦、八苦。四苦即生、老、病、死之苦。再加上“求不得苦”“爱别离苦”“怨憎会苦”“五取蕴苦”,即八苦。

②集谛:指造成世间人生及其苦痛的原因。一切苦因在于欲望,有欲望就有行动。有行动就势必造业,造业就得受轮回之苦。

③灭谛:指断灭世俗诸苦得以产生的一切根源,是佛教修行所要达到的目的。只有消除欲望,入涅槃界,才能消灭苦因,得到解脱。

④道谛:指超脱苦海的方法,只要按照佛法修行,就能跳出生死苦海,到涅槃彼岸,进入一种“常乐我净”的境界。

3.八正道

八正道又称八支正道、八支圣道或八圣道，为原始佛教著名的修行方法。佛教认为按八正道修行，可由凡入圣。依次为：

正见，即对佛教四谛的正确见解，树立正确的佛教观点。

正思，即对四谛教义的正确思维，思想意识符合佛教观念。

正语，即修口业，不说一切非佛理之语，语言符合佛教规范。

正业，即倾注于清净之身业，行动符合佛教规范。

正命，谓出家之人，当离邪命利养，常以乞食自活其命。假若因缘不具足，宁可心出家而身没出家，如此尚有功德。

正精进，即勤修涅槃之道法，正确的勤修趋于涅槃的道法。

正念，即牢记四谛等佛教真理。

正定，即修习佛教禅定，心专注于一境。

4.戒定慧

佛教达到“涅槃”的具体方法是什么？除了上面所说的八正道的方法之外，还有戒定慧，佛教称之为“三学”。

“戒”，就是节制，用外在的纪律、规范对人的行为、语言、思想采取强制性的约束，例如佛教规定不许妄语（就是撒谎吹牛），不许杀生（针对所有有生命的东西），不许犯淫乱，不许偷盗，这些都属于佛教的波罗夷（大罪过），如果是佛教徒犯了戒，就要进行处罚。佛教通过这样的方式，是为了诚实、和平，为了不伤害他人和一切生命，也为了自己在这种平和的心情中安顿心灵。佛教的戒律很多，讲律的书有好多种，佛教三藏中，除讲理论的经、解释理论的论之外，就是律了。中国流传的律也很多，来自各个不同的教派，规定也很细。传说中的猪八戒，就是要守八种戒条：“五荤三厌”。五荤即五辛，《梵网经》说是大蒜、革葱、慈葱、兰葱、兴渠（兴渠是一种印度香料，又名阿魏。有人认为是芫荽），又《天台菩萨戒疏》说是大蒜、革葱、薤、兰葱、兴渠；三厌，指雁、鸳、雉。佛教有多种戒律，像四分律、五分律、摩诃僧祇律等，占了佛经好大一部分。

“定”，是用自己心灵的力量对自己的欲望、感情进行自觉的约束。佛教对此除了追求寂静空灵的心境目标之外，还有种种技术与方法，比如“打坐”（“禅定”），要求是气聚丹田，眼光散视，但不可闭眼，颈部微微前倾，放松脊梁但又要挺直腰部，双脚交叉叠于大腿两侧，关键是否真的能够心里沉寂、意念专一。另外，相传还有五大禅法：数息、因缘、不净、慈悲、念佛。如果真的入了定，还要经历四种阶段或四种境界：“初禅”时，忘却周围的事物或现象，尽管此时人还有随意与具体的思维活动，但注意力已始终集中在沉思的目标上了，在这种安详状态下，享受着肉体的舒适和精神的愉悦，这时开始离开欲望、愤怒、不安、烦躁；到“二禅”及“三禅”，人逐渐进入非想非非想的境界，意念集中在自我感觉的舒适与愉快上。最后到达“四禅”境界，在意识中，意念逐渐弥漫开来，不再有专注处，只有无哀无乐无思无虑的轻松、超脱，“我”已经化为整个世界，空旷的感觉扩大，扩大到无边无际，身与外界融合为一片柔和的光明。这就是“禅”，而禅宗就是从这些修行方法中，渐渐衍生和发展出来的、既有理论又有实践的一个流派。

“慧”，就是以理性对人生因果关系和宇宙本来面目进行分析、反思，从而达到一种洞察宇宙与人生的智慧，因而在理智上得到解脱。比如从“一切皆空”出发，分析一切皆为幻相，如梦如幻如雷如泡，因而能自觉遵从清明的理智，抛开执着的情欲与迷恋的感情。再比如从“三界唯心”出发，分析事物与现象的本质只不过是感觉的合成，从而抛弃对外在表象的执著，回归纯粹的心灵境界。

以上十二因缘、四谛、八正道、三学等，就是佛陀当年在尼连禅河边的菩提树下所觉悟到的佛教真理，他对于宇宙本原、人生状态、解脱途径的思考，就成了后来佛教的基本思想。后来佛教虽然有了很大的发展，但出发点却还是在这些基本教义中。佛教传说中，当佛陀觉悟到这些道理时，天龙环绕，大地震动，而且佛陀到了这个时候，才真正达到了佛教自己说的“天上地下，唯我独尊”。

三、佛学东渐

佛教传入中国的具体时间还存在争议。大体上来说，公元1世纪时，从西域、西南和南海开始零星传入。文献记载，东汉明帝永平八年(65年)，楚王刘英曾经在宫里祭祀过佛陀，说明佛教已经传入上层，佛叫“浮屠”，和尚称“桑门”。据说，汉明帝还曾经倡导佛教。在范晔的《后汉书》和晋代袁宏的《后汉纪》中有以下记载：“初，东汉明帝梦见金人长大，项有日月光，以问群臣，或曰‘西方有神其名曰佛，其形长大，陛下所梦得无是乎？’于是遣使天竺，而问其道术，遂于中国而图其形像焉。”如果这个记载是可信的，那就证明佛教于汉明帝永平十年(67年)时传入中原。目前学界也有学者认为，佛教传入的时间比这更早，是公元前2年。

总之，虽然时间不能确定，但是到了2世纪，佛教已经在中国流传开了，比如东汉桓帝时(165年)也曾经在宫中祭祀老子和浮屠。特别是公元2世纪中，两个中亚来的僧人支娄迦谶和安世高先后到了洛阳，各自带来了佛教的不同知识。支谶先译了《阿閦佛国经》，后来又译了《道行经》，他的弟子支亮和再传弟子支谦更译出了《首楞严经》《维摩诘经》(二卷),把大乘般若学说引进了中国;安世高则译出了三十五部四十一卷佛经,其中包括《大安般守意经》,他与周围的安玄、康僧会、严佛调等,一道译了很多经典,把小乘禅学引进了中国。这两批来自中亚的和尚,开创并且影响了后来中国佛教的方向。再晚一些,汉献帝初年(190年)的丹阳人笮融,在广陵、彭城一带建佛寺,立铜佛像,教授诵读佛经。可见2世纪末时,佛教已经很流行了。

不过,早期中国士大夫和民众信仰者所理解的佛教,实际上一开始都不那么准确和完整。经过道安(? —385)、鸠摩罗什(? —409)和慧远(? —416)等佛教中人的翻译、解释和阐发,差不多在东晋以后中国上层文化人士才渐渐对佛教理论有了深入的理解和体会。而一般民众从一开始就是把佛陀当作一个神仙来供奉,把佛教当作可以解除困厄、驱使鬼神、让人长生不老的宗教来信仰的。

第二节　佛教的主要经典

佛教经典统称藏经、三藏，一般由经、律、论三部分组成，大多收于《大藏经》中。“经”是指释迦牟尼佛亲口所说，由其弟子所集成的法本。“律”是指佛陀为其弟子所制定的戒条。“论”是佛陀的弟子们在学习佛经后的心得。佛教经典繁多，《金刚经》《华严经》《心经》《坛经》《大佛顶首楞严神咒》《佛说阿弥陀佛经》《妙法莲华经》《无量寿经》《四十二章经》等等，都是著名经典。本节选取前四部加以简单介绍。

一、《金刚经》

大乘佛教经典之一。约公元前994年成书于古印度，是由阿难记载的世尊与须菩提等众弟子的对话纪录。自晋至唐，《金刚经》有多个汉译本：由姚秦鸠摩罗什、北魏菩提留支和陈真谛分别译出的三本，并名《金刚般若波罗蜜经》。隋达摩笈多译本名《金刚能断般若波罗蜜经》；唐玄奘译本名《能断金刚般若波罗蜜多经》；唐义净的译本名《大般若经第九会·能断金刚分》。其中，以鸠摩罗什本最流行，其次是玄奘本。

佛教经论常以“金刚”喻武器或宝石，取其无坚不摧，且不被万物所破坏义。“般若”是梵语“妙智”的音译，意为“通达世间法和出世间法，圆融无碍，恰到好处，绝对完全的大智慧”。“波罗蜜”指超越生死而度达解脱的彼岸。经者径也，指学佛成佛之路。因此，经题的意义是说，秉持金刚一样无坚不摧的大智慧，破除一切烦恼执着，脱离苦海，抵达不生不灭、清净安乐的彼岸。

《金刚经》的开篇“解空第一”由佛陀十大弟子中的须菩提发问：当众生立定志向要达到无上圆满的佛陀觉智时，应如何确定修心的目标？如果心在实践中不能安住，应该如何降伏？整部经典就是围绕佛陀对此问题的解答而展开的。总体上，《金刚经》是阐明性空与幻有辩证统一观念的经典，其卷末有四句著名的偈（梵语“偈佗”之省，指佛经中的唱颂词）文：“一切有为法，如梦幻泡影，如露亦如电，应作如是观。”此乃一经之精髓。

《金刚经》蕴含着彻底解放烦恼心灵的大智慧，对中国历史和文化具有深远影响。但由于该经文字艰涩、思想深奥，一般人很难全面透彻地理解其本来含义和价值指向。因此，历史上佛教各派祖师多为此作注讲解，流传最为普及的就是禅宗惠能的《六祖坛经》。

二、《华严经》

全称《大方广佛华严经》，亦称《杂华经》，相传是龙树菩萨从龙宫请出来的，是中国佛教华严宗据以立宗的重要经典。此经是在汇集一些原先单独流传的大乘经，如《十地经》《入法界品》等的基础上，逐渐增广而成的，非一人一时一地之作。

《华严经》对十方成佛的大力强调，对大乘佛学的发展影响深远。隋唐时期，《华严经》广泛流传；与此同时，华严宗诞生。身为新罗人的义湘，他既是华严二祖的弟子，也是朝鲜华严宗的初祖；东渡日本传播《华严经》的唐僧道璇，成为日本华严宗的初祖。

《华严经》最初形成于公元2至4世纪间，东晋的佛陀跋陀罗是《华严经》的第一个译者。此本六十卷，世称《六十华严》《晋译华严》，跋陀罗于义熙十四年(418年)至南朝宋永初二年(421年)译出。有三万六千偈。全经按如来和普贤菩萨等在七处八会(七个地方的八次集会)上说法的内容组织，下分三十四品。

到了唐朝，高僧实叉难陀于证圣元年(695年)在洛阳大遍空寺开始翻译。武则天亲临译场，首题品名。历时四年翻译完成，至圣历二年(699年)译出。世称《八十华严》《唐译华严》。有四万五千偈。此经分七处九会，下分三十九品。

此外，唐乾元二年(759年)至贞元十四年(798年)般若译出四十卷本，称《四十华严》或《贞元经》，全称《大方广佛华严经入不思议解脱境界普贤行愿品》，此经是在《入法界品》的基础上做大幅度增广而成。

以上三个译本，以《八十华严》最为通行。

在佛教里有种说法：假如通晓了《楞严经》，就意味着明白了佛的顶；假如通晓了《法华经》，就意味着明白了佛的身；假如通晓了《华严经》，就意味着明白了佛的全身和慧命。《华严经》的主要内容就是成道后的释迦牟尼佛给文殊、普贤等上品菩萨讲授法界的状况。法界就是佛眼中的世界。因此，《华严经》表达了佛教最完整的世界观。讲述佛的世界观是《华严经》的根基，以此为基础，讲解菩萨怎样对佛有信心、菩萨道的出发点何在、怎样坚持拥有一颗菩萨心、如何利他、怎样将自己的功德给予众生等等。《华严经》的世界广大无边。在这个世界中，因中有果，果不离因，因果相承。明白这个道理，便能在《华严经》所说的广大世界中事事无碍，尽显神通。《华严经》中有这样的名句："三界虚妄，但是心作。"因为心的活动，使得我们对于身处的三界产生虚妄感。因为心的虚妄，三界才显现出来。在这个虚妄之心中，世间的十二因缘被包含在内。由此，成就了生死流转，这些都源于虚妄之心。假如这个虚妄之心静止下来，生死轮回也就不复存在，这便是脱离三界的羁绊而得道成佛了。能懂得心的虚妄，就能明白世界的真相。我们所见的大千世界，佛所谓的无量无数的世界，其实它们都是佛的真实不二的本体所表现出来的现象。

河流虽然有区别,瓦片虽然有不同,但是河流中的水是相同的,制造瓦片的泥土是一样的。佛性就如同蕴含在河流中的水、制造瓦片用的泥。据此,在这个世界上,一切即一,一即一切。所以这个貌似无量无数的世界,在本质上却是一致的。它们看似广大,那只是丰富多彩的现象。实质上这些现象是由一个真实不二的本体映射出来的。

三、《心经》

全称《摩诃般若波罗蜜多心经》,简称《般若心经》或《心经》。全经只有一卷,260字,属于《大品般若经》600卷中的一节。被认为是般若经类的提要。该经曾有过七种汉译本。较为有名的是鸠摩罗什所译的《摩诃般若波罗蜜大明咒经》和唐玄奘所译的《般若波罗蜜多心经》。

"般若"为妙智,是指能通达世间一切诸法的大智慧。"波罗"为彼岸,"蜜"为到,"多"为上,意即智慧观照,息妄显真,到达解脱彼岸之上。亦有把"多"字解为"定"的,意即解脱生死烦恼之大定。"心"是指常住真心,又因般若为诸佛之母,此经又是大般若经的心要,故称心。"经"有恒常的意思,诸佛言教,莫能改动,故曰常;又有"径"字的意思,是修行成佛必经的路径,上契诸佛之理,下契众生之机。般若波罗蜜多是法,故此经是单法立名(如《佛说阿弥陀佛经》是单人立名,《妙法莲华经》是法喻立名)。

玄奘译本《摩诃般若波罗蜜多心经》原文如下:

观自在菩萨,行深般若波罗蜜多时,照见五蕴皆空,度一切苦厄。舍利子,色不异空,空不异色,色即是空,空即是色,受想行识,亦复如是。舍利子,是诸法空相,不生不灭,不垢不净,不增不减。是故空中无色,无受想行识,无眼耳鼻舌身意,无色声香味触法,无眼界,乃至无意识界,无无明,亦无无明尽,乃至无老死,亦无老死尽。无苦集灭道,无智亦无得。以无所得故,菩提萨埵,依般若波罗蜜多故,心无挂碍,无挂碍故,无有恐怖,远离颠倒梦想,究竟涅槃。三世诸佛,依般若波罗蜜多故,得阿耨多罗三藐三菩提。故知般若波罗蜜多是大神咒,是大明咒,是无上咒,是无等等咒,能除一切苦,真实不虚。故说般若波罗蜜多咒,即说咒曰:揭谛揭谛,波罗揭谛,波罗僧揭谛,菩提萨萨诃。

《心经》旨在描述对"空"的体证。在内容上包含四个部分。第一部分指出,"空"是在极深的般若波罗蜜多的作用下呈现的。因此,"空"不是普通经验的对象。譬如生命存在的问题,在一般经验之下我们只能看到种种的生命现象,这就是"五蕴"。但在极深的般若波罗蜜多的作用之下,可以观照到这些现象都是处于一种空的状态。第二部分破解一切自原始佛教以来的代表存在的概念。虽然没有交代种种生命现象所以是空的理由，而只是破斥它们的存在：先破五蕴中的色蕴，续破其余四蕴，然后破六根六尘（十二处）、十八界（六根六尘六识）、十二因缘、四谛实践，但依我们的了解，这不过是拔除这些概念来体证生命的存在情形，进而体证一切法的存在情形。“空”，一方面拔除这些概念，一方面展示存在的真实状态。由此可见，“空”是双离有无的，或非有非无的。说它有，它不是一个独立对象，亦无内容；说它无，它却有缘生的动态。两边不着，双遣双离，在这一情形下是无法用一个具体概念来表述的，所以说为“空”。“空”是中道，但“空”这一个字眼亦只是象征。《心经》的第三部分，指出在获得对“空”的体证后所产生的效果：无有恐怖、远离颠倒梦想、究竟涅槃，以至获得无上正觉。《心经》的第四部分是站在修行实践的立场，把般若波罗蜜多看作咒语来推动众生的奋发向上。咒语初意只是一种鼓舞，后来发展成为调伏心灵的方法。

四、《坛经》

僧宗宝改编本全称《六祖大师法宝坛经》，为记载中国佛教禅宗六祖慧能事迹和语录的佛教典籍。

慧能（638—713），一作惠能。唐代高僧。俗姓卢氏，祖籍范阳（今北京大兴），生于南海新州（今广东新兴）。慧能得禅宗五祖弘忍传授衣钵，弘教于岭南。曾于韶州（今广东韶关）大梵寺开坛说法，由其弟子法海等加以集录，是为《坛经》。中国佛教著作，称为“经”者，仅此一部。

《坛经》经历代辗转传抄，版本较多，体例互异，内容详略亦不同。据流通较广的曹溪原本，其品目为行由、般若、疑问、定慧、坐禅、忏悔、机缘、顿渐、护法、付嘱等十品。大致包含自述身世及得法经过、开坛授经、对弟子的嘱托及对法的总结三个部分内容。据《坛经》记载，弘忍大弟子神秀曾为佛偈云：“身是菩提树，心如明镜台。时时勤拂拭，莫使染尘埃。”慧能针对神秀，为偈云：“菩提本无树，明镜亦非台。本来无一物，何处惹尘埃？”神秀倡导渐修成佛，而慧能明确提倡顿悟成佛。慧能禅宗的中心意旨是人心性本净，佛性本有，见性成佛，一切众生皆可成佛。亦即慧能自言的“菩提自性，本来清净，但用此心，直了成佛”；“人虽有南北，佛性本无南北”。修行法门以无念为宗、无相为体、无住为本。

《坛经》内容丰富，文字通俗，是研究禅宗思想渊源的重要依据。版本主要有敦煌写本、惠昕改编本、曹溪原本、宗宝改编本等。现通行的校注本为郭朋校释、中华书局出版的《坛经校释》。

第三节　中国化佛教的主要派别

佛法在印度，小乘虽有部执之分，大乘虽有空有之辩，却并未立许多门户；到中国后，才宗派繁兴。隋唐以来，各宗的著述和流传的法门，大都各具有本宗的特质，各宗有各宗的内容，各派有各派的藩篱。其中主要的是八大宗派。

一、三论宗

此宗初祖为天竺龙树，龙树是释迦牟尼寂灭后第一个重要的大乘佛教学者。鸠摩罗什译《三论》传到中国，历僧肇、僧朗、僧诠、法朗、吉藏……因依龙树的《中论》《十二门论》和提婆的《百论》等三论立宗而得名。

僧诠弟子法朗弘扬三论，最为出名。他于陈永定二年（558年）奉敕移住兴皇寺，被尊为兴皇大师。陈、隋三论学者多出其门下。其中最著名者为吉藏。他著作宏富，陈义精微，评判从晋以来各家学说，亦采取南北各派长处，大凡当时流行的经典，多为注疏。在此基础上，正式建立了三论宗。三论学说在初唐曾盛极一时。后来法相、华严、禅宗相继成立和流行，此宗逐渐不振。但大历年间（766—779年），金陵有玄璧法师弘传三论，浙江金华有慧量法师专讲三论。至中唐，传三论者尚有人在。会昌禁佛之时，此宗章疏被毁殆尽，几成绝学。

此宗的教义以真俗二谛为总纲，以彻悟中道实相为究竟。从法性理体来说的叫真谛，从缘起现象来说的叫世俗谛。从俗谛说事物是有，有因果、君臣、父子、忠义之道；就真谛说诸法是空，“一切法毕竟空寂”。所以真俗二谛也叫空有二谛。色即是空，空即是色，色空不二，真俗不二就是中道，也叫诸法实相，这就是此宗的中心思想。此宗着重从真空理体方面揭破一切世出世间染净诸法缘起无自性，五阴十二处等虚妄不实，彻底破除迷惑，从而建立起无所得的中道观，以求实现其无碍解脱的宗旨。这一宗，实际就是印度龙树、提婆中观学说的直接继承者。

二、净土宗

相传东晋慧远于庐山东林寺邀集僧俗十八人成立白莲社，发愿往生西方净土，故慧远被后人奉为净土宗初祖，净土宗又被称为莲宗。此后，僧人昙鸾于北方专修净业，立难行、易行二道之说，主张以弥陀如来本愿力为根本，为建立净土宗奠定了基础。昙鸾以后为道绰，传净土教义于玄中寺（今山西交城县）。曾讲《观无量寿经》，每日口诵阿弥陀佛，立圣道、净土两门，认为只有净土一门是唯一的出离之路。道绰的弟子善导，曾先后抄写《阿弥陀经》十万卷，画“净土变相”事三百壁。善导著《观无量寿佛经疏》《法事赞》《往生礼赞》等，创立净土宗。玄中寺即为净土宗的祖庭。日本僧人圆仁到唐学天台宗，同时也学净土宗，净土宗由此传入日本。日本佛教界尊昙鸾、道绰、善导为“净土三大士”。

该宗讲习、奉行的主要经典为净土三大部：《无量寿经》《观无量寿佛经》和《阿弥陀经》。

净土宗的思想包含两个方面：一是净土，二是他力。净土宗是专修往生西方阿弥陀佛净土的宗派。所谓”净土”，相对于“秽土”而言。按照佛教的说法，世人所居之处，则充满污浊，故而称作“秽土”，而诸佛所居的国土是相好庄严、洁净美好的，没有任何污染，因此被称为“净土”。生于“秽土”的人，如果通过一定的修行，有希望在未来之世往生到佛的国土，享受“净土”的一切美好幸福，并有机会聆听佛的教诲，从而获得更大的修行成果，这就是净土信仰。在净土信仰中，有弥勒净土、弥陀净土、药师净土、华藏净土等。“净土”思想在现世的人间具有一定的意义与价值，也是修行的重要法门。现在所说的净土信仰，一般都是指西方阿弥陀佛净土。

净土信仰修持需要借助“他力”。靠个人的力量企图解脱现实世界的苦难是不可能的，必须依靠佛力的接引、援救，才能离开现实的污秽的世界，往生西方净土。按照佛经的说法，西方极乐世界的教主阿弥陀佛在因地修行时曾发下四十八大愿，只要信奉西方净土，常常念诵阿弥陀佛的名号，就可以凭借阿弥陀佛的大愿力，在去世后往生到阿弥陀佛的极乐净土，享受无尽的欢乐。所以，净土宗用念佛名作为宗教修行的主要方法。每天念佛万声以至十万声，长期养成习惯，死后即可得到佛的接引，送往西方安乐净土。

由于修行简易，不要理论，甚至不必识字，人人都能做到，只要会念“阿弥陀佛”名号，即可得到解脱，故易于接受流行。自中唐以后净土宗广泛流行。宋明以后更与禅宗融合，其他如律宗、天台宗、华严宗等，也都兼修念佛法门，故而很快普及于一般社会，有所谓“家家弥陀佛”的说法，一直流传至今。

三、律宗

律宗重视的是“戒”，是中国佛教中以研究和传持佛教戒律为主的一个宗派，它的正式建宗是在唐代，创始人为道宣法师（596—667）。佛教对戒律的重视，则可上溯到释迦牟尼。释迦牟尼在世时已经开始制定戒律，但他强调“无犯不制”，并不预先制定戒律，而是在有人犯了过失，遭受外人责难之后，才由弟子们禀告释迦牟尼而由他制定。佛教戒律从某种意义上说是道德规范，而不是"佛教的法律"。

佛学东渐，南北朝时，南方《十诵律》曾盛极一时，北方开始流行《僧祇律》，继而弘扬《四分律》。唐代时，智首法师慨叹当时的五部律互相混杂，于是研核古今学说，著《五部区分钞》21卷，又著成《四分律疏》。智首弘扬律学30余年，唐代的律学僧人大都受到他的影响。智首的弟子道宣法师继承了他的学说，广事著作，并且用大乘教义解释《四分律》，《四分律》大兴。道宣随智首受具足戒，潜心钻研律部，又在终南山刻苦著述，撰有《四分律比丘含注戒本》《四分律删补随机羯磨》《四分律删繁补阙行事钞》，后来的学者称之为"三大部"，又把他所著的《四分律拾毗尼义钞》《四分比丘尼钞》合称为"五大部"。因为道宣住在终南山，所以后人称他这一学系为南山宗。

其实，当时与道宣的"南山宗"同时还有相部宗及东塔宗两派，合称"律宗三家"，各有其传承及著述。后相部宗、东塔宗衰绝，惟道宣所创立的南山宗一派独传，流传最久，影响最深。南山律宗通于大小乘，特别受到中国僧人的欢迎。

律宗的教理分成戒法、戒体、戒行、戒相四科。

戒法，是佛陀所制定的各种戒律，是众生的轨范。持戒能够增长禅定及智慧，免于沉溺于生死苦海，是解脱的途径，是出离生死的要道。

戒体，是弟子从师受戒时所发生而领受在自心的法体。即由授受的似法在心理上构成一种防非止恶的功能，自然守护身心，是戒律的根本精神。

戒行，是受戒后随顺戒体防止身、口、意三业造罪的如法行为。

戒相，是由于戒行坚固而表现在外的威仪，可作为轨范的相状。

这四科之中，以"戒体"最为重要，戒体是一切止恶修善的内在力量。如果缺乏"戒体"为内涵，则戒律就容易流于形式化的戒条：如果戒律的精神不实践于行为，则形同虚设，对生活一点也产生不了作用。因此，戒律虽分为四科，其精神是一体的。受持戒律，要将这四者充分发挥，将"戒体"蕴涵于内心，将"戒行"实践于行为，则能庄严仪表，受人爱敬。

四、密宗

佛教有显教和密教之分。密教4世纪时出现在印度。这一系的佛教，在修行方式上有很多不许公开的秘密传授，及充满神秘内容的特征，因而又被称为密教；而相对于密教，之前的佛教流派包括其他的大乘佛教、上座部佛教，则被称为显教。密教认为，化身佛释迦世尊所说的佛法，称显教；法身佛大日如来所说的佛法，称密教。

相传密宗得到了释迦的真传密授，故亦称“真言宗”。密宗主要以《大日经》《金刚顶经》为经藏，以《苏婆呼经》为律藏，以《释摩诃衍论》为论藏。唐玄宗开元年间（713—741年），善无畏、金刚智、不空等三人，将密教从印度传入中国、在长安译出密教的根本经典，建立灌顶道场，形成以修密为主的宗派，三人被后人尊称为“开元三大士”。这是中国密宗的开始。

从教义来说，密教和显教有很大的不同，显教是以“应身佛”直说教法，要成为正式的佛教徒，必须皈依三宝（佛、法、僧）。密教则是以“法身佛”大日如来直说教法。密宗特别重视各种咒语的念诵、坛场供养，以及密印、皈依等种种仪轨的修行，来达到即身成佛的目的。密教由于非常重视师承传授，所以，如果不依照上师的引导，就不知有佛；如果不依从上师的教诲传承，就无法入于佛道。因此，出家的修行者在皈依佛、法、僧三宝之外，特别重视对上师的皈依，而成为“四皈依”。

可以见出，显教的教法可以广为直说，人人都可以坚持学习，不需要经过严格的师承灌顶仪式；而密宗的修持，必须以显教为基础，并经过上师的正式传授才能学习，非常注重事相仪轨的传承。

在流传过程中，密教在汉传佛教区逐渐没落，并融入显教的法式仪轨中，如瑜伽焰口、三时系念等。现在的密教主要流传在中国的西藏、甘肃、青海等地区。

五、唯识宗

唯识宗又名法相宗，创始人玄奘及其弟子窥基。玄奘及窥基长住于长安大慈恩寺，所以该宗又称慈恩宗。玄奘（602—664）是中国佛教史上的杰出人物之一。他曾经用17年时间西行求法，历经了千辛万苦，游历天竺，遍访各地名师，并于唐贞观十九年（645年）回到长安，带回了从印度搜寻到的佛经600多部。在唐太宗的支持下，他先后在弘福寺、大慈恩寺等处从事佛经翻译。玄奘系统地翻译了大乘佛教瑜伽行派的经论，从而为唯识宗的形成奠定了理论基础。他一边翻译一边讲解，培养了一大批弟子。这些弟子著书立说，发挥了玄奘所传的学说，也扩大了唯识宗的影响。弟子中以窥基法师的成就最为突出。窥基（632—682）出生于贵族之家。17岁出家，28岁时参加了玄奘翻译《成唯识论》的工作，并作《成唯识论述记》和《成唯识论枢要》，发挥唯识学精义。除此以外，他还作了许多论疏，阐述玄奘所传之学，有“百本疏主”之美誉。唯识宗因此而盛极一时。

唯识宗的基本思想，可以用“三界唯心，万法唯识”来概括。在一般人的认识中，认为人对事物的认知共有六识，也即眼识、耳识、鼻识、舌识、身识、意识。而唯识宗在一般人的认识上更进一层，认为人对事物的认知共有八识，也就是在六识之后，认为还有第七识末那识和第八识阿赖耶识。

六识中眼识、耳识、鼻识、舌识、身识等五种识是人与客观世界接触时产生的感觉作用，第六种意识参与了前五识的活动，在感觉时起辨别认识的作用。它们以各自相应的思维、感觉器官（眼、耳、鼻、舌、身、心）为依据，其产生作用的对象则是相应的色、声、香、味、触、法等外界现象。

第七识是末那识，是意识的根，是前六识和第八识之间的中介，它的职能是起思维、衡量作用，前六识辨别认识之后，第七识对之进行思维、衡量。

第八识是阿赖耶识，又名“藏识”。唯识宗认为，当人们对事物了知后，都会生起种子储藏在第八识中，而当人们再对事物进行辨别、认知时，储藏在第八识中的种子就会生起影像，同时，第七识又以这些生起的影像作为自己认识的对象。所以当前六识对外界接触时，与之相应的第八识内所储藏的种子随即生起影像，这样第七识就开始对种子所产生的现行产生思维、衡量作用。

人们对三界一切万有、一切事物的认知都是由识所生起而显现，人们对外界的认知，不管是正确的认知还是虚妄的认知，心识的影响力是最大的，也是最重要的因素。所以，唯识宗得出了“三界唯心，万法唯识”这样的结论。

六、天台宗

天台宗依龙树《大智度论》修行，最初是北齐的慧文法师依据龙树《大智度论》修观心法门，后慧思从慧文法师学习一心三观，修法华三昧，并著有《法华经安乐行义》《随自意三昧》《诸法无诤三昧法门》等。智顗于陈天嘉元年（560年）谒见慧思，受法华三昧、四安乐行，后来在读《法华经》至“是真精进，是名真法供养”时，豁然开悟。智顗于太建七年（575年）进驻浙江天台山。著有《法华玄义》《摩诃止观》《法华文句》，此三部著作被后人奉为“天台三大部”。隋朝初年在荆州玉泉寺，讲解《法华玄义》，解说《摩诃止观》等，从此建立了天台宗完整的思想体系。故天台宗奉龙树为初祖，智顗为四祖。但就思想传承来说，智顗是天台思想的集大成者，是天台宗的实际创始人。天台山国清寺为天台宗的祖庭。

天台宗以天台山为中心，以调和各派为宗旨。主要思想是实相和止观。以实相阐明理论，用止观指导实修。实相渊源于南岳的慧思，他建立了“十如”（如是相、如是性、如是体、如是力、如是作、如是因、如是缘、如是果、如是报、如是本末究竟）的诸法实相说。智顗以十法界（佛、菩萨、缘觉、声闻“四圣”与天、人、阿修罗、畜生、饿鬼、地狱“六凡”）、三种世间（五阴世间、众生世间、依报国土世间）等，构成“一念三千”的理论。认为一心中具有十法界，十法界一一互具成百法界。而十法界又各具有三种世间，成三十种世间。依此推算，百法界就具有三千种世间，这三千种世间，都不过是具在介尔（微细）一念心中，称之为“一念三千”。

智顗又用此三千诸法为介尔现前一念心的所观之境，进而联系慧文的“一心三观”来考察，认为一切事物都由因缘所生，没有固定不变的实体，即“空”；但从另一方面来看，又是相貌宛然，即“假”；空、假原是诸法一体的两个对立面，从全体看不应偏于任何一面，空即假，假即空，空假不二，即是“中”。空、假、中同时具于一念，叫作“一念三千空假中”。空、假、中都是真实，称为“三谛”。三即一，一即三，三一融通无障无碍，是为三谛圆融。通过圆融三谛，达到顿断三惑，圆证三智，此即天台宗的中心理论。

用此“一念三千”和“三谛圆融”两层实相说作为现法修行，也就是观三千、三谛诸法具于现前介尔阴妄一念之心，心即诸法，诸法即心，心法一体，称之为“观不思议境”。此中的能观之“智”对所观之“境”为第一重能所，能观“智、境”对所观“阴妄一念”为第二重能所，这是总观。另有九种助观，即真正发菩提心、善巧安心、破法退、识通塞、道品调运，对治助开、知位次、能安忍、离法爱等，合称十乘观法。这也就是天台宗的圆顿止观。

实际上，天台宗提倡所谓“止观法”，“止”就是“定”，就是坐禅；“观”就是“慧”，就是领悟佛理。主张“止观”并重，“定慧”双修。这就是说，佛不在西天，而在自己心中。天台宗的“五时八教”，五时指华严时、鹿苑时、方等时、般若时、法华涅槃时，这是按时间顺序解释释迦说教的顺序。八教是藏、通、别、圆、顿、渐、秘密、不定等，是对释迦的说法重新编排，已经改变了印度佛教的本来面目，由此可见印度佛教已发展成为中国化的佛教。天台宗思想曾于9世纪传到日本，至今日本仍有天台宗。

七、华严宗

因以《华严经》教义立宗而得名。华严传承谱系为：初祖杜顺（？—640）、二祖智俨（620—668）、三祖法藏（643—712）、四祖澄观（738—839）、五祖宗密（780—841）。初祖杜顺是一个传奇性的人物，著有《华严五教止观》一卷、《华严法界观门》一卷，从而创立华严宗，为华严思想的根本要典。二祖智俨著《华严搜玄记》，成一宗之规模。三祖法藏摄取了杜顺的《华严法界观门》《华严五教止观》等实践法门，并以《华严经》为骨干，融合智俨法师的《华严搜玄记》，完成了华严教理的组织系统。可以说，华严宗的观门、教相，到法藏的时候才建立周备。法藏为华严宗思想的集大成者，也是华严宗的实际创立者。法藏历经唐高宗、中宗、睿宗、武后、玄宗五朝，受五帝敬重，礼遇有加。因法藏号“贤首”，所以华严宗又被称为“贤首宗”。

华严宗的基本思想即“法界缘起”。所谓“法界”，法是指万事万物；界是指分界、类别，融摄一切万事万物称为“法界”。华严宗认为，法界就是真如、实相，更具体地说，就是如来藏自性清净心。“法界缘起”，又叫作无尽缘起，是说世间和出世间的一切现象，都是由如来藏自性清净心生起，也就是由先天的真如法性所生起，因此也称为“性起缘起”。法界缘起的理论来自《华严经》中描述释迦牟尼在菩提树下证悟的境界，说在释迦牟尼的心中，一切万有无不印现，不仅能现出万事万物，而且连地狱、天堂乃至十方诸佛世界，都能在一时中印现出来。不仅能印现一切事物的现在状态，也能印现过去和未来的相状。总之，所有的时间和空间的、世间的和出世间的现象都印现了出来。华严宗由这个现象进一步发展，认为世界的一切现象都是无限广大又互相包容的，有个体区分又相互贯通，相资相待，彼中有此，此中有彼，彼即此，此即彼，相即相入，“事事无碍”，“真如(佛理)即万法(万物)，万法即真如，真如与万法，无碍融通”。圆融无碍，处于重重无尽的联系之中。

华严宗宣扬自己是佛教教法的最高等级，并将佛教分作浅深不同的五教：一是小教，即声闻乘佛教；二是始教，即大乘开始初级阶段的教义；三是终教，即大乘终极阶段的教义；四是顿教，即大乘中顿超顿悟的法门；五是圆教，即圆满无缺、圆融无碍的理论。华严宗自判为“圆教”，而将佛教其他派别以至印度佛教都判为“偏教”。

华严宗所宗的虽也是大乘，然而由于它创造了一套与印度佛教不同的理论体系，所以对中国思想史产生了很大影响。

八、禅宗

禅宗因主张以参禅来概括佛教的全部修习而得名，又名佛心宗。“禅”起源于印度，原意是静坐敛心、正思审虑，以达到定慧均等的状态。在佛陀之前，印度就有以“生天”为目的的坐禅思想。到佛陀时，才展开远离苦乐两边，以“中道涅槃”为目的的修禅。传说佛陀在灵山会上，拈花不语，众皆不解其意，有迦叶尊者破颜微笑，之后，佛陀告诉大众：“吾有正法眼藏，涅槃妙心，实相无相，微妙法门，付诸摩诃迦叶。”所以禅宗自称是“教外别传”“传佛心印”。该宗以禅修参究的方法，以达到彻见心性的本原。

“禅”是从汉末就随佛教典籍而传入中国的，是汉传佛教重要的修行实践方法。鸠摩罗什、佛陀跋陀罗译的《坐禅三昧经》《达摩多罗禅经》等，介绍了各种修持坐禅的方法。其中最重要的是“念佛法门”，即观想佛的相好、佛的功德，以至诸法的实相。到了南朝刘宋时，求那跋陀罗翻译了《楞伽经》，列举了四种禅法。梁武帝普通年间（520—526），南天竺僧人菩提达摩，渡海来到中国，以四卷本《楞伽经》传授弟子，主张“理入”和“行入”并重，将宗教理论的悟解和大乘禅学的实践加以结合。达摩禅法灯传慧可（487—593），慧可传僧燦（？—606），僧燦传道信（580—651），道信传弘忍（601—674），达摩禅获得了初步发展。弘忍之后，分出神秀（606—706）的北方禅和慧能（638—713）的南方禅两系，后来慧能的影响日渐扩大，成为中国禅的主流，慧能也就成为禅宗的六祖，也被认为是中国禅宗的创始人。其所作《六祖坛经》，是在中国佛教历史上除古印度典籍以外，唯一被尊称为“经”的佛教典籍。

达摩曾驻锡少林寺，面壁九年，故少林寺为禅宗祖庭。在少林，达摩曾留下四句偈语：“吾本来此土，传法救迷情。一花开五叶，结果自然成。”在达摩来中土300年后，六祖慧能出现，慧能及其门下形成了南禅五家，正印证了“一花开五叶”，以后的禅学发展大抵不出这五家的范围。他们是：①唐高僧沩山灵祐（771—853）和仰山慧寂（804—890）开创了“伪仰宗”。②唐高僧义玄（？—867）开创了“临济宗”。③唐高僧文偃（864—949）开创了“云门宗”。④唐高僧洞山良价（807—869）和曹山本寂（840—900）开创了“曹洞宗”。⑤唐末五代高僧法眼文益（885—958）开创了“法眼宗”。

禅宗史上有两首非常著名的佛偈，出自五祖弘忍的两个弟子，一是神秀，一是慧能。神秀偈云：“身是菩提树，心如明镜台。时时勤拂拭，莫使染尘埃。”慧能针对神秀，为偈云：“菩提本无树，明镜亦非台。本来无一物，何处惹尘埃？”两首诗偈，有着非常深刻的象征性意义。

神秀和慧能的这两首偈语，象征着对于“空”这种概念的理解：一个是传统佛教的理解，还在“法”“我”对峙的里面，追求法有我空；一个是中国式佛教的理解，把“法”“我”打成一团，都彻底瓦解，一切都是“空”，这就预示着中国禅宗在很多方面就要取代和超越传统的印度佛教了。

神秀的佛偈，代表了北方禅的渐修思想。

神秀接受的传统佛教认为，外面的世界对于我来说，每天都有很多污染，我每天都要擦拭心灵这面镜子，所以，有很多自我修行的办法，比如自我约束、自我惩罚、自我教育等。佛教早期的这些自我修炼的法门，对于一个具有七情六欲的人来说，是相当艰苦的。早期佛教预设，在心灵之外，另有一个超越和光明的世界，人在追求那个超越和光明世界时需要通过种种自我惩罚的方法，因为这实际上是在跟佛陀做一种救赎的交换，修行者要用这种方法来求得佛陀对其世俗生活的一种宽容和原谅，或者说得到佛的“印可”。但是,如果没有这种自我修炼,那就不可能进入佛陀认可的世界。早期佛教一直认为,人之所以会变坏、堕落,沉沦在烦恼之中,是因为人的心灵受到外在的五阴黑云所覆盖,五阴就是眼、耳、鼻、舌、身合起来的五种感觉,这五种感觉本来是假的,但是由于人天生有“无明”,所以总以为是真的,因此就会受它的蒙骗,就对这些东西执着得不得了,想吃、想喝、想贪,什么都想要,就起了很多贪婪丑恶的心思。

所以早期佛教认为,人的心都被五阴黑云所覆盖,要想清除它,就得苦苦地去清洗、苦苦地去斗争,得做好多事情来消灭自己的种种欲望和感情。要想到达彼岸,就要苦苦修炼,压制欲念,使自己的心灵回归平静状态。早期的宗教是要人难受的,因为只有你难受才能够得到佛的认可,所以这是一个痛苦的、艰难的,或者说是执着的宗教修行方法。而且,特别要注意的是它只能渐进,不能一蹴而就,神秀所代表的早期禅宗的思想是“渐悟”,或者说“渐修”,就是渐渐地修行的方法,而且信仰者多少还要靠别人(他力)来指引他、拯救他。

慧能的佛偈,代表了南方禅的顿悟法门。

慧能认为一切都是“空”,即虚幻,所以,对污染的抵抗就不必要了,因为按照此思路,污染本身也是虚幻的。慧能说,佛性本来就是清静的,哪里会有什么污染呢?所以,他就把修行者从苦苦的修行中给解放出来了,不需要修行,一切都是假的。据说,他认为人常常处在迷惑中,其实人只要一悟,就明白过来了,什么都是虚幻的。修行也是虚幻的,修行不也是人为的吗?人为的事情只能给心灵带来更多的负担。慧能用这种“佛性常清静,何处惹尘埃”的观念,实际上是把早期佛教的那种苦苦修行的方法一下子全抛弃了,使人们有了一种新的解脱方式,这种解脱方式就是不必解脱,回头看去,原来此岸就是彼岸。

以前的修行是从此岸到彼岸,得慢慢游过去,或坐船过去,很辛苦。这回可就好了,此岸就是彼岸,不用那样苦修也可成佛了,这个时候才叫大彻大悟。这个变化很重要,从后来禅宗发展的结果来看,慧能的这个思路使中国禅宗有了自我拯救的新方式,同时也使得佛教不再像是宗教,而只是一种精神信仰。

神秀和慧能的两首偈语代表了从印度佛教立场到中国道家立场的转换。因为早期印度的佛教是提倡个人艰苦修行的一种宗教,但是中国的老庄基本上是追求心灵自由和超越的一种思想,它非常适合中国一些上层知识分子的心理,也很容易被那些害怕艰苦修行、推崇自由超越的中国知识分子所接受。

八大教派的出现,说明佛教已彻底完成了其中国化的进程,成为纯粹的中国佛教。

第四节　佛教与中国文化

一、佛教带来新思想和新知识

在佛教传入中国的时候，它也带来了一些新知识和新思想，这就是文化震撼。对于一般信众来说，他们可能感到比较震撼的是以下几个方面。

1.身虽朽，神不灭

佛教传入中国之前，中国也有“骨肉归于土，魂气无不之也”之说，但并没有关于这种魂魄去向的明确说法。佛教却说，人的肉体是会消灭的，但人的“识神”薪尽火传，会转到来世，依附下一个肉体之身，继续人生之旅。所以，人的死亡与生存，只是一个轮回，人的生命过程却是一个绵延的过程，会经历前世、今生和来世，不停地流转绵延。

2.地狱与六道

自从187年康巨翻译《问地狱事经》以来，在几百年里，佛教的地狱故事逐渐和传统中国的泰山故事，后来的道教的北阴酆都大帝故事结合起来，成了关于人死后想象的主要来源。本来，古代中国人都相信，泰山主死，泰山下的蒿里就是死后世界，人们会唱《薤露之歌》，用隆重的丧礼为死者送行，可是对于死后的状况，却想象不多。而佛教，一直渲染死后的世界是多么恐怖，这种很有威慑力量的恐怖，又正好用来规范人在世间的种种语言、思想和行为，让人们遵守伦理道德或戒律的规则，不要乱说乱动。据佛教说，现在造孽的人，死后就要在地狱接受审判，并受到种种折磨，后来传说中有孟婆茶、铁面判官、牛头马面以及火床油锅、刀山锯台之刑法。在佛教中常常有这种宣传地狱黑暗与恐怖的经典绘画和通俗唱导，它使人心惊胆战、毛骨悚然，因而也使人在做恶事时心理上受到一些制约与惩戒。就连宗教知识不多的老百姓，对阎王、地藏之类都很熟悉。

不光在地狱里受苦，人还要继续他的苦难旅程：转世投胎。而根据一个人前世的善恶，转世有六种可能，也就是“六道轮回”：一是地狱。二是畜牲，传说像天蓬元帅投错了胎变成了猪，即是六道轮回时落了第二道。三是饿鬼，饿鬼在想象中也是很悲惨的，所以民间常常要上供、烧钱，而佛教有“施食”的仪式。四是阿修罗，阿修罗是指专门与佛陀作对捣乱的恶人。五是人道，来世仍变成“有情众生”，还在生死轮回之中。六是天人道，这里说的天上虽然很好，但也未能超越生死，仍在六道中轮回。佛教宣传说，人始终是落在这六道里，生生不息，反复受难的，就是这里所说的“天道”，也并不是能够超越的境界，而是相对来说比较好的结果而已。

3.善恶与报应

过去中国也有“报”，最早的“报”是把先人的福泽施恩于后人，先有先人的“施”，后有后人的“报”。但是，古代中国只是先施后报，所谓“积善之家有余庆”。后来，道教又有“承负”的说法，说前辈做的善恶之事，本人并不一定承担责任，但是结果将由后辈子孙来承受。在这两种古代中国的传统说法里，报、承都不及本身，所以对本人并没有约束和惩戒的力量。可是，按照佛教的说法，人有“过去”“现在”和“未来”，或叫“前世”“现世”和“来世”，这三世是连续不断、互为因果的，三世都是本人的轮回。“凡为善恶，必有报应”，所以，人在世时就要“广种福田”，为来世预先种下幸福的种子，来世才能有好的收获，“种瓜得瓜，种豆得豆”。如果这一世种下的是灾祸，那么，来世就只能收获倒霉。

那么，人怎么才能种下福田呢？一方面是做善事，善事最初是指度人为僧、开凿佛像、抄写或念诵经卷、建造寺庙，也就是供养“三宝”（佛、法、僧）。后来也接受中国传统的观念，把做符合伦理道德的事情，如赈济、孝敬、忠厚、忍辱负重等，都算在善行之中。另一方面是指每个人的自觉。如果一个人皈依了三宝，遵持五戒（杀、淫、盗、饮酒、妄语），那么他就会减去罪孽，多得善果；如果更进一步能够出家，严守佛教中的那些非常复杂的戒律，约束所有的欲望行为，能够在禅定中保持身心清净、心灵平和，能够领悟“一切皆空”，镜花水月终是虚空的道理，他就能够超越六道轮回，达到“涅槃”的境界。古代中国因果报应的故事很多，因果报应观念已经成为中国民众的普遍观念。

二、佛教对中国文化的影响

1.佛教与中国哲学

佛教哲学传入中国，与中国哲学相互交融碰撞，日益中国化，进而成为中国的宗教哲学。在中国历史上，儒、释（佛）、道三教长期都是统治中国的三大哲学和宗教体系。

（1）世界观的影响

传统的中国哲学重经验，轻理论，注重对生活自身的探讨，轻视思考彼岸的问题。佛教哲学在这方面做了相当精细的补充：

其一是关于人生的本原问题，佛教对中国传统哲学有所补充。佛教的“五蕴”教义说、“十二因缘”，特别是“因果报应”说，对中国哲学影响极大，围绕着有神论和无神论曾掀起过两次很大的争论。慧远的“形散神不灭”事实上成为中国佛教哲学的主流观点。

其二,关于人的认识能力问题方面,般若学否认人的认识能力,否认一切权威的思想倾向,对知识分子阶层有不小的吸引力。同时,对般若学的研究激发了人们的理论兴趣,对于推动传统哲学转向抽象思辨起了巨大的作用。

其三,关于世界的本体问题。唯识学的“三界唯心”“唯识无境”说,考察了认识的变动性和差别性,揭示了不同观念间的对立,大大发挥了认识的主观方面。但由于它突出地强调了向内心探求真理、向内心寻求解脱,从而强化了古代哲学走向内省路线的倾向。

其四,关于彼岸世界问题。佛教大乘中有阿弥陀佛净土和弥勒净土两个彼岸世界,为某些僧俗所信仰。对中国哲学影响较大的,则是哲理化了的彼岸世界,即“涅槃”“法身”和“佛性”。

(2)对宋明理学的影响

中国哲学体系的完成形式——宋明理学,是儒、释、道三家学说的汇总与融合。宋明理学家为全面复兴儒家学统,建立起儒学自身的本体论哲学,大刀阔斧地吸收了佛家学说的精神营养,主要表现在以下几个方面:

其一,宋明理学的宗教禁欲倾向,受佛教修持方法的影响。宋明理学的创始人周敦颐,首先改写孟子的“养心莫过于寡欲”的说法,主张“盖寡焉以至于无,无则诚立明通”。“二程”的哲学修养论强调“存天理,去人欲”,朱熹则把“二程”的观点发展为“存天理,灭人欲”。这就使宋明理学带有了强烈的宗教禁欲色彩。

其二,程朱理学体系直接借鉴了佛教华严宗的逻辑建构方式。华严宗的法界缘起、事理无碍、一多相即、重重无尽的教理;华严宗关于“一切即一,一即一切”“一中有多,多中有一,理事相即,圆融无碍”的思辨关系,为“二程”以至朱熹理学模式的建立,提供了直接的理论源泉,这使得程朱理学体系具有了较为严密的逻辑理论支撑。根据华严宗体系关于月映百川的譬喻,程朱理学则依此而建立起“理一分殊”的逻辑思维模式。

其三,在修养方面,宋明理学家大力吸收了禅悟的修持方法。程颢每与弟子门人静坐禅悟,屏息除念,以此为入门之要。朱熹令弟子“半日读书,半日静坐”,引禅门静修价值为基本功夫。心学创始人陆九渊,其治学之本为“先立乎其大”亦即为学之始。这种发愿、修德、做人的程式,与佛家修行的发愿、修行、成佛的程式一致。

2.佛教对文学的影响

佛教对中国古代文学艺术有巨大而深刻的影响,主要表现在以下几个方面:

(1)为中国文学提供了新的创作题材

首先,佛教禅学本身的内容及形式,便是构成中国文学艺术的重要组成部分。数千卷由梵文翻译过来的经典,其中一部分本身就是典雅、瑰丽的文学作品。其中《维摩诘经》《法华经》《楞严经》特别为历代文人所喜爱，被人们作为纯粹的文学作品来研读。《维摩诘经》叙述大乘居士维摩诘有疾，释迦牟尼佛遣诸弟子前往探问，多数弟子因维摩诘的神通辩才不敢前往，唯有舍利佛和文殊师利敢去，于是维摩诘为他们现身说法，应机化导，显示种种神通和辩才无碍的本领，宣扬大乘佛教义理。从文学欣赏的角度看，这是一部绝妙的小说。《百喻经》列举譬喻故事近百条，以宣扬佛教教义，劝喻人们信仰。这部寓言性质的佛教文学作品，文笔朴素简练，故事生动有趣，佳喻很多，剔除其说教部分，实也具有移情益智的作用。这部经中所叙的故事，直至今日还常常被译为白话文，作为文学作品来欣赏。此外，以中国禅宗的法系传承为表现题材的中国佛教典籍，都具有较高的审美价值。如《六祖坛经》《祖堂集》《景德传灯录》《五灯会元》等，集文（审美性）、史（史料性）、哲（哲理性）于一身，显示了丰厚的文化内涵。其中记载有为世人所熟悉的“达摩面壁”“二祖断臂求法”“慧能呈心偈得法衣”“南岳磨砖教化马祖”“黄蘖棒打接引临济”等，这些世代相传不绝的故事，已成为中国文化史上趣味盎然、发人深思的史话佳篇。

其次，佛教为中国古代小说提供了故事来源，启发了艺术构思。佛教典籍往往以寓言、故事来说明教义，把佛理融化在华丽奇妙的文艺形式里，取得形象教化的成效。佛教典籍的流传为小说创作打开了广阔天地。六朝时佛、道两教盛行，形成了侈谈鬼神、称道灵异的社会风气，从而产生了许多志怪小说。如干宝的《搜神记》、颜之推的《冤魂志》、刘义庆的《幽明录》等。再如《西游记》，孙悟空大闹天宫、猪八戒招亲和流沙河沙僧的故事，都起源于佛教的典籍或《玄奘法师传》的有关记述。《大方广佛华严经》写善财童子五十三参，奇幻多变，给《西游记》八十一难故事开导了先路。《西游记》通过孙悟空大闹天宫、战胜各种妖魔的故事，表现出蔑视天神世界及其秩序的反抗精神和对邪恶势力进行顽强斗争的坚强意志。但又写孙悟空十万八千里的筋斗也翻不出如来佛的手心，最后归正，成就“正果”，宣扬佛的威力，表现出佛教思想的深刻烙印。其他如《封神演义》《三国演义》《红楼梦》等小说，均可看出佛典故事的演化痕迹及佛教思想的渗透。

（2）推动了诗歌的发展

魏晋时，中国诗坛出现了“玄言诗”。而随着佛学的广泛流传，出现了佛学渗入诗歌领域的新局面。这些诗或融合玄学，或结合山水，或独说佛理，表现出佛教诗歌命意构思的新特色。如著名的佛理诗作家支遁，精通佛学，深解庄学，他的诗结合老庄思想和山水自然，文采冲逸，才藻新奇，极得文人赞赏。当时玄言诗的著名作家孙绰、王羲之等人都与他交游甚密。晋宋之际的大诗人谢灵运，继支遁之后，进一步把山水与佛理结合起来，在刻画山水个性的作品中，营造一种怡然自得的意境，从而正式创立文学史上山水诗一派。唐代一些著名诗人谈禅、参禅，作诗表达禅趣、禅理；禅师也和诗人酬唱、吟诗，表达人生的理想、境界，于是，诗和禅就建立了联系。如唐代诗人王维描绘山水田园，宣扬隐居和佛教禅理，时人称之为“诗佛”。宋代以禅入诗比唐代更加执着理境，且多夹议论，如苏轼《和子由渑池怀旧》中所表现的人生无常、虚空悲凉的心境，正是禅宗所提倡的。《题西林壁》从横看侧看山不同，悟出世界万物因主体观察角度不同而结果相异的道理，体现了禅宗的“彻悟言外”的教义。这些诗或写花鸟，或绘山水，或吟闲适，或咏渔钓，并没有谈禅，但在笔墨内外，寓有禅义。诗与禅的联系必然会反映到理论上，宋代以禅喻诗形成风气，出现了严羽的《沧浪诗话》这样的文学批评名著。

(3)促进了新文体的产生

中国古代诗歌注重音节，《尚书·尧典》说：“诗言志，歌永言，声依永，律和声。”《诗》三百篇就是诗乐合一的。古代作家虽重视对声律问题的探讨，但毕竟长期以来没有音韵规则可循。

佛教很重视声音，懂得声音的道理叫“声明”。佛教以通音为小觉悟，佛教的声明学对中国的音律学有很大影响。梵文语法和华严四十二字母促进了音韵学的发展。古代音韵的“反切”，就是从梵文上的拼音来的。汉语的“四声”(平上去入)是受佛教影响创立的。

齐梁时的文学家沈约、王融、周颙等，在梵声的影响下，把字音的声调高低分为平上去入四声，用于诗的格律。沈约等人发明声律论，既吸取了我国以往音韵学研究的成果，同时也是直接受了佛教转读和梵文拼音影响的结果。沈约等人的“永明体”，把诗歌的音节美提高到首要地位，使人们有可遵循的律诗格式，这对于古体诗向律体诗的转变产生了重要影响。

除了律诗之外，俗讲和变文也是佛教宣教的产物。俗讲乃僧徒依经文为俗众讲佛家教义、“悦俗邀布施”的一种宗教性说唱活动。俗讲与我国固有的说唱传统有关，但它更主要的来源是六朝以来佛家的一种讲道化俗手段：“转读”与“唱导”。转读，或称咏经、唱经，指讲经时抑扬其声，讽诵经文。唱导是宣唱法理，开导众心。转读与唱导融讲说、咏唱于一体，有说有唱，遂形成唐代的俗讲。变文也是唐代兴起的一种说唱文学，多用韵文和散文交错组成，内容原是将佛典故事或经史内容加以改编，使其趣味化、生动化、通俗化，而适合教化民众之文，是受佛教影响而流行的说唱文学作品之一。尤其是佛教经典在唐朝大量传译之后，部分佛教徒为致力于佛法的普及，则于开讲佛经时尽量改编为通俗的故事体裁，甚至配以通俗音乐吟唱的“俗讲”讲经法会，于是变文在中唐、五代非常盛行。此外，为配合讲经变文，描绘经中所叙述故事的“变相图”也应运而生。

(4)对汉语语汇的影响

现在我们很多语言词汇都是来自佛教语言,已经成为普遍性的语言了。例如政治名词“自由”“平等”,哲学名词“绝对”“相对”“有限”“无限”,等等。其他如“世界”也是佛教名词,来自“大千世界”。“刹那”“觉悟”“境界”“实际”“如实”“弘扬”“圆满”“究竟”“成就”“方便”也是佛教名词。成语就更多了,“一针见血”“一语破的”“心心相印”“打成一片”“恍然大悟”等等,都是佛教语汇。

3.佛教对艺术的影响

佛教绘画、雕塑、建筑等是和佛教经典一并传入中国的。汉明帝时,从印度带来的佛像被置于最早的寺院——洛阳的白马寺,并在佛寺画千乘万骑绕塔三匝图于壁,标志着中国佛教艺术之始。此后,佛教艺术逐渐发展,并在与中国传统艺术的撞击、交流、融合下,创造出了灿若星辰的中国佛教艺术。

(1)佛教对雕塑的影响

首先在内容上由以往表现人和动物为主题,变为着重表现佛、菩萨的宗教信仰崇拜。保存至今的古代雕塑仍以佛教人物居多,敦煌石窟、龙门石窟、云冈石窟和遍布各地的寺院,构成中国古代雕塑的艺术博物馆。

其次,使中国雕塑在技巧上由简明朴直发展到了精巧圆熟,在风格上由雄伟、挺秀转为庄严、富丽。如云冈石窟早期佛陀与菩萨造像都通体高大,宽肩粗颈,脸型丰满,鼻梁端正,眼长唇厚,面露微笑而蕴含崇高气魄。藻井上的飞天,肥短如小儿,与印度笈多雕像近似。晚期雕塑,飞天则削肩瘦长,衣带飘逸,体现了中国化的风格。到龙门石窟,造像躯干颀长,肌肤丰润,比例匀称,形魄典丽,垂眸微笑,温雅敦厚,富于人情味。奉先寺大佛就是其中最典型的形态。唐代以后,佛像更加中国化,雕塑家选取美与健康的造型,使造像表现出美与力量。如六朝的造像多为秀骨清相,体现出的是静穆而富有智慧。唐代的造像则是颊丰项满,展示的是和谐而具有力量。还有众多的菩萨像,是最能体现盛唐丰神情韵的。那清雅秀丽的女相、健美的面庞、优雅的体态、丰润的双足,加以唐代贵族妇女的装束,表现了人间美女的特征,温雅慈祥、严肃沉静的不凡气度,体现着中和为美的华夏民族传统的审美观念,是古典艺术中典雅和谐之美的理想标本。

(2)佛教对绘画的影响

佛教对中国绘画的影响首先是在形象上创造了许多典范作品。史载,汉明帝曾令人画佛像“置清凉台及显节陵上”。这大概是中国画家自作佛画的滥觞。六朝以后,擅于佛教画的名画家相继出现。如东吴画家曹不兴,西晋画家张墨、卫协,东晋大画家顾恺之,均是擅长佛画的高手。顾氏画像注重点睛,提出“以形写神”论。相传他在建康瓦棺寺壁上绘维摩诘居士图，光彩耀目，轰动一时。此后，南朝梁张僧繇、北齐曹仲达，分别创立了“张家样”“曹家样”的特殊风格。曹仲达画的佛像，衣服紧贴着身体而露出柔和的曲线，有“曹衣出水”之誉。唐代画圣吴道子，集诸画家之大成，为古代佛画第一人，他曾在长安洛阳寺观作佛道宗教壁画三百余堵，绘画笔迹磊落，洗炼劲爽，生动而有立体感。因用状如兰叶或蓴菜条的笔法来表现衣褶，有飘举之势，人称“吴带当风”。

其次，使中国画发生了从传神到写意的质的变化。唐代诗人兼画家王维，耽于禅悦，性喜山水，他的浓淡墨色的山水画，富有诗意，开创了超然洒脱、高远淡泊的画风，被尊为“南宗”之祖。中唐以后，随着佛教禅宗的盛行，画家们的兴趣逐渐由佛教人物画转向了山水花鸟。选材上大多是宁静优美的自然景物，以此表达禅与自然的关系，色彩上以水墨为主，不着色或少着色，风格上追求韵外之致、言外之意、意外之境，至宋元发展到顶峰，绘画史上称为“宋元山水意境”。如五代南唐禅僧巨然的《秋山问道图》，画面的秃顶主山在群山掩映中晶莹明净，稳居其中。画中无一僧人，无一佛寺，但任何人观之，立即明白这位高僧是在借秋山形象，表现他心中的佛道禅机。五代南唐画家董源的《潇湘图卷》等，不作奇峰峭壁，皆长山复岭，远树茂林，给人以一派平静、淡泊的整体感觉，那种潇湘水远、海阔天空、冲淡自然、天真空灵的境界，正是典型的禅的境界。

(3)佛教对建筑的影响

遍及神州大地的佛教寺庙，是中国古建筑的重要组成部分。无论是总体布局，还是单体建筑，它们都具有浓郁的东方色彩。在中国，这类建筑不但数量多、分布广，而且不乏精品。

佛教对中国古代建筑的影响主要是开凿石窟和建造佛塔。中国的佛教石窟数量很多，而尤以敦煌、云冈、龙门等最为著名。佛塔自传入中国后，一改印度佛塔覆钵状圆坟形的造型，大都建成可供人凭眺观望之用的楼阁式。塔的结构一般有木塔、砖塔、砖木塔、石塔、铜塔、铁塔和琉璃砖塔等。中国的佛塔建筑丰富了世界建筑的造型，代表着世界佛教文化中重要的一支。

(4)佛教对音乐的影响

佛教音乐有梵呗、佛曲等形式。梵呗亦叫赞呗，是以短偈的形式赞颂佛和菩萨的颂歌，本起源于印度。佛曲就是将佛经配上乐谱进行讽咏。隋唐时代，梵呗和佛曲都很流行。当时每唱佛曲，常配以笙笛。在敦煌杂曲中现在还保留有一部分佛曲作品。梵呗和佛曲的流行，对于中国古代音乐的乐调和韵律都有很大影响。

第七章

文学

我们伟大的祖国具有五千年历史，祖先在这块美丽富饶的土地上劳作、繁衍、生息，在漫长的岁月里，先辈们在社会生活中，在与大自然的搏斗中，为我们创造了一大笔极为丰富的文化遗产，使我们能在今天了解我们祖先的社会生活面貌，回顾祖国历史发展的概貌。这些文化遗产直到今天仍能给我们以美的享受，为我们的文学创作提供借鉴。

我们有值得骄傲的辉煌的文学遗产，存留下来的一代代无数的文学作品，反映了我们这个民族如何在这片土地上劳作、生活，如何历尽艰辛，开拓发展。史书记录着我们民族的发展史，而文学作品则记录下我们的先人的心灵。时光流逝，史书留下的是历史过程，而文学作品留下的则是这过程中种种人物的心理活动和他们的喜怒哀乐。可以说，我们的文学遗产，是我们民族的一部心灵史。

第一节　文学概说

“文学”一词最早见于《论语·先进篇》，孔子按才能把学生分成四类：德行、言语、政事、文学，后世称为“孔门四科”。按北宋邢昺的疏注释为“文章博学”，意为通晓许多古今文献及学问。真正和现在意义上的“文学”相近的概念，最早则是昭明太子萧统在《文选·序》中所说的：“譬陶匏异器，并为入耳之娱；黼黻不同，俱为悦目之玩”。因其所指皆为韵文，所以我们称之为“狭义的文学”。即5世纪南朝刘宋文帝所定立的四学(儒学、玄学、史学、文学)之一。从广义上来看，文学可以解释为学问，又或是以此为基础发展出来的文化。

一、文学与人生

文学虽然是根据某种规律而对文字进行的一些排列组合，但是说到底，文学是人的文学。文学是人学，是关于人生、社会、人的心灵与精神的艺术探索，因此，一部作品实际上就是一段人生。我们阅读作品，就要进入他人的世界，他人的心灵世界，并与之对话，以便丰富我们自己的人生内涵。从文学作品中，读者可以审美地直观现实的人生世界。可以说，作家进行文学创作，是审美地反映人生的，而读者通过阅读作品，审美地反思与领悟生活。

我们的先民在很早的时候就注意到文学和人生的关系。所谓“诗者，志之所之也。在心为志，发言为诗。情动于中而形于言，言之不足，故嗟叹之；嗟叹之不足，故永歌之；永歌之不足，不知手之舞之、足之蹈之也。情发于声，声成文谓之音。治世之音安以乐，其政和；乱世之音怨以怒，其政乖；亡国之音哀以思，其民困。故正得失，动天地，感鬼神，莫近乎诗。”(《毛诗序》)古人认为诗歌是表达内心情感的一种重要途径，而这种文学样式也可以反映当时的政治社会情况。所以孔子说“诗，可以兴，可以观，可以群，可以怨。”(《论语·阳货》)

姚永朴先生在《文学研究法》中，把文章的作用分为论学、匡时、纪事、达情、观人、博物六类，或许可以帮助我们进一步思考文学与人生的关系。兹录如下：

一曰论学。学也者，本己之所得，以救之世所失者也。韩退之《进学解》云：“觝排异端，攘斥佛老。补苴罅漏，张皇幽渺。寻坠绪之茫茫，独旁搜而远绍。障百川而东之，回狂澜于既倒。”张子《语录》云：“为天地立心，为生民立命，为往圣继绝学，为万世开太平。”意正指此。但文章不工，虽有此志此学，何由宣其所见，以觉当世而诏来兹？故程子读张子《西铭》，以为“无子厚笔力发不出”。黄东发(震)《日抄》云：“朱子为文，其天才卓绝，学力宏肆。落笔成章，殆于天造。其剖析性理之精微，则日精月明；其穷诘邪说之隐遁，则神搜霆击；其感慨忠义，发明《离骚》，则苦雨凄风之变态；其泛应人事。游戏翰墨，则行云流水之自然。”太仓陆桴亭(世仪)《思辨录》云：“古文须少年时及早为之。王阳明(守仁)未遇湛甘泉(若水)讲道时，先与同辈学作诗文。故讲道之后，其往来论学书及奏疏，皆明白透快，吐言成章，动合古文体格，虽识见之高，学力之到，然其得力，未始不在平日一番简练揣摩也。”据此可见文章发挥道妙，其功效之见于论学者，固当首及之矣。

二曰匡时。古人以《禹贡》行河；以《洪范》察变；以《春秋》断狱，或以之出使；以《甫刑》校律令条法；以《三百五篇》当谏书；以《周官》致太平；以《礼》为服制，以兴教化。圣贤经典，无不与政治有关。是以为文章者，必有陈古风今之思，本其心之沉郁，而达以笔之委婉，乃可以动人，可以救世。顾亭林《日知录》云："舜曰：'诗言志。'此诗之本也。《王制》：'命太师陈诗以观民风。'此诗之用也。《荀子》论《小雅》曰：'疾今之政以思往者，其言有文焉，其声有哀焉。'此诗之情也。故诗者，王者之迹也。"唐白居易《与元微之书》曰："年齿渐长，阅事渐多，每与人言，多询时务；每读书史，多求理道。始知文章合为时而著，诗歌合为事而作。"又自叙其诗关于美刺者谓之讽喻诗，自比于梁鸿《五噫》之作。而谓好其诗者邓鲂、唐衢俱死，"吾与足下又困踬。岂六义、四始之风，天将破坏不可支持耶？又不知天意不欲使下人病苦闻于上耶？"嗟乎，可谓知立言之旨者矣。案《杜工部集》中，如《北征》、《自京赴奉先咏怀》、"三吏"、"三别"、前后《出塞》、《兵车行》、《悲陈陶》、《悲青坂》、《哀江头》、《哀王孙》诸篇，其闵时愤俗之怀，沉郁悲壮，往往足以继变风变雅，故当时号为"诗史"。苏东坡亦评其诗云："古今诗人众矣，而杜子美为首。岂非以其流落饥寒，终身不用，而一饭未尝忘君也欤？"然则，因所遭之时，或颂其美，或刺其失；当王泽寖衰，犹思匡而正之，追而复之，近救一时，远垂万世，斯又文章之功效也。

三曰纪事。夫立乎千百世之后，而追溯千百世以前，其为时也远矣。乃举凡贤君相之丰功骏业，名儒之至德要道，莫不可以穷原竟委，历历言之，非有高文为之叙述，何以臻此？昔韩退之《答崔立之（斯立）书》，自言"将耕于宽闲之野，钓于寂寞之滨，求国家之遗事，考贤人哲士之所终始，作唐之一经，垂之于无穷，诛奸谀于既死，发潜德之幽光"。虽《答刘秀才论史书》有"仆虽呆，亦粗知自爱，实不敢率尔为之"之语，而柳子厚遗之书云："若退之如此，则唐之史述，卒无可托。明天子、贤宰相得史才如此，而又不果，甚可痛哉！"此可见其文不高，不能为史；即为之，必不能令人传习而脍炙之也。是以退之进《撰平淮西碑文表》，历陈二《典》、《禹贡》、《盘庚》、五《诰》、《元鸟》、《长发》、《清庙》、《臣工》、大小二《雅》，以为"皆由辞事相称，善并美具，乃号以为经，从始至今，莫敢指斥；向使撰次不得其人，文字暧昧，虽有美实，其谁观之？"……使古今事业磊磊轩天地者不致沉没，斯又文章之功效矣。

四曰达情。昔人云：未免有情，谁能遣此？情之在人，正所以灵于万物者也。《诗·七月·毛传》云："春女悲，秋士悲，感其物化也。"《文心雕龙·物色》篇云："春秋代序，阴阳惨舒，物色之动，心亦摇焉。盖阳气萌而元驹步，阴律凝而丹鸟羞（元驹、丹鸟，并见《夏小正》。元驹，蚁也。丹鸟，萤也）。微虫犹或入感，四时之动物深矣。若夫珪璋挺其惠心，英华秀其清气，物色相召，人谁获安！是以献岁发春，悦豫之情畅；滔滔孟夏，郁陶之心凝；天高气清，阴沉之志远；霰雪无垠，矜肃之虑深。岁有其物，物有其容；情以物迁，辞以情发。一叶且或迎意，虫声有足引心，况清风与明月同夜，白日与春林共朝哉！"钟仲伟（嵘）《诗品》云："春风春鸟，秋月秋蝉，夏云暑雨，冬日祁寒，斯四候之感诸咏者也。嘉会寄诗以亲，离群托诗以怨。至于楚臣去境，汉妾辞宫。或骨横朔野，魂逐飞蓬；或负戈从戎，杀气雄边。塞客衣单，孀闺泪尽。或士有解佩出朝，一去忘返；女有扬娥入宠，再盼倾城。凡斯种种，感荡心灵，非陈诗何以展其义，非长歌何以骋其情？故曰：《诗》，'可以群，可以怨'。"由此观之，古人性情，未有不见于文字者，故《文赋》云："思涉乐其必笑，方言哀而已叹。"退之《送孟东野序》云："其歌也有思，其哭也有怀。"然此犹言情之在一己者耳。若夫由己及人，而使彼此之间，洞然无阂，如汉文帝之《与南越王赵佗书》、光武之《与窦融书》，皆以一纸定边陲，力量视十万劲兵，有过之无不及。唐德宗兴元大赦诏，感人之捷亦然。而历代词令施于邻国者，可类推矣。然则情之所及，无论近远，放之皆准，感而遂通，斯又文章之功效也。

五曰观人。《礼记·乐记》云："宽而静、柔而正者，宜歌《颂》；广大而静、疏达而信者，宜歌《大雅》；恭俭而好礼者，宜歌《小雅》；正直而静、廉而谦者，宜歌《风》；肆直而慈爱者，宜歌《商》；温良而能断者，宜歌《齐》。"魏文帝《典论》云："夫人善于自见；而文非一体，鲜能备善。"惜抱先生《与陈硕士书》云："作诗者，苟天才与其体性不近，不必强之。大抵其才驰骋而炫耀者，宜七言；深婉而澹远者，宜五言。虽不可尽以此论拘，而大概似之矣。"据此，则人之性情、才气、志操、学业，固各有所宜。惟然，故观其文可以知其人也。昔孔子言："始吾与人也，听其言而信其行；今吾与人也，听其言而观其行。"(《公冶(长)》)又曰："论笃是与，君子者乎？色庄者乎？"(《先进》)又曰："不以言举人。"(《卫灵》)此特就苟以欺人于一时者言之耳。若其平生所著，则心术隐微，必有流露于字里行间而不能掩者。试观子厚谓"慷慨自为正直，行行焉如退之"(《与韩愈论史书》)，故退之之文，莫不奇崛；而如《祭郑夫人文》、《祭十二郎文》、《韩滂墓志铭》、《女挐圹铭》，乃至性缠绵，读之令人涕下，故李习之又谓其"孝友慈祥"(《外姑韦夫人墓志》)。……方望溪《与刘言洁书》云："道之不闻，而其言传，自古及今，未有一得者也。身则无是，而强为闻道之言，则其出也，不能如其心，而其传也，人能知其伪。"夫人藏其心，不可测度也；然而观其所言，即可以知其所蕴，斯又文章之功效也。

六曰博物。夫博物之书，莫如《尔雅》。今观所述，不外《诗》、《书》、《礼》、《乐》四端，盖皆宇宙之大文也。自兹而降，莫如屈、宋、扬、马之词赋。是以《文心雕龙·物色》篇云："诗人感物，联类不穷；流连万象之际，沉吟视听之区。写气图貌，既随物以宛转；属采附声，亦与心而徘徊。故'灼灼'状桃花之鲜，'依依'尽杨柳之貌，'杲杲'为日出之容，'瀌瀌'拟雨雪之状，'喈喈'逐黄鸟之声，'喓喓'学草虫之韵。'皎日''嘒星'，一言穷理；'参差''沃若'，两字穷形。并以少总多，情貌无遗矣。虽复思经千载，将何易夺？及《离骚》代兴，触类而长，物貌难尽，故重沓舒状，于是'嵯峨'之类聚，'葳蕤'之群积矣。及长卿之徒，诡势瑰声，模山范水，字必鱼贯，所谓诗人丽则而约言，辞人丽淫而繁句也。"……叶少蕴(梦得)《石林诗话》云:“老杜‘细雨鱼儿出,微风燕子斜’,此十字殆无一字虚设。细雨著水面为沤,鱼常上浮而淰;若雨大则伏而不出。燕体轻弱,风猛则不能胜;惟微风乃受以为势。至‘穿花蛱蝶深深见,点水蜻蜓款款飞’,‘深深’字若无‘穿’字,‘款款’字若无‘点’字,皆无以见。”其精微如此。自文学家有此境,于是赋物之工,诚如《文赋》所谓“笼天地于形内,挫万物于笔端”者,斯又文章之功效也。

整个人类的心灵其实就是一代代文学作品支撑下来的。当我们回头去看李杜的诗,辛弃疾、苏东坡的诗,我们会受到鼓舞,我们和历史的联结就会更加紧密。这就是文学的价值。人创造文学,文学也正是表现了人这种活生生的、有血有肉的主观内心精神世界,才获得了与人本身一样无限丰富多彩、无限生动活泼的真实性、具体性和现实性。也正是因为这一点,人们在文学的世界里,感受他人的情感流露,并且代入自身去体验那些注入在文字间的情感。这种美妙的体验使人们因文学而感伤,因文学而欢乐,因文学而感悟世界。

二、文学演进纲要

中国历代留存的古典文学典籍浩如烟海,中国文学的源头是传说时期的文学,是远古的歌谣和神话。诗、乐、舞三者紧密结合,是中国诗歌发生时期的一个重要特征。文字的产生,为口耳相传的文学发展为书面文学提供了条件。如果要大体上从中清理出一个源头及流传的轨迹,必然是有韵之文产生在前,而无韵之文产生于后。

人类在未有文字之前就有了创作的,可惜没有人记下,也没有办法记下。“我们的祖先的原始人,原是连话也不会说的,为了共同劳作,必须发表意见,才渐渐地练出复杂的声音来。假如那时大家抬木头,都觉得吃力了,却想不到发表。其中有一个叫道‘杭育杭育’,那么这就是创作。……倘若用什么记号留存了下来,这就是文学;他当然就是作家,也是文学家,是‘杭育杭育’派。”

鲁迅先生论述的是文学的产生,从中我们也可以看出,由于当时生产力以及智力水平的低下,在没有文字之前就有了一定的文学创作,这种创作是口头的。既是口头创作,那么这些文学作品转瞬即逝,为了充分发挥信息交流的作用,这些创作必须是简短的、押韵的。如《吴越春秋》所载的《弹歌》:“断竹,续竹,飞土,逐宍。”

随着生产力和智力水平的不断发展,特别是文字产生之后,书写工具不断发展,趋于简单易得,人们的文学创作变得日趋复杂。诗歌不再是文学的唯一形式,散文创作开始发展。但是二者的关系并不像后世那样泾渭分明。这一点可以从这一时期的一些散文中得到佐证：

“道可道，非常道；名可名，非常名。无，名天地之始；有，名万物之母。故常无，欲以观其妙；常有，欲以观其徼。此两者，同出而异名，同谓之玄。玄之又玄，众妙之门。”（《老子》）

“无偏无陂，遵王之义；无有作好，遵王之道；无有作恶，遵王之路；无偏无党，王道荡荡。无党无偏，王道平平；无反无侧，王道正直。会其有极，归其有极。”（《尚书·洪范》）

这些散文简短精练，富有节奏和韵律，极富诗歌的味道。可见这一时期的散文的产生和发展和诗歌的关系密不可分。

王国维认为“一代有一代之文学”。沿着这样一种脉络，我们可以简单地将中国文学演进的历史进程描述如下：先秦的《诗经》和诸子散文奠定了中国古代文学的基础，“楚辞”则开启了汉赋的先河。

自《诗经》和“楚辞”而下，中国的韵文则经历了汉乐府、魏晋五言诗、唐诗、宋词、元曲的发展过程。明清之际，韵文方面虽无体裁的创新，但有大量成熟且优秀的著作。

散文方面，自先秦诸子之文以降，由楚辞开启的汉赋，历经历史的演进，从《史记》到魏晋南北朝的四六文，经过韩愈等人的古文运动，以及以后的复古派、唐宋派和竟陵派，再到明清之际的小品文，演变到桐城派古文。

中国古典文学，在高峰和低谷中循环往复，形成了汉语言文学波澜壮阔的历史轨迹。

第二节　文

一、文赋概说

文赋是赋体的一类。“文”指古文。即相对骈文而言的用古文写的赋,也即相对俳赋而言的不拘骈偶的赋。元代祝尧说,“宋人作赋,其体有二:曰俳体,曰文体”;并认为用文体作赋,“则是一片之文,押几个韵尔”(《古赋辩体》)。文赋的名称较之骈赋、律赋、骚赋等,似乎注定有更多的纠结。

首先,与骈、律、骚等大致从字面便能反映出赋体的主要特征不同,以“文”名赋,难以反映出该体的主要特征,文赋中“文”的含义要在具体语境中才能寻绎出。最早将文、赋并列使用的,当在祝尧《古赋辩体》中。其《长杨赋》题注云:

问答赋。如《子虚》、《上林》,首尾同是文而其中犹是赋,至子云此赋,则自首至尾纯是文赋之体,鲜矣,厥后唐末宋时诸公以文为赋,岂非滥觞于此?盖赋之为体固尚辞,然其于辞也,必本之于情而达之于理;文之为体每尚理,然其于理也,多略乎其辞而昧乎其情,故以赋为赋则自然有情有辞而有理;以文为赋则有理矣,而未必有辞,有辞矣,而未必有情。此等之作,虽名曰赋,乃是有韵之文,并与赋之本义失之。噫!

这段文字中,“文”和“赋”似是对举,尤其“《子虚》、《上林》,首尾同是文而其中犹是赋”一句,让人大致可以推断出祝尧的意思:《子虚》《上林》首尾部分是交代缘由、虚构故事框架的文字,用散文体写成,不拘句式整齐和用韵;中间主体部分用以铺陈物产丰富和田猎盛况的文字则句式大致整齐、注重押韵。所以他这里的“赋”是指句式整齐、注重用韵的辞赋写作笔法,而“文”则是相对的、句式自有参差、不拘用韵的笔法;又因为押韵是辞赋文体的一个必备特征,所以这里的文赋的“文”实主要就其句式灵活自由而言,与“骈”相对,是“散”的意思。

其次,学界对于文赋的界定存在广义、狭义两种不同观点。广义的观点认为文赋是一种散体赋,凡不拘骈俪的作品,都可归入此类。祝尧对文赋的看法,大致属于广义类。除上引《长杨赋》注文字外,《古赋辩体》卷八欧阳修《秋声赋》题下注云:

此等赋，实自《卜居》、《渔父》篇来，迨宋玉赋《风》与《大言》、《小言》等，其体遂盛，然赋之本体犹存，及子云《长杨》，纯用议论说理，遂失赋本真。欧公专以此为宗，其赋全是文体，以扫积代俳律之弊。

祝尧将宋玉《风赋》、扬雄《长杨赋》等作品看作一脉相承的散体文赋；欧阳修辞赋"全是文体，以扫积代俳律之弊"，"俳律之弊"在于声律对偶（尤其后者）规矩太严，扫其弊即打破声律对偶的局限，代之以长短灵活的句式。而这种破骈用散的作品就是文赋。祝尧的这种宽泛界定在后世也有嗣响。明代徐师曾《文体明辨序说》分赋为四体："一曰古赋，二曰俳赋，三曰文赋，四曰律赋。"论"文赋"云："按《楚辞》、《卜居》、《渔父》二篇，已肇文体，而《子虚》、《上林》、《两都》等作，则首尾是文。后人仿之，纯用此体。盖议论有韵之文也。"观点与祝尧亦步亦趋。《文体明辨》所收文赋，包括扬雄《长杨赋》等篇。清陆棻、查升《历朝赋格·凡例》云："凡用散词，总为一格"，是为文赋，标准非常明确。又《文赋小引》解说文赋道："其体闳衍迂徐，极诸讽颂，虽句栉字比，依音声饰，藻缋而疏，古之气一往而深，近乎文矣。"其所收之赋，包括荀子《礼赋》、宋玉《风赋》等。他们的见解基本相同，即文赋是破骈用散的赋体。

狭义的观点认为文赋不仅仅是散体赋，而且在内容、笔法上还有一些独特的要求。铃木虎雄《赋史大要》云："文赋之认识，在其气势流动一贯有散文之风……此'散文气势之有无'者，余因而以为决定其为文赋邪否邪之标准。"铃木虎雄认为不仅要打破骈偶，而且要有"散文之风"，才能算作文赋。不过他这种说法不太确切，因为"散文之风"的概念本身并不明确。先秦以降，散文五光十色，风格不可一概而论，纵使"气势流动一贯"，也有不同类型，孟子、庄子、贾谊、韩愈、柳宗元、苏轼等，都可说得上气势流动，但是具体风格却大有不同。马积高《赋史》提出了一个"新文赋"的概念：

这是伴随唐代古文运动而产生的一种赋体，因为它的语言基本上同唐宋古文的风格相似，只是大体押韵，成了所谓"押韵之文"，所以过去人们称之为"文赋"。这个名称是不妥帖的，因为唐宋古文家写的文赋，实际上还是从宋玉和司马相如的文赋蜕变而来，只是语言风格较相如清淡，与宋玉《风赋》、东方朔《答客难》之类相比，则并无多少区别。不过唐宋古文家的文赋，题材、主题较多，构思变化也多，所以我称它为新文赋。

他指出"新文赋"是出现在唐宋的一种赋体，那么，《风赋》《长杨赋》等作品纵然用散，也不能括入其中了；对铃木虎雄的"散文之风"，他这里也具体到了"语言基本上同唐宋古文的风格相似"，是"押韵之文"，同时，"题材、主题较多，构思变化也多"。曹明纲《赋学概论》认为文赋有广义、狭义两种界定,狭义的文赋,是指受唐宋古文运动影响而产生的“韵散配合、骈散兼施、用韵宽泛和结构灵活”的一种赋体。这种赋体与骈赋、律赋及骚赋区别明显,而其骈散兼施、用韵自由等特征,与辞赋(即按一般所谓骋辞大赋)容易混淆。因此,《赋学概论》特设专论谈文赋、辞赋的区别。就体制而言,其区别在于:其一,辞赋“行文大多以单行独运为主”,文赋“多用骈偶,并且以散御骈,骈散兼施”;其二,辞赋“多以设辞问答展开内容,发表议论”,遵循“散—韵—散”的模式,“文赋却不拘泥于此”;其三,辞赋“带有记言的形迹”,“以大段整块的描写为主”,文赋“往往融叙事、状物、抒情、论理于一体,构思完整巧妙,行文流利活脱”。而体式形成的时间,曹先生认为是晚唐:“随着古文运动的发展和深入,赋的议论化、散文化的趋势在中唐已十分突出。而形成于晚唐的文赋,正是这种趋势积久勃发的必然结果。”郭维森、许结《中国辞赋发展史》以述史为主,没有过细辨析体式,关于文赋作品,说道:“中唐以后,古文运动兴起……文赋的写作也日见其盛,李绅、沈亚之等都写作文赋,晚唐杜牧《阿房宫赋》更是文赋典型,李德裕、皮日休也是文赋作者,晚唐五代的讽刺小品赋也都是文赋。”尽管在表述上各有不同,但是上述各家对文赋的评判标准大体一致,即文赋是在唐代古文运动影响下兴起的一种题材自由、笔法灵活,打破了骈赋、律赋精严对偶要求的赋体。

二、汉大赋与抒情小赋

汉赋是在汉朝涌现出的一种有韵的散文,它的特点是散韵结合,专事铺叙。从赋的形式上看,在于“铺采摛文”;从赋的内容上说,侧重“体物写志”。汉赋的内容可分为五类:一是渲染宫殿城市;二是描写帝王游猎;三是叙述旅行经历;四是抒发不遇之情;五是杂谈禽兽草木。而以前二者为汉赋之代表。赋是汉代最流行的文体。在两汉,一般文人多致力于这种文体的写作,因而盛极一时,后世往往把它看成汉代文学的代表。

汉赋在结构上一般都有三部分,即序、本文和被称作“乱”或“讯”的结尾。汉赋写法上大多以丰辞缛藻、穷极声貌来大肆铺陈,为汉帝国的强大或统治者的文治武功高唱赞歌,只在结尾处略带几笔,微露讽谏之意。汉赋分为骚体赋、大赋、小赋。

1.汉大赋

大赋是汉代新兴的文学体裁,也是汉代文人创作的主要形式之一,前人称之为“一代文学”的代表。但汉大赋却是适应统治阶级的政治需要而产生,又在统治阶级大力提倡下日趋发展并盛极一时的。就其主流而言,它是一种庙堂文学。

汉赋在内容上的主要特点就是歌颂帝王功德,娱乐宫廷生活。过去被推为汉赋正宗的主要作家几乎没有不致力于对帝王歌功颂德的，如西汉司马相如歌颂汉武帝空前的武功和权势，王褒歌颂汉宣帝统治时的隆盛；东汉班固歌颂汉光武帝的“恢复疆宇”，张衡歌颂汉和帝的“文德武德”，等等。与歌颂相一致的是娱乐，“为赋乃俳”（《汉书·枚皋传》）就是指作赋乃是为了点缀宫廷生活。汉初辞赋家枚乘的《七发》即已开始刻画声色犬马，此后司马相如、扬雄极写帝王园林之美、游猎之盛及女色之好，班固颂扬京都的富丽堂皇，以满足帝王贵族奢侈享乐的欲望。

汉代赋家中虽然有不少人想借赋的形式讽喻统治者应崇尚节俭、爱惜民力，然而实际上只能“劝百而讽一”，通篇的颂扬鼓励之辞淹没了它的“曲终奏雅”。一般地说，只“有益于淫靡之思，无益于劝戒之旨”（清程延祚《骚赋论》），内容的局限性十分明显。

汉赋在形式上的主要特点是铺陈夸饰。刘勰说：“赋者，铺也，铺采摛文（铺陈文采），体物（描绘事物）写志也。”（《文心雕龙·诠赋》）汉大赋总是以华丽的辞藻、夸饰的手法，从各种角度不厌其详地写景状物，务必达到“使人不能加”（《汉书·扬雄传》）的程度，这就形成了一种恢宏靡丽、铺张扬厉的文风。而往往由于铺张过分，雕镂过碎，奇文僻字比比皆是，以至有“字书”之讥。

与此相适应的是篇章规模巨大，结构宏伟，往往拉成数千上万言的鸿篇巨制。赋有固定的格式，一般前有序言，后有结语（乱辞），中间是主体正文。序言叙述作赋之缘起或事情之由来，乱辞正面发议论，寓劝诫之义，多采用单行散句；正文部分设为主客问答，主要用四、六言的韵文形式和排比对偶的写法，形成一种散韵结合、不歌而诵和专事铺叙的特殊文体。这种文体虽然代代不乏作者，但总的来说千篇一律、呆板少变，形式主义倾向是明显的。

2.抒情小赋

东汉中叶直至汉末，外戚、宦官争权，形成统治阶级内部激烈复杂的矛盾斗争，政治日趋黑暗腐败。面对这种社会现实，作家不能不有所感受，因而汉赋从思想内容到体制、风格都开始发生转变。宣扬皇恩帝德、歌颂国势声威的长篇大赋显著减少，而讥讽时事、抨击黑暗等现实性较强的抒情小赋开始出现。张衡首开风气之先，他的《归田赋》表现出因朝政日非而归隐田园的乐趣与不合流俗的精神。其后蔡邕的《述行赋》记叙旅途所见所感，并联想到许多古人古事，其用意是借古刺今；赵壹的《刺世疾邪赋》痛砭黑暗现实，表现出嫉恶如仇的反抗精神和对被剥削、被压迫的人民的同情；祢衡的《鹦鹉赋》借笼中鹦鹉自况，抒写了才志之士身处末世屡遭迫害的感慨。这些短赋名篇，初步突破了赋颂传统，对魏晋抒情赋的发展和兴盛产生了重大影响。

三、唐宋八大家

唐宋八大家，又称唐宋古文八大家，是中国唐代韩愈、柳宗元和宋代苏轼、苏洵、苏辙、欧阳修、王安石、曾巩八位散文家的合称。其中韩愈、柳宗元是唐代古文运动的领袖，欧阳修、“三苏”等四人是宋代古文运动的核心人物，王安石、曾巩是临川文学的代表人物。他们先后掀起的古文革新浪潮，使诗文发展的陈旧面貌焕然一新。

明初朱右选韩、柳等人文为《八先生文集》，遂起用八家之名，实始于此。明中叶唐顺之所纂《文编》中，唐宋文也仅取八家。明末茅坤承二人之说，选辑了《唐宋八大家文钞》共164卷，此书在旧时流传甚广，“唐宋八大家”之名也随之流行。

“唐宋八大家”这一称号的出现，不是偶然的，而是当时文学斗争的产物，是为了表达一种散文主张而提出来的。

明代中叶，文坛上掀起了以李梦阳、何景明和李攀龙、王世贞为首的“前后七子”的复古运动。他们在散文方面主张“文必秦汉”，认为文章越古越好，秦汉以后无文。和这种是古非今的文学发展观相联系，他们在创作上提倡因袭模仿，法古拟古，如李梦阳提出作文要像写字摹临古帖一样来模拟古人的作品。这股盲目尊古拟古的形式主义逆流，扼杀了创作的生命，阻碍了散文的健康发展，因而在当时和后世遭到了许多人的反对。在“前七子”“后七子”之间出现的“唐宋派”王慎中、唐顺之、茅坤、归有光等人，就是这样的一个反对派。他们以推崇唐宋古文，强调文章要有“真精神和千古不可磨灭之见”，来和前后七子“文必秦汉”的拟古主张相对立。唐顺之纂《文编》，茅坤编《唐宋八大家文钞》，标榜唐宋八家的古文，就是他们反对“前后七子”复古运动的一个具体措施。其目的是举出学习典范，揭示入门轨涂，更好地推广唐宋古文，为贯彻其散文主张服务。

“唐宋八大家”有着大体一致的理论主张和创作倾向，又有着不同的风格特色。他们都是唐宋古文运动的领导者和中心人物，共同反对骈体文，不满绮丽浮华的形式主义文风，提倡恢复和发展秦汉散体文的优良传统，不同程度地坚持了文道合一的方向（在“文”和“道”的侧重上各人有所不同），为把散文从骈俪的束缚中解放出来，确立散句单行、自由书写、接近口语的新型散文——“古文”做出了贡献。他们的散文作品就是这种“古文”的典范，是唐宋古文运动的光辉结晶，体现了唐宋散文的最高成就，对后世产生了深远的影响。

四、明代小品文

明代在中国文学史上是一个比较尴尬的时代，诗歌创作已在唐朝达于极盛，宋人以文字、议论、才学为诗，尚能自辟一片天地，至明代则少有建树；就散文而言，经过秦汉时期的发展,在唐宋时期也是人才辈出,后世罕能匹敌。加上元朝政府对汉文化的限制,更使得诗文创作有断层之虞。但这并不是说明代作家一无所为,他们仍做了多方面的探索。围绕“复古”与“创新”,明代出现了不少散文流派,并逐渐形成了自己的特点,至晚明,小品文的创作达到了空前的繁荣,为明代文学增添了一抹亮色。

“小品”作为中国古代散文的独特文体,名称始见于明万历三十九年(1611年)刊行的《苏长公小品》。它的基本特征是篇幅短小,精美隽秀。

“小品”相对于“大品”而言,它本属佛家语,移植于散文中,即将短小隽永的“小品”与“大的高的正的”(周作人《(冰雪小品)序》)古文——“大品”区别开来。正统古文重“载道”,是儒家伦理政治的宣传品。古人讲究“道德文章”,太上立德,其次立功,其次立言。古文(“立言”)是道德功名的余事,又与之紧密相连。曹丕《典论·论文》开宗明义便说:“文章,经国之大业,不朽之盛事。”传统古文一直处于伦理政治的附庸地位,要求主题正大,言国事、大事、正事。从春秋战国时的诸子散文、历史散文到秦汉时政论文、“唐宋八大家”直至清桐城派古文,“道统”延续不绝,贯穿六经之旨,帮助教化,讲义理法度,语言典雅。“文”为“道”服务,最高达到文、道合一。至于韩愈所说的“不平则鸣”,虽有抒写作家个人情志的成分,主要含义还是要求散文反映时政,强调的还是实用性和功利性。

万历以后,历史进入晚明时期。其间,复古运动陷入穷途末路,新的社会思潮和文艺观念开始涌现,人的个性稍得解放,为散文创作提供了良好的环境。这时的散文,卸去了以往正宗古文的道学面孔,独抒性灵,娱悦人情,书写身边事、心中情,短小隽奇,活泼自由。具有这类特点的散文,通常被称作小品文。值得一提的是,小品文早在先秦两汉时期已见端倪,唐代韩愈的赠序、柳宗元的山水小记,都具有小品文的笔致。唐末,皮日休、陆龟蒙、罗隐等人的讽刺小品风行一时。宋代欧阳修、苏轼等散文大家,也都有脍炙人口的小品文流传。不过,直到晚明,小品文才真正形成与正统散文争雄的局面,最终像唐诗、宋词、元曲一样,成为一代文学成就的标志。

徐渭、汤显祖的散文作品,已具晚明风格,至李贽,提出“童心说”,主张文学作品要写“吾心之言”,真实地表达自己的思想感情。他在《焚书》《续焚书》中的许多作品,一般短小精悍,大胆立论,嬉笑怒骂,饶有风趣。他的思想和文风,对后来“公安派”小品文的创作有着深远的影响。“公安派”的代表人物袁宗道、袁宏道、袁中道兄弟三人,都反对复古派的模拟剽窃,主张文学应独抒性灵、不拘格套,他们的创作大多贯彻了这样的主张。

“公安派”中,袁宏道的成就最为卓著。袁宏道的尺牍小品写得舒放自由,“非从自己胸臆流出不肯下笔”(《叙小修诗》),对自己的喜怒哀乐不加丝毫掩饰。他在《张幼于》中批评社会上风行一时的复古潮流,恣意嘲骂,不留半点情面;在《沈广乘》中写为官之苦,反复跌足大叹;在《丘长孺》中,极言县令丑态,令人为之破颜。其语言文字,则“信腕信口，皆成律度”(《雪涛阁集序》)于朴素平淡中见匠心独运，在机智幽默中臧否人事，堪称随意指点，挥洒自如。他又善写游记，模山范水，自然天成，即景生情，别有意趣。他的人物传记中没有达官显贵，写的也是家常琐事，但传主形神毕现，信笔之处，蕴含深意。袁宏道与宗道、中道及雷思霈、江进之、陶望龄、黄辉诸人，互通声气，彼此唱和，使题材多样、形式自由的小品文创作风行一时。

继公安派之后，在小品文创作方面较为成功的是竟陵派的代表人物钟惺、谭元春。他们既反对模拟古人，强调书写灵性，又力避公安派“近平而俚”的做法，追求“幽情单绪”“奇理别趣”之类的意境。钟惺作文，锻字炼句，苦心经营，平淡中可见深情。谭元春佻达真率，另有格调。刘侗、于奕正合著的《帝京景物略》，也是竟陵派文笔。不过，尽管竟陵派人物有心振作文风，但由于他们刻意营造一种冷僻苦涩的气氛，未免落入为文狭窄的境地。

至王思任、祁彪佳、张岱等人，摒弃世人的门户之见，杂糅公安、竟陵两派之长，使晚明小品的创作日臻完善。王思任号谑庵，其小品文正如他的为人，诙谐雅谑中不乏气宇轩昂。祁彪佳《寓山注》导人游园，不事铺张雕绘，语似家常，而意随景到，处处为篇，景景入画，园林佳妙处，渐次毕现。

张岱是晚明小品文创作的集大成者。他的作品取材广泛，自名山佳水、民风习俗，至人物论赞、器技杂志，描写无不细致深入，自然成趣；其笔力高致，方言巷咏、嬉笑琐屑之事，略经点染，即成至文。张岱的山水小品多集中在《陶庵梦忆》《西湖寻梦》中，国破家亡后，追记旧时的山山水水，恍然如在梦境，虽然迷离廓远，却因心摹意想，更加绚丽多姿，情趣盎然。张岱还善用简洁生动的语言写人描物，美丑妙肖，栩栩如生。他的序跋、像赞、书牍、碑铭等，不拘文类，都写得通脱凝炼，雅俗共赏。晚明小品由张岱作结，当是明代文坛幸事。

天启、崇祯年间，随着清人入侵，文人成立了“复社”“几社”组织，积极参加抗清斗争，张溥、陈子龙、夏完淳等写就的一些篇章，忧国伤时，感慨激昂，都具有鲜明的时代特色和艺术特色。

总之，明代小品文，独抒性灵，枝繁叶茂，蔚然可观。小品文在清代一度湮没无闻，到20世纪20年代，小品文再次风靡文坛。周作人在《〈中国新文学大系·散文一集〉导言》中即认为，中国现代散文的源流，“是公安派与英国的小品文两者结合而成”。明代小品文对后世散文创作的影响，由此可见一斑。

第三节 诗

诗歌是一种抒情言志的文学体裁。《毛诗大序》载："诗者，志之所之也。在心为志，发言为诗。"南宋严羽《沧浪诗话》云："诗者，吟咏性情也。"中国是诗歌的国度，在五千年的中华文明进程中产生了浩如烟海的优秀诗篇。这些优秀的诗篇可以追溯到《诗经》和《楚辞》那里。

一、风骚传统

风骚传统是中国古代文学中的一种优良的传统，在中国文学发展史上起过重要作用。《诗经》和《楚辞》分别是先秦时期北方中原文化和南方楚文化的辉煌结晶，各以其思想、卓越的艺术成就和鲜明的特色，成为我国古典诗歌的两大典范、两面旗帜。故中国文学史上往往将"风""骚"并称，"风"指《国风》，代表《诗经》；"骚"，指《离骚》，代表《楚辞》。后世诗人，一般说来，或主要接受了《诗经》的影响，或主要接受了《楚辞》的影响，使诗歌创作沿着《诗经》《楚辞》所开辟的两条道路不断前进。因此而发展、形成的我国诗歌的两种不同的优良传统，习惯上，就称为"诗骚传统"，亦称为"风骚传统"。

风骚传统或可包括以下几方面：

第一，诗主怨刺。汉儒说诗，强调诗的美刺作用。《毛诗序》解释"风"，即云："上以风化下，下以风刺上。主文而谲谏，言之者无罪，闻之者足以戒，故曰风。"汉儒又有风雅正变之说。从"国风""小雅"来看，"变风""变雅"占据了主要部分。可以说"饥者歌其食，劳者歌其事"的《风》《雅》作品，大多是怨刺之作。汉儒虽然承认这一事实，但为了宣传其"温柔敦厚"的诗教，却每将很有反抗性的诗篇加以曲解，说成是"怨而不怒""哀而不伤"的。

孔子论诗："可以兴，可以观，可以群，可以怨。"《文心雕龙·时序》称："幽厉昏而《板》《荡》怒，平王微而《黍离》哀。"清程廷祚也说："以今考之，晦庵所为嬉笑怨怼者，小雅已多有之。若《民劳》、《板》、《荡》之篇，《瞻卬》、《召旻》之作，其在《大雅》者，有犯无隐，初未遑问其君之可受也"。尽管人们对《诗经》的实际有所了解，但囿于儒家诗教之说和《诗经》的经典地位，总还难免曲为解释，给《诗经》披上一层轻柔的面纱。至于楚辞，则明显是因怨而作，其措辞之激切也有目共睹，很难说成符合温柔敦厚的诗教。司马迁说："屈平疾王听之不聪也，谗谄之蔽明也，邪曲之害公也，方正之不容也，故忧愁幽思而作《离骚》。"

又说屈原“信而见疑，忠而被谤，能无怨乎？屈平之作《离骚》，盖自怨生也。”司马迁并认为诗、骚的怨愤精神是一致的，在《太史公自序》中，他在说了屈原放逐著《离骚》之后，又说：“《诗》三百篇，大抵贤圣发愤之所为作也。此人皆意有所郁结，不得通其道也。”对于“诗可以怨”做了重要的发挥和补充。

作为《诗经》怨刺的新发展，楚辞的哀怨传统产生了更为深远的影响。后世遭遇坎坷、悲时悯世的作者，无不引屈原为同调，许多抒写不平、倾吐悲怨的辞赋作品，大都采用骚体楚调。历史上每逢政昏俗乱、国破家亡之时，楚辞也每每重被提倡，重被学习。如作为中国文学史上一个高峰的建安文学，便深受楚辞影响，其时文章，“雅好慷慨，良由世积乱离，风衰俗怨，并志深而笔长，故梗概而多气也。”(《文心雕龙·时序》)。“哀怨起骚人”，骚体的被重视，不是偶然的。再如明代末年，面对国破家亡的厄运，爱国士人无不从楚辞那里取得共鸣。学者注骚，诗人咏骚，画家绘骚，以此宣泄痛苦，寄托哀思。

第二，比兴与象征。比、兴属《诗》之六义，不仅指写作方法，也应是兼赅内容的创作原则。《文心雕龙·比兴》解释“比显而兴隐”说：

故比者，附也；兴者，起也。附理者切类以指事，起情者依微以拟议。起情故兴体以立，附理故比例以生。比则畜愤以斥言，兴则环譬以记讽。

注意到“比”的切类和“兴”的依微，即注意到两种方法的内涵，以比为斥言，兴为记讽，未免偏至，但就实际运用而言也往往如此。《诗》的重要创作原则是“比兴”，而楚辞也并不两样。王逸序称：

《离骚》之文，依诗取兴，引类譬喻，故善鸟香草以配忠贞，恶禽臭物以比谗佞，灵修美人以比于君，宓妃佚女以譬贤臣，虬龙鸾凤以托君子，飘风云霓以喻小人。

刘勰也说：“楚襄信谗，而三闾忠烈，依诗制骚，讽兼比兴。”都强调了“比兴”也是楚辞写作的特点。比较诗、骚的比兴，后者有了相当的发展，其特点是连类取譬，并采用虚构的象征手法，使得诗篇更深沉、更曲折，而有一种朦胧含蓄的美。比兴是中国诗词最显著的特点，风、骚，特别是“骚”的比兴传统曾给予后世以莫大影响。香草美人的比喻几乎成了诠释某些作品的关键。如辛弃疾《摸鱼儿》(更能消几番风雨)“长门事，准拟佳期又误。蛾眉曾有人妒。千金纵买相如赋，脉脉此情谁诉？”等句，若不联系《离骚》从比兴的角度来理解，那就不知所云了。古诗文中这样的例子很多。正因为有风骚楷模在前，有比兴说作为依据，封建时代许多关于爱情的描写才能登上大雅之堂，许多揭露讽刺的作品才能公然存在。当然,以比兴解诗也带来一些问题,突出的是先入为主,穿凿附会。黄侃曾指出:"是以解嗣宗之诗,则首首致讥禅代;笺杜陵之作,则篇篇系念朝廷"(《文心雕龙札记》)。这种做法当然不足为训,不过由此也可看出风骚的比兴传统在文学史上的巨大影响。

第三,文小指大,词微旨远。司马迁《史记·屈原列传》评《离骚》说:"其文约,其辞微,其志洁,其行廉,其称文小而其指极大,举类迩而见义远。"其在《太史公自序》中也说:"退而深惟曰:'夫《诗》《书》隐约者,欲遂其志之思也。'"小大、隐显、远近、曲直,这些对立的概念,在古代文论中得到了辩证的阐释,结合诗骚的实例,建立了一种很好的传统。《周易·系辞下》评《周易》云:"其旨远,其辞文,其言曲而中,其事肆而隐"。《左传·成公十四年传》引君子赞美《春秋》说:"《春秋》之称,微而显,志而晦,婉而成章,尽而不污,惩恶而劝善,非圣人,谁能修之?"这些评论也许就是司马迁评骚语的依据。司马迁所谓"文约、辞微",当指含蓄的风格,所谓"指大、义远"当指言外不尽之意。所谓文小,构成其引类譬喻的无非是善鸟香草、恶禽臭物,即使丰隆、宓妃等神话形象,也无非是常人之情的幻想化。然其所托喻的却是事关国家兴亡的大事,以及关于生命的真谛、善恶美丑的对立等等严肃的思考,其含义是至深至远的。"辞微"出之以隐约,显示了"文外之重旨"。正因为"文小指大,词微旨远",才给读者留下了广阔的想象空间,使读者在不同的时代能得到不同的新体会,因而作品才具有永久的魅力。正如《文心雕龙·宗经》所言:

至根柢盘深,枝叶峻茂,辞约而旨丰,事近而喻远,是以往者虽旧,余味日新,后进追取而非晚,前修文用而未先,可谓泰山遍雨,河润千里者也。

这类辞约旨丰的作品,文章虽旧,含义却日新,后进学习探求并不嫌迟,前贤运用也未必占先。它像泰山的兴云,使遍天下都下雨,像黄河之水,可以灌溉千里良田。这段话,虽然是刘勰用来形容儒经的,但是用来形容风骚传统更为恰当。

第四,关心政治,关切人生。古代本无专业的或自觉的文学家,其所以写作作品,完全出于现实的需要。"情动于中而形于言",或者是"感于哀乐,缘事而发",或者美刺当时,干涉政治。孔子说"诗可以观"即指观察风俗盛衰,考察政治得失。早于孔子,吴公子季札在鲁观乐,即曾据各地诗乐来评论各地的政风民情,正是诗可观的实例。诗歌既是人们生活、思想感情的体现,政治家可以从中看出风俗良窳、政治得丧,也就是很自然的事了。《文心雕龙·时序》云:"故知歌谣文理,与世推移,风动于上而波震于下者",形象地说明了文学与政治的关系。按照这一观点,《诗经》所有诗篇与当时的时代、政治都有一定的内在的联系。至于《离骚》,本身就是一首政治抒情诗,其中作者的政治理想以及对现实政治的批评都有充分的表达。而其对楚国兴亡的关切和对故都的留恋之情更是光照千古，动人心弦。因此可以说，风骚传统又是文学与政治密切相关的传统。几千年来中国的知识分子从其亲身经验中深切体会到政治绝非抽象的或与己无关的事物。“天下兴亡，匹夫有责”，这句话是凝聚着深刻的历史经验教训的。历史上的优秀作品，无不与人民的生活、人民的哀乐息息相通。这便离不开当时的政治。许多优秀作品表现了强烈的忧患意识，忧国忧民正是风骚传统的直接继承。文学联系政治，从广义的、积极的方面来讲，就意味着文学具有反映时代、反映人民生活、传达人民呼声的功能。中国文学史上，每当文学发展陷入形式主义泥坑而萎靡不振时，起而矫正时弊者，往往要呼唤风骚传统的复归。

二、魏晋风度

魏晋风度指的是魏晋时期名士们所具有的那种率直任诞、清俊通脱的行为风格。饮酒、服药、清谈和纵情山水是魏晋时期名士所普遍崇尚的生活方式。一部《世说新语》可以说是魏晋风度的集中记录。

魏晋是一个动乱的年代，也是一个思想活跃的时代。新兴门阀士大夫阶层的社会生存处境极为险恶，同时其人格思想行为又极为风流潇洒、不滞于物、不拘礼节。士人们多特立独行，又颇喜雅集。正是在这个时代，士大夫们创造了影响后世的文人书法标杆，奉献了令人模范景仰的书圣，“竹林七贤”，即阮籍、嵇康、山涛、刘伶、阮咸、向秀、王戎，在生活上不拘礼法，常聚于林中喝酒纵歌，清静无为，洒脱倜傥，他们代表的“魏晋风度”得到后来许多知识分子的赞赏。

那么，魏晋风度这种意识形态领域内的新思潮，即所谓新的世界观、人生观，和反映在文艺美学上的同一思潮的基本特征，是什么呢？

简单说来，就是人的觉醒。它恰好成为从两汉时代逐渐脱身出来的一种历史前进的音响。但这种觉醒，却是通由种种迂回曲折、错综复杂的途径而出发、前进和实现的。文艺和审美心理比起其他领域，反映得更为敏感、直接和清晰一些。

《古诗十九首》以及风格与之极为接近的苏李诗，无论从形式到内容，都开一代先声。它们在对日常时世、人事、节候、名利、享乐等等的咏叹中，直抒胸臆，深发感喟。在这种感叹抒发中，突出的是一种性命短促、人生无常的悲伤。它们构成《古诗十九首》的一个基本音调：

“生年不满百，常怀千岁忧”；“人生寄一世，奄忽若飙尘”；“人生非金石，岂能长寿考？”；“人生忽如寄，寿无金石固”；“所遇无故物，焉得不速老！”；“万岁更相送，圣贤莫能度”;“出郭门直视,但见丘与坟”……被钟嵘推为“文温以丽,意悲而远,惊心动魄,可谓几乎一字千金”的这些“古诗”中,却有多少个字用于这种人生无常的慨叹!它们与友情、离别、相思、怀乡、行役、命运、劝慰、愿望、勉励……结合糅杂在一起,使这种生命短促、人生坎坷、欢乐少有、悲伤长多的感喟,愈显其沉郁和悲凉。

行行重行行,与君生别离,相去万余里,各在天一涯。道路阻且长,会面安可知?……思君令人老,岁月忽已晚,弃捐勿复道,努力加餐饭。

……古墓犁为田,松柏摧为薪,白杨多悲风,萧萧愁杀人,思还故里闾,欲归道无因。

……征夫怀远路,起视夜何其。参辰皆已没,去去从此辞。行役在战场,相见未有期。握手一长叹,泪为生别滋。努力爱春华,莫忘欢乐时。生当复来归,死当长相思……

这种对生死存亡的重视、哀伤,对人生短促的感慨、喟叹,从建安直到晋宋,从中下层直到皇家贵族,在相当一段时间中和空间内弥漫开来,成为整个时代的典型音调。曹氏父子有“对酒当歌,人生几何,譬如朝露,去日苦多”(曹操);“人亦有言,忧令人老,嗟我白发,生亦何早”(曹丕);“人生处一世,去若朝露晞……自顾非金石,咄唶令人悲”(曹植)。阮籍有“人生若尘露,天道邈悠悠……孔圣临长川,惜逝忽若浮”。陆机有“天道信崇替,人生安得长,慷慨惟平生,俯仰独悲伤”。刘琨有“功业未及建,夕阳忽西流,时哉不我与,去乎若云浮”。王羲之有“死生亦大矣,岂不痛哉……固知一死生为虚诞,齐彭殇为妄作,后之视今亦犹今之视昔,悲夫”。陶潜有“悲晨曦之易夕,感人生之长勤。同一尽于百年,何欢寡而愁殷”……他们唱出的都是这同一哀伤,同一感叹,同一种思绪,同一种音调。可见这个问题在当时的社会心理和意识形态上具有重要的位置,是他们的世界观、人生观的一个核心部分。

由曹丕提倡的这一新观念极为迅速地得到了广泛响应和长久的发展。自魏晋到南朝,讲求文辞的华美、文体的划分、文笔的区别、文思的过程、文作的评议、文理的探求,以及文集的汇纂,都是前所未有的现象。它们成为这一历史时期意识形态的突出特征。其中,有人所熟知的陆机的《文赋》对文体的区划和对文思的描述:

诗缘情而绮靡,赋体物而浏亮,碑披文以相质,诔缠绵而凄怆。……

遵四时以叹逝,瞻万物而思纷,悲落叶于劲秋,喜柔条于芳春。心懔懔以怀霜,志渺渺而临云。……其始也,皆收视反听,耽思旁讯,精骛八极,心游万仞;其致也,情曈昽而弥鲜,物昭晰而互进……观古今于须臾,抚四海于一瞬。

对创作类别特别是对创作心理如此专门描述和探讨，这大概是中国美学史上的头一回。它鲜明地表示了文的自觉。自曹丕、陆机而后，南朝在这方面继续发展。钟嵘的《诗品》对近代诗人做了艺术品评，并提出，"若乃经国文符，应资博古……至乎吟咏性情，亦何贵于用事？"再次把吟咏性情（内容）的诗（形式）和经事致用的经学儒术从创作特征上强调区别开。刘勰的《文心雕龙》则不但专题研究了像风骨、神思、隐秀、情采、时序等创作规律和审美特征，而且一开头便说，"日月叠璧，以垂丽天之象；山川焕绮，以铺理地之形。此盖道之文也"，而"言之文也，天地之心哉"，把诗文的缘起联系到周孔六经，抬到自然之"道"的哲学高度，可以代表这一历史时期对文的自觉的美学概括。

魏晋风度作为当时的士族意识形态的一种人格表现，成为当时的审美理想。风流名士们崇尚自然、超然物外，率真任诞而风流自赏。晋朝屡以吏部尚书请官王右军，但屡遭拒绝。正是因为精神的超俗，"托杯玄胜，远咏庄老"，"以清淡为经济"，喜好饮酒，不务世事，以隐逸为高等这样的人事哲学观，才能造就那传奇的《兰亭序》。

据传说"竹林七贤"之一的刘伶，纵酒佯狂，经常是抬棺狂饮，且身上一丝不挂于屋中，人见均嗤之，他却反唇相讥："我以天地为房屋，以房屋为衣裤，你们干吗要钻到我裤裆里来呢?"这些名士们为求长生而炼丹服药，穿衣喜宽袍大袖且经久不洗，故而多虱，因而"扪虱而谈"，在当时是件很高雅的举动。

然而，魏晋风度在历代每每遭贬，究其原因，大略是这帮名士们饮酒过度，醉生梦死；再就是放达出格，有悖常理，另就是清谈误国。以魏晋风度为开端的儒道互补的士大夫精神，从根本上奠定了中国知识分子的人格基础，影响相当深远。可是，魏晋风度的所及，也带来了弊端。

三、唐音宋调

对唐音宋调，即唐诗宋诗面目的认识、清理和概括，是宋代以来的热门话题。宋严羽认为"本朝人尚理，唐人尚意兴"（《沧浪诗话》），较早地总结了两代诗风。此后议论甚多。唐音和宋调是带有模糊性质的概念，但它们又确实有一定的概括性。简单地说，"唐音宋调"就是唐宋诗，甚至唐宋文学各自最富有代表性的"称谓"。

对"唐音宋调"的解释，着眼于"气质"。《谈艺录》云：

就诗论诗，正当本体裁以划时期，不必尽与朝政国事之治乱盛衰吻合。……唐诗、宋诗，亦非仅朝代之别，乃体格性分之殊。天下有两种人，斯分两种诗。唐诗多以丰神情韵擅长,宋诗多以筋骨思理见胜。……夫人禀性,各有偏至。发为声诗,高明者近唐,沉潜者近宋,有不期而然者。故自宋以来,历元、明、清,才人辈出,而所作不能出唐宋之范围,皆可分唐宋之畛域。唐以前的汉、魏六朝,虽浑而未划,蕴而不发,亦未尝不可以此例之。……譬之太极之有仪,本乎人质之判'玄虑'、'明白',非徒朝代时期之谓矣。……且又一集之内,一生之中,少年才气发扬,遂为唐体,晚节思虑深沉,乃染宋调。……

钱锺书先生从现代人类学和心理学中引入"高明型"和"沉潜型"的概念,将人的气质分为二类,和诗分为唐、宋相对应:唐人"高明",宋人"沉潜"。而唐人中有"沉潜"者,宋人中有"高明"者,所以,唐诗中有宋调,宋诗中有唐音。于是,凡"高明"者为唐音,凡"沉潜"者为宋调。钱锺书着眼的是"性分之殊"与不同风格的关系,并不排斥时代风气对风格的影响,只是强调"唐音宋调""非仅时代之别","非徒朝代时期之谓"。事实上,唐音宋调与时代的关系是十分密切的,唐音宋调又都是各自时代精神的反映。高明者性情外向,刻露见心思;沉潜者性格内向,真朴出自然。只有唐人宋人,方能有唐诗宋诗,再有唐音宋调。而唐人宋人云云,显然又是时代造就的,即唐代多"唐人唐音",宋代多"宋人宋调"。

1.唐音

最能代表唐诗风格的是盛唐诗歌,这是唐诗发展中的一个辉煌时期。明徐师曾《文体明辨序说·近体律诗》认为:"由开元至代宗大历初为盛唐。"对盛唐诗歌,人们的认识也渐渐有了共识,即可分为两期,大致以天宝(742—756年)中叶为界。杜甫的主要作品标志着盛唐诗风的转变。这样,盛唐前期被视为"正声",后期被视为"变音"。

盛唐诗歌在数量上并无优势,该时期的作品真实反映了那个时期的"主旋律"和士人们的心态、精神,而且诗歌的艺术也达到了最高的成就。唐音是由盛唐诗中的乐观精神、自然意象和清纯的意境所构成的。

(1)乐观精神

盛唐士人的乐观精神显然来自盛唐这样一个鼎盛时代的赠予。从这个意义上看,代表一代诗风的唐音只能是唐代的产物。

盛唐时代是一个统一的时代,国内政治稳定,经济发展,民众生活安定。杜甫的《忆昔》是这个黄金时代的生动写照:

忆昔开元全盛日,小邑犹藏万家室。稻米流脂粟米白,公私仓廪俱丰实。九州道路无豺虎,远行不劳吉日出。齐纨鲁缟车班班,男耕女桑不相失。宫中圣人奏云门,天下朋友皆胶漆。

经济文化的空前盛况，加上科举制敞开了士人入仕的大门，带给了盛唐诗人们无限的希望和信心。从政的热望高涨，建功立业的理想高扬……陈子昂的《感遇诗》38首充分表达了追求理想的热情以及理想受挫的不平。孟浩然《临洞庭湖赠张丞相》感叹："欲渡无舟楫，端居耻圣明"，表达的正是身逢盛世急于从政做官以立德立功的上进心。李白、杜甫、高适、岑参……众多的诗人异口同声地高唱着入世的劲歌，自信天生我材必有用，不论是送别诗还是边塞诗，没有忧伤，没有眼泪，没有沉重，没有顾忌……有的只是"一种青春的旋律，无限的展望"，这就是"盛唐诗歌的普遍特征。"

(2)自然意象

盛唐诗有边塞诗派和山水田园诗派，这两大流派的作品都突出地呈现出以自然意象为主的倾向。山水诗不用说，边塞诗中的名句也往往与自然意象有关。王之涣的"黄河远上白云间"，王昌龄的"高高秋月照长城"，岑参的"火山五月火云厚"，"瀚海阑干百丈冰"，"西头热海水如煮"，"走马川，雪海边，平沙莽莽黄入天；轮台九月风夜吼，一川碎石大如斗，随风满地石乱走"，"忽如一夜春风来，千树万树梨花开"……这些壮美奇异的景色均给人留下了深刻的印象。在李白的诗篇中，一系列优美的自然意象举足轻重，成为诗的灵魂和瑰宝。离开自然意象，盛唐的诗，都是不可想象的。

以自然意象表现出刚健的时代精神，这正是盛唐诗的本质之一，也是唐音的特质之一。自然意象在盛唐诗的意象系统(自然意象、人文意象和假想意象)中占有优势。这只要看看唐诗各体诗中的"压卷"之作，便一目了然。

七古——李白《蜀道难》殷璠评："《蜀道难》等篇，可谓奇之又奇，自骚人以还，鲜有此调也。"(《河岳英灵集》卷上)

五律——王湾《次北固山下》殷璠评："'海日生残夜，江春入旧年'。诗人以来，已少有此句。"(《河岳英灵集》卷下)

七律——崔颢《黄鹤楼》辛文房云："崔颢游武昌，登黄鹤楼，感慨赋诗。及李白来，曰：'眼前有景道不得，崔颢题诗在上头。'无作而去，为哲匠敛手矣！"(《唐才子传·崔颢》)

五绝——多首。管世铭云："王之涣五言如《送别》及《鹳雀楼》二篇，王维(《相思子》)'红豆生南国'，李白(《劳劳亭》)'天下伤心处'，二十字移情，固至此哉！"(《读雪山房唐诗序例》卷二七，五绝凡例)

七绝——多首。王昌龄"秦时明月汉时关"、王翰"葡萄美酒夜光杯"、王维"渭城朝雨浥轻尘"、王昌龄"奉帚平明金殿开"，李白"朝辞白帝彩云间"，王之涣"黄河远上白云间"等被不同的人推为压卷(见沈德潜《说诗晬语》卷上，第一二一条)。

以上13首，除王翰《凉州词》、王昌龄《长信秋词》不属于自然意象，另11首均为表现自然意象的佳作。

以自然意象来表现人的情感,是中国诗史的传统,从《诗经》到陶、谢诗,再到盛唐诗,这一表现手法已形成了中国诗歌的民族特色。盛唐诗使自然意象成为优势有多方面的原因。盛唐版图广袤,漫游之风盛行,诗人足迹遍天下。广阔的地理疆域和美丽的自然景观是盛唐自然意象形成优势的重要客观条件。而山水文学的传统,也在此时得到发扬。盛唐诗人无不从事山水诗的写作训练。从诗人创作的心态模式考察,山水又是出世主题的重要素材。同时,山水诗的创作对培养诗人的注重自然景观的审美情趣有绝大的帮助。这些都促进了自然意象在盛唐的优势形成。

(3)清纯的意境

营构澄澈明净的诗境,追求清水芙蓉之美,是盛唐文学思想的主要倾向之一。这正是唐音的艺术美感的重要形式。

宋人严羽说:"盛唐诸人惟在兴趣,羚羊挂角,无迹可求。故其妙处,透彻玲珑,不可凑泊,如空中之音,相中之色,水中之月,镜中之象,言有尽而意无穷。"(《沧浪诗话·诗辨》)这是对盛唐之音的传神描述。堪称"唐音"的诗作,其意境浑然一体,明净澄澈,无迹可求;其语言质朴无华,明快平易;其情韵如行云流水,任其自然。"清水出芙蓉,天然去雕饰",是唐音的总体特征。

闻一多盛赞孟浩然的诗说:真正的孟浩然"不是将诗紧紧地筑在一联或一句里,而是将它冲淡了,平均地分散在全篇中","甚至淡到令你疑心到底有诗没有……淡到看不见诗了,才是真正孟浩然的诗"(《唐诗杂论·孟浩然》)。冲淡,是诗歌的最高境界,也就是孟浩然的"淡到看不见"辞藻。孟诗的自然质朴是一大特色。著名的《春晓》,语言是多么的平淡,而意味又是多么的深长,形象又是多么的新鲜!

盛唐诗人们大多具有这样的本领,在简短的篇幅里,用极平淡的语言写一份深厚的情思,画一幅明净的风景。王维的大量山水田园诗首首都达到这种水平,如熟知的《鸟鸣涧》《辛夷坞》《鹿柴》《山居秋暝》《渭川田家》《送元二使安西》《山中》《杂诗》……还有王之涣、贺知章、祖咏、张旭、王湾、王翰、崔颢、王昌龄……

这些人的诗除语言平淡外,还有一个特点是意象疏朗。正是这份疏朗,才使盛唐之音充溢着潇洒飘逸之气。盛唐诗的语言达到了中国古典诗歌的最高成就,深入浅出,形象鲜明生动,充分展示着唐音的自然美——清水芙蓉之美。盛唐的诗歌语言质朴无华,感情表达真挚,意境明澈,韵味深远。"唐音"的许多作品,均无一点修饰,"淡"到不是诗,而清新自然,姿态横生,成为最纯粹的诗。

2.宋调

钱锺书先生论“唐音宋调”，着眼于“性分”。缪钺先生《论宋诗》一文，有关唐宋诗之相异则着眼于比较。其感受独到，现逐录如下：

> 唐诗以韵胜，故浑雅，而贵蕴藉空灵；宋诗以意胜，故精能，而贵深折透僻。唐诗之美在情辞，故丰腴；宋诗之美在气骨，故瘦劲。唐诗如芍药海棠，秾华繁采；宋诗如寒梅秋菊，幽韵冷香。唐诗如啖荔枝，一颗入口，则甘芳盈颊；宋诗如食橄榄，初则生涩，而回味隽永。譬诸修园林，唐诗如叠石凿池，筑亭辟馆；宋诗则如亭馆之中，饰以绮疏雕槛，水石之侧，植以异卉名葩。譬诸游山水，唐诗则如高峰远望，意气浩然；宋诗则如曲涧寻幽，情境冷峭。唐诗之弊为肤廓平滑，宋诗之弊为生涩枯淡。虽唐诗之中，亦有下开宋派者；宋诗之中，亦有酷肖唐人者；然论其大较，固如此矣。

具体而论，所谓宋调，与唐音相比，有三点较为突出，即老境、人文精神和活脱的诗艺。

(1)老境

和盛唐人普遍具有的青春浪漫气息相比，宋人普遍显得老成。宋代的世风与士风都发生了较大的变化，这直接影响了宋诗的风格以及整个宋代的文风。诗歌特征的老境便是士人心境老成的直接反映。

内忧外患，使宋代即使是开国之初也缺少初、盛唐时代的那种魄大和恢宏。唐音宋调，正是中国文化和文人心态的缩影。所以，有人认为魏晋时代是文人心理的青年骚动期，盛唐时代是文人心理的壮年强盛期，中唐以降，逮于宋世，则是文人心理的成年成熟期，元明以后是文人心理的暮年衰落期。一种文化的成熟，自然带来这种文化下文化人的沉稳，所谓宋调，与此极具关系。

衰飒之气和悲慨苍凉是宋调的主要特征。

衰飒之气与历史的背景分不开。唐代“安史之乱”结束了盛唐时代，也结束了唐音，以杜甫为代表，一种新的美学风范出现了。有别于青春浪漫、乐天高歌的唐音，杜诗以其悲慨苍凉、沉郁顿挫的吟唱开了宋调的先河。杜诗很不入时，在当时苦无知音，“独立苍茫自咏诗”便是其诗风不为人欣赏的真实写照。在杜诗的“宋调”中，其忧患精神对宋人影响很大。杜甫中年以后，遭逢乱世，在唐王朝由盛入衰的转折时期，他的政治忧患达到高潮。早年登泰山，杜甫何等壮怀激烈，而十多年以后，在京城与众友人登慈恩寺塔，心境就显出沉潜忧患。从“会当凌绝顶，一览众山小”的英雄气概与乐观精神到“自非旷士怀，登兹翻百忧”的惆怅忧患意识，其间的变化发人深省。前者写于青年时期，后者写于中年之际。前者阅世不深，流连于自然，望岳时正逢开元盛世，故诗带唐音；后者历世已深，奔波于都市多年，登楼时已是天宝末期，故诗呈“宋调”。杜甫思想情怀的变化与自身经历及时代盛衰的关合不言而喻，正应了钱锺书“一集之内，一生之中，少年才气发扬，遂为唐体，晚节思虑深沉，乃染宋调”的著名论断。杜诗由“唐音”入“宋调”已是不争的事实，而杜诗的变化尚不仅仅是少年和晚节的诗风变化，杜诗的“晚节”诗风又恰恰是真正“宋调”的开始。在唐宋诗史上，杜甫集大成的意义由此才真正凸现。

相比之下，宋代文人们则普遍呈现出文化成熟的老成心态。一种源自内心深处的沉稳、平实和悲慨充溢在他们的人生和作品中。大环境的压抑感和小环境（自身经历）的平淡无奇，使他们明显缺少唐人的乐观、豪迈、自信。人世沧桑的感触和强歌声无欢的沉郁在诗中时时流露。内忧外患在宋代十分突出，“忧患意识”成为士人的普遍心态。

在最能也最应表现慷慨激昂情感的爱国主义诗歌方面，也最容易把握“宋调”的特征。爱国主义作品是宋代文学的一个突出成就。盛唐的边塞诗情调是高昂乐观、富有进取精神的，它是盛唐之音不可缺少的一个部分，总特征可用“豪壮”来概括。宋代的爱国主义诗篇却充满悲慨。宋诗的爱国高唱，往往充满了刀光剑影，是出征的宣言，是血泪的控诉。悲壮是宋代爱国诗的总特征。

宋人的这种人世沧桑的凄凉感和时代精神的沉潜感表现在艺术中就是“渐老渐熟”的平淡美。

除了国势衰微，国内的政治气候和理学的兴起也影响了士人的心态和文学的风格。唐人的豪放、乐观、自信与唐代的言路畅通、文人写作少有禁忌有关。宋人就没有这个福气。苏轼的政敌从他的诗中找罪证，不惜穿凿附会，曲为解说，“乌台诗案”为宋代文学蒙上了阴影。宋代文人因诗遇祸甚多。在这样的政治气候下，内敛便自然成为宋人的整体性格特征。

（2）人文精神

宋代，人文意象在诗中全面上升，与宋代文化及文人生活情趣相关的一些事物大量成为诗人关注的对象。文人的生活与文化对象联系紧密，和唐人关注自然意象形成鲜明对照。宋人并非不热爱自然，宋人只是比唐人更增添了一分人文情趣。对人文产品的把玩成为宋代文人的一个重要生活内容。

追求独立品格的人文精神，体现在诗歌创作中便是创新意识的强化。“宋人生唐后，开辟真为难。”宋人比唐人多了一份文化遗产，这就是唐代文学。唐诗是唐代文学的代表，宋人面对唐诗，深感难以为继。王安石就曾感叹：“世间好语言，已被老杜道尽；世间俗语言，已被乐天道尽。”（《陈辅之诗话》）但宋人没有气馁。“宋人之诗，变化于唐，而出其所自得，皮毛落尽，精神独存。”（吴之振《宋诗钞·序》）宋人最终闯出了一片属于自己的天空。宋人的创造力又集中体现在对前代人文资源的继承与翻新上。有关宋诗的种种议论,均与此有关。

严羽对本朝人的批评一向被认为具有经典性,宋诗的以文为诗,以才学为诗,以议论为诗的倾向确实是不同于唐诗之处,而这三方面的内容,都与人文资源有关。再"简单化"一点,就是以人文资源为诗材。在宋代文化繁荣的背景下出现这样的诗歌创作主张反倒是可以理解的了。

以文为诗,以俗为雅,点铁成金,脱胎换骨,诗眼、翻案、活法等许多宋代出现的术语,其核心都是创新,同时,又是"以故为新":在前人的思想资源的基础上进行再创造。宋诗人文意识的突出特征在此十分明显。

(3)活脱的诗艺

宋人强调人文资源对创作的重要,最终目的是出新,即"以故为新",从而形成自己的面貌。"江西派"诗人吕本中提出的"活法"是对宋代诗歌的理论及创作的最佳概括。他在《夏均父集序》中说:

> 学诗当识活法。所谓活法者,规矩备而能出于规矩之外,变化不测而亦不背于规矩也。是道也,盖有定法而无定法,无定法而有定法。知是者,则可以与语活法矣。

"活法"首先要熟知现有的诗歌创作的"法则"——规矩、法度,又不能死于法下,而是要达到从心所欲不逾矩的化境,进入艺术创作的自由境界。

宋诗人文意象的突出,是对唐诗的发展。宋诗中人文意象的突出,带给了宋诗尚意的特点。宋人在此做出了可贵的探索。一方面,他们证明这是一条可行的路,但路面很窄,路途不长,一不小心会拐入死胡同。另一方面,他们又同时延长了唐音中的余音,在自然意象上也写出了宋诗的精神。

四、"宗唐"与"祖宋"

唐音、宋调各有其美学特征,而后世对唐宋诗歌则聚讼纷纭。从南宋末期渐起的唐宋诗之争,至明清时期也达到高潮,宗唐派与宗宋派聚讼纷争,互不相让。他们就唐诗与宋诗的思想内容、审美风格、艺术特征等的优劣高下争辩不休,宗唐派还将唐宋诗的差异进一步归结于表现手法的不同,从而将唐宋诗争与诗歌的表现手法联系起来。在客观上,明清时期的唐宋诗之争引发了赋比兴在此一时期的重弹与弘扬。

明代诗学承接元代的论诗精神，对前代诗歌普遍持唐诗优于宋诗的看法，认为宋诗不足取，进而崇唐而黜宋。在他们看来，宋诗抛弃了《诗经》以来诗歌的优良传统，“以文为诗，以学为诗，以议论为诗”；而唐诗则传承了中国诗歌的固有传统，抒发感慨，吟咏性情，击节而诵，雅有韵致。

首先揭橥这面大旗的，是奠定有明一代诗学基础的诗坛领袖李东阳。李东阳论诗重在辨体和音律法度，强调“规制”和音律节奏。在他看来，诗与文各自有着质的内在规定性，是两种截然不同的文体。辨体的目的，在于区分唐宋诗各自的审美特质，因而他力主宗唐法杜，以唐诗为准的，对宋诗加以贬抑：“唐人不言诗法，诗法多出宋，而宋人于诗无所得”，“宋诗深，却去唐远；元诗浅，去唐却近”，从而以唐诗为基准衡定诗史。以唐诗为基准的缘由，则在于他对比兴的推崇。《麓堂诗话》云：“诗有三义，赋止居一，而比兴居其二。所谓比与兴者，皆托物寓情而为之者也。盖正言直述，则易于穷尽，而难于感发。惟有所寓托，形容摹写，反复讽咏，以俟人之自得，言有尽而意无穷，则神爽飞动，手舞足蹈而不自觉，此诗之所以贵情思而轻事实也。”这里，他着重强调了比兴的特点和长处。又云：“诗与诸经同名而体异，盖兼比兴，协音律，言志厉俗，乃其所尚”，指出了比兴乃诗歌的审美属性。李东阳的诗学主张对“前后七子”产生了深远影响，在明中叶掀起了一股学唐潮流。

“前七子”的领袖人物李梦阳，是猛烈抨击宋诗的代表，“宋无诗”即他的结论之语。在不少论诗序跋中，李梦阳屡屡谴责宋诗专主理语，不讲格调。在他看来，宋人之所以混淆诗文界限，作诗如作文，乃是忽视了诗歌音韵格调和比兴情韵的特性：“夫诗，比兴错杂，假物以神变者也，难言不测之妙，感触突发，流动情思，故其气柔厚，其声悠扬，其言切而不迫，故歌之心畅，而闻之者动也。”他认为，比兴是诗歌的根本，如此，诗歌才具有形象思维特征。唐前之诗之所以如镜花水月，有言外之旨，亦即比兴手法之功；而宋诗之弊，也在于多用赋法直陈其事，不知比兴之妙。对比兴手法的强调，使李梦阳等人鄙视文人学子之诗而重视民歌讽咏，这也正是他们求“真诗”，提倡吟咏性情的直接表现。

介于“前后七子”之间的过渡人物是杨慎。杨慎的诗论与“前后七子”同调，推崇汉魏六朝及盛唐，认为汉魏六朝诗为“诗之高者”，“唐人诗主情，去《三百篇》近；宋人诗主理，去《三百篇》却远矣”。他以《诗经》为准绳，认为唐人继承了《诗经》的主情传统，所以可贵；而宋人背离了这一传统，不足为法。在诗歌创作上，杨慎强调作诗要“真景实情”，讲求比兴和蕴藉含蓄，反对“作诗必用语录语”等倾向。尽管他不像李梦阳等那样绝对否定宋诗，但始终认为唐诗高不可及，后人力莫能追，而且在“诗道性情”的本质论指导下批评宋诗将时事、义理入诗。《升庵诗话》卷12“赋比兴”条，阐述了比兴之于诗歌情感表现的优势与赋法之劣势；卷10“黄鹤楼诗”条，谈崔颢《黄鹤楼》与沈佺期《古意呈补阙乔知之》孰为七律第一的问题，同样认为运用比兴手法的沈诗优于赋体的《黄鹤楼》。

其后的胡应麟，可谓集复古诗论之大成者。与“七子派”代表人物相比，胡氏的观点虽然中和了许多，但仍然可以见出明人之于诗歌史的普遍看法。他认为：“诗至于唐而格备，至于绝而体穷，故宋人不得不变而之词，元人不得不变而之曲。词胜则诗亡矣，曲盛而词亦亡矣”，已显露后来“一代有一代文学”的观点以及否定宋诗之见。《诗薮》多言诗法，于唐宋诗之赋比兴手法虽所言极少，但也形象地标识了二者的分野。与胡应麟同列“末五子”的屠隆，也是尊唐抑宋的典型人物。尽管他不满“后七子”的模拟剽窃，但仍未摆脱“前后七子”的理论束缚，其言论更多与他们如出一辙。在胡应麟看来，唐诗优，在于“托兴深”“婉壮”；宋诗劣，在于“调俗”“味短”，丧失了诗的特点和本色。

许学夷为明末著名诗论家，其《诗源辩体》历经40年而成。他赞同宗唐人士的观点，书中多次引用严羽、胡应麟的言论，将《诗经》视为诗之源头。尽管如此，他对《诗经》也不等同视之，对托物兴寄、体制玲珑的《国风》给予赞美，而对以赋体为重的《雅》《颂》则不甚重视。就文体而言，他也认为诗与文不同，文显而直，诗曲而隐。他赞赏以兴象为主、风神为宗的唐代律诗，而多少不屑于风格直露的宋诗。

总体来讲，强调唐宋诗表现手法的差异，已成为有明一代诗论的共识。明人在诗歌发展偏离《诗经》以来诗学传统的大背景下，祧宋祢唐，重新强调诗歌的抒情审美功能，视言志缘情、吟咏讽诵为诗歌的本质特征，无论辨体还是阐发格调声律，无不围绕这一核心问题。在写作手法上，他们尽管深入探讨了各种诗法，但最重视比兴之义，处处强调比兴之于诗歌的作用，试图探本求源，反拨宋人的格物穷理，恢复汉唐的诗歌风韵，以回归诗歌作为抒情文体的本来面目。在明初诗坛盛行台阁体和性理诗的情况下，为实现上述意图，明人可谓付出了整整一代人的心力。

清代是唐宋诗之争最为复杂的时期。与明代崇唐学唐蔚为风气相比，清代则是宗唐祖宋聚讼纷纭，且成为宋诗倍受重视、广泛流传的上升期。清人乔亿即云：“明代诗人，尊唐攘宋，无道韩、苏、白、陆体者。国朝则祖宋祧唐，虽文章宿老，宋气不除。”这只是就其大致而言。事实上，在清代，宗唐派别和人士依然层出不穷，他们沿袭明人的思路，不仅对宋诗大加讨伐，而且同样将宋诗之弊归结于表现手法上。

清初诗学既承接明末诗学，又对明代诗学进行了反思。最早做出反应的是以钱谦益为首的虞山诗派。不过，钱谦益论诗主张灵心、世运、学问三者合一，在师承上以杜甫、韩愈、白居易、苏轼、陆游为取法对象，在诗歌表现形式上强调铺陈排比的方式，更重赋法，偏重以文为诗一路；而冯舒兄弟及其后继者吴乔则以晚唐为宗法对象，对宋诗给予无情抨击，倡导美刺比兴传统。

冯舒认为，诗歌若无比兴，则不成其为诗，进而对诗中的议论、直陈大加挞伐，且归罪于与温柔敦厚的儒家诗教观相乖戾，违背了比兴传统。如此，宋诗自然在其排斥之列。王应奎《柳南随笔》记述了冯舒之言，写道："方虚谷《律髓》一书，颇推江西派，冯已苍极驳之，于黄、陈之作，涂抹几尽。其说谓'江西之体，大略如农夫之指掌，驴夫之脚跟，本臭硬可憎也，而曰强健；老僧鼇女之床席，奇臭恼人，而曰孤高；守节老妪之絜新妇，塾师之训弟子，语言面目，无不可厌，而曰我正经也。山谷再起，我必远避，否则别寻生活，永不作有语耳。'"冯舒疾江西派如此，可谓势同水火，其流风所及一直影响到清末的西昆派。

对此问题，吴乔比冯舒、冯班、贺裳等人认识得更为明晰和深入，将比兴作为诗文之分界，强调比兴是诗之为诗的主要表达方式。由此开去，他还梳理了诗、文与虚、实的关系，以及唐诗、宋诗与赋、比、兴的关系：

大抵文章实做则有尽，虚做则无穷。《雅》《颂》多赋，是实做；《风》《骚》多比兴，是虚做。唐诗多宗《风》《骚》，所以灵妙。

诗之失比兴，非细故也。比兴是虚句活句，赋是实句。有比兴则实句变为活句，无比兴则实句变成死句。

唐诗有意，而托比兴以杂出之，其词婉而微，如人而衣冠。宋诗亦有意，惟赋而少比兴，其词径以直，如人而赤体。

以上所言，从赋比兴的角度划分了诗文之别、虚实之别、唐宋诗之别。从明代开始的辨体，至此有了更为明确的认识，宗唐派以后的文体观念大致不出这个范畴。

"燕台七子"之一的陈祚明同样是尊唐黜宋者。他虽无专门的诗话著作，但其选评诗的独特方式足以表明其诗学取向。他评选的诗歌包括汉魏六朝和唐代，以及明朝"前后七子"的代表人物的诗作，独不选宋元诗。他崇比兴而黜赋，云："诗所以贵比兴者，质言之不足，比兴言之，则宛转详尽。"（曹丕《善哉行》其二评语）他之所以对阮籍的《咏怀》评价甚高，也是因为阮籍诗多用比兴，情感表现曲折往复、耐人回味，不易使人生厌。

沈德潜是清中叶宗唐的代表人物，他倡导的"格调"说，实与明中叶"七子派"的"格调"论有承启之义，尽管坦言"未尝贬斥宋诗"，但扬唐抑宋的倾向十分鲜明。这里的原因很简单："事难显陈，理难言罄，每托物连类以形之。郁情欲舒，天机随触，每借物引怀以抒之。比兴互陈，反覆唱叹，而中藏之欢愉惨戚，隐跃欲传，其言浅，其情深也。倘质直敷陈，绝无蕴蓄，以无情之语而欲动人之情，难矣。"这是说，诗中的事、理、情是借助于"托物连类""借物引怀"的比兴手法来表现的，惟其如此，诗歌才能产生"反覆唱叹"、语近情遥之致；否则，就很难打动读者。

需要指出的是，唐宋诗之争发展到清代中叶，既有相争的一面，也存在融合的一面。宗唐者尽管普遍接受南宋以来特别是明人的一贯主张，认为比兴是诗歌的主要表现手法，但随着明末清初对宋诗看法的转变，加之清代浓厚的学术氛围，在某种程度上也认同其他手法，包括诗歌可以议论等。这在沈德潜身上也有所体现，例如他这样说："人谓诗主性情，不主议论，似也，而亦不尽然。试思二《雅》中，何处无议论？杜老古诗中，《奉先咏怀》、《北征》、《八哀》诸作，近体中《蜀相》、《咏怀》《诸葛》诸作，纯乎议论。但议论须带情韵以行，勿近伧父面目耳。"

晚清诗学还出现了一批宗尚汉魏六朝诗歌的诗人。他们在诗宗魏晋的同时，也兼取初唐盛唐诗，而排斥中唐以迄宋诗。如王闿运为首的湖湘派，如章太炎、刘师培、黄侃、李详、李瑞清、文廷式等，皆由师法宗尚而及于表现手法。如在章太炎看来，比兴之法、自然之旨乃诗歌正统，他说："比兴之道，与说礼记事异术，心所栰触，则敷陈之，不必耳目所闻见也。"惟其比兴，诗歌才具有独特的艺术魅力，如果字字讲求落实，那诗就很难称为诗了。另外，清代宗唐派虽然也强调唐诗之美，贬斥宋诗之弊，但鲜言辨体，有的甚至认同诗中以赋法为主进行的议论，只要不违背诗歌情韵即可。尤其是中叶以后，极端排斥宋诗者已少有人在，对诗歌的表现手法较明人明显要融通豁达，甚至强调赋法的重要，辨析也更为细致。这反映了清人对此问题相对理性的态度。

第四节　词

词是一种诗的别体，萌芽于南朝，是隋唐时兴起的一种新的文学样式。到了宋代，经过长期不断的发展，进入词的全盛时期。词最初称为“曲词”或者“曲子词”，别称有：近体乐府、长短句、曲子、曲词、乐章、琴趣、诗余等，是配合宴乐乐曲而填写的歌诗，词牌是词的调子的名称，不同的词牌在总句数，每句的字数、平仄上都有规定。

一、词诗异同

诗歌与词的关系，我们可以通过考察“词”与“诗余”的关系来进行一些必要的阐释。

关于“诗余”的最早记载，是成于南宋庆元年间（1195—1200年）的王楙的《野客丛书》，书中引用了《草堂诗余》。再就是毛平仲《樵隐词》有乾道三年王木叔序，称该集为《樵隐诗余》。从现有文献看，以“诗余”称词集，皆在乾道、淳熙年间，此时词体早已成熟。北宋人编诗集时，把附在后面的词称为乐府或长短句，南宋人才有称“诗余”的。这个名称渐渐流传开来，书商将词作单行刊出时，就以《××诗余》为名了，如《履斋诗余》《竹斋诗余》《冷然斋诗余》等。再后来，把北宋人的作品也称“诗余”，如周邦彦的词便题名为《清真诗余》。尽管可以把词集称为《××诗余》，但当时人还不曾将词称为“诗余”。明人张綎作词谱，其书名为《诗余图谱》，从此，“诗余”便成为词的“又名”。明杨慎在《词品》自序中说：“诗余者，《忆秦娥》、《菩萨蛮》为诗之余，而百代词曲之祖也。今士林多传其书，而昧其名，故余所著《词品》首著之云。”“诗余”虽是后起的称呼，但它反映了一种有代表性的文体观念。后人将这个名词解释成一种诗体演变的结果，这样，诗余便含有“诗之余绪”或“诗之变体”的意思。前者认为词是传统诗歌的“剩歌余绪”，是“诗人之余兴”。蒋兆兰《词说》对此的解释最具代表性。

诗余一名，以《草堂诗余》为最著，而误人为最深。所以然者，诗家既已成名，而于是残鳞剩爪，余之于词；浮烟涨墨，余之于词；诙嘲亵浑，余之于词；忿戾谩骂，余之于词。既无聊酬应，排闷解酲，莫不余之于词。亦既以词为秽墟，寄其余兴，宜其去风雅日远，愈久而弥左也。此有明一代词学之蔽，成此者，升庵、凤洲诸公，而致此者，实“诗余”二字有以误之也。今亟宜正其名曰词，万不可以“诗余”二字自文浅陋，希图塞责。

也就是说，凡是不宜入诗的内容，都可以用词来表现。诗言志，保存其风雅品格；词言情，可以风流俚俗，不嫌其卑下。这种观点导致了词风的堕落。这虽然是清人的观点，却并非指空立说。宋人虽无“诗余”的说法，却不乏这种相近的观念。邵博《闻见后录》记载：

晏叔原，临淄公晚子，监颍昌府许田镇。手写自作长短句上府帅韩少师。少师报书：“得新词盈卷，盖才有余而德不足者。愿郎君捐有余之才，补不足之德，不胜门下老吏之望。”

此处的“有余之才”尚指才情。而百年之后，王偁为程垓《书舟词》作序文，便将“有余之才”视为词了。此后，这种观点普遍流行，不论是黄庭坚序《小山词》，称晏叔原词为“嬉弄于乐府之余而寓以诗人之句法”，还是罗泌跋欧阳修《近体乐府》，称“吟咏之余，溢为歌词”等等，都是视作词为诗人之余事。

“诗余”为“诗之变体”的观点，则着眼于文体的传承，认为词是由唐诗绝句演化而来的。清代宋翔凤《乐府余论》卷一解释道：

谓之诗余者，以词起于唐人绝句，如太白之《清平调》，即以被之乐府。太白《忆秦娥》、《菩萨蛮》，皆绝句之变格，为小令之权舆，旗亭画壁赌唱，皆七言断句。后至十国时，遂竟为长短句，自一字、两字至七字，以抑扬高下其声，而乐府之体一变，则词实诗之余，遂名曰诗余。

至于绝句怎样由齐言演变为长短句，大致有以下几种说法：

1.和声说

北宋沈括《梦溪笔谈》卷五云：

诗之外，又有和声，则所谓曲也。古乐府皆有声有词，连属书之，如曰：“贺、贺、贺，何、何、何”之类，皆和声也。……唐人乃以词填入曲中，不复用和声。

明代的胡震亨在《唐音癸签》中进一步推衍这种说法：

古乐府诗，四言、五言，有一定之句，难以入歌，中间必添和声，然后可歌。如妃呼豨，伊何那之类是也。唐初歌曲多用五七言绝句，律诗亦间有采者，想亦有剩字剩句于其间，方成腔调。其后即以所剩者作为实字,填入曲中歌之,不复别用和声。……此填词所由兴也。

2.泛声说

此说与“和声说”有近似之处。宋代朱熹在《朱子语类·诗文下》中云:

古乐府只是诗,中间却添许多泛声,后来人怕失了那泛声,逐一声添个实字,遂成长短句。今曲子便是。

清人谢章挺在《赌棋山庄词话》中既肯定了“泛声说”,又提出了“衬字说”:“词转于诗歌,诗有泛声、有衬字,并而填之,则调有长短,字有多少,而成词矣。”

3.虚声说

宋人胡仔在《苕溪渔隐丛话·后集》中认为:

唐初歌词,多是五言诗,或七言诗,初无长短句。自中叶以后,至五代,渐变成长短句。及本朝,则尽为此体。今所存,止《瑞鹧鸪》、《小秦王》二阕是七言八句诗、并七言绝句诗而已。《瑞鹧鸪》犹依字而歌,若《小秦王》必须杂以虚声乃可歌耳。

究竟什么是“虚声”? 清人沈雄在《古今词话·词品》中解释为:“虚声者,字即有而难泥以方音,义本无而安得有定谱哉。”也有人认为虚声就是衬字的。

此外,关于绝句如何演化为长短句,还有“散声说”和“缠声说”等。

这些关于“诗余”的多种解释,有一个共同点,就是词的形成是由于齐言诗在演唱的时候以辞配声,为适应乐句之长短而演化成词体的长短句。

二、豪放婉约

词盛于宋,在它的长期发展过程中形成了婉约与豪放两大流派。对这两大流派的评价问题,不仅是一个如何正确地评价古代作家作品的问题,而且也有关词的发展的艺术规律性问题。

“豪放”与“婉约”,本来是古代文学理论“风格论”中的两个概念。

刘勰《文心雕龙·体性》篇论风格,分典雅、远奥、精约、显附、繁缛、壮丽、新奇、轻靡八体,同时还将这八体归纳为两两相对的四组,即“雅与奇反,奥与显殊,繁与约舛,壮与轻乖”。刘勰认为,这些不同风格的形成取决于作者的“才、气、学、习”,其中的“壮”(即“壮丽”)与“轻”(即“轻靡”)主要取决于“气”,即所谓“气有刚柔”,“风趣刚柔宁或改其气”,这便是刘勰“风格论”中的“刚柔说”。刘勰之后的文论家对风格的论述更趋细密、具体,使用的概念也愈来愈多,“豪放”与“婉约”便是继承刘勰“刚柔说”所使用的两个相对的概念。

明确地将“豪放”与“婉约”并举来评论宋词,并且提出引人注目的词论观点的是明代的张綖。他在《诗余图谱》“凡例”之后附识曰:

> 词体大略有二:一体婉约,一体豪放。婉约者欲其词调蕴藉,豪放者欲其气象恢宏。然亦存乎其人。如秦少游之作,多是蜿约;苏子瞻之作,多是豪放。大约词体以婉约为正。故东坡称少游为“今之词手”,后山评东坡“如教坊雷大使舞,虽极天下之工,要非本色。”

具体分析张綖的这段话,大体可以归纳为以下几方面的内容:第一,概括指出宋词中两种主要的、突出的风格和倾向,即“豪放”与“婉约”。第二,阐明两种风格的主要特征——婉约者欲其词调蕴藉,豪放者欲其气象恢宏。第三,承《文心雕龙·体性》篇的说法,认为词体不同,“存乎其人”,词的风格取决于作者的才性。第四,举出两种词风的代表词人——婉约的代表秦观,豪放的代表苏轼。第五,提出词的发展的正变观,认为“词体以婉约为正”。显而易见,张綖的论述已经不是零星的、孤立的词人及其作品风格的评价,而是站在一个新的高度从整体上来评论宋词,可以说具有比较明确、系统的理论性。而且内容不仅局限于风格论,还涉及词史、词派的问题。

张綖这一词论对当时及其后世影响甚大。与他同时或稍后的徐师曾《文体明辨序说·诗余》一节中,就有着与上边引文大体一致的话。清初王士祯更明确指出:

> 张南湖(即张綖)论词派有二,一曰婉约,一曰豪放。仆谓婉约以易安为宗,豪放惟幼安称首,皆吾济南人,难乎为继矣。

王士祯将张綖所说的“词体”换成了“词派”,且又举出李清照、辛弃疾分别为婉约与豪放的代表,于是便进一步确定了“豪放”与“婉约”两派之说。此后词学家论宋词词派(也涉及唐五代词),虽不尽同意这种“两派说”,但不少人在词论中承袭或融合了这一观点的内容。

高佑釲在《陈其年湖海楼词序》中引顾咸三说:

宋名家词最盛,体非一格,苏、辛之雄放豪宕,秦、柳之妩媚风流,判然分途,各极其妙。

蔡小石在《拜石山房词钞序》中认为:

词胜于宋,自姜、张以格胜,苏、辛以气胜,秦、柳以情胜,而其派乃分。

《四库全书总目·东坡词提要》中认为:

词自晚唐五代以来,以清切婉丽为宗,至柳永而一变,如诗家之有白居易;至轼而又一变,如诗家之有韩愈,遂开南宋辛弃疾等一派。寻源溯流,不能不谓之别格,然谓之不工则不可。故至今日,尚与《花间》一派并行而不能偏废。

类似的词论还很多。这些词论论述问题的角度虽然各异,但基本精神与张綖、王士祯是一致的。一是将苏、辛并称,且与秦、柳等人对举,强调他们之间的区别,于是便渐渐划出了婉约与豪放两派的作家群,一直并行发展。二是更进一步阐明两种风格特点,如苏、辛的"雄放豪宕""以气胜"等,秦、柳等人的"妩媚风流""以情胜"等。三是论正变,仍以婉约为正宗,以豪放为别格。(当然也有少数人,如刘熙载主张以豪放为正)。

由此可见,"豪放派"与"婉约派"的理论,是过去的词学家针对宋词中所存在的实际现象,并总结前代的词论而提出的,当初它就有着明确的具体内容。

这一词论观点一直影响到现在。不过,对这个问题至今还不曾有人做过全面的、系统的论述,而仅在一些文学史和词论文章中零散地谈及。试将这些零散的论述综合起来,大致有如下的一些观点:在提法上,认为"豪放"与"婉约"是宋词中的两大流派,或说是"宋词的两股潮流""两大基本倾向"、两种基本的风格类型。对于两派的看法和评价,一般否认古人那种以婉约为正宗的观点,而认为婉约派是传统词派,豪放派是革新词派。也有人认为新中国成立后的一些文学史和词论著作过分地抬高了豪放派,贬低了婉约派。关于两派的不同点,有人总结:第一,词的题材内容不同,婉约派坚守词为"艳科""诗庄词媚"的樊篱,内容题材狭窄;豪放派扩大了词的题材内容,开拓了词的境界。第二,风格不同。婉约派委婉绮丽、妩媚旖旎;豪放派则豪健奔放、气象恢宏。第三,表现手法不同。婉约派长于比兴,其词多含蓄蕴藉;豪放派多直抒胸臆、铺陈议论。第四,在体制声律方面,婉约派强调合乐,对格律严加遵守;豪放派则重文不重声,对声律往往要突破。

当然,这样的概括未免有些简单化或片面、不确切,不过还是可以大致勾勒出一个轮廓。应该强调的两点是,第一,今人论"豪放"与"婉约"一方面是继承了古人的词论观点,但同时也加进了新的含义、新的观点和新的内容，因而与古人的词论有着根本的不同。第二，由于新中国成立后一些有影响的文学史和词论文章、词论著作中广泛地使用了这一观点，加上它所涉及的方面很广，所以这个问题便成了宋词研究和宋代文学史中的一个突出的重要问题。

三、词曲演变

词是与燕乐的盛行并起的一种新诗体。词调的发展在北宋臻于极盛，南宋以后，词渐渐雅化，远离音乐，成为案头文学。个别词人虽精通音乐，能自度新曲，但那些新曲却曲高和寡。词的雅化意味着僵化，然而，词的僵化也并不是风雅词派词人们的过错。他们至少彻底确立了一种文体。

事物的发展总有其自身的限制，词的雅化使其格律精严，让普通人望而生畏，难记、难唱，甚至难听。这又涉及外部的原因，词乐经过几百年的流行，人们耳熟能详，少有新鲜感了。而艺术的生命在于创新，观众(听众、读者)的审美心理又是“喜新厌旧”。平心而论，燕乐从唐声诗直到北宋末，毕竟独领风骚五百年，这无论在音乐史还是艺术史或文学史上，都是极其值得夸耀的。它总有一天会从中心退居边缘，这并不是一件悲哀的事。

新的乐种、曲种、剧种，新的文艺样式随着宋代文化的高涨已经悄然出现，词曲的中心地位受到冲击。早在北宋后期，歌曲方面已出现嘌唱、唱赚、赚等乐种；说唱方面则有鼓子词、诸宫调问世；而戏剧已有杂剧、院本、南戏等。一个“百花齐放”的音乐艺术多元时代即将来临。新的音乐艺术以其独有的风貌取代了传统的艺术，拉走了一大批观众、读者、听众，同时，也吸引了一大批作者的注意力，并最终征服了他们。这些作者很快掌握了新的艺术形式创作方法。得风气之先者，在新的领域卓然成家。

宋词的衰落最终是和国运相连的。同样，元曲的兴起也是与时代变迁相一致的。文艺与政治的关系，在此二体的盛衰消长中，又得到了某种程度的证明。

另一面，文艺样式并不随着政权的更迭而立即改变面貌，从词到曲，仍有着一个较长的蜕变过渡期。

实际上，金人也罢，元人也罢，他们并没有“散曲”的概念。这个概念如“词”之后起于词创作一样，是明代才有的。明初朱有燉的《诚斋乐府》始用“散曲”一辞，用以指称今天我们概念中的散曲之“小令”，用“套数”指称套曲。到明代中后期，“散曲”才演变为与“剧曲”相对的、兼包小令和套数的曲体概念，并沿用至今。而金人、元人，一律称曲为“乐府”，更重要的是，他们把曲与词一起称为“乐府”。此外，还有称曲为“今之乐府”“今乐府”“北乐府”的。直到元代中后期，人们才将“乐府”与宋词对称以示区别。元罗宗信《中原音韵·序》云:“世之共称唐诗、宋词、大元乐府,诚哉!”

金人、元人其之所以不分词、曲,同称“乐府”,在于这两种文体的渊源极深,早期曲子极难与词划清疆域。“词曲一体”的现象在金代和元代初最为明显。如元好问《人月圆》二首,既被收入《全元散曲》,又被收入《全金元词》,这类情况很多。据统计,元曲中与词格律全同或略有改动的有《人月圆》《太常引》《鹧鸪天》《忆王孙》《端正好》《满庭芳》《夜行船》《行香子》等10余种。而元好问的《遗山乐府》中,除了《人月圆》,还有《满庭芳》7首、《鹧鸪天》53首、《太常引》8首、《行香子》1首,但后者均未被收入《全元散曲》。

这种文体混淆的现象正是文体演变中的必然现象。唐人的词入诗集或诗入词集,东坡的某些诗词不分等等,早有先例。相比之下,曲与词的亲缘关系比词与诗更紧密。曲作为一种综合性的艺术,是文学与音乐的综合体,这一点与词的本质相同。而北曲不同于词的最本质之处也在其音乐特征,其次是文学风貌。

关于北曲曲乐的形成,如同我们对燕乐的了解一样,因其音乐的失传而只能“纸上谈兵”。从前人的有关文字中,我们知道北曲的一些特点。魏良辅《曲律》云:“北曲以遒劲为主,南曲以宛转为主,各有不同。”王世贞《曲藻》云:“凡曲,北字多而调促,促处见筋;南字少而调缓,缓处见眼。北则辞情多而声情少,南则辞情少而声情多。北力在弦,南力在板。北宜和歌,南宜独奏。北气易粗,南气易弱。”徐渭《南词叙录》云:“听北曲使人神气鹰扬,毛发洒淅,足以作人勇往之志,信胡人之善于鼓怒也,所谓其声噍杀以立怨是已。”

至于北曲与词的关系,前人论述亦多。王世贞认为:“曲者,词之变。”(《曲藻》)但演变的过程是漫长的。宋代时,南北中国隔绝,不同的地域文化渐渐形成了南北不同形式、不同情调的“曲体”,即南曲与北曲。南曲是词与南方音乐、民歌、小调、语言、风俗相结合的产物。北曲是词与北方文化相结合的产物。王世贞说:“但大江以北,渐杂胡语,时时采入,而沈约四声遂阙其一(号为北曲);东南之士,未尽顾曲之周郎,逢掖之间,又稀辨挝之王应。稍稍复变新体,号为南曲。”(《曲藻·序》)徐渭《南词叙录》里谈到了北曲的形式特征和兴起的背景:“今之北曲,盖辽、金北鄙杀伐之音,壮伟狠戾,武夫马上之歌流入中原,遂为民间之日用。宋词既不可被弦管,南人亦遂尚此,上下风靡,浅俗可嗤。然其间九宫、二十一调,犹唐宋之遗也,特其止于三声,而四声亡灭耳;至南曲,又出北曲下一等。……”“唐宋之遗”是说曲乐与词乐的继承关系。北曲曲调有335个(据周德清《中原音韵》),除去其中非曲牌的“煞”“尾”“催拍子”“急曲子”之类的节拍程式唱段,实际曲牌为301个。据考,这301个曲牌中,有130多个来源于词乐体系,占五分之二强(据洛地《金元“北曲”调(名)考察》)。由此可见北曲与唐宋词乐的关系。北曲正是在词乐的基础上吸收了北方少数民族(女真、蒙古等民族)的音乐和北方汉民族的民间音乐,经过融会改造,最后形成了新的曲乐体系。

第五节　曲

一、散曲

散曲是元代形成的新型诗歌体裁，从其中的“曲”字可以看出，这是一种合乐的歌词。它的问世与成熟，是诸多因素和条件综合影响的结果。

产生于唐而在宋代高度发展的词，本具有先天的自娱性与娱众性，为乐府传统在那一时代的嫡嗣和代表。笔记所谓“凡饮井水处，即能歌柳词”（叶梦得《避暑录话》），便清楚地反映出早期词为社会所接受与欢迎的盛况。然而到了南宋后期，宋词日益典雅化、案头化，成为文人摅怀逞才的私人专利，且由于渐离社会现实及片面追求形式美的流风影响，在内容上也越来越疏远了与平民受众的旧有联系。“倚声填词”的“声”，从原初的音乐意义转变为专指平仄声调的格律，这样一来，宋词便基本上成了一种囿制于高堂之中，“不复被之弦管”的纯吟诵体裁。尽管被词人在创作时所摒弃的词牌乐调于民间尚未完全失传，但平民百姓对宋词的娱众性能已失去了指望。元代杨朝英编的散曲集《阳春白雪》根据燕南芝庵《唱论》“近世所谓大曲”的叙述，于开卷伊始收列了苏轼《念奴娇》、晏几道《鹧鸪天》等10首词作，引为散曲“乐府”的同调，便不无念旧的意味，反映出“近世”可歌的词作已属凤毛麟角。而且仔细分析起来，宋词在之前从无“大曲”的说法；从入选者如此寥寥，尤其是其中[望海潮][春草碧][石州慢]推举金词为代表的情形来看，这些“大曲”的配乐显然已非宋词的原创，很可能是金元人在“大晟乐府”乐谱记录亡佚后的重新谱写，其词牌不过成为该首词作的符号而已。这就如同当今歌坛上虽犹演出岳飞《满江红·怒发冲冠》与苏轼《水调歌头·明月几时有》，而音乐已非古调，人们也不会用这两支乐曲去演唱相同词牌的其他词作。

平民百姓是社会生活中最活跃的因素，自然也是新兴诗体的开发者。就在南宋词坛患上自闭症，失却当年蓬勃英气的同时，在北方金元统治下的中原地区，民间小曲却异军突起，风靡城乡。金人刘祁在《归潜志》中说：“唐以前诗在诗，至宋则多在长短句。今之诗，在俗间俚曲也。”从中可见“俚曲”的强劲风势。民间小曲除了中原本土的民歌俗曲外，还吸收了所能得到的一切养料，包括宋词的余音与影响、北方兄弟民族的乐曲与乐歌，以及曲艺、说唱等等。燕南芝庵在《唱论》写道：

凡唱曲有地所:东平唱[木兰花慢],大名唱[摸鱼子],南京唱[生查子],彰德唱[木斛沙],陕西唱[阳关三叠]、[黑漆弩]。

可见“唱曲”风尚弥漫之广。其中[木斛沙](即“穆护砂”)源自北朝西域景教歌曲,[阳关三叠]源自唐诗,[木兰花慢][摸鱼子][生查子]源自宋词,[黑漆弩]源自金词,又可见民间歌唱的取精用宏。“唱曲有地所”并不意味着歌曲受到地域的囿制,《唱论》之意,是说某地特以某曲的传唱著称于时,恰恰反映了“唱曲”在整个北方地区流行的事实。民间对流行歌曲的喜爱与需要,直接导致了散曲的产生。

受到金元外来民族的影响,北方地区以弦索为主要乐器。弦乐器在伴奏演唱时须配合人声,于是产生了对“宫调”,即主音调式的讲求。民间在“唱曲”的实践中,于宫调的采用逐步约定化,规范为“六宫十一调”,这便是日后散曲曲牌例标宫调名称的起因。民间的歌人又接受“诸宫调”说唱形式的影响,将音乐上互相衔接的单支歌曲连缀在一起,形成“带过曲”和“套数”。《唱论》所谓“成文章曰乐府,有尾声名套数,时行小令唤叶儿”,表现了民间小曲在演唱上的探索与翻新。

民间小曲以其清新活泼的风调与贴近生活的表现内容一新耳目,吸引了文人的注意。也正是由于文人的加入,散曲这种新兴的诗歌体裁才得以完成。换言之,文人利用民间传唱的小调、新曲,依宋词的创作惯性倚声填词,而被之管弦,发之歌咏,供人歌唱而非单供吟诵,这就是最初的散曲。除了供歌人清唱外,文人还运用散曲的宫调与联缀演唱方式编写故事提供给伶人演出,对原先宋杂剧、金院本舞台表演的演唱部分加以规范,形成了元杂剧。元杂剧的曲词同散曲合称元曲,而两者的成熟时间则以散曲居先。

然而,元散曲之所以能在诗歌史上崛起,成为继唐诗、宋词之后的又一座艺术高峰,却与音乐的因素无关,而在于它自身的特长。一言以蔽之,即散曲拥有并体现了民间语言——白话的独家优势。所谓“诗庄词媚曲俗”,“俗”正是这一优势的产物。诚然,散曲并不纯以白话作成,但正因如此,它便取得了在文学语言与民间生活语言间纵横捭阖的绝大自由。曲除了“俗”以外,也能“庄”,也能“媚”,而这种“庄”或“媚”又往往带有“别是一家”的色彩。这一切使它跳脱出诗词“大雅之堂”的窠臼,从而也大大地丰富了诗歌领域的表现内容。与这种自由化、个性化的解放相适应,元曲在格律和字句上也有较大的自由,如韵部放宽、入派三声、平仄通押、不避重韵、活用衬字等,尤其是衬字的加入,更是将白话的优势发挥得淋漓尽致。

当然,散曲能在短短的元代产生、成长并高度繁荣,同元代社会的外部因素也有莫大关系。元初推行汉法,使元蒙政权迅速完成了从落后的游牧旧制向汉族政权体制下的大一统王朝的过渡,生产力得到恢复,城市经济繁荣,造成了市民阶层的壮大,而市民阶层的意识与趣味，自为散曲注入了内部的血液与活力。元代封建传统观念的束缚与控制较为松动，客观上纵容了散曲在表现意识上的离经叛道倾向。更重要的是，像元代这样的社会，不可避免地存在着等级压迫、民族压迫与社会的黑暗弊端，以致不仅是身受苦难的下层百姓，就连汉族的高官通儒也时时产生着倾吐抑塞愤懑的强烈愿望。而元代的读书士子失去了传统的科举仕进机会，同下层人民有了更充分的接触与交流，对曲这种起于民间的新兴文学体式，在感情上便易于接受，并使之成为反映现实、抒发感情的最为得心应手的工具。中国诗词的传统在元代并未断裂，而元曲却终成为元代文学的主流，这是不令人奇怪的。

二、杂剧

在元代，叙事性文学万紫千红，呈现出一派兴盛的局面，成为当时创作的主流。一些具有高度文化修养的作家，加入进叙事性文学的创作队伍中，使文坛的格局发生了重大变化。至于抒情性文学，虽然也有所发展，例如散曲的创作也给诗坛带来了新的气象，但一向被视为文坛正宗的诗词，其成就远比不上唐、宋两代。就抒情性文学创作的总体而言，其作用和意义已退到次要的位置。

元代，我国戏剧艺术走向成熟。戏剧包括杂剧和南戏，其剧本创作的成就代表了当时文学的最高水平。

我国的戏剧，其起源、形成经历了漫长的时期。从先秦歌舞、汉魏百戏、隋唐戏弄，发展到宋代院本，表演要素日臻完善。金末元初，文坛在唐代变文、说唱诸宫调等叙事性体裁的浸润和启示下，找到了适合于表演故事的载体，并与舞蹈、说唱、伎艺、科诨等表演要素结为一体，发展成戏剧，作为一门独立的艺术脱颖而出。由于宋金对峙，南北阻隔，便出现了杂剧和南戏两种类型。戏剧剧本的创作，使这种叙事性的文学体裁成为文坛的主干。

元代创作的剧本，数量颇多。据统计，现存剧本名目，杂剧有530多种，南戏有210多种，可惜大部分均已散失。至于当时投身于剧本创作的作家，现在已无法准确统计。仅据《录鬼簿》和《续录鬼簿》所载，有名有姓者220多人，而“无闻者不及录”，估计还有许多遗漏。剧作家们有很高的创作热情，有人专门为伶工写作演出的底本，有人“躬践排场”参加演出；一些名公才人还在大都组成“玉京书会”，相互切磋。许多剧作家具有高度的文化水平，像关汉卿、王实甫、白朴、马致远等人，既有丰富的人生阅历，又擅长诗词写作。当他们掌握了戏剧特性，驾驭了世俗喜闻乐见的叙事体裁，便腕挟风雷，笔底生花，写下了不朽的篇章，为文坛揭开了新的一页。当时，剧作家们适应观众的需要，或擅文采，或擅本色，争妍斗艳，使剧坛呈现出繁荣的局面。

从现存的剧本看，元代戏剧的题材，包括爱情婚姻、历史、公案、豪侠、神仙道化等许多方面。涉及的层面异常广阔，“上则朝廷君臣政治之得失，下则闾里市井父子兄弟夫妇朋友之厚薄，以至医药卜巫释道商贾之人情物性，殊方异域语言之不同，无一物不得其情，不穷其态”。许多剧本，塑造了性格鲜明的人物形象，揭露了现实生活中封建制度的弊陋丑恶，歌颂了被迫害者的反抗精神。可以说，剧作家们以各具个性的艺术格调和蘸满激情的笔墨，展示出元代丰富多彩的生活和人物复杂微妙的精神世界。

在元代，戏剧演出频繁，拥有大量观众。夏庭芝在《青楼集志》中说，当时“内而京师，外而郡邑，皆有所谓勾栏者，辟优萃而隶乐，观者挥金与之”。勾栏就是城市中的游乐场所，能供戏剧演出。杜仁杰在散出《庄家不识勾栏》中，写到一个乡下人进城看到勾栏的情景：“要了二百钱放过咱，入得门上个木坡。见层层叠叠团圆坐，抬头觑是个钟楼模样，往下觑的都是人漩窝。见几个妇女向台上儿坐，又不是还神赛社，不住地擂鼓筛锣。”可知勾栏里有木搭舞台，台的上方有钟楼模样的“神楼”，围着舞台有观众席。要注意的是，观众进入勾栏需要交付“二百钱”，这说明戏剧演出已成为商业活动。在勾栏中，还有所谓“对棚”，即类似后来的唱对台戏，显然，市场竞争也进入了文化领域。

在农村，戏剧则在戏台、戏楼演出。现在山西农村仍有不少元代戏台遗址，可以推知当时戏剧演出的盛况。戏台往往建于祠庙前，说明演戏和祭神酬神活动相结合，既是娱神，也是娱人。山西赵城明王庙正殿有元代演剧画壁，上有“尧都见爱大行散乐忠都秀在此作场”字样，说明专业戏班已在农村演出。《重修明应王殿碑》写到城镇村落扶老携幼前来看戏的情景，还提到“资助乐艺牲币献礼，相与娱乐数日，极其厌饫”。足见艺人的演戏酬神，实际上也是收取费用的商业活动。

城乡演出活跃，自然涌现出众多的从业人员。夏庭芝说：“我朝混一区宇，殆将百年，天下教舞之伎，何啻亿万。”（《青楼集》）好些演员各有所长，伎艺高超，而且具有较高的文化修养，像珠帘秀、赛帘秀、燕山秀、天然秀、梁园秀等演员名噪一时，他们和剧作家紧密合作，为戏剧的繁荣做出了贡献。

元代的戏剧，有杂剧和南戏两种类型。这两个剧种的剧本虽然也都包括曲词、宾白、科（介）三个部分，但体制又有不同。杂剧风行于大江南北，它一般由四折组成一个剧本，每折相当于今天的一幕；演剧角色可分末、旦、净三类。末分正末、小末；旦分帖旦、搽旦、小旦。在音乐上，一折只采用一个宫调，不相重复。而全剧只能由正末或正旦一人主唱，正末主唱的称“末本”，正旦主唱的称“旦本”。

南戏流行于东南沿海。剧本由若干“出”组成，“出”数不做规定。曲词的宫调也没有规定。南戏角色分为生、旦、净、末、丑等各类，均可歌唱。歌唱形式多种多样，既有独唱，又可对唱、合唱、轮唱，不似杂剧只能由一人独唱到底。

杂剧和南戏的剧本都有完整的故事情节，在戏剧冲突中刻画人物形象。剧本的唱词，则更多用以表现人物在特定场景中的思想情绪，甚至直接透露作者的心声，具有强烈的抒情性。可以说，唱词往往就是诗，这一点，构成了我国戏剧文学的特色，也说明了我国叙事文学与抒情文学之间互补共生的关系。至于杂剧和南戏的演员，既要善于说白、歌唱，也要掌握科（介）亦即舞蹈、武打乃至杂耍的技巧。因此，元代的戏剧是综合性的艺术。

杂剧和南戏在唱腔上有明显的区别。杂剧的曲调是由北方民间歌曲、少数民族的乐曲和中原传统的曲调（包括宫廷、寺庙、民间音乐）结合而成的；南戏的曲调则由东南沿海的民间音乐与中原传统的音乐结合而成。由于杂剧、南戏在音乐文化系统方面均由中原传统衍繁，彼此同源，易于沟通互补，它们的一些曲牌，名称相同，或者品味相同。至于杂剧和南戏在音乐上的差别，实际上是南北方言差异的表现。我国地域广袤，语言系统在文化发展过程中不断发生变化，形成了许多方言区。例如在宋代甚至更早，北方语音中入声消失，而南方语音中入声依然保留。戏曲音乐与语言密不可分，杂剧与南戏产生、流行于不同的方言区，加上区域生活习俗等文化上的差异，从而形成两大音乐系统。王骥德说：“南北二曲，譬如同一师承，而顿渐分教；俱为国臣，而文武异科。”王世贞则谓：“北字多而调促，促处见筋；南字少而调缓，缓处见眼。北则辞情多而声情少，南则辞情少而声情多。”（《曲藻》）他们的判断，是符合元代戏曲发展的实际的。

元代的戏剧活动，实际上形成了两个戏剧圈。

北方戏剧圈以大都为中心，包括长江以北的大部分地区，流行杂剧。在大都，“南北二城，行院、社直、杂戏毕集”（刘祁《析津志》），涌现了大批杂剧艺人。许多杰出的剧作家像关汉卿、王实甫、马致远、纪君祥、张国宾、杨显之等，或是大都人，或在大都活动。这里“歌棚舞榭，星罗棋布”，杂剧演出频繁，为剧作家提供了施展才华的园地。在当时经济比较发达的城邑，如东平、汴梁、真定、平阳等地，也是剧作家云集。而生活于同一地域的剧作家，或接受地区风气的熏陶，或是旨趣相投，或是背景相近，自觉或不自觉地形成了不同的群体。观众的喜好，也作为一种市场需要，对剧作家产生一定影响，使不同地区的创作呈现出不同的特色，例如，传说宋江、李逵等好汉在山东梁山泊啸聚，于是许多有关水浒的杂剧，便以东平为背景；曾经在东平生活的作家，也写了众多的水浒剧目，东平便成了杂剧水浒戏的发祥地。一般说来，北方戏剧圈的剧作，较多以水浒故事、公案故事、历史传说为题材，有较多作家敢于直面现实的黑暗，渴望有清官廉吏或英雄豪杰为被压迫者撑腰。至于各个剧作家的艺术风格,则绚丽多彩。他们以不同的风情、不同的韵味,缔造出灿烂辉煌的剧坛。就总体来看,北方戏剧圈的作品,更多给人以激昂、明快的感受。徐渭在《南词叙录》中曾说:“听北曲使人神气鹰扬,毛发洒淅,足以作人勇往之志。”徐渭评述北方戏曲音乐的这一番话,也可以帮助我们整体把握北方戏剧圈的特点。

南方戏剧圈以杭州为中心,包括温州、扬州、建康、平江、松江乃至江西、福建等东南地区。和北方情况不同,这里的城乡舞台,既流行南戏,也演出北方传来的杂剧,呈现出两个剧种相互辉映的局面。

南戏产生于浙江永嘉(温州)一带,所以又被称为“永嘉杂剧”。它形成于南宋初年,在东南地区广泛流传,并渐渐进入杭州。据刘一清说,“戊辰己巳间,《王焕》戏文盛行于都下”(《钱塘遗事》)卷六“戏文诲淫”)。许多艺人在这里创作、演出、出版南戏,使这座繁华的城市成了南戏的中心。

至元十三年(1276年),元军占领杭州,结束了南北长期分裂的局面,国家完成了统一。南北经济文化交流更加频繁,杂剧的影响也扩大到南方。徐渭说:“元初,北方杂剧流入南徼,一时靡然成风。”南方的风土名物吸引了大批北方人士,许多剧作家包括关汉卿、白朴、马致远等都先后到过杭州。居住在杭州一带的作家像曾瑞、施惠、乔吉、秦简夫、萧德祥等,也加入到杂剧的创作队伍中。虞集在《中原音韵序》中说:“我朝混一以来,朔南暨声教,士大夫歌咏,必求正声,凡所制作,皆足以鸣国家气化之盛。自是北乐府出,一洗东南习俗之陋。”可见,在政治气候的推动下,在杂剧已具有较高文化品位的影响下,南方也为“正声”所吸引,“以中原为则,而又取四海同音而编之。这样,杂剧经扬州传入南方后,也以杭州为中心,逐渐扩展到江南广大地区。

在南方戏剧圈中除了演出从北方传入的杂剧剧目外,较多剧作注重表现爱情婚姻和家庭伦理等社会问题。像郑光祖的杂剧《倩女离魂》,乔吉的《两世姻缘》《金钱记》,南戏《琵琶记》和《荆钗记》《拜月记》等堪称代表。另外,南下的剧作家,往往经历过种种坎坷,看透人情世态;而长期居住在南方的剧作家,也对富贵功名的黯淡前景有清醒的认识。南方繁华的生活和秀丽的景色,触发了他们热衷泉林诗酒的兴致。于是许多人带着充沛的感情,描写书生怀才不遇、倨傲疏狂的景况,实际上是藉剧本的人物遭遇抒发自己的胸中块垒。像《王粲登楼》《扬州梦》等剧作,便明显地表现了这一创作倾向。显然,南方戏剧圈的剧作更重视爱情的描写和个人情怀的宣泄,这和南方经济发展和价值观念的演进有着密切的关系。

杂剧和南戏两个剧种的争妍斗丽,也促进了彼此的交流。徐渭《南词叙录》收录了“宋元旧篇”剧目65种,其中有一半的南戏剧目见于杂剧演出,这表明两个剧种的剧作家经常吸取、改编对方的作品。在音乐上,“南北合套”的出现,是两大剧种互撷精华的明证。又据杭州书会才人编的《拜月亭》"尾声"所写："书府翻腾，燕都旧本"，可见这部南戏的编写，是以关汉卿的杂剧《拜月亭》为蓝本。而关汉卿的杂剧《望江亭》第三折末尾，由李稍、衙内、张千三个角色分唱、合唱南曲《马鞍儿》，在唱法上分明吸收了南戏灵活合理的体制，并且由衙内打诨："这厮每扮南戏那！"关汉卿剧作的情况，正是南北两大剧种交汇互补、促进戏剧发展的生动例子。

三、传奇

"传奇"最早特指唐代的短篇文言小说。宋代话本小说中也有"传奇"一类。元末明初的学者们也有人将元杂剧称为"传奇"，原因之一在于许多唐传奇都曾被元杂剧改编成剧本，而大部分杂剧也都带有浓郁的传奇色彩。自从宋元南戏在明代规格化、文雅化、声腔化和全国化之后，传奇便渐渐成为不包括杂剧在内的明清中长篇戏剧的总称。

宋元南戏本是在村坊小曲、里巷歌谣和宋词等诸多艺术门类的基础上发展起来的，在音乐和表演上带有较大的随意性。因此，早期南戏一般在格律上不甚讲究，在宫调组织上亦不严密。经过元末明初"荆""刘""拜""杀"四大南戏之后，尤其是经过《琵琶记》的创作之后，南戏开始逐步规格化，宫调系统也渐渐严密起来。《琵琶记》作为南戏与传奇之间承前启后的作品，其"也不寻宫数调"的自谦之论，恰恰表现出南戏向传奇转型期间关于音乐规格化的普遍追求。也是从《琵琶记》开始，传奇多系有名有姓的文人雅士所创作，文词自然也朝着典雅甚至骈俪方向发展。随着四大声腔的发育成熟与广为流播，源于南方的传奇成为明代戏曲的主体。

明初的传奇带有浓厚的伦理教化意味。这是与统治集团对程朱理学的大力推行息息相关的。一个建国不久的新朝廷，需要局面的稳定与思想的统一。朱元璋对标举风化、有益人心的《琵琶记》赞不绝口："《五经》《四书》如五谷，家家不可缺；高明《琵琶记》如珍馐百味，富贵家岂可缺耶！"（明黄溥《闲中今古录》）

上有所好，下必从焉。弘治年间的文渊阁大学士邱浚闻风而动，创作了《五伦全备记》等传奇。在这位理学名臣的笔下，开篇就是"备他时世曲，寓我圣贤言"，"若于伦理不关紧，纵是新奇不足传"。伍子胥的传人伍伦全及其异母弟伍伦备等人既是忠臣孝子，又是夫妻和睦、兄弟友善、朋友信任的五伦典型。只可惜邱学《琵琶记》未得其艺术神韵，所以其《五伦全备记》被明人斥为"纯是措大书袋子语，陈腐臭烂，令人呕秽"。它是明初枯燥无味的道学戏剧的发轫之作。

明初百余种传奇中，较少受道学气和八股味污染的有《精忠记》《金印记》《千金记》《连环记》等知名剧作。《精忠记》作者姚茂良系武康（今浙江德清）人。该剧讴歌了抗金名将岳飞的爱国精神，渲染了岳飞父子妻女先后被害的悲剧氛围，在阳世阴间勘问并揭露了奸贼秦桧夫妇的阴谋与罪过。姚茂良还写过《双忠记》，讴歌了张巡、许远在“安史之乱”时守城不降、骂贼而亡的英雄气概。苏复之的《金印记》写苏秦拜相前后的人情冷暖、世态炎凉，在舞台上曾广为流传。嘉定（今属上海市）人沈采所写《千金记》，以韩信为主线，描摹楚汉相争的大场面。《别姬》一出将项羽的英雄气短与虞姬的儿女情长融合成一曲慷慨凄凉之歌，是非常动人的情感戏。乌程（今浙江湖州）人王济的《连环记》，演王允巧施美人计，让吕布和董卓为争貂蝉而相互反目，连环推进的结局是董卓被诛。貂蝉在剧中是一位有政治头脑的女子，这就使全剧更为好看而且耐看。剧中《起布》《议剑》《拜月》《小宴》《大宴》《梳妆》《执戟》等出戏，在昆剧、京剧和许多地方戏舞台上广为流传。

尽管“《精》《金》《千》《连》”四大剧目不乏粗糙之处，因袭的部分也在所不免，例如《千金记·追信》一出袭用元杂剧《追韩信》第三折曲词；但总体看来瑕不掩瑜，诸如抗金名将岳飞的悲壮之美与苏秦家人的人情之丑，项羽与虞姬的壮美与凄美之对应组合，王允的智慧美以及貂蝉的外在美与心性美之有机融汇，都是上述四剧富于生命力的重要因素。这些人物的形象也同时反映出民族与历史本身的魅力，具有道学传奇与八股传奇无论如何也框范不了的近乎永恒的美感。

经过一个多世纪的发展，明代传奇在嘉靖时期更为盛行起来，成为剧坛上的主流艺术。作家的创作也更为自觉，更能直面现实，更加具备战斗精神。社会政治的腐败，边境敌寇的骚扰，这些内忧外患都促使作家们在剧作中发出沉重的呐喊。

李开先的《宝剑记》先声夺人。他官至太常寺少卿，却与康海、王九思等削职为民的前辈士人缔交不浅。他曾亲自押饷银到宁夏边防，深感外患之重；他又曾对当朝的夏言内阁表示不满，因此自请还乡。康、王曾写过《中山狼》，李开先于嘉靖二十六年（1547年）写成《宝剑记》，都是抒发心内愤懑、化解胸中垒块的有感之作。

从明初到嘉靖约两个世纪内，在南方的众多地方声腔中，弋阳腔、余姚腔、海盐腔、昆山腔脱颖而出，流播广远。《南词叙录》中描述道：“今唱家称弋阳腔，则出于江西，两京、湖南、闽、广用之；称余姚腔者，出于会稽，常、润、池、太、扬、徐用之；称海盐腔者，嘉、湖、温、台用之。惟昆山腔止行于吴中，流丽悠远，出乎三腔之上，听之最足荡人。”

嘉靖中叶时，豫章人魏良辅旅居江苏太仓，他以十年多的钻研和创造，与当地的一些戏曲家们成功地改革并推进了昆山腔的发展。融合了海盐腔、余姚腔、弋阳腔乃至北曲音乐在内的新昆腔，体制全备，后来居上，这就使得一度只在苏州地区流行的昆山腔，凭借音乐和文学的双翅，在嘉靖之后愈来愈受到文人雅士和统治阶级的推重，成为四大声腔中声势最大的一种，雄踞中国剧坛榜首近三百年之久。嘉靖后的大多数传奇剧本都是为昆腔而作或者尽量向昆腔靠拢，昆腔传奇从此树立了权威和示范的地位。

梁辰鱼的《浣纱记》在戏剧史上有着重要的位置，通常被认为是第一部用改革后的昆山腔谱曲并演出的传奇剧本。作为魏良辅的学生，梁辰鱼不仅精通乐理，而且创作了这部具备开拓意义的昆腔大戏。

本时期的另外一部重要昆腔传奇是传为王世贞或其门人所作的《鸣凤记》，堪称戏曲史上较早、较完整地反映当时政治事变的悲剧现代戏。

万历至崇祯年间，传奇创作进入了高潮期和繁荣期。以汤显祖为杰出代表的传奇作家，成为明代文学史上的一支重要方面军。以沈璟为带头人的吴江派，在传奇的创作和理论上也形成了自己的特点。

从剧目建设上看，本时期涌现出的数百种传奇作品大多较好。从声腔发展上看，昆腔传奇的创作一枝独秀，大部分传奇都是比较典雅的昆腔作品，具备较高的文学品位。

此外，明初以来一直在民间流传的弋阳腔与各地的地方戏结合起来，也上演了丰富多彩的传奇剧目。

第六节 小说

古代小说的文体概念并不清晰，称为小说，大约有两层含义：一是与“说”有关，属于口耳相传的内容；二是规模不大，地位不高，故为“小”。“小说”又与“大言”相对。大言自然是言志抒情载道的作品或文体。“小说”则最多能道出些“小道理”而已。

一、小说概说

“小说”一词，最早出现在《庄子·外物篇》中。这篇文章通过一位任公子的大钓巨缁垂钓，讥刺世之愚昧可笑的寓言，得出“小说”是用琐屑的语言，说明“小道理”的结论：“饰小说以干县令，其于大达亦远矣。是以未闻任氏之风俗，其不可与经于世亦远矣。”

鲁迅指出：“然案其实际，乃谓琐屑之言，非道术所在，与后来所谓小说者不同。”（《中国小说史略》）最早的“小说”即“琐屑之言”，“小道”。唐人成玄英对《外物篇》的解释便很明确：“干，求也。县，高也。夫修饰小行，矜持言说，以求高名令问者，必不能大通于至道。”而《论语·子张》提到：“虽小道，必有可观者焉。致远恐泥，是以君子弗为也。”说的也是同样的道理。《荀子·正名》中说：“故智者论道而已矣，小家珍说之所愿皆衰矣。”这些都与庄子的“小说”观有暗通之处。作为文体观，此时并不明确，但主要是他们都认同，从内容到形式，“小说”在先秦诸子的文章面前都显得琐屑和浅薄。

这种观念在汉代被强化和具体化。

东汉初年，桓谭在《新论》中说：“若其小说家，合丛残小语，近取譬论，以作短书，治身理家，有可观之词。”这是“小道可观”论的延续。但是桓谭的话中已经涉及“小说”的文体特点：体制上的“小语、短书”——短篇、微型；手法上——以比喻为主。

东汉班固在《汉书·艺文志》中，根据西汉刘向、刘歆父子《七略》的观点，把小说列为十家之一，位于诸子之末，并初步形成了有关小说内容、范围、特征、作者等的认识和看法：

> 小说家者流，盖出于稗官，街谈巷语，道听涂说者之所造也。孔子曰：“虽小道，必有可观者焉。致远恐泥，是以君子弗为也，然亦弗灭也。”闾里小知者所及，亦使缀而不忘。如或一言可采，此亦刍荛狂夫之议也。

汉人的小说理论，大致有这样一些内容：一、小说的内容主要来自民间传说，即街谈巷语，道听途说，说的多是琐闻轶事。二、小说形式是“丛残小语”“尺寸短书”，即篇幅短小。三、小说的性质，以玩赏娱情为主，兼有知识性和说教性。四、艺术上富有比喻、夸张、虚构等特点，具有生动、形象的色彩。五、作者多为知识分子或小官吏、方士。六、语言是书面语言，文言文。

汉人的小说理论对后世影响深远，因为它所包括的内涵和特点成为一种典范，得到了古代小说家和学者的承认和遵守。

在唐传奇尚未成熟的唐代初期，唐人对小说的看法仍然沿袭汉人的观点。魏征撰《隋书·经籍志》，把小说归入子部，并说明了小说的来源和作用：

> 小说者，街说巷语之说也。《传》载舆人之诵，《诗》美询于刍荛。古者圣人在上，史为书，瞽为诗，工诵箴谏，大夫规诲，士传言而庶人谤。孟春，徇木铎以求歌谣，巡省观人诗，以知风俗。过则正之，失则改之，道听途说，靡不毕纪。

著名的史学家刘知几在《史通》中，则把小说视为史学之一。他在《杂述》中说：

> 在昔三坟五典，《春秋》《梼杌》，即上代帝王之书，中古诸侯之记，行诸历代，以为格言。其余外传，则神农尝药，厥有《本草》；夏禹敷土，实著《山经》；《世本》辨姓，著自周室；《家语》载言，传诸孔氏。是知偏记小说，自成一家，而能与正史参行，其所由来尚矣。

从作用上看，魏、刘二人都注意到了小说可以反映风俗民情的作用，刘知几更是将其视为可以“与正史参行”。至于其来源，则是“道听途说”，“偏记”。而琐屑之谈的街谈巷语、道听途说的内容，必定“有奇可传”，否则就难以流播。正是因为如此，街谈巷语与现代小说的概念有了相通之处。

二、唐传奇

用“传奇”之名指称唐代小说，并不是唐人的发明。唐人还没有把他们创作的小说看成一种独立的文体，这看似与“有意为之”的论断相悖，但是事实确实如此。唐人“有意”把“传奇”写得离奇、怪诞、惊险，曲折动人，但是骨子里却是把它们当作史传来写的。唐传奇的许多名篇都是以“传”或“记”为题，如《任氏传》《柳氏传》《霍小玉传》《长恨歌传》《古镜记》《枕中记》《离魂记》《三梦记》等。以史传或杂史杂传的观念来写小说，应该是文体上的“不自觉”，但其“设幻为文”的特点，在创作上则是一种“自觉”，即“有意为之”。据今人考证，“传奇”最早是中唐元稹的《莺莺传》的原题，晚唐裴铏则把自己的小说集名为《传奇》。元稹、裴铏以“传奇”称自己的作品，都是因为自己笔下的文字是以情节新奇见长。

在宋代，唐传奇则更多地是被称为“唐人小说”。洪迈《容斋随笔》称：“唐人小说，不可不熟，小小情事，凄婉欲绝，洵有神遇而不自知者，与诗律可称一代之奇。”但小说，并不是传奇的专称，因为洪迈在《夷坚志》中还把大量的志怪笔记也称为小说。宋元人把传奇小说叫得更多的是“杂传记”，这仍是“史传”文学观念的延续。元人辛文房在《唐才子传》卷一“鬼”条说：“杂传记中，多录鬼神灵怪之词，哀调深情，不异畴昔。然影响所托，理亦荒唐，故不能一一尽之。”

在宋人说话中，传奇一体倒是“名正言顺”，它是小说家门中的类别之一，与烟粉、灵怪等并列，凡为传奇的小说，都是爱情故事。并由此类推，当时其他艺术门类如说唱诸宫调及弄傀儡(即木偶戏)中表现爱情题材的，均可称为传奇，以致南戏、杂剧也可称为传奇了。

狭义传奇题材的比重在各类小说中逐渐扩大，影响也相应提高。而“烟粉”“灵怪”之名渐渐失去个性，它们的内在特点是奇人奇事，与传奇一致，最终被传奇合并。这样，一种本来具有题材分类意义的名称逐渐过渡到一种文体的名称。此时，已是元末明初了。陶宗仪在《南村辍耕录》中的这段话标志着传奇真正被视为代表着一个时代的文体：

> 唐有传奇，宋有戏曲、唱诨、词说……

又说：

> 稗官废而传奇作，传奇作而戏曲继。

他不但发现了传奇与戏曲等文体具有相同的性质：叙事性；还试图指出稗官(古小说)、传奇与戏曲之间的内在联系，即由实录到虚构，由教化到娱乐的发展过程。

明人胡应麟在《少室山房笔丛》卷四一明确将小说分为志怪、传奇、杂录、丛谈、辨订、箴规6类，同时人臧懋循则将唐代传奇小说称为“唐人传奇”(《负苞堂稿》卷三《弹词小记》)。唐传奇之名，曲曲折折一番，终于变得明白了些。

唐传奇流传于世的不多，大多散见于宋初编辑成书的《太平广记》《文苑英华》《太平御览》以及清代修撰的《全唐文》等书。鲁迅、汪辟疆、张友鹤等人和其他学者从中辑校出300余篇。这虽说不上冰山一角，但肯定不是全璧。

唐传奇的发展阶段也不是十分明显。尤其与诗相比，显然无法用“初盛中晚”的概念来划分。不过，因为传奇在唐代初期发展缓慢，合并诗的“初盛”期为初期，顺延下来，三个阶段的痕迹倒还明显。

【初盛探索期】当唐诗已经进入鼎盛之时，唐传奇还处于萌芽期。在志怪的基础上加大篇幅，便是早期传奇的主要倾向。这个时期传奇的探索性非常明显。其代表作是《古镜记》《补江总白猿传》《游仙窟》3篇。所谓代表作，也可以说是“硕果仅存”。3篇均显示出六朝志怪向传奇过渡的痕迹。

传奇的样式在武则天、玄宗朝逐渐形成，但总的特点还是“志怪性”的。传奇的成熟和繁荣，只有摆脱志怪，直面现实人生，才有可能到来，这就是中唐时期了。

【中唐繁荣期】传奇小说在中唐鼎盛，其标志是艺术形式趋于成熟的大批反映现实生活的作品的问世。所谓反映现实，一是指直接取材于生活，有鲜明的时代感、深刻的现实意义；一是指虽假借神怪，但借古讽今，极具现实性。此时传奇数量之多、质量之高、反映社会生活面之广，都是空前的。

【晚唐衰微期】晚唐出现了大批小说集，从数量看，洋洋大观，如牛僧孺《玄怪录》、李复言《续玄怪录》、牛肃《纪闻》、薛用弱《集异记》、袁郊《甘泽谣》、裴铏《传奇》、皇甫枚《三水小牍》等。但从整体上看，则明显衰微，因为晚唐小说在艺术性上没有多大进步，而内容则回到了神怪的老路上。较有价值的作品，集中在描写豪士侠客主题方面，如袁郊《红线传》、裴铏《聂隐娘》、杜光庭《虬髯客传》等。其原因也是盛极而衰。所谓“极”，指故事类型已经形成，诸如爱情、豪侠、冤狱公案，后人难免陈陈相因。不仅是晚唐，宋明的传奇小说也未能超越唐传奇盛期的作品，原因同样如此。直到蒲松龄才突破了传奇小说的题材范围及故事类型，让一批新的人物，如商人、小贩和农夫等进入小说的领域，并使作品富于日常生活气息，从而使《聊斋志异》独树一帜，卓立千古。

三、宋元话本与拟话本

以听众为对象的说话、说唱艺术，至迟在唐代就已出现。宋、金、元时期，说话和说唱艺术日益繁盛，它们偏离了以“雅正”为旨归的诗文创作传统，演述古今故事、市井生活。内容的世俗化、语言的口语化，是其一大特点。它们的成熟与发展，推动着古代叙事文学逐步走向黄金时期。

“说话”的本义是口传故事。口传故事的传统，可远溯至上古神话传说，那时尚未产生文字，神话及传说只靠口耳相传。后来，人们以“话”代指口传的“故事”。隋代笑话集

《启颜录》载,杨素手下散官侯白,以“能剧谈”而得到杨的器重。杨的儿子玄感曾对侯说:“侯秀才,可以(与)玄感说一个好话。”这是目前所知关于“说话”的最早记录。唐郭湜《高力士外传》也提及“说话”:“每日上皇与高公亲看扫除庭院,芟薙草木,或讲经、论议、说话转变,虽不近文律,终冀悦圣情。”可见唐代宫中已有“说话”活动,它是取悦皇帝的一种方式。至于宫中“说话”的内容,尚不得而知。不过,唐代民间“说话”,有讲三国故事的,有讲士子与妓女爱情故事的,其名目仍可见文献之中。

宋代的“说话”,上承唐代“说话”而来。又因城市经济的繁荣、瓦舍勾栏的设立、说话艺人的增多、市井听众的捧场,民间说话呈现出职业化与商业化的特点。当时的“说话”,有“四家”之说,各有门庭,自成路数。“四家”的名目,据宋耐得翁《都城纪胜·瓦舍众伎》载,是小说、说经、讲史、合声(生)。后一种以演出者的敏捷见长,如“指物题咏,应命辄成”之类,与以叙事取胜的前三类显然有别。小说,以讲烟粉、灵怪、传奇、公案等故事为主;说经,即演说佛书;讲史,则说前代兴废争战之事。可见,所谓说话的家数,是以故事题材作划分标准的。

随着说话活动的日益兴盛,在书场中流播的故事越来越多,而以口传故事为蓝本的文字记录本,以及受说话体式影响而衍生的其他故事文本等,也日见其多。后世统称为“话本”。

“话本”的称谓,可能在唐代已经出现。今存宋元话本常出现“话本说彻,且作散场”之类套语,可见“话本”含有故事文本之义。而套语的出现,也说明“话本”在一定程度上已经“格式化”。大体而言,传世宋元话本可分为三类:一是叙事粗略、文字粗糙的说话艺人的底本,如《三国志平话》等;一是以说话艺人口述故事为主要内容的记录整理本,文字通顺,描写细致,叙事周详,可能出自当时的读书人或书会先生之手,如《错斩崔宁》《碾玉观音》等;一是文人依据史书、野史笔记、文言小说等改编而成的通俗故事读本,如《宣和遗事》等。

现存宋元小说话本的数量难以确定。又因其文本几乎仅见于明人刻印的集子,连元刻本也极为罕见,所以对其时代归属,也有不同的看法。然而,依据《醉翁谈录》《也是园书目》《述古堂书目》等文献对宋元小说话本的记载,再与明人刻印的有关作品相互参证,下列作品是比较可靠的宋元小话话本:《张生彩鸾灯传》(见《熊龙峰刊行小说四种》);《风月瑞仙亭》《杨温拦路虎传》《西湖三塔记》《简帖和尚》《合同文字记》《柳耆卿诗酒玩江楼记》(以上见《清平山堂话本》);《宋四公大闹禁魂张》《张古老种瓜娶文女》(以上见《古今小说》);《错斩崔宁》(又题《十五贯戏言成巧祸》)、《闹樊楼多情周胜仙》(以上见《醒世恒言》);《碾玉观音》(又题《崔待诏生死冤家》)、《西山一窟鬼》(又题《一窟鬼癞道人除怪》)、《定山三怪》(又题《崔衙内白鹞招妖》)、《三现身包龙图断冤》《万秀娘仇报山亭儿》(以上见《警世通言》)等。此外,近年发现的元代“福建建阳书坊所”刊刻的《新编红白蜘蛛小说》残页,是如今仅见的元刻小说话本,《醒世恒言》的《郑节使立功神臂弓》是其增订本。至于故事题材流行于宋元,后经明人搜集整理、增删加工的作品,在明冯梦龙的“三言”等集子中应当还有一批。

宋元小说话本有一定的体制。其文本大体由入话(头回)、正话、结尾几个部分构成。入话是小说话本的开端部分,它有时以一首或若干首诗词“起兴”,说风景,道名胜,往往与故事的发生地点相联系,或与故事的主人公相关联;有时先以一首诗点出故事题旨,然后叙述一个与题旨相关的小故事,其行话是“权做个得胜头回”,实则这个小故事与将要细述的故事有着某种类比关系。显然,入话的设置,是说话人为安稳入座听众、等候迟到者的一种特意安排,也含有引导听众领会“话意”的动机。正话,则是话本的主体,情节曲折,细节丰富,人物形象鲜明突出。正话之后,往往以一首诗总结故事主题,或以“话本说彻,且作散场”之类套话作结。

小说话本的题材内容,如宋罗烨《醉翁谈录·小说开辟》所言:“有灵怪、烟粉,传奇、公案,兼朴刀、杆棒、妖术、神仙。”但若就旨趣而论,不管是何种题材,都往往以爱情或公案作为叙事的“兴奋点”。爱情故事在当时很受欢迎,所以,艺人的素质着重表现在“烟粉奇传,素蕴胸次之间;风月须知,只在唇吻之上”。所谓烟粉、风月,是男女交往故事的代称。在礼法森严的封建时代,男女之间的“窃玉偷香”,是一种挑战礼法、追求自由的大胆行动,艺人们以此作为表演内容和体现水平的标志,恰好说明了这个时代创作的趋向。

宋元小说话本中的爱情故事,往往突出女性对爱情生活的主动追求。像《碾玉观音》中的璩秀秀,出身于贫寒的装裱匠家庭,生得美貌出众,聪明伶俐,更练就了一手好刺绣。无奈家境窘迫,其父以一纸“献状”,将她卖与咸安郡王,从此,正值豆蔻年华的秀秀,身入侯门,失去自由。其后郡王府失火,逃命之际她遇见了年轻能干的碾玉匠崔宁。秀秀见他诚实可靠,便主动提出:“何不今夜我和你先做夫妻?”而胆小怕事的崔宁却不敢应允。秀秀道:“你知道不敢,我叫将起来,教坏了你。你却如何将我到家中? 我明日府里去说!”秀秀素知崔宁的为人,这番话明显是要激发他的勇气,让他与自己一道挣脱束缚,寻求美好的生活。又如《闹樊楼多情周胜仙》,写周胜仙初见范二郎,便暗中喜欢,独自思量:“若是我嫁得一个似这般子弟,可知好哩。今日当面挫(错)过,再来那(哪)里去讨?”为了捕捉这难得的机缘,她敢想敢做,主动接近范二郎。显然,璩秀秀和周胜仙的行动,与“诗礼传家”的闺秀们大相径庭。作者对她们的肯定实际上表现出平民百姓对封建传统的轻蔑。

小说话本的另一突出内容是公案故事。宋元时代,官府昏庸、吏治腐败现象的日趋严重是导致大量公案产生的主要原因。它反映出民众对不公平、不合理现象的关注,以及对生存权利、社会治安的深重忧虑。此外,《合同文字记》《三现身包龙图断冤》《简帖和尚》等篇，也从不同侧面反映了民间纠纷和社会矛盾，人们还可以从中见到当时的世态民情与社会风纪。

宋元小说话本描写细致，生动逼真，字里行间留存着说书艺人的风致，表现出叙事的口语化、声口的个性化、谈吐的市井化等特点。

明代的短篇白话小说在宋元话本小说的基础上有很大的发展，特别是在明代中后期，随着商业经济的活跃、思想的不断开放、印刷业的繁荣，白话短篇小说处在由编辑到创作，从口头文学到书面文学的转化过程中，成绩斐然。由于这些小说模仿宋元话本的体式格调，所以被称为“拟话本”。

“拟话本”以冯梦龙的“三言”和凌濛初的“二拍”为代表。

冯梦龙(1574—1646)，字犹龙，别署龙子犹，长洲(今江苏苏州)人。出身书香门第，少有才名，年轻时行止颇为风流。然科场蹭蹬，57岁时才选为贡生，崇祯年间做过几年福建寿宁知县。清兵渡江后，曾参与抗清活动，至南明政权相继覆亡，忧愤而死。

冯梦龙一生精力，主要从事通俗文学的研究、整理与创作，成就卓著，为古代文人中所罕见。他曾改编长篇小说《增补三遂平妖传》《新列国志》，推动书商购印《金瓶梅词话》，刊行民间歌曲集《挂枝儿》《山歌》，编印《笑府》《古今谈概》《情史类略》，编辑有散曲集《太霞新奏》，也曾写作传奇剧本，并刻印了《墨憨斋传奇定本》10种。而最重要的成就，是编著“三言”。《喻世明言》(原称《古今小说》)、《警世通言》《醒世恒言》分别刊刻于天启元年(1621年)前后、天启四年(1624年)和天启七年(1627年)，各40种，共计120篇。

“三言”中的小说有不同的来源，情况比较复杂。从现在能够推断的来说，其中一小部分是经过程度不等的修改乃至改编的宋元话本，又收录了一些已有流传的明代话本，还有像《杜十娘怒沉百宝箱》主要是把文言的《负情侬传》改成白话，变动不大；而大多数篇目则是根据前代的笔记小说、传奇、历史故事以及当时的社会传闻创作的。由于“三言”规模甚大，有些研究者推测此书的完成当有冯氏友人的参与，这有待进一步考证。

凌濛初(1580—1644)字玄房，别号即空观主人，浙江乌程(今吴兴)人。18岁补廪膳生，和冯梦龙一样科场不利，不得已而转向著述，55岁方任上海县丞，后因功擢徐州判官。除“二拍”外，还有戏曲《虬髯翁》《红拂传》以及其他类型的著作多种。

《拍案惊奇》(又称《初刻拍案惊奇》)撰成于天启七年(1627年)，40卷40篇；《二刻拍案惊奇》是因前书印行后受到普遍欢迎，应书商之请续作的，完成于崇祯五年(1632年)。依书前凌氏《小引》，应为“四十则”即小说40篇，与前书同。但今存最完整的明尚友堂刊本，亦仅有39卷，书末附凌濛初《宋公明闹元宵》杂剧一卷；又第二十三卷与初刻第二十三卷相重，实有小说38篇。当是原书在流传中已有残缺，由书商凑补成四十卷的面目。

“二拍”中已不再有收录改编旧传话本之作，而完全是作者据野史笔记、文言小说和当时的社会传闻创作的。它对传统的陈腐观念的冲击与反抗、所表现的市民社会意识，要比“三言”更为强烈。

四、章回小说

章回小说是我国古典长篇小说的唯一形式，由宋元讲史话本发展而来。这种形式由萌芽到成熟，经历了较长的发展过程。讲史说的是历代兴亡和战争的故事，如《全相平话五种》《五代史平话》《宣和遗事》等。讲史不能把一段历史有头有尾地在一两次说完，必须连续讲若干次，每讲一次，就等于后来的一回。在每次讲说以前，要用题目向听众揭示主要内容，这就是章回小说回目的起源。从章回小说中经常出现的“话说”和“看官”等字样，也可以看出它和话本之间的继承关系。

经过宋元两代长期的孕育，元末明初出现了一批章回小说，如《三国志通俗演义》《残唐五代史演义》《平妖传》《水浒传》等。这些小说都是在民间长期流传，经说话和戏曲艺人补充内容，逐渐丰富，最后由作家加工改写而成的。它们比起讲史有很大的发展，其中人物和故事的核心虽是历史的，但更多内容是后人(包括作家)所创造的。它们的篇幅比讲史更长了，主要是供读者阅览的，而且明确分为若干卷，每卷又分若干节，在每节前面有一个单句的目录，如“刘玄德斩寇立功”。

到了明朝中叶以后，章回小说的发展更加成熟，出现了《西游记》《金瓶梅》等作品。由于社会生活日益丰富，这些章回小说的故事情节更趋复杂，描写也更为细腻，它们在内容上和“讲史”已没有联系，只是在体裁上保持着“讲史”的痕迹。这时章回小说已不分节了，而是明确地分为多少回，回目也由单句发展成为参差不齐的双句，最后成为工整的对句。

明清之际，在中国的文学史上出现了大量的优秀的长篇章回小说，兹举其要者如下。

《三国演义》，罗贯中著。罗贯中(约1330—约1400)，汉族，名本，字贯中，号湖海散人，籍贯山西太原府，一说山西省祁县；一说山西省清徐县；一说钱塘或庐陵人。元末明初著名小说家、戏曲家。

《三国演义》描写的是从东汉末年到西晋初年之间近一百年的历史风云，全书反映了三国时代的政治军事斗争，反映了三国时代各类社会矛盾的渗透与转化，概括了这一时代的历史巨变，塑造了一批叱咤风云的英雄人物。在对三国历史的把握上，作者表现出明显的拥刘反曹倾向，以刘备集团作为描写的中心，对刘备集团的主要人物加以歌颂，对曹操则极力揭露鞭挞。今天我们对于作者的这种拥刘反曹的倾向应有辩证的认识。尊刘反曹是民间传说的主要倾向，在罗贯中时代隐含着人民对汉族复兴的希望。

《三国演义》开创了中国历史小说的先河，代表着历史小说的最高成就。自此以后，文人纷纷效法。在中国文学史上，历史小说便蔚然成为一大潮流。直到现在，中国几千年的历史，都已写成了各种历史小说，无不是对罗贯中历史演义的继承和发展。

《西游记》，吴承恩著。《西游记》的写定者吴承恩（1500—1582），字汝忠，号射阳山人，淮安山阳（今江苏淮安）人。他博学多才，幽默诙谐，在科场上却极不得意，中年以后才补为岁贡生，当了一个小官。不久后他就辞官归隐，以卖文为生。吴承恩对以前取经故事进行了自己的改造，冲淡了故事原有的宗教色彩，丰富了故事的现实内容，并将思想的时代特征深深地印在了小说之中。

孙悟空的艺术形象在故事结构中占据着核心地位，这个神话英雄寄托了人们的生活理想。而且，正因为这是一部幻想性的神话小说，它比现实题材的小说能够更充分地反映出人们内心深处的欲望。从开头美猴王出世到大闹天宫失败，共七回的篇幅集中描绘了孙悟空的基本形象。他天生地长，学会了高强的本领，闯龙宫夺得如意金箍棒，又闹冥司一笔勾掉生死簿上的姓名。于是，他在花果山上自在称王，无拘无束，无法无天。这是人性摆脱一切束缚、彻底自由的状态，是神话中才能表现出来的人对于自由的幻想。但这种自由显然不现实，龙宫夺宝，触犯了四海龙王；阴司复生，违背了生死循环定律。玉皇大帝本想发兵剿灭孙悟空的，听了太白金星奏议，就招他上天做个弼马温。他一开始恪尽职守，但听说弼马温只是个未入流的马夫时，不由得怒火中烧，打出天宫，回花果山做了"齐天大圣"。玉皇大帝发兵征剿失败，只好认可他自封的尊衔，于是他又在天宫里快活。等他察觉这只不过是个有名无实的骗局后，便搅散蟠桃会，偷吃金丹，回到花果山。

这些情节形象地反映了人们与生俱来地渴求在已有秩序中为自己找一个应该的位置。自由和固有的秩序再次发生碰撞，结果是作为个人的孙悟空败给了以玉皇大帝、西天如来、东海观音、太上老君为代表的天宫的整体力量。可以说，彻底的自由的生活欲望和个人尊严的充分满足，反抗一切压制，这在现实环境中是无法实现，也不可能实现的，却是人性中根本的要求；只要社会思想较为开放，它便会自然而然地显露出来。《西游记》的前七回，正是以神话形式满足了人们内在心理中这种不尽合理却根深蒂固的向往。当然，人性的实际处境使小说不可能始终在这一方向上发展，孙悟空的失败，从原型的角度宣告这种奋斗的绝望，即自由的人性不可能不受到现实力量的制约。

《水浒传》，施耐庵著。《水浒传》是我国第一部章回体长篇古典小说，是元末明初的著名小说家施耐庵根据民间关于宋江起义的传闻而写成的。小说主要描写了在北宋徽宗时期，天下流行瘟疫，再加上北宋政治黑暗，于是在山东梁山泊聚集起以宋江为首的108位好汉。他们齐集在忠义堂，打着"替天行道"的义旗，一路上打劫州府，实现着他们济贫扶困的伟大抱负。这给北宋政府以致命的打击，严重动摇了它的统治基础，于是北宋政权对梁山好汉实施了打压政策，最后以宋江为首，带领众人接受了招安。

《水浒传》能够称为我国文学史上地位较高的四大名著之一，不仅是因为它思想丰富，也是由于它艺术手法娴熟。《水浒传》继承且发展了我国古代现实主义和浪漫主义的写作传统，而且巧妙地将二者结合在了一起。

《红楼梦》，曹雪芹、高颚著。曹雪芹，名霑，字梦阮，“雪芹”是他的别号，又号芹圃、芹溪。约生于康熙五十四年(1715年)，卒于乾隆二十七年(1762年)除夕或次年除夕。曹家祖上本是汉人，约于明永乐年间迁到辽东，后被编入满洲正白旗。清初时，他的高祖曹振彦随清兵入关，立有军功，曹家成为专为宫廷服务的内务府人员，家族开始兴盛起来。他的曾祖曹玺的妻子做过康熙的乳母，而祖父则是康熙的伴读。高鹗(1758—约1815)，字云士，号秋甫。

《红楼梦》以爱情故事为中心线索，写的是在贾府这一世代富贵之家从繁盛到衰败的过程中，以贾宝玉和一群“红楼女子”为中心的许多人物的悲剧命运，反映了具有一定觉醒意识的青年男女在封建体制和封建家族的遏制下的历史宿命。这里面包含了曹雪芹自身的家族和个人背景，以及他对人生的认识。

《红楼梦》是一部具有历史深度和社会批判意义的爱情小说。它颠倒了封建时代的价值观念，把人的情感生活的满足放到了最高的地位上，用受社会污染较少、较富于人性之美的青年女性来否定作为社会中坚力量的士大夫阶层，从而表现出对自由的生活的渴望。从而，它也前所未有地描绘出美丽聪慧、活泼动人的女性群像。虽然《红楼梦》始终笼罩着一种宿命的伤感和悲凉，但也始终未曾放弃对美的理想的追求。在引导人性毁弃丑恶、趋向完美的意义上，它是有着不朽价值的。

《儒林外史》，吴敬梓著。吴敬梓(1701—1754)，字敏轩，晚年自号文木老人，安徽全椒人。他家自其曾祖起一直科第不绝，官也做得相当发达，有过五十年“家门鼎盛”(吴敬梓《移家赋》)的时期，但到了他父亲时已经衰败。他少年时代生活还颇优裕，随父亲受到了良好的教育。这种教育并不局限于八股文训练，还涉及经史、诗赋。《儒林外史》全书56章，由许多个生动的故事联起来，这些故事都是以真人真事为原型的。全书的中心内容，就是抨击僵化的考试制度和由此带来的严重社会问题。

《儒林外史》约作于吴敬梓40岁至50岁时，这正是他经历了家境的剧变而深悉世事人情的时期。《儒林外史》是我国古代讽刺文学的典范，吴敬梓对生活在封建末世和科举制度下的封建文人群像的成功塑造，以及对吃人的科举、礼教和腐败事态的生动描绘，使他成为我国文学史上批判现实主义的杰出作家之一。《儒林外史》不仅直接影响了近代谴责小说，而且对现代讽刺文学也有深刻的启发。现在，《儒林外史》已经被译成英、法、德、俄、日等多种文字，成为一部世界性的文学名著。有的外国学者认为：这是一部讽刺迂腐与卖弄的作品，却可称为世界上一部最不引经据典、最有诗意的散文叙述体之典范。它可与意大利的薄伽丘、西班牙的塞万提斯、法国的巴尔扎克等人的作品相媲美。

第八章 重要文化常识

文化无处不在，无时不在，所谓“处处有文化，时时有文化”。本章着重介绍重要的中国文化常识，以求按图索骥，体味我们身边这些文化的魅力。

第一节　社会习俗

社会风俗是历代相沿积久、约定俗成的风尚、礼仪、习惯的总和，是人类在衣食住行、婚丧嫁娶、生老病死、时岁节庆、文化娱乐、宗教信仰等各方面的一种行为规范。这种规范渗透到人们生产、生活的各个方面，主要包括传统节庆、民族禁忌等方面。

一、传统节日

传统节日是一个民族庆祝或者祭祀的日子，是一个民族传统文化的集中表现。我国的传统节日历经数千年的演进，经过了起源、发展、定型的漫长过程，是我国传统文化不断积淀的结果。经过不断的融合与发展，在中国这片960万平方公里的土地上，逐渐形成了以汉族为主体，56个民族同呼吸、共命运的民族格局。因此，在我国，具有重要意义的传统节日可以分为两个部分：一个是汉族文化圈的传统节日，包括春节、元宵节、寒食节、清明节、端午节、七夕节、中元节、中秋节等；一个是少数民族文化圈的传统节日，例如火把节、开斋节、泼水节等。

春节。春节是汉族最重要的，也是最隆重的节日。春节，在古代又被称为元旦、元正、正朔、新正等。一般指除夕和正月初一，是一年的第一天，又叫阴历年，俗称“过年”。但在民间，传统意义上的春节是指从腊月初八的腊祭或腊月二十三或二十四的祭灶，一直到正月十五，其中以除夕和正月初一为高潮。

在春节期间，人们的主要活动有贴春联。春联沿袭自古时的桃符。传说，古时候有神荼、郁垒兄弟二人，居于桃林，常捉鬼怪以喂虎，为民除害。他们死后，人们便于年时，削桃木为符，上书神荼、郁垒的名字，称为“桃符”，借此祛邪避灾。王安石在《元日》诗中所咏“千门万户曈曈日，总把新桃换旧符”，即指此事。春联最早见于五代十国时期，据《宋史·西蜀世家》载：“（孟昶）每岁除，命学士为词，题桃符，置寝门左右。末年，学士幸寅逊撰词，昶以其非工，自命笔题云：‘新年纳余庆，嘉节号长春。’”但是春联真正成为春节的主要活动而流行于民间还在明朝。“春联之设，自明孝陵昉也。时太祖都金陵，于除夕忽传旨：‘公卿士庶家，门上须加春联一副。’太祖亲微行出观，以为笑乐。”（《簪云楼杂说》）自此，贴春联之俗便流传于后世。且不乏佳联妙对。如明太祖就曾赐徐达两副对联，其一曰：“始余起兵于濠上，先崇捧日之心；逮兹定鼎于江南，遂作擎天之柱。”其一曰：“破虏平蛮，功贯古今人第一；出将入相，才兼文武世无双。”（周晖《金陵琐事》）不但写出了徐达的丰功伟绩，更兼气势磅礴，尤显帝王之气。又如，据《楹联词话丛编》记载，紫禁城协和门曾有春联：“协气东来，禹甸琛球咸辑瑞；和风南被，尧阶蓂荚早迎春。”既应了时景，又以藏头的形式应对了地点。

春节的时候，人们还要熬年守岁与放鞭炮。相传，远古的时候有一种怪兽叫作“年”。每逢寒冬将尽、新春快来之时便出来噬人。为了防止“年”四处掠食，古人便整夜围在火炉边，不断地向火炉之中投放竹子，利用竹子燃烧时发出的“噼噼啪啪”的声音吓走“年”兽。这种整夜不休的习俗就是后来的守岁，燃烧竹子使其发出爆裂的声音的方法渐渐演化为春节时燃放鞭炮。

吃年夜饭也是春节里不可缺少的一环。据《五礼通考》载：大傩以禳疾，命国为酒，以合三族君子。意思是说，在除夕之夜，（皇族等）举行仪式以禳除疾病灾难，并置办丰盛的酒席，以此来使三族之民众团结在一起。因此，年夜饭就是团圆饭。又因为年夜饭带有某种祭祀或祈福的意思，所以年夜饭也很讲究，一般情况下，饺子、汤圆、鱼是必不可少的。饺子又称“交子”“娇耳”，既有新旧交替之意，又有顺从上苍之意，象征着圆满的归宿。汤圆则象征着合家团圆。鱼与“余”同音，象征着年年有余。总而言之，年夜饭寄托了中国人对未来生活的美好愿景。

春节期间的主要活动还有很多，例如扫尘、祭天等。有民谣说：“二十三，祭灶官；二十四，扫房子；二十五，磨豆腐；二十六，去割肉；二十七，杀只鸡；二十八，蒸枣花；二十九，去打酒；年三十儿，捏造鼻儿（饺子）；大初一儿，撅着屁股乱作揖儿。”

元宵。农历正月十五，叫“元宵节”，又称为“上元节”“元夕节”“灯节”。是有着悠久历史的传统节日。

关于元宵节的来历，据史书记载，“汉家常以正月上辛祠太一甘泉，以昏时夜祠，到明而终。”（《史记·乐书》）也就是说，汉武帝时，常常在正月上辛时祭祀太一神，即太阳神。这种祭祀活动从黄昏时开始，一直持续到天亮。这种习俗保留了下来，成为后世的元宵节。

另有一说是，元宵燃灯的习俗起源于道教的“三元说”。上元，含有新的一年第一次月圆之夜的意思。上元节的由来，《岁时杂记》记载说，这是因循道教的陈规。道教曾把一年中的正月十五称为上元节，七月十五为中元节，十月十五为下元节，合称“三元”。汉末道教的重要派别五斗米道崇奉的神为天官、地官、水官，说天官赐福，地官赦罪，水官解厄，并以三元配三官，说上元天官正月十五日生，中元地官七月十五日生，下元水官十月十五日生。这样，正月十五日就被称为“上元节”。

在元宵节的时候，人们的主要活动是放灯。这种习俗一说与佛教的传入有关，汉明帝时，为了弘扬佛法，下令在正月十五夜燃灯礼佛，由此渐渐演化为元宵节放灯的习俗；另说与道教有关，由于“正月十五日元夕节，乃上元天官赐福之辰。”说天官赐福，地官赦罪，天官喜乐，故上元节要燃灯。

正月十五吃元宵。“元宵”作为食品，在我国也由来已久。宋代，民间即流行一种元宵节吃的新奇食品。这种食品，最早叫“浮元子”，后称“元宵”，生意人还美其名曰“元宝”。元宵即“汤圆”，是以白糖、玫瑰、芝麻、豆沙、黄桂、核桃仁、果仁、枣泥等为馅，用糯米粉包成圆形，可荤可素，风味各异，可汤煮、油炸、蒸食，有团圆美满之意。

元宵节除了庆祝活动外，还有信仰性的活动，那就是“走百病”。“走百病”，又称“烤百病”“散百病”，参与者多为妇女，她们结伴而行或走墙边，或过桥，或走郊外，目的是驱病除灾。

清明。清明节一般与寒食节相和而成，时间一般在冬至日之后的第一百零五天，是我国唯一与节气重合的节日。清明作为三月份的第一个节气，其含义是“万物生长此时，皆清洁而明净”，本意是农耕节，后来由于其前一天是寒食节，渐渐变成祭祀先人的一个节日。据《春秋左传》载，晋文公流亡时，介之推割股食君，及文公复国，介之推不受其禄，与母隐于绵山，文公焚山以求，介之推拒不出山，抱树而死。文公乃下令于此日禁火，以寄哀思。后来相沿成俗。

在寒食节时，人们禁烟冷食。寒食节古代也叫“禁烟节”，家家禁止生火，都吃冷食。但因国人追悯先贤之情执著，从东汉到南北朝屡禁屡兴，唐代皇家认可并参与。所谓“子推言避世，山火遂焚身。四海同寒食，千秋为一人。”（唐·卢象《寒食》）。

寒食插柳。柳为寒食节象征之物，原为怀念介之推追求政治清明之意。早在南北朝《荆楚岁时记》就有“江淮间寒食日家家折柳插门”的记载，安徽、苏州等地还盛行戴芥花、佩麦叶来代替插柳枝。据各地史籍记载：“插柳于坟”“折柳枝标于户”“插于檐”“插柳寝灶间”“亦戴之头或系衣带”“瓶贮献于佛神”“门皆插柳”，故民间有“清明（寒食）不戴柳，红颜成白首”之说。

至于清明节，民间的主要活动就是上坟，祭祀祖先。这本是寒食的习俗，唐代以来逐渐合并于清明，才成了清明节的习俗。

端午。端午节在农历的五月初五，又称“端阳节”。其来源说法不一，或认为来源于吴越地区的图腾崇拜，或认为与屈原有关，或者以为五月五日是“恶日”，端午节的活动是为了辟邪。每种说法都有其合理性，或者因为人们对屈原的爱戴之情深厚，以至于种种传说附加于其上也未可知。屈原，名平，与楚同姓，是我国伟大的爱国诗人。早年受楚怀王信任，任左徒、三闾大夫，常与怀王商议国事，参与法律的制定，主张章明法度，举贤任能，改革政治，联齐抗秦。屈原提倡“美政”。在屈原的努力下，楚国国力有所增强。后来楚王听信谗言，疏远屈原。史书记载其为“信而见疑，忠而被谤”。但是屈原仍然对楚国怀有一片赤诚之心，闻秦破楚，乃投江而死。

端午节时候的划龙舟活动，传说是当地人为了抢救屈原；吃粽子则是为了保护屈原的尸体不被水里的鱼吃掉。

在端午节期间，人们要饮用雄黄酒。因为雄黄“其主杀精物恶鬼邪气，及中恶腹痛鬼疰者，盖以阳明虚则邪恶易侵，阴气胜则精鬼易凭，得阳气之正者，能破幽暗，所以杀一切鬼邪，胜五兵也。”（缪希雍《神农本草经疏》）因为五月五日是“恶日”，所以驱邪者，非雄黄莫属。

七夕。七夕，在农历的七月初七，又叫作“乞巧节”。这个节日来源于牛郎和织女的传说。相传，“天河之东有织女，天帝之子也。年年机杼劳役，织成云锦天衣，容貌不暇整理。天帝怜其独处，许嫁河西牵牛郎。嫁后遂废织衽，天帝怒，责令归河东，但使其一年一度相会。”（《天中记》）而牛郎和织女相见的日子就是七月七日。

“七月七日为牵牛织女聚会之夜……是夕，人家妇女结彩缕，穿七孔针，或以金银鍮石为针，陈瓜果于庭中以乞巧，有喜子网于瓜上，则以为符应。”（梁·宗懔《荆楚岁时记》）也就是说，在七夕节的晚上，很多女子用或者穿七个孔的针，或者摆列瓜果等方式来进行乞巧。

但是从后来的民间传说和一些习俗来看，七夕又是具有爱情色彩的节日，因此现在也有人称之为“东方情人节”。而最为大家熟悉的关于七夕的爱情故事，除了牛郎织女之外,那就是“在天愿作比翼鸟,在地愿为连理枝”的唐明皇和杨贵妃的故事了。

中元。中元节又称鬼节、盂兰盆节。前文在论述上元节时已经提到“三元”,由于中元地官是七月十五日生日,因此,中元节就是纪念地官的节日。

佛教传入后,佛教徒根据印度的一种佛教仪式追荐祖先,佛教也在这一天举行超度法会,称为“屋兰玛纳”(梵文ULLAMBANA),也就是“盂兰会”。盂兰盆的意义是倒悬,人生的痛苦有如倒挂在树头上的蝙蝠,悬挂着,苦不堪言。为了使众生免于倒悬之苦,便需要诵经,布施食物给孤魂野鬼。此举正好和中国的鬼月祭拜“不谋而合”,因而中元节和盂兰会便同时流传下来。

在这一节日里,除了道教、佛教的一些活动之外,在民间流传的活动主要是祭祖。祭祖在阴历七月十五日,所以简称为“七月半”祭祖。那时盛夏已经过去,秋凉刚刚开始。民间相信祖先也会在此时返家探望子孙,故须祭祖。祭拜的仪式一般在七月底之前傍晚时分举行,并不局限于特定的一天。平常日子要对先人祭拜,一般都不动先人的牌位。到“七月半”祭祖时,则要把先人的牌位一位一位请出来,恭恭敬敬地放到专门做祭拜用的供桌上,再在每位先人的牌位前插上香,每日晨、午、昏,供三次茶饭,直到七月卅日送回为止。有先人画像的,也要请出挂起来。祭拜时,依照辈分和长幼次序,给每位先人磕头,默默祷告,向先人汇报并请先人审视自己这一年的言行,保佑自己平安幸福。送回时,烧纸钱衣物,称烧“包衣”,或进行佛门或道教的超度法事。在江西、湖南的一些地区,中元节是比清明节或重阳节更重要的祭祖日。

中秋。中秋节在农历八月十五。因为按照农历,七、八、九月为秋季,而八月十五在秋季之正中,因此叫作中秋节。关于中秋节的来历,也是说法纷纭,莫衷一是。其中流传最广的是“嫦娥奔月”的故事。嫦娥为后羿之妻,后羿射日有功,王母赐其仙药,嫦娥偷吃仙药举而飞升,最后到达月宫。此日便是中秋。

在中秋节,人们要拜月、赏月。其中拜月的习俗源自上古时期的月亮崇拜,并借此表达自己花好月圆、人寿年丰的美好愿望。而在拜月的同时,也产生了赏月的习俗。这在传统文学里面经常可以见到。例如:“嫦娥应悔偷灵药,碧海青天夜夜心”“露从今夜白,月是故乡明”等等。

在这一节日里,人们还要吃月饼。吃月饼的习俗唐代已有,而到元末明初时为盛,据说当时的汉族人为了反抗元朝的统治,用月饼约定起义的时间。金庸小说《倚天屠龙记》在“举火燎天何煌煌”一回中描写道:“是晚月明如昼,诸路教众席地而坐,总坛的执事人员取出素馅圆饼,分飨诸人。众人见圆饼似月,说道这是‘月饼’。后世传说,汉人相约于八月中秋食月饼杀鞑子,便因是夕明教聚义定策之事而来。”这虽是小说家言,但是其所说明的月饼在元末明初时广泛流行的原因,却是不错的。

重阳。重阳节又叫作登高节，在农历的九月初九日。古人认为单数为阳，双数为阴。而九又是最大的单数，被视为阳数的代表，所以九月九日被称为重阳节。重阳节来源于道教典籍。据《续齐谐记》记载："汝南桓景随费长房游学。累年，长房谓曰：'九月九日，汝家中当有灾，宜急去，令家人各作绛囊，盛茱萸以系臂，登高饮菊花酒，此祸可除。'景如言，齐家登山。夕还，见鸡犬牛羊一时暴死。长房闻之曰：'此可代也。'"今世人九日登高饮酒，妇人戴茱萸囊，盖始于此。意思是说，在九月九日这一天，桓景和家人登高避难，家中的鸡犬牛羊代替他们死去了。后来就演化为重阳节登高、饮酒、插茱萸的节日习俗。究其本末，无非是驱邪避凶之意。而该节日的一些习俗，比如登高等，往往容易引起人们的思乡、怀亲等情感。唐代诗人王维的《九月九日忆山东兄弟》一诗，描写的就是这种感情。

汉民族文化圈的传统节日，其习俗大多是在农业文明影响下的一种表现。例如人们重视生产、生活经验的积累，这种习惯渗透到民族节日中就演化为祭祖等活动。总而言之，汉民族文化圈中的传统节日，是古代农业生产、祖先崇拜以及原始禁忌综合影响下的产物。

在汉民族文化圈外，我们足下的这片土地上还存在着少数民族文化圈。在这个文化圈内，影响比较大的传统节日有火把节、开斋节、泼水节和那达慕大会等。

火把节。火把节是四川、云南一带彝族、白族的传统节日。过节时间是农历六月二十四日至二十五日。有的地区是农历的七月，且没有固定的日期，节期共三天。各地都有不同的仪式。

节日的第一天，各村寨都要杀牛。因宰杀前要先用木棒将牛击昏，故名"打牛"。将牛肉砍成大小均匀的"坨坨肉"煮熟食用。入夜，男女老幼手持火把奔驰于田间、村寨、山坡及广场，驱除虫害。

第二天和第三天是节日的高潮期，家家户户都要在门前竖一个火把，村村寨寨都要扎个大火把，选一根三四丈长的青松或翠柏，拾一堆松枝和干柴，把树围成巨大的宝塔，顶端放一根黑木，将一串串红花、海棠挂在翠木上，似美丽的"仙女"屹立在广场中央。

晚饭过后，锣声、号声一响，村村寨寨、山山岭岭的火把，流入集中点广场，大家点燃火把，或用松粒撒火把。顿时火光冲天，锣鼓声、欢呼声响成一片。老年人怀着节日的喜悦举杯畅饮；青年男女在胡琴、笛子的伴奏下翩翩起舞；有的弹着三弦、月琴歌唱，有的吹着芦笙在人群里欢跳。同时还要举行斗牛、摔跤等娱乐活动。有的地区还打着千百支火把上山漫游、聚集饮酒，彻夜不眠，尽情欢度。

关于节日的由来，说法不一。不同地区有不同传说。一说古代有一年七月，天上有一骄横的大力士与人间勇士阿提八拔比赛摔跤，结果败于人间勇士。他怀恨在心，狼狈地回到天上，在天神面前搬弄是非，天神不分黑白曲直，就派遣害虫到地面糟蹋庄稼，危害人民。当时正是农历六月二十五日，人们点燃火把、松枝，各村纷纷出动到田间驱除虫害，战胜了天神。为了防止害虫再来伤害庄稼，每年这个时间，彝、白、纳西、佤、傈僳等族均要手执火把，奔赴田间村头寨边，驱除虫害，预祝农业丰收。火把节就这样传下来了。或有他说，不一一列举。

开斋节。开斋节是阿拉伯语“尔德·菲图尔”的意译，是伊斯兰教的重要节日之一。伊斯兰教规定，穆斯林在教历9月内斋戒一月，封斋第29日傍晚如见新月，次日即为开斋节；如不见，则再封一日，共为30日，第二日为开斋节，庆祝一个月的斋功圆满完成。回族将开斋节视为最大的节日，因此将开斋节称为“大尔德”。但维吾尔族认为古尔邦节才是最大的节日，将开斋节称为“肉孜节”。

开斋节当天，人们沐浴净身，身着盛装，或手持经香，聚集到清真寺或出荒郊参加庄严盛大的节日会礼并向穷人施散“开斋捐”，然后开始热闹的节日活动。家家户户都备有丰盛的节日食品，如馓子、糖果、点心等，人们走亲访友，路途相逢道“色兰”互相祝贺节日。节日期间，哈萨克、塔吉克、柯尔克孜等族还举行叼羊、赛马、射箭等活动。

那达慕。“那达慕”是蒙古语音译，意思是“娱乐”或者“游戏”。每年农历的六月初，蒙古族聚居的地方都要举行传统的“那达慕”大会。大会的规模不一，节期也视规模而定，一般在两三天至五七天不等。

过去，“那达慕”大会开始后要进行大规模的祭祀活动，喇嘛们要焚香念经、祈祷神灵保佑，消灾去难，祝福草原牛肥马壮、人畜两旺。现在，大会开始后，主要活动内容是进行各种竞技比赛和歌舞娱乐。

通常大会进行的第一项比赛就是摔跤，摔跤采取一次淘汰制。比赛开始，摔跤手们先是唱着摔跤歌，跳起传统的摔跤舞。仪式完后，双方便挥舞双臂，展开搏斗，连胜群雄夺得冠军者有重奖。

摔跤比赛之后便是赛马。精骑善射是蒙古族牧民的特长，比赛时，骑手们腰扎彩带，头缠彩巾，一字排开，随着号角一声长鸣，骑手们飞身上鞍，扬鞭策马，犹如万箭齐发。先到终点者便成为草原上最受人赞誉的健儿。

民间传说，“那达慕”始于汉代，王昭君出塞时，草原人民就曾以这种盛大的活动迎接她。最早记载“那达慕”活动的是1225年用蒙古文铭刻在石崖上的《成吉思汗》，说成吉思汗当年征服花剌子模后在返回途中就举行过一次庆贺胜利的“那达慕”大会。元、明两代，摔跤、赛马和射箭结合在一起，形成男子三项“那达慕”大会比赛的固定形式。清代，“那达慕”逐步变成由官方定期召集的有组织、有目的的游艺活动。

泼水节。傣族的泼水节就是傣历新年，于每年农历四月中旬举行，是傣族最隆重的节日。在西双版纳，泼水节上，男女老幼都互相泼水祝福，泼水节期间还要在澜沧江上举行划龙舟比赛，燃放升高（土火箭），开展群众性的歌舞活动，一般是欢庆三天。第一天为初夕，是送旧岁的日子；第二天（或加上第三天）空日，它不属于旧的一年，也不属于新的一年；第三天为傣历的元旦，也是傣历新年中最热闹的一天。这一天，人们相互泼水，相互祝福。“一年一度泼水节，看得起谁就泼谁。”青年男女穿着盛装，泼水嬉戏，传递着真挚的友谊和爱情。欢乐的圣水把人们一年的烦恼、忧伤都冲洗得干干净净。

关于泼水节的来历，当地传说古代有一个作恶多端的魔王，人们都憎恨他。他抢来的七个姑娘美丽而聪慧，她们从魔王口中得知，用魔王的头发勒魔王的脖子，就能将魔王置于死地。为了拯救傣族人民，七个姑娘用这个办法杀死了魔王，魔王人头落地，燃起熊熊大火，姑娘们抱起魔王的头，火也就熄灭。为了不烧毁傣家村寨，七个姑娘轮流抱住魔王的头，至第99天大火熄灭。七姐妹互相泼水，冲去身上血污。傣族人为纪念她们，每逢新年就以泼水来共度节日，从此形成了送旧迎新的泼水节。傣族人在泼水节还要排成队伍，敲着锣鼓，擂起脚鼓，集体跳起“依拉贺”舞，挨家挨户去拜年，祝贺新年愉快，万事如意。

少数民族还有许多其他的传统节日。限于篇幅，不一一列举。

二、民族禁忌

禁忌是一个民族在不同的自然环境和社会交际之中，自发地、逐渐地形成的一种复杂的社会文化现象，是几千年来的文化积淀。各民族的禁忌习俗古老神秘、源远流长，渗透于他们的衣食住行、言谈举止、婚育丧葬和岁时年节等日常生产和生活的各个领域。

在人类社会形成的蒙昧、低级的阶段，生产力和认识水平十分低下，原始人的思维相当简陋和感性，是一种本能的“纯粹畜群的意识”。他们不能把自身与外在世界、主体与客体、个体与群体、精神与物质区分开来，日月星辰的明灭、春夏秋冬的交替、山川草木的枯荣兴衰、人自身的生老病死，都会令原始人觉得不可思议。自然界作为一种现存的、外在的、确定的存在物，对于原始人来说是一种变幻莫测的，既无法离开又十分陌生、恐惧的世界。当原始先民对外界超自然力的恐怖、畏惧无法解脱，对日月星辰变化的疑虑和担心无法化解，特别是各种矛盾缠绕他们又无法解决时，在生存本能的驱使和“万物有灵”的观念的支配下，为了避免灾难，保护自己，控制自然，便对超自然神秘力量加上若干禁制，祈求通过自我的约束控制，将鬼神的神秘力量转化为“护己”的武器，从而避免可能遭到的厄运和惩罚，这样就形成了最早的禁忌。

虽然社会在不断地发展，但是禁忌还是存在于人们的日常生活之中，发挥着不可替代的作用。这些作用主要表现在以下几个方面:①禁忌具有法律的警示、扼制、保护功能。②禁忌具有法律的制裁和惩罚功能。③禁忌具有社会协调、整合的功能。

禁忌是人类普遍具有的文化现象,而且这种文化现象作为民族规范性文化的一种重要的形态,几乎涉及了各民族社会生活的各个方面,同时各个民族又具有各自独特甚至独有的禁忌文化。因此,我们将民族禁忌分为以下几种:

宗教禁忌。宗教禁忌是一种历史悠久且极其复杂的社会文化现象,传统社会中的禁忌几乎都是宗教禁忌。一方面,宗教禁忌源于冥冥中的神灵(灵魂)观念;另一方面,神秘主义的因素也是宗教禁忌之宗教性的不可或缺的一个重要方面。如回族族民禁带忌物进入清真寺、回族墓地和清真饭店,严格遵守伊斯兰教教义的规定。藏族最崇信佛教,在寺院周围,特别禁止砍伐树木、破坏森林、打猎杀生、吵闹酗酒、唱山歌,以免影响了神圣的宁静,破坏了佛家的戒律。

图腾禁忌。图腾崇拜是迄今所知人类历史上的第一种宗教制度。图腾禁忌从一开始就是以宗教信仰与宗教情感为基础的。被视为图腾的多是原始人狩猎或采集的对象——动物或植物。在他们心目中,自己氏族的祖先是从动植物或一些非生物转化而来,或人与这些自然物相交而来,他们认为这些自然物就是他们的祖先,或这些自然物曾庇护、保佑了他们的祖先。因此,他们在各个方面对这些自然物顶礼膜拜,并以其名称作为自己氏族的名称或标记,这就是“族徽”。图腾崇拜本身就是一个禁忌系统,图腾禁忌能够保护氏族以及成员与图腾祖先的神秘联系免遭破坏,保证图腾动物(植物)与氏族共同繁荣,强化旨在维系氏族生存的社会秩序。如鄂伦春人称公熊为“雅亚”或“合克”(祖父),称母熊为“太帖”或“鄂我”(祖母)。

语言禁忌。语言禁忌实质上包括两个方面:一是语言的灵物崇拜(语言拜物教),二是语言的禁用或代用。语言禁忌首先具有民族性,各民族的文化模式都有其特色;其次,语言禁忌具有共同性,各民族的语言禁忌在形成过程中有许多相似的因素;再次,语言禁忌具有宗教性,各民族中的原始宗教以及佛教、伊斯兰教、基督教、天主教、东正教等都有自己的禁忌规范,宗教信仰的多样性也决定了语言禁忌的多样性。如:藏族在与人谈话时,别人不得直提已故亲人的名字;如果部落中或村子里死了人,为了避讳提到亡人的名字,凡同村或同部落中重名者必须改名。

生产禁忌。生产禁忌是生产劳动过程中形成的禁忌习俗,如不论春播还是夏收,都要选择吉日。在民间禁忌中,时令、节气总是与生产禁忌联系在一起的,其主要含义或目的在于保佑农事、生产和生活的顺利与丰收。人们为了土地生产能获得丰收往往都会遵循该民族或该地区的生产禁忌。如我国阿昌族立春日忌打井水,犯忌会使水井枯竭或引发水灾;立秋日禁止下菜地,以免蔬菜生长不旺;禁止下河、下塘洗浴等,否则会招致秋冬旱灾。

随着生产力的发展、人们认识水平的提高,禁忌的传承在实践的过程中会发生分化和变异,一部分禁忌被淘汰、摒弃,但有一部分禁忌为习惯所吸收或其本身就是习惯的一部分,经过一番扬弃与改造,渐渐演变为习惯法,以致融入其后的法律、法规中,成为人们认真遵守、实践的行为模式。

民族禁忌举隅:

避讳。避讳是我国古代历史上的一种特殊的习俗,即对君主或者尊长的名字,不能直接说出和写出。避讳起源于周朝,据《礼记》记载:“入境而问禁,入国而问俗,入门而问讳。”凡到他人家中,要先问人家的名讳,以免在交谈中因犯讳而失礼。

关于避讳的对象,主要有以下几个:①君主。古代社会法度森严,君主处在绝对权威的位置,因此要对当代皇帝和本朝历代皇帝之名进行避讳。②长官。下属要讳长官本人及其父祖的名讳。③圣贤。主要指要回避至圣先师孔子以及亚圣孟子的名讳。④长辈。要避父母及祖父母之名。

关于避讳的方法主要有以下几种:①改字形。改字形即改用近义字词或者增减笔画来避讳,比如户部原名“民部”,因为避唐太宗李世民的讳,所以改成“户部”。②改字音。改字音即在多音字方面读为另外一个音。如,正月之正原来读为去声,为避秦始皇嬴政的讳,所以读为阴平。③改字法。改字法即遇到避讳的字时用别字代替,如《千字文》的开头“天地玄黄,宇宙洪荒”,为避康熙帝玄烨的讳,而改为“天地元黄,宇宙洪荒”。④空字法。空字法即遇到避讳的字,采用空一格或者打一框或者用讳、某等字代替。

性别。性别禁忌主要是针对女性。古籍中关于对女性厌忌的事例俯拾皆是。在《诗经》中,便以妇女为不祥的猫头鹰,并以女人为祸水。《汉书·李陵传》说:“‘吾士气少衰而鼓不起者,何也?军中岂有女子乎?’始军出时,关东群盗妻子徙边者随军为卒妻妇,大匿车中。陵搜得,皆剑斩之。明日复战,斩首三千余级。”军中忌讳女人的原因是怕影响士气和战斗力。

视女人为祸水,原因在于女人的血水,主要是经血。在原始的万物之灵中,血被视为灵中之灵,受到特殊的信仰。《淮南子·精神训》中说:“血气者,人之华也。”古人不知血的制造过程和作用,只是由种种实在的事例体味到血之重要:他们亲自看到动物和人受伤就会血流如注,若是血流不止就会死亡。而当他们发现妇女的经血排出后对人体无任何影响,闭经却对身体有害时,便认为经血与一般的血不同,为毒物、污物。经期妇女便为不祥之人。由于不知道妇女是不是处在经期中,为了保险起见,在一些特殊的场合,对所有的女性都有所禁忌。例如:在逢年过节祭祀祖先和鬼神的时候,是严禁妇女参加的。

对于女性的禁忌，不仅仅专指经期的妇女，也包括孕妇、产妇以及寡妇等。在鲁迅先生的小说《祝福》里面，由于祥林嫂是寡妇，而且是再嫁之人，所以鲁四老爷家关于祭祀的东西都不许祥林嫂接触。这些描写就生动地展现了关于性别禁忌的一面。

性别禁忌产生于男权社会，随着社会的发展，它应该被历史淘汰掉。

数字禁忌。数字是人们在日常生活的言语交际中经常使用到的文字。各民族在对数的运用过程中，认为数是神秘莫测的，因而也就把数字神秘化，赋予神圣的性质。于是，在人们的观念里，数字也就有了善恶之别、吉凶之分。吉祥的数字令人高兴，乐于使用，罪恶的数字使人倒霉。所以，罪恶的数字是对人们有危害的。而凡是有危害的数字就是人们禁忌的数字。

对数字的禁忌分为两种，一种是不吉利的数字，如一些单数和“四”等；一种是代表特定年龄的数字，比如三十六、七十三、八十四等。

单数，在某些场合下是表示不吉利的，例如结婚典礼不会选择在单数的日子里举行，就是害怕有鳏寡之灾。人们在赠送礼品的时候也往往会规避单数，这是取好事成双之意而忌讳单数。至于“四”，因其谐音为“死”，所以为人们所忌讳。

那些代表特定年龄的数字之所以为人们所忌讳，大概是出自人们对待往圣先哲的尊敬之情。例如，三十六，是火烧赤壁的一代儒将周瑜的享年；七十三，是至圣先师孔子的享年；八十四，是亚圣孟子的享年。因此，这些数字所代表的年龄被人们视为人生的重要关口。俗语说：“七十三、八十四，阎王不叫自己去”，所以为老人们所忌讳。

在中华大地上，存在着五十六个民族，每个民族的生产生活条件、方式不同，也形成了不同的禁忌习俗。这些习俗有些已经是过时的糟粕，有些却对我们的日常生活起着约束性的作用，使我们心存敬畏，以便与自然和谐相处。因此，对待这些习俗我们一定要采取扬弃的方式，使之能为我们的生活更好地服务。

三、姓名与字号

姓名是指人们在社会交往中用来代表个人的符号。在古代，姓名不仅仅包括姓和名，还有氏、字、号等。

姓与氏。关于姓氏的由来，吕思勉先生在《中国文化史》里面论述族制之时，有这样一段论述：

人类愈进步，则其分化愈甚，而其组织的方法亦愈多。于是有所谓血族团体。血族团体，其初必以女子为中心。因为夫妇之伦未立，父不可知；即使可知，而父子的关系，亦不如母子之密之故。如上章所述，人类实在是社群动物，而非家庭动物。所以其聚居，并不限于两代。母及同母之人以外，又有母的母，母的同母等。自己而下推，亦是如此。逐渐成为母系氏族。每一个母系氏族，都有一个名称，是即所谓姓。

一姓总有一个始祖母的，如殷之简狄，周之姜嫄即是。

也就是说，所谓的“姓”，源于母系氏族的族号。

姓在社会生活中的作用主要是明血缘，别婚姻。也就是说，在母系氏族的社会里，很容易发生近亲交配的现象，随着生产力的发展和思维水平的提高，为了避免近亲交配所带来的恶果，便产生了群婚制，即族外婚姻，族内禁止通婚。正如《白虎通义·姓名》中说的那样：“人所以有姓者何？所以崇恩爱，厚亲宗，远禽兽，别婚姻也。”

随着时间的推移，一姓之内，子孙繁衍，因此在同一氏族内又分为若干个分支分散到各地。而每一分支都要有一个符号作为标志，这种符号就是“氏”。

因此，“姓”是一种族号，“氏”是姓的分支。“姓”是母系血统，是不变的；“氏”是氏族分支，是可变的。“姓”的作用是“别婚姻”，而“氏”的作用是“明贵贱”。所谓“三代之前，姓氏分而为二，男子称氏，妇人称姓。氏所以别贵贱，贵者有氏，贱者有名无氏。姓所以别婚姻，故有同姓、异姓、庶姓之别；氏同姓不同者，婚姻可通。姓同氏不同者，婚姻不可通。三代之后，姓氏合而为一，皆所以别婚姻，而以地望明贵贱。”（宋·郑樵《通志·氏族略序》）也就是说，在先秦时期，姓和氏是两个不同的概念，直到后来才将姓和氏合二为一。据顾炎武《日知录》，“姓氏之称，自太史公始混而为一”。

在古代，姓、氏的形成有各种不同的途径。大致说来主要有以下几种：①以氏为姓。这是最早产生的姓。即原始氏族公社时期氏族部落的标记，后世沿用，形成普通的姓氏。如：姚、姜等。②以封地、封国为姓。周朝建立之后，分封诸侯。诸侯又将自己的封国分封给士大夫，称为“采邑”。这些人就以国名为姓。如：齐、宋、韩、魏、赵等。③以官职为姓。如：上官、司马、尉等。④以祖先的名号、爵号、谥号为姓。如：公孙、王、侯、穆等。⑤以居住地的方位、景物等为姓。如：西门、东郭等。⑥以职业为姓。如：屠、贾、祝等。⑦以氏族的图腾为姓。如：马、牛、羊等。⑧以排行为姓。如：孟、仲、叔、季等。⑨以数字为姓。如：万、千等。⑩由少数民族的姓氏转化而来。如：元、慕容、呼延等。

郡望。在宗法社会，姓氏不仅仅标志着一个人的血统，也标志着一个人的门第和社会地位。特别是汉魏以来，随着门阀制度的盛行，更是将姓氏分为三六九等。王侯将相的姓氏取得了尊贵的地位，因此形成了所谓的望族。“旧时王谢堂前燕，飞入寻常百姓家。”诗句里提到的王、谢二姓，就是魏晋时期的名门望族。到宋代，由于是赵家的天下，因此启蒙读物《百家姓》便将赵姓列在了首位。

由于推崇高门大姓，便产生了“郡望”意识。所谓“郡望”，是指某一姓氏世居某地而为人们所仰望，实际上体现的是一个姓氏在社会上的影响。如赵姓，其郡望是甘肃天水；杨姓，郡望在弘农等。

随着社会的进步，门阀制度走向消亡，郡望意识早已淡化。但是，由于其在社会经济文化发展过程中的特殊表现和独特的作用，郡望仍然有很大的影响。如在一些学术著作或文学作品当中，经常可以见到以郡望为代表的称谓，如“天水一朝”专指宋朝等；在一些民居上也可以见到一些“彭城流芳”等字，则代表这家家主姓刘。

名、字、号。名是社交活动中每个人的代号。《礼记》中说，“名者，人治之大者也，可无慎乎?”把“名”提到治理国家的高度，可见古人对“名”的重视程度。因此在命名的时候，需要遵守很多的规范。例如《左传》里就提到了命名时的一些规定：“名有五：有信、有义、有象、有假、有类。以名生为信，以德名为义，以类名为象，取于物为假，取于父为类。不以国，不以官，不以山川，不以隐疾，不以畜牲，不以器币。周人以讳事神，名，终将讳之。故以国则废名，以官则废职，以山川则废主，以畜牲则废祀，以器币则废礼。晋以僖侯废司徒，宋以武公废司空，先君献，武废二山，是以大物不可以命。”简单说就是有命名的方式，命名的时候要遵守六条禁忌，如若不然，则要进行改名。

秦汉以后，命名的要求便没有以前那么严格了。

古人除了名之外，还要有字。当一个男子长到二十岁的时候，除了要举行加冠礼，即成年礼之外，还要给他取一个字。因为，“冠而字之，成人之道也”。也就是说，一个男子成年之后，长辈之前给的名已经不适合在成人的交际场合称呼了，要取一个能够供平辈或晚辈称呼的字。因为在古时直呼其名是不合礼法的。

取字的时候，一般要遵守“名字相应”和“字以表德”的原则。因此，名和字的关系主要有以下几种：①同义互训，即名与字意思相同。如诸葛亮，字孔明。“亮”与“明”同意。②同类相及，即名与字意义相辅。如《神雕侠侣》中的杨过，字改之。因为有“过”，所以“改之”，取“过而能改，善莫大焉”之意。③近义联想，即名与字的意义由此及彼。如苏轼，字子瞻，意义为乘车之时登轼而望。④反义相对，即名与字意义相反。如朱熹，字元晦。熹与晦意义相反，一明一暗。⑤化用经典，即根据古书古典来取名与字。如王维，字摩诘。名与字便是根据佛教经典《维摩诘经》取的。

除了名字以外，古人还有号。号是一种别称，也叫别号。古人，特别是文人，往往根据自己的住地和志趣等为自己取号。如李白号青莲居士，苏轼号东坡居士，李清照号易安居士等。别号是自己为自己所取，不受家族和行辈的限制，因此能够比较真实地表达使用者的情操和志趣。如明末清初的著名画家朱耷给自己取号为“八大山人”，因为“八”和“大”竖着写的时候似“哭”非“哭”，像“笑”非“笑”，寓意“哭笑不得”，表达了其怀念故国的悲愤之情。

此外，还有绰号。绰号大多是别人所取的别号。在古典小说中，大多数的形象都有绰号，如《水浒传》中的一百单八将，每一个都有其绰号。这些绰号或者说明人物的生理特征，或者表明人物的性格特征，或者指出人物的本领特长。由于这些绰号能够准确地描述一个人的特点，所以为人们所熟知。

在人际交往中，如何称呼自己与他人，有着一系列的规定和要求。一般来说，自称之时用谦称，称呼别人之时用尊称。略举如下：①用于对自身的谦称。古人在人际交往中常称自己为鄙人、仆、愚、不才、不敏、后学、晚生等，以示谦卑虚心。②用于对他人的尊称。古人对于其他人不直呼其名，而是尊称夫子、先生或者称呼对方的官职、郡望、谥号等。如称呼王安石为王荆公，称呼杜甫为杜拾遗，称呼岳飞为岳武穆等。

四、生肖与人生

生肖文化是一种俗文化，是中华传统文化的重要组成部分。十二生肖，在古时候又叫作十二禽、十二兽、十二神等，即民间所称的十二属相。

生肖的来历。生肖文化源远流长，我们现在能够见到的关于生肖最早的记录是在《诗经》里。《诗经·小雅·吉日》记载："吉日庚午，即差我马。"这是最早把十二地支和属相联系起来的文献记载。然而，当时的十二生肖与现在的不完全相同，例如在云梦秦简中，与午相对应的不是马，而是鹿；与未相对的不是羊，而是马。直到东汉时期，王充所著的《论衡》中所提及的十二属相才与现在的相同。

关于生肖的由来，众说纷纭。有人认为生肖文化是外来的，是舶来品。也有人主张生肖文化产生于本土。据宋代王应麟《困学纪闻》记载："朱文公尝问蔡季通，十二相属起于何时，首见何书。又谓以二十八宿之象言之，唯龙与牛为合，而他皆不类。至于虎当在西，而反居寅；鸡为鸟属，而反居酉，又舛之甚者。《韩文考异·毛颖传》：'封卯地'，谓十二物未见所从来。愚案'吉日庚午，既差我马'，午为马之证也。季冬出土牛，丑为牛之证也。蔡邕《月令论》云，十二辰之禽，五时所食者必家人所畜，丑牛、未羊、戌狗、酉鸡、亥豕而已，其余虎以下非食也。《月令正义》云，鸡为木，羊为火，牛为土，犬为金，豕为水，但阴阳取象多涂，故午为马，酉为鸡，不可一定也。十二物见《论衡·物势篇》，《说文》亦谓'巳为蛇象形'。"由这一段记载可知，生肖文化和我们传统的天文、历法、阴阳学说等相关，所以我们认为生肖文化是产生于本土的特色文化。

对于为什么会有生肖，大致有两种观点。一种观点认为，生肖和上古时期的图腾崇拜有关，如生肖中的辰龙，本来是非现实的生物，之所以把它放在生肖里面，是因为龙是中华民族所崇拜的图腾之一。另外一种观点认为，生肖和人们的日常生活有关，如生肖里面的马、牛、羊、猪等是生活中的“六畜”，而蛇、兔等则是代表着灵气的动物。

生肖与人生之间的关系。从科学的角度看，生肖与人生是没有必然联系的。人的命运取决于自身性格、社会环境等因素，并不受出生的年月所决定。一个简单的事实是：同年、同月甚至同日、同一时辰出生的人，性格与命运却迥然不同，这足以说明由生肖测算命运是一种迷信。但很多中国人偏偏就迷信生肖，乐于通过生肖文化来把握人生。究其缘由，恐怕是出于“认识自己”的本能，人们找到了生肖，或者说是创造了生肖，从而也就为自己的一生找到了一面镜子，找到了一点根据。另外，生肖作为中国传统文化的积淀，它所展示的“人生”，也蕴含了中华民族的道德观念，可以成为人生准则或规范。这中间固然有许多牵强附会、毫无根由的东西，尤其是在“预测人生”时使人觉得虚无飘渺，但是许许多多的中国人都是采取“宁可信其有，不可信其无”的态度。

生肖动物所代表的人格特征不同，人们对它们的态度也大不相同。对于牛、兔、马、羊、猴、鸡、狗、猪，人们主要持喜爱的态度；对于鼠和蛇，人们主要持厌恶的态度；而对于虎和龙，则持敬畏的态度。

五、风水堪舆

风水亦称“堪舆”或“地相”。根据宅基或坟地四周的风向、水流等形势，断言住家或葬家的祸福吉凶，俗称“看风水”。据传汉代青乌子精堪舆之术，故“看风水术”也称“青乌之术”。

很多人视风水为迷信，但是在中国五千年的文明进程中，风水早已成为中华传统文化的重要组成部分。风水学的内容博大精深，但是其核心的思想还是中国传统的“天人合一”思想。

阳宅。《阳宅》是中国古代的一部风水学著作，后来人们将“阳宅”二字引申为人类居住的房子，与表示坟墓的“阴宅”相对应。

清代风水学家沈竹礽在其著作《沈氏玄空学》里面提出了阳宅选址的30个原则。这30个原则是：

一、乡村气涣，立宅取裁之法，以山水兼得为佳。城市气聚，虽无水可收，而有邻屋之凹凸高低，街道之阔狭曲直。凹者、低者、阔者、曲动者为水；直者、凸者、狭者、持高者为山。

二、阳宅挨星与阴宅无异，以受气之元运为主，山向飞星与客星之加临为用。阴宅重水向，阳宅重门向。然门向所以纳气，如门外有水放光，较路尤重。“衰旺凭水、权衡在星”之理，盖亦无稍异也。

三、凡新造之宅，屋向和门向并重。先从屋向断外六事之得失，倘不验，再从门向断之。若屋向既验，不必复参门向。反之，验在门向，亦不问屋向也。

四、凡看阳宅，先看山川形势气脉之是否合局。继看路气与周围之外六事及邻家屋脊、牌坊、旗杆、坟墩、古树等物，落何星宫，辨衰旺，以断吉凶。

五、凡阳宅，以大门向首所纳之气断吉凶。大门旁开者，则用大门向与正屋向，合两盘观之。外吉内凶，难除瑕疵；内吉外凶，仅许小康。

六、凡屋与门须大小相称。若屋大门小，主不吉。然屋向、门向皆旺，屋大门小亦无妨。

七、凡旧屋欲开旺门，须从旧屋起造时，某运之飞星推算，如一白运，立壬山丙向，旺星到坐，原非吉屋。到三碧运，在甲方开门，方能吸收旺气。缘起造时，向上飞星三碧到震，交三运乘时得令，非为地盘之震三也。若开卯门，亦须兼甲，以通山向同元之气也。

八、凡旧屋新开旺门后，其断法，可仅用门向，不用屋向也。打灶、作房，亦从门向上定方位。

九、凡所开旺门，前面有屋蔽塞，不能直达，从旁再开一低小便门，以通旺门，则小门只作路气论，不必下盘。

十、旺门门外有水，本主大吉。但门基反高于屋基者，虽有旺水，不能吸收。门基高于门内之明堂者，亦然。若门外路高，当别论也。

十一、凡宅内有黑同不见日光者，作阴气论。二黑或五黄加临，主其家见鬼。即不逢此二星，亦属不吉。

十二、不论宅之生旺衰死方，均可打灶，但生旺方可避则避。灶以火门为重，灶神坐朝可弗问焉。火门向一白，为水火既济，向三碧、四绿为木生火，均为吉灶。灶门向八白，火生土，为中吉。向九紫，亦作次吉论，但究嫌火太炽盛耳。六白、七赤火门不宜向，因火克金也。二黑、五黄更不宜向，因二为病符，五主瘟癀也。然火门所朝之向，乃造屋时向上飞星所到之宫方位，非指地盘九星言也。如一白运所造之屋，至八、九运打灶，仍须用一白运之向上飞星是也。惟飞星之九紫方，切忌打灶，火气太盛，恐遭火患。此造灶方位之概略也。

十三、秽浊不宜乡迩，五黄加临则主瘟疫，二黑飞到亦罹疾病，以较远之退气方为宜。

十四、凡屋同运起造，固以正屋为主。如后运添造前后进或侧屋，而不另开大门者，亦仍作初运论，不作两运排也。若添造之屋另开一门，独自出入，方作两运排。倘因后运添造，而更改大门，则全宅概作后运论可也。

十五、凡某运起造之宅，至下运分作两房者，仍以起造时之宅星图为主，而以两边私门为用。盖星运定于起造，不因分房而变动。分房以后，各以所处局部之星气推断吉凶可也。同运分房者，类推。参看《宅断》中，会稽章宅七运，子午兼癸丁图自明。

十六、一宅之中，数家或数十家同居，断法以各家私门作主，诸家往来之路为用，看其路之远近、衰旺，即知其气之亲疏、得失也。

十七、一宅划作内室，另立私门者，从私门算，但全宅通达毗连，仍作一家排，不从两宅断也。

十八、向星入中之运，如：二、四、六、八进之屋，逢囚不囚者，何也？因中宫必有明堂，气空，可作水论，向星入水，故囚不住。若一、三、五、七进之屋，中宫为屋，入中便囚，但向上有水放光者，亦囚不住。

十九、凡看店屋，以门向为君，次格柜，又次格财神堂，俱要配合生旺。若门吉、柜凶或财神堂凶，吉中有疵，主伙友不和或多阻隔。其衰旺之气，皆从门向吸受。

二十、宅之吉方高耸，年月飞星来生助愈吉，来克泻则凶。若凶方高耸，年月飞星来克泻反吉，来生助则凶。此指山上龙神之方位也。

二十一、阳宅旺方有树木遮蔽，主不吉，竹遮则无碍，然亦须疏朗，因竹通气故也。衰死方竹木皆不宜。

二十二、阳宅衰气之一白方，有邻家屋脊冲射者，主服盐卤死，兽头更甚。

二十三、财气当从宅之向水或旁水，看旺在何方，加太岁断之。功名当从向上飞星之一白、四绿两方，看峰峦或三叉交会、流神屈曲处，加太岁、合年命断之。丁气当从宅之坐下及当运之山星断之，其验乃神。

二十四、阳宅衰死到向是某字，逢流年飞星到向，又为某字，主伤丁。旺星不到向，逢流年旺星到向，亦转主发祸，阴宅同断。

二十五、衰死方，屋外有高山、屋脊，屋内不见，名为暗探，屋逢衰时，阴卦主出鬼，阳卦主出怪，阴阳并见主神。然必须太岁、月、日、时加临乃应。初现时，有影无形，久而弥显，甚或颠倒物件，捉弄生人。枯树冲射，屋运衰时，阴卦亦主鬼，阳卦主神，阴阳互见主妖怪。

二十六、路为进气之由来，衰旺随之吸引。离宅远者，应微，然亦忌冲射、名为‘穿砂’，有凶无吉，二宅皆然。贴宅近路，与宅中内路，尤关吉凶，故内路宜取向上飞星之生旺方，合三般者吉。而外路亦须论一曲之首尾，查三弯之两头，看其方位落何星卦？湾曲处作来气，横直者作止气，其法系从门向上所见者排也。《天元五歌》云：“酸浆入酪不堪斟”，即言屋吉路凶之咎也。

二十七、井为有源之水，光气凝聚而上腾，在水里龙神之生旺方，作文笔论。落衰死克煞方，主凶祸。阴宅亦然。

二十八、塔呈挺秀之形，名曰：文笔。在飞星之一四、一六方，当运主科名，失运亦主文秀。若在飞星之七九、二五方，主兴灾作祸，克煞同断，阴宅亦然。

二十九、在生旺方，能受荫。落衰死方，则招殃。石桥力大，木桥力轻，二宅同断。

三十、取兜有情，忌反背、尖射，二宅皆煞。

所谓的“阳宅三十则”，一言以蔽之，就是要求人们在建造房屋时，不论是选址还是房屋的内部布局都应该与周围的环境相适应。

阴宅。阴宅与阳宅相对，阴宅即安葬死人的墓葬。古人对阴宅的重视丝毫不比阳宅少，古代的封建帝王更是如此，在未往生前就已经为自己的后事做好了安排。因此，传统风水学中有很多基于阴宅而产生的理论。

在为阴宅选址时，风水师最重视“龙真穴的”。龙真穴的就是指风水师仔细勘察后确定的富贵之所。一般来说，这样的地方都是山水环抱、层峦叠嶂的风水宝地。

关于具体的选址方法一般要从四个原则入手，即选龙、选砂、选水、选坐向。

其中，选龙的规则是：①龙脉清晰细腻、栩栩如生。②龙形要真。③龙要处在吉位。④龙主分明。

选砂即选山，其规则主要有：①龙砂壮美整洁。②墓穴前方远处的高山即朝山，要与墓穴相对，形成天然朝拱。而处于墓穴所在之山与朝山中间的山即案山，要壮美灵秀。③墓穴所在之山不能太过空旷。④水口紧密。⑤下手砂能够兜住上手砂。所谓的下手砂和上手砂也是风水学中的专业术语，下手就是指有水流过的地方，而上手则与之相反。也就是说有水的地方能够包裹住没有水的地方。

选水的规则主要有：①水流呈曲折迂回状，蜿蜒而来，水清而静谧。②水源深长。③水口处应该有石墩、大柱相拦，或者周围形成了两山相对的山口，使水流不至于直泻而下。其中石墩、大柱以及两山相对形成的山口在风水学上分别被称为罗星、华表和捍门。这些出现在墓葬风水系统中是非常吉祥的征兆。④突然出现在墓穴前的水流即朝水，要平稳而悠扬，从墓穴前流过的水即去水，则必须有阻挡物，使其不会奔流而去。

阴宅选址中最重要的是在为山、水乃至墓穴选择方位时，必须要根据墓主人的具体情况而定。一般来说，影响坐向的主要是墓主人生前在家族中的行辈。在阴宅风水中，只有将这一点处理好，才有可能营造出适合不同人气场的最佳风水宝地。

阴宅选址时和阳宅一样，也要求与周围的环境相协调。其中不同的是，在阴宅选址时，加入了许多人伦的东西。

风水学既是古人创造的一门适应人类生存的专业知识，也体现了中国古代朴素的生活经验和哲学思想。风水学对自然环境的关注尤其体现出了天、地、人和谐统一的发展观。

风水学是我国传统文化遗产中的瑰宝，如果人们能够用辩证的眼光看待它，那么即使是在今天，它依旧能够帮助人们正确处理人与自然的关系。

第二节　天文历法

中国的先民很早就注意观察天文的变化及其运行的规律。《周易》中说，“刚柔交错，天文也；文明以止，人文也。观乎天文，以察时变。观乎人文，以化成天下。”意思是说，天生有男有女，男刚女柔，刚柔交错，这是天文，即自然；人类据此而结成一对对夫妇，又从夫妇而化成家庭，而国家，而天下，这是人文，是文化。人文与天文相对，天文是指天道自然，人文是指社会人伦。治国家者必须观察天道自然的运行规律，以明耕作渔猎之时序；又必须把握现实社会中的人伦秩序，以明君臣、父子、夫妇、兄弟、朋友等等级关系，使人们的行为合乎文明礼仪，并由此而推及天下，以成“大化”。古人相信天文和人文是紧密相关的，出于更好地治理国家的需要，古人特别重视天文历法的作用。中国古代拥有特别发达的天文学和历法。

一、天干地支

天干地支，是我国古代先民在认识大自然和生活实践的过程中，为了生产和生活上的需要，有效地把握自然界规律而普遍使用的表示时间、方位和运动着的物质的一些特殊符号。据考证，早在夏代就出现了天干地支，到了商、周时代，这种符号的运用就得到了推广。之后的天文、历法、地理、占卜等多个领域，更是把天干地支加以广泛的应用。

天干。天干指的是甲、乙、丙、丁、戊、己、庚、辛、壬、癸这十个符号。而这十个符号又象征着万事万物萌芽、成长、兴旺、衰退、消亡的过程。《说文解字》对天干的解释如下：

甲：东方之孟，阳气萌动。从木戴孚甲之象。一曰人头空为甲，甲象人头。

乙：象春艸木冤曲而出，阴气尚强，其出乙乙也。与丨同义，乙承甲，象人颈。

丙：位南方，万物成炳然。阴气初起，阳气将亏，从一入冂。一者，阳也。丙承乙，象人肩。

丁：夏时万物皆丁实，象形。丁承丙，象人心。

戊：中宫也，象六甲五龙相拘绞也。戊承丁，象人胁。

己：中宫也，象万物辟藏诎形也。己承戊，象人腹。

庚：位西方，象秋时万物庚庚有实也。庚承己，象人　。

辛：秋时万物成而孰。金刚味辛，辛痛即泣出。从一，从辛。辛，辠也。辛承庚，象人股。

壬：位北方也。阴极阳生，故《易》曰："龙战于野"。战者，接也。象人裹妊之形。承亥壬以子，生之叙也。与巫同意。壬承辛，象人胫。胫，任体也。

癸：冬时水土平，可揆度也。象水从四方流入地中之形。癸承壬，象人足。

地支。地支指的是子、丑、寅、卯、辰、巳、午、未、申、酉、戌、亥这十二个符号。同天干一样，十二地支的顺序也是表示事物的发展变化过程。在《说文解字》中，对于地支的解释如下：

子：十一月，阳气动，万物滋入以为称。象形。

丑：纽也，十二月，万物动，用事，象手之形。时加丑，亦举手时也。

寅：髌也，正月阳气动，去黄泉欲上出，阴尚强，象宀不达，髌寅于下也。

卯：冒也，二月万物冒地而出，象开门之形，故二月为天门。

辰：震也，三月阳气动，雷电振，民农时也，物皆生。

巳：巳也，四月阳气已出，阴气已藏，万物见，成文章。故巳为蛇，象形。

午：牾也，五月阴气午逆阳，冒地而出，此与矢同意。

未：味也，六月滋味也。五行，木老于未，象木重枝叶也。

申：神也，七月阴气成，体自申束，从臼，自持也。

酉：就也，八月黍成，可为酎酒，象古文酉之形。

戌：灭也，九月阳气微，万物毕成，阳下入地也。五行，土生于戊，盛于戌，从戊含一。

亥：荄也，十月微阳起，接盛阴。从二，二，古文上字，一人男，一人女也。从乙，象裹子咳咳之形。

如果说天干是古人根据"近取诸身"的原则，从自身由首至胫的十个部位引申出万物生长变化的规律，那么地支就是古人根据"远取诸物"的原则，从草木的生长过程中引申出万事万物的发展变化规律。

干支纪年法。所谓的干支纪年法，就是利用天干和地支相互配合形成60年为一甲子的纪年方法。干支纪年，相传始于传说中的黄帝时代，成型于西汉末王莽执政时期，盛行于东汉。关于天干与地支的配合，如下表：

甲子	乙丑	丙寅	丁卯	戊辰	己巳	庚午	辛未	壬申	癸酉
甲戌	乙亥	丙子	丁丑	戊寅	己卯	庚辰	辛巳	壬午	癸未
甲申	乙酉	丙戌	丁亥	戊子	己丑	庚寅	辛卯	壬辰	癸巳
甲午	乙未	丙申	丁酉	戊戌	己亥	庚子	辛丑	壬寅	癸卯
甲辰	乙巳	丙午	丁未	戊申	己酉	庚戌	辛亥	壬子	癸丑
甲寅	乙卯	丙辰	丁巳	戊午	己未	庚申	辛酉	壬戌	癸亥

古人以干支纪年,要严格按照此表的顺序。比如今年为癸未年,那么明年就是甲申年,后年就是乙酉年,以此类推。一直到癸亥年,则又由甲子年开始,循环往复。

古人纪日,也有按干支的。其纪日方法与纪年法相同。比如二月甲午日是十八日的话,那么二月二十日就是丙申日,二月廿九日就是乙巳日。

纪月法。古人纪月,主要是根据月相的变化周期而进行的。古人纪月,一般以序数为纪,比如一月、二月、三月等。同时,古人还把月份和地支联系起来,称为"月建"。一般来说,以冬至所在的十一月配子,称为建子之月,由此顺推。一直到次年的十月为建亥之月,然后循环往复。古人还将月份与音律联系起来,如将正月称为"太簇"等。此外,每个月份还有一些俗称和别称,它们的对应关系如下表:

月份	1	2	3	4	5	6	7	8	9	10	11	12
月建	寅	卯	辰	巳	午	未	申	酉	戌	亥	子	丑
乐律	太簇	夹钟	姑洗	中吕	蕤宾	林钟	夷则	南吕	无射	英钟	黄钟	大吕
代称	孟春	仲春	季春	孟夏	仲夏	季夏	孟秋	仲秋	季秋	孟冬	仲冬	季冬
俗称	元月	杏月	桃月	槐月	蒲月	荷月	瓜月	桂月	菊月	梅月	葭月	腊月
别称	陬	如	绸	余	皋	且	相	壮	玄	阳	辜	涂

二、十二时辰

古人把一昼夜根据天色划分为若干时段。这些时段由于划分得很细致,且有很多种名称,因此本文只是简单介绍十二时辰的划分。

传统计时器。中国古代的计时器主要有漏壶、表、香篆、辊弹、机械计时器、沙钟、油灯钟、蜡烛钟等。本文主要介绍前四种。

漏壶。《后汉书·律历志》载:"孔壶为漏,浮箭为刻,下漏数刻,以考中星,昏明生焉。"这种计时器由漏水壶和漏箭两部分组成,通称为"漏",漏箭上有刻度,表明昼夜时间,也称刻漏。因为漏的形状最初似壶,又称漏壶;又因为漏多用铜制,也称铜壶。漏的计时,以壶孔不断向外滴水,壶内蓄水减少情况为准,所以漏也被称为滴漏。依据壶内浮箭的升降,读出箭上的刻度,便知当时时刻。漏壶是古诗文中经常提到的。如:"银箭金壶漏水多,起看秋月坠江波"提到的"金壶","似将海水添宫漏,共滴长门一夜长"提到的"宫漏",都是漏壶的别称。

表。表主要有土圭、圭表和日晷等几种。它们是利用物体在太阳下的投影,根据其长短或方位的变化规律进行计时的。这类计时器最大的缺陷是只能在白天和晴天使用,夜间和阴雨天就完全不起作用了。

有关土圭的记载最早见于《周礼·地官》一书中，主要用于确定冬至日和夏至日；至公元前7世纪，掌管天地四时的官吏职能就是掌管土圭，已经能够测出两个冬至日之间为一年，约366天。

圭表是由垂直竖置的表和水平横放的圭组成，表与圭上均有刻度，因为一年四季的日影长度不同，表影投在圭上的长度也不同。圭表可以判断方向，测定节气，划分四季和推算历法。

日晷主要是根据日影的位置，以确定当时的时辰和刻数，较之圭表已经复杂多了。唐代的赤道日晷，是所有日晷中计时最准确的。

香篆。香篆又称更香，是用燃烧性能均匀的木材做成的盘香。因焚香时所起的烟缕曲曲折折似篆书而得名。人们根据单位时间内燃烧的长度在香篆上做出刻度来计算时间。范成大在诗中写道："香篆结云深院静，去年今日燕来时。"所说的香篆就是一种计时器。

辊弹。辊弹是利用十个重量相同的铜球一次通过一根长2.5米的之字形竹管，并将其视为一个计时单位。一昼夜需要投弹一万两千次，以此来计算时间。按清·汪鋆《十二砚斋随录》卷三所记："钟表肇自外洋。其说已久。吾乡太傅阮文达公据王伯厚《小学绀珠》内载薛季宣说：'晷漏有四：曰铜壶、曰香篆、曰圭表、曰辊弹。'此辊弹以轮为用，至时弹扣以成声，非钟表耶。然则此制已古，特西洋人传而精之耳。故文达《红毛时辰表》诗云：'我曰此辊弹，于书见于宋。'"可知，辊弹实际上已开后世机械表之先河。

十二时辰。古人将一昼夜分为十二个部分，每一部分称为一个时辰。这十二个时辰又与十二地支相对应，分别称为子时、丑时、寅时等。十二时辰与现在二十四小时的计时方法的对应关系如下：

子时	丑时	寅时	卯时	辰时	巳时
23:00—01:00	01:00—03:00	03:00—05:00	05:00—07:00	07:00—09:00	09:00—11:00
午时	未时	申时	酉时	戌时	亥时
11:00—13:00	13:00—15:00	15:00—17:00	17:00—19:00	19:00—21:00	21:00—23:00

后来，人们又把一个时辰分为初和正两个部分，这就相当于把一昼夜分为二十四小时了。

三、二十四节气

古人把一周年分为二十四个等份，用它们来表示季节的更替和气候的变化，这就是二十四节气。二十四节气是我国古代劳动人民在农业生产实践中创立的，对指导农业生产具有不容忽视的作用。

这二十四节气为：

立春、雨水、惊蛰、春分、清明、谷雨

立夏、小满、芒种、夏至、小暑、大暑

立秋、处暑、白露、秋分、寒露、霜降

立冬、小雪、大雪、冬至、小寒、大寒

为了这二十四节气简单易记，人们还编了一首歌谣，即《二十四节气歌》：

春雨惊春清谷天，夏满芒夏暑相连。

秋处露秋寒霜降，冬雪雪冬小大寒。

每月两节日期定，最多只差一两天。

上半年来六廿一，下半年是八廿三。

人们把二十四节气分为两部分，在月首的叫作“节气”，在月中的叫作“中气”。每个月的“节气”和“中气”如下表：

	正月	二月	三月	四月	五月	六月	七月	八月	九月	十月	葭月	腊月
节气	立春	惊蛰	清明	立夏	芒种	小暑	立秋	白露	寒露	立冬	大雪	小寒
中气	雨水	春分	谷雨	小满	夏至	大暑	处暑	秋分	霜降	小雪	冬至	大寒

节气与十二个月相配，平均一月两个节气。“无中为闰”，如果说一个月只有一个节气，而且是小寒、立春、惊蛰等不是中气的节气，那么这一个月为闰月。

二十四节气是我国古代历法特有的组成部分和独特的创造，是我国古代劳动人民在长期的生产实践中逐步识得气象变化特征和规律的结果。诸如“清明前后，种瓜点豆”等谚语说明二十四节气同农业生产联系紧密，至今仍然对农业生产具有指导作用。

四、传统历法举要

颛顼历。秦统一中国后，在全国颁行颛顼历。颛顼历是一种四分历。一回归年为365又1/4日，一朔望月为29又499/940日，以十月为岁首，闰月放在九月之后，称后九月。这种历法一直沿用到汉武帝时。

太初历。西汉初年，沿用秦朝的颛顼历。但颛顼历有一定的误差。公元前104年(元封六年)，经司马迁等人提议，汉武帝下令改定历法。公元前104年，天文学家落下闳、邓平等人制订了太初历。太初历规定一年等于365.2502日，一月等于29.530 86日；将原来以十月为岁首改为以正月为岁首；开始采用有利于农时的二十四节气；以没有中气的月份为闰月，调整了太阳周天与阴历纪月不相合的矛盾。这是我国历法上一个划时代的进步。太初历还根据天象实测和多年来史官的记录，得出135个月的日食周期。太初历不仅是我国第一部比较完整的历法，也是当时世界上最先进的历法，它问世以后，一共行用了189年。

大衍历。亦称“开元大衍历”。唐开元十七年(729年)起施行了29年的历法。一行撰。因依据《易》象大衍之数而得名。一行测各地纬度，南至交州，北尽铁勒，并步九服日晷，定各地见食分数，复测见恒星移动。十五年而历成。共分七篇，包括平朔望和平气、七十二候，日月每天的位置与运动、每天见到的星象和昼夜时刻、日食、月食和五大行星的位置。该历法系统周密，比较准确地反映了太阳运行的规律，系统周密，表明中国古代历法体系的成熟。一行还是世界上用科学方法实测地球子午线长度的创始人。

农历。农历是我国传统历法，又有阴历、华历、夏历、汉历、中历等名称。农历并不是纯阴历，而是一种阴阳合历，取月相的变化周期即朔望月为月的长度，加入干支历“二十四节气”成分，参考太阳回归年为年的长度，通过设置闰月以使平均历年与回归年相适应。农历是以阴历(夏历)为基础，融合阳历成分而成的一种历法。所以我国的农历从严格意义上说不应该叫阴历，而应叫作阴阳合历。其年份分为平年和闰年。平年为十二个月；闰年为十三个月。月份分为大月和小月，大月三十天，小月二十九天，其平均历月等于一个朔望月。

第三节 国艺常识

国艺,是我国传统艺术的合称。中国的传统艺术门类很多,在漫长的历史发展进程中形成了品种齐全、雅俗并存、动静兼具的庞大的艺术体系。这个体系虽然包容很广,但是其内在的精神是一致的。

一、书法

书法是最纯粹的中国艺术,是中国人特有的艺术修养和审美观念的体现。从最简单的实践形式上说,中国书法就是汉字的书写艺术。书法能够成为一门艺术,最基本的原因在于汉字和毛笔的特殊性。汉字的特殊性产生了中国书法别具一格的形式意味,毛笔的特殊性丰富和拓展了书法形式意味的内涵,并由此产生了丰富的笔法体系。当二者结成一个自觉化的有机整体,成为人们表现自己心灵的方式和审美的对象时,书法就成了一门艺术。

字体的演变。为学术界公认的我国最早的古汉字资料,是商代中后期的甲骨文和金文。从书法的角度审察,这些最早的汉字遗迹已经具有了书法形式美的众多因素,如笔画美、单字造型的对称美、变化美以及章法美、风格美等。从商代后期到秦统一中国,汉字演变的总趋势是由繁到简。这种演变具体反映在字体和字形的嬗变之中。西周晚期金文趋向线性化,战国时代民间草篆向古隶的发展,都大大削弱了文字的象形性,然而书法的艺术性却随着书体的嬗变而愈加丰富起来。从殷商至现在,汉字书体变化之繁,名目之多,难以数计,但每一种书体,也是“皆以渐变,而非顿成”的。概括起来,最主要的不外篆书、隶书、楷书、草书、行书等数种。

1.篆书。这里先介绍甲骨文。甲骨文是殷商时代刻在龟甲或兽骨上的记录祭祀、占卜吉凶的文字,所以也叫“甲骨卜辞”“占卜文字”。

甲骨文是我国最早的文字体系。它的形体很多是象形的,笔画繁复的有些接近图画,有些和篆书相近或相同。一般把它归入篆书。

甲骨文虽为记事,但刻写者已有朴素的美感追求。因为是用刀刻的,笔画大都平直、瘦劲,两头稍尖,偶尔也有些曲折,结构上虽然大小长短不一,但安排上却疏密有致、严整匀称。

从殷商到秦代的一千四五百年,是以篆书为主的时期。从春秋起,文字的形体和风格逐渐变化,到战国时更为复杂。各国都有自己新造的字,写法各不相同,因而《说文解字·序》中说:"七国文字异形。"一般所谓篆书,包括金文、大篆及小篆。①金文。金文也叫"钟鼎文"或"铜鼓铭文",是刻、铸在钟鼎一类的青铜器上的文字。金文起于商,盛于周。它由甲骨文发展而来。商代青铜器不多,铭文也很短,十数字以上的甚少,以图形字为多。到了周代,器既日多,铭文也渐长,有的长达三四百字,字的形体结构也更为丰富。这时的字,比起甲骨文,笔画较粗,大小均匀,结构也日趋方正。②大篆。目前能见到的大篆主要有两种:一是《说文解字》里所收的籀文,二是石鼓文。这些字字体结构整齐,笔画匀圆,并有横竖行气。后来李斯所整理的小篆,大多由这些字脱胎而来。③小篆。小篆是战国晚期秦国使用的字体,秦统一中国后,为了在全国推行政令,加强统治,在文化方面实行"书同文"政策。秦始皇命李斯等人整理文字,以秦通行的小篆统一六国文字,对六国文字中与秦文不合者予以废弃。小篆比起以前的古汉字,结构整齐得多,笔画也简单得多,与现代汉字更加接近了。

2.隶书。秦始皇统一中国后,把形体混乱的六国文字加以整理、改造,统一到原来秦国的书体上,成为小篆,但因奏事繁多,这种字体仍不便应用,传说狱吏程邈对其加以简化,并把圆匀弯曲的笔画变为方直,改象形为笔画化,以便书写。据说当时人们将书写公文的小官吏称为"隶徒",因此把这种字体叫作"隶书"。实际上隶书由小篆转变而来,绝非一人之创造。所谓"隶者,篆之捷也",意思是说,随着书写工具的进步,书写速度逐渐加快,原来的篆书逐渐向草篆演化,最终形成了隶书。隶书在汉代达到兴盛。这时候的隶书,从形式上看,它把篆书的弧线变为直线,字形由长变方。隶书最终奠定了汉字的方块形式。

3.楷书。楷书又名"正书""真书",楷为法式、模范之意。又因为它由汉隶演变而成,当时叫"楷隶",对古隶而言,又叫"今隶"。

楷书是改变隶书的笔势,加以简化而形成的一种书体。它的形体比隶书更为方正,笔画更为平直,便于书写,但规则比隶书更为严格,笔法也更为丰富。

楷书可分为魏碑和唐碑两大体系,魏碑是晋以后主要在北朝流行的,刻在摩崖或墓碑上的楷字。它是楷书走向成熟的过渡阶段,虽然没有唐楷那么规整,但一样豪迈、刚劲、生气勃勃。唐碑则是完全成熟的楷书,体式完备、法度森严,且出现了多家风格。魏碑和唐碑都对后世书法产生了深远的影响。

4.草书。草书的"草"有草创、草稿的意思,有连绵形势的叫连绵草,奔放自如的叫破体或破草。草书又分为章草和今草两种。①章草。章草相传由汉元帝时黄门令史游创制,现流传的有他的《急就章》,关于"章草"的名称来源有多种说法:一说因《急就章》而得名;一说东汉章帝刘炟很喜欢杜度的草书,叫他上奏公事也用草书,所以叫章草。还有其他说法，都不可靠。草书起于秦末汉初。许慎《说文解字·序》及卫恒《四体书势》都说“汉兴有草书”。章草也和文字的创制一样，是逐渐演变而成的，绝非突然由某人发明。章草是在隶书的基础上加以改进，使其更为简便，快写而成。它的用笔因袭隶书，特别是捺画的末尾，全属隶法，但它在字的笔画里已开创了今草的连绵笔势。笔画连带处，往往圆如转圈，即所谓“笔有方圆，法兼使转”。②今草。今草由章草演变而来。东汉时，逐渐出现了笔势连绵、笔意奔放的“一笔书”，即张怀瓘在《书断》中所说的“拔茅连茹，上下牵连，或借上字之终，而为下字之始”的写法，又说：“章草之书，字字区别，张芝变为今草，加其流速。”今草因其特重线条的变化和创造，有强烈的抒情功能，逐渐为世人所重。

5.行书。行书起于汉末，兴盛于晋，介于楷书和草书之间。其中今草成分多的叫作行草，楷书成分较多的叫作“真行”或者“行楷”。它的特点是近于真书而不拘束，近于草书而不放纵。

书法名家。在漫长的书法发展历史中，出现了许许多多的书法大家，他们以极其高深的书法造诣，为后世留下了许许多多的书法艺术瑰宝。

王羲之。王羲之(303—361，一作321—379)，字逸少，琅琊临沂人。西晋末，随晋室南迁，慕会稽山水，定居山阴。后随从王导去建康求学。学成，初为秘书郎，后迁宁远将军、江州刺史，又为右军将军、会稽内史，世称王右军。王羲之的书法作品主要有《兰亭集序》《丧乱帖》等，其中《兰亭集序》被誉为“天下第一行书”。世人评价王羲之的字：“飘若游云，矫若惊龙”“龙跳天门，虎卧凤阙”“天质自然，丰神盖代”。世人尊其为“书圣”。

张旭。张旭(675—约750)，字伯高，一字季明，唐代吴人。曾官常熟县尉、金吾长史。善草书，性好酒，世称张颠，也是“饮中八仙”之一。其草书当时与李白诗歌、裴旻剑舞并称“三绝”。其书法作品主要有《肚痛帖》《四十二章经》等，世称“草圣”。

欧阳询。欧阳询(557—641)，字信本，唐代潭州临湘人。欧阳询练习书法最初仿效王羲之，后独辟蹊径，自成一家。尤其是他的正楷骨气劲峭，法度严整，被后代书家奉为圭臬，以“欧体”之称传世。张怀瓘在其《书断》中评价欧阳询的字时称：“询八体尽能，笔力劲险。篆体尤精，飞白冠绝，峻于古人，扰龙蛇战斗之象，云雾轻笼之势，几旋雷激，操举若神。真行之书，出于太令，别成一体，森森焉若武库矛戟，风神严于智永，润色寡于虞世南。其草书跌宕流通，视之二王，可为动色；然惊其跳骏，不避危险，伤于清之致。”可见评价之高。传世作品有《九成宫醴泉铭》《正草千字文》等。

颜真卿。颜真卿(709—784，一说709—785)，字清臣，唐京兆万年人，祖籍琅琊临沂，唐代中期杰出书法家。他与赵孟頫、柳公权、欧阳询并称“楷书四大家”。颜体与柳体并称“颜筋柳骨”。颜真卿的书法初学褚遂良，后又得笔法于张旭，彻底摆脱了初唐的风范，创造了新的时代书风。颜真卿的真书雄秀端庄，结字由初唐的瘦长变为方形，方中见圆，具有向心力。用笔浑厚强劲，善用中锋笔法，饶有筋骨，亦有锋芒，一般横画略细，竖、点、撇与捺略粗。这一书风大气磅礴，多力筋骨，具有盛唐的气象。他的行草书，遒劲有力，真情流露，结构沉着，点画飞扬，在王派之后为行草书开一生面。代表作品有《颜勤礼碑》《祭侄文稿》《多宝塔碑》等，其中《祭侄文稿》被誉为“天下第二行书”。

柳公权。柳公权(778—865)，字诚悬，唐代著名书法家，京兆华原人。官至太子少师，世称“柳少师”。柳公权书法以楷书著称，与颜真卿齐名，人称“颜柳”。他的书法初学王羲之，后来遍观唐代名家书法，认为颜真卿、欧阳询的字最好，便吸取了颜、欧之长，在晋人的劲媚和颜书的雍容雄浑之间，形成了自己的柳体，以骨力劲健见长，后世有“颜筋柳骨”的美誉。他一生作品很多，主要有《大唐回元观钟楼铭》《金刚经刻石》《玄秘塔碑》《冯宿碑》《神策军碑》。另有墨迹《蒙诏帖》《王献之送梨帖跋》。

赵孟頫。赵孟頫(1254—1322)，字子昂，号松雪、松雪道人，又号水精宫道人、鸥波，中年曾作孟俯，吴兴人。元代著名画家，楷书四大家之一。赵孟頫博学多才，能诗善文，懂经济，工书法，精绘艺，擅金石，通律吕，解鉴赏。以书法和绘画成就为最高，开创元代新画风，被称为“元人冠冕”。他也善篆、隶、真、行、草书，尤以楷、行书著称于世。传世作品有《胆巴碑》《千字文》《洛神赋》等。

中国的书法史上出现过许许多多的书法大家，例如“宋四家”“清初四大家”等，此处所举不过是其中最优秀的代表而已。另外还有许多没有姓名的书家，如《曹全碑》的作者等，限于篇幅，不一一并举。

传统书法理论。在中国书法发展的过程中，不但出现了许许多多的书家，创作了许许多多的书法瑰宝，还留下了许多珍贵的关于书法的理论著作，如唐·孙过庭《书谱》、唐·张怀瓘《文字论》、宋·董逌《广川书跋》、宋·姜夔《续书谱》、明·费瀛《大书长语》等。亦可参考潘运告《中国历代书论选》、王世征《历代书论名篇解析》等书。

二、国画

国画是中国绘画最主要、最具特色的表现形式，代表了中国绘画艺术的最高水平。国画即中国画，它是以笔、墨、纸、砚等为工具，以线条笔墨为主要表现手段，以皴、擦、点、染为主要技巧，以人物、山水、花鸟为主要内容，以强调神似为主要精神内涵的绘画形式。

国画的发展历程。国画产生于魏晋南北朝时期，以此为分界线，从上古到魏晋南北朝是中国绘画的奠基期，魏晋南北朝到宋朝是中国绘画的成熟期，元、明、清三朝是中国绘画的变革期。

上古至魏晋南北朝时期是中国绘画的奠基时期，这一时期的绘画分为两个阶段。首先是夏商周以前，这个时期的中国绘画处于实用阶段，绘画是对生活的简单记录和对生活用品的简单装饰。因为这个时期的绘画和文字有相似的作用，故而后人称中国绘画与书法“书画同源”。实用阶段的绘画主要以彩陶上的花纹、壁画、地画为代表。然后是夏商周到秦汉时期，这时期的中国绘画处于礼教阶段，主要用来助人伦，成教化，使老百姓知是非善恶。夏商周的绘画主要以青铜器上的花纹图画为代表，这些花纹图画或彰表功德，或描绘圣贤，或铸刻神灵，或表现礼制，教化目的明确。秦汉绘画主要以画像砖为主，内容主要表现人和神的交流，但也开始出现人间的现实生活场景，绘画更为精细、形象，奠定了中国绘画强调神韵的造型基础。

魏晋南北朝时期，由于纸的普遍运用以及文化的自觉，绘画从实用中独立出来，出现了真正意义上的国画，形成了国画的理论，并有了专业的画家。三国时吴国的曹不兴、曹不兴的弟子卫协，东晋时的顾恺之、顾恺之的弟子陆探微，南朝齐梁之际的张僧繇都是当时著名的专业画家。曹不兴画人，细致微妙，衣服紧贴肉体，好像被水沾湿似的，有“曹衣出水”之称。卫协当时更被称为画圣，有“古画皆略，自协始精”的说法。陆探微画人笔法缜微而有骨力，人称“陆得其骨”。张僧繇创造了意到笔不到的艺术效果。顾恺之的成就最高，他是第一位被正史列入传记的画家。魏晋国画的主要内容都是人物，山水只是人物的背景，到了南北朝才出现了独立的山水画，并有了专门论述山水画理论的著作，其中最有代表性的就是南朝画家宗炳的《画山水序》和王微的《叙画》。

隋朝最有名的画家是展子虔，代表作《游春图》，是保存至今最早的山水画。其中已初步体现了山水画的基本要素，创立了青绿山水的画风，标志着山水画作为独立的门类进入国画的殿堂。

唐代山水画分为青绿山水和写意山水。青绿山水以李思训和李昭道父子为代表，所画山水用厚重的青色和金色共同着色勾勒，具有浓厚的装饰意味。画风精细，成为工笔山水画之祖，传世名作有《江帆楼阁图》《春山行旅图》。写意山水以王维为代表，所画山水以水墨晕染，画风飘逸，成为水墨山水画之祖，并开启后世文人画的先河。唐代还有以画动物而知名的画家，如以画马而著名的韩干，传世名作有《牧马图》。以画牛而著名的韩滉，传世名作有《五牛图》。这些作品都描绘精致细腻，显示了高超的写实技巧。

唐代人物画题材广泛，帝王将相、宫人仕女、域外使臣、神仙佛道、世俗人物无所不有。其中最著名的画家初唐有阎立德、阎立本兄弟，中唐有吴道子、张萱，晚唐有周昉。阎氏兄弟以阎立本成就为高，擅长肖像，笔力圆劲，传世名作有《历代帝王图》《步辇图》。吴道子的人物画成就极高，既有创新又不失法度，笔力遒劲，画风生动，所画飘带临风飞舞，被称为“吴带当风”。吴道子与顾恺之、陆探微、张僧繇并称为“画家四祖”。张萱、周昉皆以仕女画见长，描法设色颇有独到之处。张萱的传世名作有《捣练图》《虢国夫人游春图》，周昉的传世名作有《簪花仕女图》，皆为唐代绘画之精品。

五代时期的山水画取得了巨大的成就，出了四位里程碑式的画家，分别是：荆浩、关仝、董源、巨然，史称“荆关董巨”。荆浩、关仝为北方画家，董源、巨然为南方画家。前两者擅画木石，画风雄浑森然；后两者擅画山水，画风秀润平淡。四家对于山水画的主要贡献是将巨大的山水布局与细小的笔墨技巧结合，这是前所未有的，从此山水画的地位超过了人物画，成为后世绘画最重要的门类。

宋代的山水画沿着五代发展，北宋山水画家中最著名的有李成、范宽、郭熙。南宋有刘松年、李唐、马远、夏珪，这四人被称为“南宋四大家”。李成、范宽、郭熙继承荆浩、关仝的画法，擅画大幅作品，多取深远高旷的全景构图，画风既大气又精致。“南宋四大家”表现手法丰富，构图特殊，有“马一角”“夏半边”之称。“马一角”就是说马远喜爱一个角落的构图，“夏半边”是说夏珪喜爱半边的构图。在全景式的大幅山水之外，还有富于诗意情趣的小景山水，代表画家是米芾、米友仁父子。他们的山水画用笔墨随意点染，别有意趣，开启了元代文人山水画的先河。宋代的花鸟画也达到了极广大、极精微的程度，大多数花鸟画家都出自宋代画院。最著名的是北宋徽宗赵佶。徽宗酷好书画，亲掌翰林图画院，并以绘画开科取士，为前古所未有。徽宗书画皆长，书法创“瘦金体”，高雅别致。工笔画精美细腻，传世名作有《芙蓉锦鸡图》《瑞鹤图》等。南宋画院很多无名氏的工笔花鸟画，善于捕捉各种生动的姿态和转瞬即逝的情景，精巧生动，富有生活情趣。

元朝初年，成就最高的画家是赵孟頫。赵孟頫学识渊博，精通诗文、书画、音律。在国画上提出法古、复古的主张，讲“作画贵有古意，若无古意，虽工无益”。他所谓复古即复唐人之古。为了复古，赵孟頫提出以书入画，将书法线条之美融入绘画，以之寻求古意，这为文人画的出现奠定了基础。元代文人画的真正代表是黄公望、王蒙、吴镇、倪瓒，被称为“元四家”。其中以黄公望、倪瓒成就较高。“元四家”皆以山水见长，笔墨简淡而意蕴深远，画风空灵幽邃，对后世影响极深。另外，元代还有山西永乐宫壁画，描绘百余人物，高大精妙，色彩绚丽，其艺术水平在壁画中可谓空前绝后。

明代绘画沿着元代文人画的方向发展，更重画家人品、学养对绘画的影响，强调个性成为绘画的主流。明代影响巨大的是吴门画派。之所以称吴门，是因为这些画家都是苏州人，苏州别名吴门。吴门画派的代表为沈周、文徵明、唐寅、仇英，这四人皆是秀雅高逸的文人画家，真正创立了明代绘画的独立面貌，又被称为“明四家”。继“吴门四家”之后，又出了一位集大成的画家董其昌。董其昌在绘画与理论方面均有巨大影响，为晚明画坛盟主。他诗文书画俱佳，画风秀雅高逸，提出了“人品高则画品自高”的重要理论。自董其昌始，文人画的理论全面成熟。

清初绘画成就极大的是以明朝遗老出家为僧的四位画家：八大山人、石涛、弘仁、髡残，号称“四僧”。八大山人、石涛是明朝宗室出家，皆攻山水花鸟。八大山人名朱耷，花鸟画简约冷峻，造型怪诞，自成一家，空前绝后。落款总是“八大山人”四字连缀，似“哭之笑之”字样，以寄遗民之怀。石涛号大涤子，苦瓜和尚。其山水画构图新奇，画风古淡，自成高格。弘仁号渐江，髡残号石溪，画风皆宏厚苍老，独具特色。清初除了画风野逸怪诞的“四僧”外，还有受朝廷赏识的正统画家“四王”：王时敏、王鉴、王翚、王原祁。“四王”皆擅山水，规矩严格，画风温柔敦厚。最大的成就是对古代绘画技法的精研和总结，并形成了良好的教学程式，对清代画谱的盛行产生了重要影响。

清代中期出现了极富个性、盛极一时的扬州画派，因这一派的画家都寓居扬州而得名。扬州画派中最有名的就是“扬州八怪”，分别是金农、郑板桥、黄慎、李鱓、罗聘、李方膺、汪士慎、高翔。但八怪的名字说法不一，这只是其中一种说法。八怪大多是失意官吏和隐居文人，画风清高怪诞，借古开新。

清末西学东渐，西洋绘画随之而来，国画受到影响，在西化颇深的上海形成海派。海派画风是在文人画中增添了写实精神。著名的画家有赵之谦、任熊、任熏、任颐、虚谷、吴昌硕等。赵之谦、虚谷、吴昌硕皆以花鸟见长，“三任”皆以人物见长。其中以吴昌硕成就最高，画作多有书卷气与金石气。清末出了集古代绘画之大成，又开现代绘画之先河的伟大国画家齐白石。齐白石的画将文人画与民间绘画完美地融合，大俗大雅，既古且新，将中华文化的优美精神表现到了极致。

国画的审美特点。中国画与西洋画不同，西洋画注重“形似”，最重写生，而中国画则注重“神似”，以写意为主。中国画在审美方面主要有以下几个特点：

一、重视意境。所谓“意境”，指的是作者在绘画的过程中将自己表达的思想感情和画面感受有机地结合在一起。一幅中国画如果没有意境或意境不深刻，就是缺乏感染力和生命力。苏东坡评价王维的诗与画的时候说：“味摩诘之诗，诗中有画；观摩诘之画，画中有诗。”(《书摩诘蓝田烟雨图》)说的就是这种意境。

二、强调格调。格调是指作者在绘画作品中所体现的一种情趣、情调，即所显示的精神境界，这与作者的思想品格等因素紧密相关，它是作者的内在心性人格在画面上的显示。“格调”高的作品可以使被描绘的物象达到形神兼备、气韵生动、意境豁达的艺术效果。它是画家基本功的直接体现。

三、讲究气韵。中国画普遍讲究作品的气韵美，气韵指的是作品的一种内涵美。中国画一般运用笔墨丰富的形式表现艺术语言的造型手段，来追求气韵生动，并由此辐射出感人的光彩。

重要国画论著。同书法一样，中国画在发展过程中留下了许多的理论著作。如：

南齐·谢赫《古画品录》、陈·姚最《续画品》、明·杨慎《画品》等，亦可参考周积寅《中国历代画论》、杨大年《中国历代画论采英》等书。

三、音乐

中国传统音乐指的是中国人运用本民族的固有的方法，采取本民族固有的形式创造的，具有本民族固有形态特征的音乐。传统音乐不仅仅指历史上产生、流传至今的作品，也包括现当代的采用传统方法创作的具有民族特色的作品。

传统音乐的分类。一般情况下，根据音乐演奏的特点，我们把传统音乐分为民间音乐、文人音乐、宗教音乐和宫廷音乐。其中民间音乐包括民间歌曲、民间器乐、民间歌舞、戏曲音乐和说唱音乐；文人音乐包括古琴音乐、诗词吟诵调、文人自度曲；宗教音乐包括佛教音乐、道教音乐、伊斯兰教音乐、萨满教音乐及其他宗教音乐等；宫廷音乐包括祭祀乐、朝会乐、导迎以及巡幸乐、宴乐。中国传统音乐是在以黄河流域为中心的中原音乐和四域音乐以及外国音乐的交流融合之中形成发展起来的。因此可以说，中原音乐、四域音乐、外国音乐是中国传统音乐的三大来源。

传统音乐的体裁大致可以分为民歌、曲艺、歌舞、戏曲和器乐曲这五大类，每一大类下又可细分为不同体裁。如民歌又可分为山歌、号子和小曲；曲艺是单弦、大鼓、弹词、琴书等说唱艺术的总称；歌舞则包括花灯、花鼓、采茶、二人台等由民歌与民间舞蹈相结合的、以民间器乐曲为伴奏的体裁形式；戏曲含有高腔、昆腔、皮黄、梆子腔等不同剧种；器乐曲主要是指中国民间器乐的合奏音乐，如鼓吹乐、吹打乐、锣鼓乐、弦索乐、丝竹乐等。

传统音乐的发展。传统音乐的发展历程大致可以分为三个阶段：秦汉以前的形成期、魏晋至唐的新声期以及辽宋至清的整理期。

（一）中国传统音乐的形成期（公元前21世纪—3世纪）

这时期包括从夏、商、西周、春秋战国到秦汉。在音乐体裁方面，经历了由原始乐舞到宫廷乐舞的进化。在旋律音调、音阶形式方面，经历了由原始音乐重视小三度音程的音调，到春秋战国强调宫、商、角、徵、羽的上下方大三度的“鳜、曾”体系，以“三分损益法”相生五音、七声、十二律，初步确立了中国传统音乐旋律的五声性特点。在音乐美学思想方面，先秦诸子百家的争论奠定了此后各自学说的理论端点。这一时期中，最具代表性意义的音乐艺术形式是钟鼓乐队。

（二）中国传统音乐的新声期（4—10世纪）

这一时期包括了从魏晋南北朝到隋唐。魏晋南北朝时期的政治动荡和北方人民南迁、少数民族的内移，构成对中国传统音乐的冲击：一是玄学对儒学的冲击，引起音乐思想的变化；二是少数民族音乐和外国音乐的传入，引进乐器、乐律、乐曲和音乐理论方面的新因素。其冲击的结果，是中国的传统音乐为之一变，开创了音乐国际化的一代新乐风。一方面是世界音乐的中国化，包括外来乐曲的中国化、外来乐器的运用、外来乐调的传入、外来乐队的民族化，以及外来乐人为发展中国音乐所做出的贡献；另一方面是中国音乐的世界化——中国音乐以其辉煌的成就给世界许多国家（尤其是东亚各国，如朝鲜、日本等国）以重要的影响。

（三）中国传统音乐的整理期（10—19世纪）

包括辽、宋、金、元、明、清。其政治上从纷乱和分裂到相对的统一，又从南北对立到多民族国家统一政权的建立，及其在相当长时期内的相对稳定。音乐文化方面则具有世俗性和社会性的特点。所谓世俗性，就是与普通的平民阶层保持着密切的关联。此时期的传统音乐，无论在演出人员还是观众、听众方面，都已具有更为广泛的社会基础。在音乐理论方面，表现出对前一时期的继承和清理的倾向。音乐形态特点已逐渐趋于凝固定型化。其代表性音乐艺术形式是戏曲艺术及其音乐。这一艺术形式，上承前代，下接后世，并广泛吸收音乐新成果，成为集古今音乐之大成的音乐宝库。

传统乐器举例。中国传统音乐文化博大精深，不仅仅留下了许多美妙的乐章，而且还留给我们物质的遗产，这就是传统乐器。

1. 古琴。古琴在古代的时候被称为琴、瑶琴，现代人为了将它与现代西方的琴区分开来，所以才称之为古琴或七弦琴。它是我国最古老的弹拨乐器之一，堪称中国的“国乐之父”。古琴在我国的尧舜时期就已出现，春秋时期，人们弹奏古琴之风非常盛行。相传孔子就是一个古琴爱好者，现在流传下来的一些古琴名曲，如《龟山操》《获麟操》及《猗兰操》等，相传就是孔子的作品。

古琴属于独奏乐器，较少用于合奏。古时候，古琴除了用于郊庙祭祀、朝会、典礼等雅乐演奏，在民间同样也是非常兴盛的，相传《诗经》就是伴琴而唱的民间诗歌集。

在中国古代，古琴是地位最崇高的乐器，被列在“琴棋书画”四艺之首。这是因为古琴具有清、和、淡、雅的音乐品格，这些品格与文人们凌风傲骨、超凡脱俗的处世心态不谋而合。

古琴的整体形状据说是依照凤凰的身形而制成，主要分为琴体和琴弦系统两大部分，其中每一部分又由许多小部分组成。琴长一般约为三尺六寸五，象征着一年三百六十五天；厚度约为二寸，琴体上部呈弧形凸起，下部扁平。起初，古琴只有五根弦，内合“五行”之意，后来文王因于羑里，思念他那被纣王杀害的长子伯邑考，加了一根弦，人们称之为“文弦”；武王伐纣以后，又加了一根弦，称之为“武弦”，从此古琴就有了七根弦。

古琴造型优美，样式多样，常见的有伏羲式、仲尼式、连珠式、落霞式、灵机式、蕉叶式、神农式等，如今最为常见的是“仲尼式”。古琴的发音浑厚深沉，余音悠远，具有浓郁的中国民族特色。

2003年，古琴被联合国教科文组织列为“人类口头和非物质遗产代表作”之一。2006年5月20日，古琴艺术经国务院批准被列入第一批国家级非物质文化遗产名录。

古琴十大名曲有：《广陵散》《高山流水》《潇湘水云》《渔樵问答》《平沙落雁》《阳春白雪》《胡笳十八拍》《阳关三叠》《梅花三弄》《醉渔唱晚》。

2.古筝。筝是中国最古老、最富有特色的民族弹拨乐器之一，是以音响效果命名的乐器。据史料记载，早在春秋战国时期筝就广泛流传，据今至少已有2300多年的历史，由于历史的悠久，人们又常常称之为“古筝”。

筝在东汉、三国时代被文人雅士称颂为“群声之主，众乐之师”；在晋代被称为“仁智之器”；唐代诗人白居易的诗句中说“奔车看牡丹，走马听秦筝”；元代“挡筝合唱，鲜有其比”；明清时期在小说、笔记中则更多地涉及筝，可见筝艺术在当时是广泛盛行的地道的华夏传统音乐，它声韵并重，抑扬顿挫，韵味独特，至今仍经久不衰。

在漫长的历史进程中，筝不断得到推广普及与发展，融合了各地方的戏曲、说唱、方言、民间音乐等风格特点而形成了以地区划分的各具特色的古筝传统流派，其中主要有河南筝（中州筝）、山东筝（齐鲁筝）、潮州筝、客家筝、浙江筝（杭州或武林筝）、陕西筝等流派，由此形成了南北两种不同的演奏风格，北方多使用十三弦，用真甲弹奏，右弹左按，双手并重；南方多使用十六弦，用义甲弹奏，并以右手清弹为主。它们的音乐特点是：

河南筝曲分小曲和板头曲两部分，风格明朗粗犷、泼辣高亢，具有浓郁的地方风格。代表曲目有《陈杏元和番》《苏武思乡》《高山流水》《新开板》等。

山东筝曲主要由山东琴曲和山东琴书唱腔曲牌以及民间小调组成，音调刚劲有力、华丽明快。代表曲目有《汉宫秋月》《鸿雁捎书》《四段》《凤翔歌》等。

潮州筝曲流传于广东潮州语系地区，来源于民间器乐合奏“潮州弦诗”，曲式调有“轻六”“重六”“活五”等多种，调式色彩变化幅度较大，但基本音调风格是柔美秀丽、典雅缠绵、幽静凝重。代表曲目有《寒鸦戏水》《柳青娘》《粉红莲》等。

客家筝曲又名“汉乐筝曲”，是从客家音乐中发展出来的，主要有大调、串调两大类。调式有硬线、软线之分，风格特点是前者轻快华丽，后者古朴典雅。代表曲目有《出水莲》《蕉窗夜雨》《怀古》《琵琶词》等。

浙江筝曲主要以丝竹曲、弦索套曲、民间乐曲等为内容，风格淡雅含蓄，流利华美。代表曲目有《云庆》《四合如意》《海青拿天鹅》《月儿高》《将军令》等。

陕西筝曲主要以郿户音乐及碗碗腔音调为素材，曲式调有苦、欢之分，风格委婉悲怨，慷慨激越。代表曲目有《秦桑曲》《道情》《凄凉曲》等。

3.箫。箫，又名“竖吹”，一般由竹子制成，吹孔在上端，是一种非常古老的吹奏乐器。相传箫为舜所造，唐代以前的箫指多管箫，即排箫，由数根长短不一的箫管编排而成。现今所称的箫都指单管箫，也称“洞箫”。

一般认为，单管箫起源于古代中国西部的羌部族，初时为四孔、竖吹。至西汉中后期时，加至五孔，因此，汉代也称箫为“羌笛”，简称“笛”（汉至唐代一直把横吹和竖吹的两种有侧孔边棱音的气鸣乐器统称为“笛”）。到了魏晋时期，竖吹的单管箫已有六孔，形制与现今的六孔箫极为相似，但仍被称为“笛”。直到宋以后，为了防止将竖笛和横笛混淆，才逐渐把排箫、洞箫、横笛三者较明确地区分开来，即横吹为笛，竖吹为箫。排箫则被称为“古箫”。

箫一般分为洞箫、琴箫、玉屏箫、南洞箫四种。箫的音色低沉柔美、幽雅醇厚，独具特色，适于演奏委婉的曲调，表现宁静幽远的意境。特别是当其与古琴合奏时，意境深远，适于抒发个人内心的情感。古往今来，箫都是一件深受人们特别是文人雅士喜爱的民族乐器。

四、武术

关于武术的概念，我们有广义和狭义之别。广义的武术概念：武术，亦称“武艺”“功夫”，旧称“国术”，是以技击为内容，以身心练习为基本手段，中华民族传承的个人防卫实践活动。狭义的武术概念：武术又称“武术运动”，是在继承传统武艺基础上形成的以技击动作为主要内容的民族体育项目，表现为套路、对抗等多种运动形式。

武术的发展历程。武术的起源可以追溯到原始社会。那时候，人类即已开始用棍棒等原始的工具作武器同野兽进行斗争，一是为了自卫，一是为了猎取生活资料。后来人们为了互相争夺财富，进而制造了更具有杀伤力的武器。如《山海经·大荒北经》就有“蚩尤作兵伐黄帝”的记载。这样，人类通过战斗，不仅制造了兵器，而且逐渐积累了具有一定的攻防格斗意义的技能。

在殷商时期，青铜业得到发展，以车战为主，出现了一些铜制武器，如矛、戈、戟、斧、钺、刀、剑等。同时，也出现了这类武器的用法，如劈、扎、刺、砍等技术。

春秋战国时期,铁器出现,步骑兵兴起,为了在步骑战中发挥作用,长柄武器变短,短柄武器变长,这样,武器的内容就更加丰富了,武术的技击性进一步突出。同时武术的健身作用也受到重视。这时比试武艺的形式已广泛出现,更加推动了武艺的发展。

汉时,有了剑舞、刀舞、双戟舞、钺舞等。这都说明,汉时的武舞已有明显的技击性,有招法,又多以套路的形式出现。汉时是武术大发展的时期,已形成了多种技术风格的流派。如《汉书·艺文志》收入的"兵技巧"类就有13家、199篇,都是论述"习手足,便器械,积机关,以立攻守之胜"的武术专著。

两晋南北朝时期,战乱频繁,官僚贵族或耽于宴乐,或追求长生不老之术,其影响也渗透到社会各阶层的生活中,如视剑为具有神秘色彩的法器,甚至以木剑代刀剑,用荒诞无稽的邪说取代练武,致使武艺停滞不前。

隋唐五代时期,随着封建社会经济的发展和繁荣,武术重新兴起,唐初天罡拳开始流行。唐朝开始实行武举制,并用考试办法授予武艺出众者以相应称号。这极大地促进了社会上的练武活动。

随着步骑战的发展,在战场上戈、戟逐渐被淘汰,剑作为军事装备多被刀所代替,但作为套路的演练仍在发展。

宋代出现了民间练武组织,见于记载的有"锦标社"(射弩)、"英略社"(使棒)、"角抵社"(相扑)等。在城市,在街头巷尾搭场子演武,十分热闹。表演的武艺有角抵、使拳、踢腿、使棒、弄棍、舞刀枪、舞剑以及打弹、射弩等。这时,集体项目也发展较快,但对抗性的攻防技术由于受了宋理学家倡导"主静"的影响,都逐渐走向衰微。

元代统治者严格限制民间练武,连民间私藏武器也属犯罪,武艺便多以秘密家传的方式冒着生命危险进行传授。这时的回族武术开始快速发展。

明代是武艺大发展的时期,出现了不同风格的技术流派,拳术、器械都得到了发展,特别是在理论上总结了过去的练武经验,具有代表性的著作有《纪效新书》《武篇》《耕余剩技》等。这些著作不同程度地记载了拳术、器械的流派、沿革、动作名称、特征、运动方法和技术理论等,有的还附有歌诀及动作图解。明洪武年间,洪武拳开始流行,为后世研究武术提供了重要依据。

清代统治者禁止练武,民间则以秘密结社形式传授武艺,其中著名的拳种,如太极拳、八卦掌、形意拳、劈挂拳等,多在清代形成。回族武术广泛传播,影响力很高。清代人对回族的认识显得更深入了一层,有了一句乾隆时期众所周知的"中土回人,性多拳勇,哈其大姓,每多将种"的评价。

民国期间,社会上存在着各种形式的拳社,对传播和发展武术起了积极作用。

武术流派举隅。中国武术,流派众多。其中最主要的要属少林、武当、峨眉三大流派。

少林派。少林是中原武术中范围最广、历史最长、拳种最多的武术门派，以出于中岳嵩山少林寺而得名。关于少林派的起源，据北宋《景德传灯录》等书所载，南北朝时，后魏孝文帝大和年间，达摩大师从梁国北来，面壁于嵩山少林寺，历时9年而功成，遂传《易筋》《洗髓》二经，创立少林武术。这个说法，为多种典籍所载。唐代李靖又写了《易筋经序》，但考之史实，却不与历史相合，现代学者已经证明这不过是传说，被称为禅宗初祖的达摩也并没有这样的武功。历史上，在达摩以前，北朝寺院的练武风气就已形成。北魏孝文帝太和十九年（495年）修建嵩山少林寺，最初是为西域高僧跋陀（又称佛陀）所建的。后来，达摩才来到寺中。达摩虽然创立了禅宗，却并非少林武术的创始人。事实上，少林武术是在长期的僧众习武中逐渐自发形成的。

少林武术的发扬光大始于隋唐之际的一件大事。隋朝末年，天下大乱，少林寺被山贼所劫，僧众奋起拒敌，贼人放火烧毁寺院。秦王李世民与郑帝王世充作战，少林武僧应邀相助，活捉王仁则，逼降王世充，这就是著名的“十三棍僧救唐王”故事，也是著名电影《少林寺》的历史原型。李世民即位后，对昙宗、志操、惠瑒、善护、普惠、明嵩、灵宪、普胜、智守、道广、智兴、僧满、僧丰13人大加赏赐，少林寺再度兴旺起来，少林武术也开始繁荣发达，逐渐成为中原武林第一门派。

宋太祖赵匡胤据说也是少林俗家弟子。从宋到元，少林武术有了一个较大的发展。元代大圣紧那罗王传授少林棍法而自成一宗，福裕禅师汇集了少林短打，少林武术的特点日渐突出，到明代便形成了少林“以博名天下”的威望。明嘉靖二十三年（1544年），少林寺组织僧兵到江南抗倭，天启五年（1625年）树立“少林观武碑”，成为天下武林之宗。明代的著名武僧有觉远上人、小山和尚、月空和尚、痛禅上人等，又有悟须、周友、周参、洪转、洪纪、洪信、普从、普使、广按、宗擎、宗想、宗岱、道宗、道法、庆盘、庆余、同贺、铉清18人，皆为武林中的超一流高手。明代后朔，少林武术渐从以棍法为主转向拳法，又吸收了很多民间拳种，集天下武术之大成，形成了少林派。

清代康熙年间（也有的说是雍正），朝廷曾因少林寺藏匿反清义士“谋逆”而将其焚毁，并严禁民间练武，少林武术转入地下状态，并由转入南少林的一支创立了洪门。清代的少林名僧高手有铁斋、致善、致果、天虹、湛举、五枚、古轮、妙兴、贞续、德根等。

少林派不只是少林寺的功夫，而是以少林寺武术为代表的整个外家功夫的集大成。一方面是少林寺僧从民间引进不少拳术，另一方面是少林寺也招收俗家弟子，使少林武术流传民间。同时，少林还在各地创立分院。自隋唐之际创立福建莆田九连山少林寺分院（即南少林）以来，元代福裕禅师在蒙古国和林（今蒙古国前杭爱省哈拉和林）、天津蓟县（今蓟州区）盘山、长安、太原、洛阳分别创立5座少林寺，再加上山东九顶莲花山、台湾八番社、四川峨眉山，一共是10座少林寺，这就把少林功夫传到了全国。许多门派的源头，都与少林大有关系，就连武当和峨眉的开派传说，也有源出少林的说法。

在少林寺的分院中，以南少林最为重要。南少林又是南拳之祖，以五拳为主要拳法，有“龙拳练神，虎拳练骨，豹拳练力，蛇拳练气，鹤拳练精”之说。又有南拳、一路闯少林、二路提卢少林、三路文少林、四路拗步少林、五路武少林、六路神化少林等套路[①]。

少林支派众多，有“三大家”“四大门”之说。“三大家”是红家少林、孔家少林、俞家少林。“四大门”是大圣门、罗汉门、二郎门、韦驮门。又如六合、八极、劈挂、通臂、太祖、燕青、华拳、查拳、弥宗、动力、明堂、沙脚、戳脚、地趟、洪拳、翻手、猴拳、螳螂、醉拳、咏春等，也大都是从少林武术中发展出来的。

少林的套路也很多，光是拳术据说就有172种之多，有小洪拳、大洪拳、朝阳拳、观潮拳、炮拳、通臂拳、梅花拳、长锤拳、太祖长拳、黑虎拳、形意拳、罗汉拳、六合拳以及“少林七十二绝技”等。棍法、枪法、刀法也是少林武术的大宗，各有数十种套路。剑术则有二堂剑、五堂剑、龙形剑、飞龙剑、白猿剑、刘玄德双剑、达摩剑、绨袍剑等。又有方天戟、三股叉、钢鞭、月牙斧、梅花拐等数十种兵器；心意把、虎扑把、游龙飞步、丹凤朝阳、十字乱把、老君提葫芦、仙人摘茄、叶底偷桃、脑后砍瓜等一百多种散打；卸骨法、擒拿法、点穴秘法、弹弓谱、易筋经义、用药法等各种技法等等。

少林武术的要旨。传说当日达摩祖师见众僧坐禅，萎靡不振，难以入定，有碍佛法，细究其由，乃因躯体衰弱所致，于此悟到修习佛事必先强健体魄，因效鸟兽神态创立拳法，因此少林武功的特点，首要之点即调呼吸，练百骸，进退敏捷，刚柔兼济而尤以刚为主，以攻架为主，以长手为主，成为各类外家拳法之集大成者。

少林武术门派和侠文化的关系，表现在三个方面：

其一，少林武功博大精深、难以穷尽。因此在江湖上，少林派常常充当着道义的维护者、裁判者和领头羊的角色。如金庸《天龙八部》里的少林，天下武学之至境，在于少林；雁门关前攻袭辽人之带头大哥，出于少林；以慈悲佛法使王霸雄图、血海深恨尽归尘土，化解怨孽，在于少林。当然，有时少林也有忍让过分而导致贪嗔的情况，如《倚天屠龙记》圆真即成昆之作恶江湖，便与少林之纵容大有关系，他们认为人心可化，而殊不知某些恶徒却是本性难移等等。

其二，由少林的起源传说，产生了一批侠文艺作品。其中最著名的当推由李连杰主演的电影《少林寺》，述说了隋唐之际“十三棍僧救唐王”及少林开始发扬光大的传说。关于达摩创少林及历代高僧为少林所做出的开拓性贡献，也有一些侠文艺作品加以反映。

其三，少林在反清抗暴及抵御外侮方面，充当着重要角色，少林曾有过抗倭的壮烈事迹，到清代据说又从事“反清复明”的秘密活动，由这里产生了关于少林的侠文化传说。

①释永文《少林武术概说》，《武林》1983年第7期。

明代抗倭名将俞大猷据说与少林大有关系，洪门天地会传说源出少林，文艺作品里又出现了以少林俗家弟子为题材的“方世玉系列”等等。

少林是中国武术之宗，也在侠文化中占有重要的地位。

武当派。武当为内家之宗。据明末清初黄宗羲的《王征南墓志铭》，武当派为宋人张三丰所创。据说张三丰是北宋末年武当山的丹士，徽宗召他入京，道遇贼人，梦中元帝授其拳法，次日张三丰孤身杀贼百余人，遂创立内家拳派。又有的传说，说张三丰源出少林，精通少林精髓五拳十八式，将其统纳于十段锦长拳之中，变战斗搏击之法为御敌防卫之法，风格遂与少林大为不同，因此别树一帜，开创武当门派，又称内家。十年功成，声誉大振，又传出太极、形意、八卦等支派。金庸的武侠小说《倚天屠龙记》写到武当开派便采用了这种说法，说张三丰本名张君宝，为少林觉远和尚的徒弟，师徒因违犯少林不准擅自学武的禁令，被赶了出来，后来他根据少林功法而变通，遂创武当派。

关于历史上的张三丰其人，本名张全一，又名张君宝，“三丰”是他的道号。因为不修边幅，又被称作“邋遢道人”。关于他的生活年代，则是各有说法，有的称他为宋人，有的称他为金人，也有说他是元人、明人的。大概因为他在道教传说中十分有名，这才被抬出来作了武当派的祖师爷。这种说法，显然只是武当派为了神化自己，并非历史的真实。

武当派的正式流传，大约开始于明代。武当山虽在唐代就开始建造道观，但真正的黄金时期却是在明代。明成祖朱棣登基，推崇武当道教，调集民工30万人，用了13年时间，在武当山修建了33处建筑群，号称八宫、二观、三十六庵堂、七十二岩庙、十二祠、十二亭、三十九桥等，绵延140华里，建筑格局均依经书上的真武修仙故事，由工部设计而成。至今武当山紫霄官正殿梁上仍有大明永乐十一年或十二年圣王御驾敕建的字迹。三天门绝壁上则有“一柱擎天”四个大字，蔚为壮观。天柱峰顶太和宫又称金殿，殿中供奉张三丰铜铸鎏金坐像。武当道教的黄金时代从这时开始，武当的武术门派，也是在这个黄金时代中产生的。

据《王征南墓志铭》，最早传授内家拳见于记载的是陕西人王宗。王宗传温州陈州同，到张松溪手里遂蔚为大观。张松溪，正德元年（1506年）前后生于温州，明光宗泰昌元年（1620年）左右卒于贵州玉屏。张松溪自称得张三丰真传，为武当派第三代传人。他后来游历江湖，又得峨眉真传，创立武当松溪派内家拳，武当派从此名声大震。传说曾有少林僧七十人慕名而不服，上门挑战，松溪袖手安坐，兀然不动，一僧忽从半空跃起，施展连环腿法，想要以少林绝技破其气功。松溪仍是平心静气，只在少林僧攻势将至的一刹那，微微侧身抬手，少林僧便如断线风筝般忽然失了去势，飞出窗外，落在高楼之下。从此武当拳法，无人不服。

张松溪之后，武当派人才济济。产生了一大批武林高手。他们是叶继美、吴昆山、周云泉、单思南、阵贞石、孙继嗟、李天目、徐岱岳、余时仲、吴七郎、陈茂宏、卢绍歧、董扶舆、夏枝溪、柴元明、姚石门、僧耳、僧尾等人。

武当派的功法特点是强筋骨，运气功。强调内功修炼，讲究以静制动、以柔克刚、以短胜长、以慢击快、以意运气、以气运身、偏于阴柔，主呼吸、用短手，武当功法不主进攻，然而亦不可轻易侵犯。犯则立仆。

武当战法策略是凡搏人皆以其穴，死穴、晕穴、哑穴，一切如铜人图法。(《王征南墓志铭》)其总的要求又包括在“六路十段锦”当中。

武当派的拳术套路，有太极拳、无极拳、鹞子长拳、猿猱伏地拳、六步散手、武当太乙五行拳等。武当派的内功，有“洗髓金经六式”即金狮夺毛、凤点头、风摆荷叶、左缠金丝、右缠金丝、刀劈华山等。武当派的器械，首推武当镇山之宝武当剑，又有白虹剑、太极剑、六合枪、六合刀、松溪棍等。

少林出自佛家，有天竺文化的色彩。武当出自玄门道教，中华本土的色彩极浓。少林功夫蕴藏着佛家的慈悲之理，武当功夫源于道家。老子讲“一”、讲“道”，庄子讲“广莫之野”、讲“逍遥游”，使武当功夫有较浓的想象色彩和审美意蕴，招式的表现也很有诗意，比如下面这些招式，便十分形象化，富于审美的魅力：迎风铁扇、弃物投先、舜子投井、红霞贯日、乌云掩月、猿猴献果、仙人照掌、铁门门柳、柳穿鱼、满肚疼、一提金、欢推窗、顺牵羊、乱抽麻、燕抬腮、虎抱头等。又如武当派纯阳拳的拳诀：“风吹荷花，左右摇摆，飞云流水，穿连不断，踩步悬肘，运气养性，慢劲快打，环套八法。”这里一方面是内功心法，一方面是形象化的姿态体式。荷花、清风、流水、飞云，使人仿佛想见武当道境的空明灵秀和清仙之气；招数的左右摇摆、绵绵不断，又仿佛使人想到“一生二，二生三，三生万物”的至道玄机，想到天地初开时荒茫混沌的自然之力。

武当的支派有松溪派、淮河派、神剑派、龙门派、功家南派等，又有玄武派、北派太极门等。至于太极拳、形意拳、八卦拳等，因其出自道家，人们常常将它们归入武当派，也有人认为它们自成体系。

总之，武当和少林一样，最初是以地域来命名，到了后来便大大超出地域的范围，武当派并不只是在武当山，正如少林并不只是在少林寺一样，它代表了一大批具有类似特点，如主静、主柔、出自玄门道教的武功派系，是一个广泛的概念。

峨眉派。峨眉派与少林、武当共为中土武功的三大宗，也是一个范围很广泛的门派，尤其在西南一带很有势力，甚至可说是独占鳌头。峨眉派之得名，是以佛教四大名山之峨眉山而起的，它与洪门天地会之“峨眉山”不同，洪门的“峨眉山”是山堂而出于虚构，峨眉派的“峨眉”是地名，是实指。

从明代开始有峨眉派的记载，明代中叶人唐顺之的《荆川先生文集》里，就有一首《峨眉道人拳歌》。关于峨眉派的起源，据峨眉派的拳志说：“祖师原为一道姑，后入佛门。

……是时，师善技击，善研各家拳法，虑各家拳法繁杂，莫衷一是，女子御侮，多有不同，遂探各家之拳意，另辟蹊径，创不接手之拳法，独树一帜……积十三年，始臻大成，身旁弟子习之，呼之玉女拳法，同道相誉，称曰峨眉拳，后弟子至峨眉山，偶谐其音，始称峨眉，此拳名之始末也，恐汝不识，为汝志之，师本与世无争，娱身可矣，御侮可矣，奚传姓名。”①

由此可见，峨眉最初是一个由女子所创的武林门派，开始的时候叫作“玉女拳法”，后因祖师入了佛门，又以称女子为“蛾眉”和佛教圣地之“峨眉山”的双重含义而得名。

峨眉派功法介于少林阳刚与武当阴柔之间，亦柔亦刚，内外相重，长短并用，攻防兼具。拳经上讲：“拳不接手，枪不走圈，剑不行尾，方是峨眉。”“化万法为一法，以一法破万法。”总之是以弱胜强，真假虚实并用，站在女子的地位融汇了南拳、少林、武当等众家之长。

从宗教渊源上看，峨眉亦僧亦道，而以道姑为主。峨眉派武功有所谓“动功十二桩”：天、地、之、心、龙、鹤、风、云、大、小、幽、冥。又有所谓“静功六大专修功”：虎步功、重捶功、缩地功、悬囊功、指穴功、涅磐功；有“三大器械”：剑法、簪法（峨眉刺）、针法（暗器）。峨眉派的绝技，不仅包括三十六式天罡指穴法，还有峨眉剑法。

峨眉派的分支，据清初《峨眉拳谱》上说：“一树开五花，五花八叶扶，皎皎峨眉月，光辉满江湖。”“五花”是从地域角度所分的五大支派：一、黄陵派，据说从陕西流入；二、点易派，以川东涪陵点易洞而得名；三、青城派，以川东道家胜地青城山得名；四、铁佛派，又叫“云顶派”，在川北较为盛行；五、青牛派，以川东丰都青牛山而得名。“八叶”是从技击风格角度所分的八派：一、僧门，据说传自少林僧人，故名。又称“申门”。特点是巧、快、灵、动，如猢狲状，别名“狲门”。二、岳门，据说由岳飞所传，特点是矮桩，手法不划圆不成拳。三、赵门，据说为赵匡胤所传，借鉴少林派太祖长拳等拳法，特点是高桩。又因习练红拳，被称为“红门”。四、杜门，以传说中诸葛亮八阵图之“杜门”而得名，一说拳法传于自然门杜观印。特点是封锁严密，善于防守。五、洪门，相传以明太祖洪武年号而得名，习练大、小洪拳，特点是刚劲。六、化门，又称“蚕闭门”“缠闭门”，三十六闭手如春蚕吐丝，绵绵不断，紧封敌手，使其不能施展。七、字门，又称“智门”，因收势摆成字形而得名，特点是高桩长手，起伏大。八、会门，又称“慧门”，以神拳为代表，讲究观师默像，念咒语，颇为神秘。峨眉派总的特点在于亦刚亦柔，如玉树临风，是诸家武术中姿态优美的一种。

①孟宪超《峨眉拳（上）》，《武林》1986年第4期。

第四节 传统蒙学

中国古人对教育很重视,孟子就曾将教育作为"王道"的一项内容,所谓"谨庠序之教,申之以孝悌之义,颁白者不负戴于道路矣"。孟子甚至将"得天下英才而教育之"作为人生第三乐。以儒家思想为主流思想的中国传统文化,自然沿袭了"尊师重教"的传统。而作为教育基础的蒙学,自然是传统教育中的重中之重。

传统蒙学的概念。所谓蒙学,是对我国传统的幼儿启蒙教育的一个统称。蒙学与小学、大学并列,是我国传统教育中的一个重要阶段。目前,学术界所称的蒙学有狭义和广义之分,广义上讲,泛指古代启蒙教育,包括其教育体制、教学方法、教材等内容;狭义上讲,专指启蒙教材,即童蒙读本。

古代,儿童"开蒙",接受教育的年龄一般在四岁左右。现在也有一种观点认为,四岁恰好是儿童学习汉字的最佳年龄段。蒙学阶段主要采用的教材就是所谓的"三百千千弟子规"(《三字经》《百家姓》《千字文》《千家诗》《弟子规》)等。同时,在蒙学阶段也会让儿童接触"四书"等经典,为日后的学习打下基础。蒙学教育通常采用个别教育的手段施教,注重背诵与练习。

蒙学教育的基本目标是培养儿童认字和书写的能力,养成良好的日常生活习惯,具备基本的道德伦理规范,并且掌握一些中国文化的基本常识及日常生活的一些常识。

传统蒙学对现在的启蒙教育的意义。传统的蒙学历经上千年的演变,无论是在教材和教学方法上,都积累了相当多的经验。这些经验对于现在的启蒙教育来说无疑是一座巨大的宝藏。

一、在教材编纂方面。传统的蒙学教材并不是一味以传授知识为目的,而是将知识教学和道德培养有机地结合起来。比如《三字经》,在教材的编写方面,三字成句,文字简练,概括性极强,通俗易懂,便于记诵。它先讲学习与教育的重要性,接着讲伦理道德规范,又囊括了多方面的知识,诸如名物常识、历史变迁、朝代更替、帝王兴废、经史子集、日用知识,一应俱全,被誉为"千古一奇书",成为一部集萃古代文化知识的百科全书。另外,传统的蒙学教材也利用了汉字音、形、义互相结合的特点,运用大量的韵语,使之读起来朗朗上口,宛如歌谣,这不但符合儿童学习的规律,使之学起来轻松简易,而且使数千年的中国文化在潜移默化中得到传承。

二、在教学方法方面。传统的蒙学教育并不主张一味进行道德说教,而是重视知行合一。传统的蒙学教育,以立志做人为首要目标,却是与日常的洒扫、应对等方面相结合进行启蒙教学，是以礼仪教学为基本功夫，以孝悌忠信为核心的全面教育。

传统蒙学的经典著作。传统蒙学经典著作主要有《三字经》《百家姓》《千字文》《千家诗》《弟子规》《声律启蒙》《增广贤文》《幼学琼林》《小儿语》等。

《三字经》。《三字经》的原作者一般认为是南宋学者王应麟。王应麟(1223—1296)，字伯厚，号深宁居士，庆元府人。进士出身，累官至礼部尚书，道德学问为当时所推崇。除《三字经》外，王应麟还著有《蒙训》《小学讽咏》等蒙学读物。《三字经》在几百年的流传过程中，不断有学者对它进行续补。民国时期，大学者章太炎将《三字经》重为修订，成为现在较为通行的版本。《三字经》全文1200多字，三字一句，两句一韵，将上下几千年的历史文化知识、传统伦理思想和识字启蒙教育浑然融为一体，编排十分巧妙，内容极其丰富。《三字经》是在儒家思想指导下编成的，基调积极向上。书中的许多语句，如"人之初，性本善。性相近，习相远""养不教，父之过。教不严，师之惰"等，更是成为格言警句而传诵至今。

《百家姓》。《百家姓》，是一篇关于中华民族姓氏的文章。约成书于北宋初。原收集姓氏411个，后增补到568个，其中单姓444个，复姓124个。《百家姓》采用流传深远的"四言体"对姓氏进行了编排，且句句押韵，虽无文理，对于中国姓氏文化的传承却起了巨大作用。

《千字文》。相传，《千字文》是梁武帝萧衍命周兴嗣从拓取王羲之一千字不重者编为四言韵语而成。《千字文》是我国早期的蒙学课本。隋唐以来，《千字文》大为流行，背诵《千字文》被视为识字教育的捷径。它不是简单的单字堆积，而是条理分明，通顺可诵，咏物咏事的韵文。其内容又涉及自然、社会、历史、教育、伦理等多方面的知识。所选千字，大都是常用字，生僻字不多，便于识读。因流传甚广，以致文书编卷，都采用"天地玄黄"来进行分类标识。兄弟民族地区也出现了满汉文、蒙汉文的对照本。由于历代不少大书法家都曾书写《千字文》，更使其至今仍是学习各种书法的范本。

《千家诗》。《千家诗》最早当属南宋诗人刘克庄所编选的《分门纂类唐宋时贤千家诗选》，又名《后村千家诗》。其后一些学者参照《后村千家诗》的体例编辑出两种选本，即《重订千家诗》和《新镌五言千家诗》，后来又有人把这两种本子合订为一集，总称为《千家诗》。现今社会上流行的《千家诗》大都是这种版本。明清以来，《千家诗》开始风行全国，在民间广泛流传，这与它自身便利于初学的特点是分不开的。从《千家诗》所选篇目看，全书200余首诗，都是五七言绝句和律诗，且绝大多数是唐宋两代著名诗人的名作。

《弟子规》。原名《训蒙文》，为清代李毓秀所作。是书据《论语》"学而篇"第六条"弟子入则孝，出则弟，谨而信，泛爱众而亲仁，行有余力，则以学文"而展开，列述弟子应该恪守的各种规范。其中记录了弟子的108项言行，共有360句、1080个字，三字一句，两句或四句连意,合辙押韵,朗朗上口;全篇先为“总叙”,然后分为“入则孝、出则悌、谨、信、泛爱众、亲仁、余力学文”7个部分。

《声律启蒙》。《声律启蒙》是一部关于诗韵的启蒙著作,是儿童学诗的入门读物,由清代车万育编纂而成。《声律启蒙》按照古代通行的平水韵的顺序编排,每个韵部编成若干段押韵的文字,每段都由两两相对的三言、四言、五言、六言、七言等句子组成,这些句子不仅对仗工整、语言流畅,读起来朗朗上口,而且知识性和实用性高度统一,其中涉及天文、地理、历史、文化等多方面的知识,让儿童在学习诗词技巧的同时还能广泛涉猎,得到中华传统文化的有益熏陶。

《增广贤文》。《增广贤文》最早成书于元末明初,作者不详。全书以韵文的形式将格言排列在一起。或辑自雅句,或源自俗语,或录自圣哲,因此,全书也就有文言,有俗言;有直言,有婉言;有劝善言,有诫勉言;有世宦治世言,有隐逸出世言,士农工商,无一不备。由于采录广泛,因而纯驳不齐,儒家学说、佛教思想、道教思想的内容在其中也均有体现,时而积极进取,时而感慨自伤,也因此大致反映了古人之人生态度和处世原则,涉及为人处世的谚语很有哲理性,耐人寻味,值得借鉴。该书体现了普通民众对各家理论的理解,兼收并蓄,唯一的目的就是平安、富足地生存下去。在通行本之外,还有各种重编本,如周希陶的《重订增广》、硕果山人的《训蒙增广改本》等。

《幼学琼林》。《幼学琼林》,原叫《幼学须知》,或称《成语考》《故事寻源》。明末程登吉初编,或以为明景泰年间的进士邱睿所作。全书用对偶句写成,容易诵读,便于记忆。全书内容广博、包罗万象,被称为中国古代的百科全书。人称“读了《增广》会说话,读了《幼学》走天下”。

《小儿语》。《小儿语》,明代吕得胜所撰。此书语言浅近,人人明白。用四言、六言、杂言的语言形式,宣传一些做人的道理。问世以来,很受欢迎,比较普遍地流行于民间,影响很大。